共同体与社会

——纯粹社会学的基本概念

〔德〕斐迪南·滕尼斯 著

张巍卓 译

商务印书馆
The Commercial Press

Ferdinand Tönnies
Gemeinschaft und Gesellschaft
Grundbegriffe der reinen Soziologie
Wissenschaftliche Buchgesellschaft
Darmstadt 1979
根据德国科学图书出版公司1979年版译出

译者导言

一、滕尼斯和他的《共同体与社会》

呈现在读者面前的是《共同体与社会》的全新中译本。本书是德国著名社会学家、哲学史家斐迪南·滕尼斯（Ferdinand Tönnies，1855—1936）的代表作，滕尼斯亦被后世学者奉为欧洲现代社会学的重要奠基人。他的一生著述浩繁，光德国滕尼斯学会（Ferdinand Tönnies Gesellschaft）计划编订的《滕尼斯全集》就有24卷之多，目前收录于德国石勒苏益格－荷尔施泰因州图书馆的未发表手稿和信件的数目更是巨大。这些文献涉及思想史与实践领域的诸多方面，交织着现实与历史的多重视野。其中，《共同体与社会》既是他最负盛名的著作，也是最核心的文本，它就像滕尼斯思想遗产的总纲领，集中呈现了他理论的实质问题和伦理关切，并且展现为一套完整的学说体系。

从作者的写作历程来看，《共同体与社会》标志着他思想的成熟，形成了自己独特的判断和理论意识：从研究近代理性主义形而上学、人性论、自然法和政治哲学的作品入手，滕尼斯将它们一步步地向历史的纵深领域推进，通过同欧洲近代以前的"前理性主义"文化传统展开充分比较、对话,奠定了以理解人类共同生活（Zusammenleben）的总体事实、反思其内在规范为要务的社会学。在此后的人生旅途里,滕尼斯见证了从德意志帝国崩溃直到纳粹上台的半个世纪的剧变历史、见证了斯宾格勒所说的"西方的没落",他为此着力而谨慎思索的关于学术、社会和政治改革的诸议题(包括社会学体系、科学术语、习俗、公共舆论、教育改革、劳资关系、合作社运动、政党与议会、民主制国家的构建等)皆可追溯到《共同体与社会》的天才式的预见以及相应的理论环节。同样,对滕尼斯这位当时的学界领袖和积极的社会活动家来说,本书亦是他缔造自由的学者团体、改革社会之弊、捍卫民主政治的实践指南。自从《共同体与社会》第一版问世(1887年)以来,作者终其一生都不断在修订、重版这部年轻时代的作品,根据时代境况的变幻赋予它常新的意义,在作者生前,本书共出了8版,直到去世前一年(1935年),他仍在致力于新版本的修订工作。

《共同体与社会》不仅是滕尼斯思想和行动的灵魂,而且深远地影响了同时代以及未来的社会思潮,反过来说,它也在剧烈动荡的时代浪潮下经历着命运浮沉。尽管在第一版面世时,它并没有引起广泛的(general)重视,然而当时几位具有重要影响力的学者已经注意到它,并从各自的角度做了批判性的回应[①],其中就包括

---

① 为《共同体与社会》第一版撰写书评或评论的学者分别是：鲁道夫·奥伊肯,古斯塔夫·施莫勒,弗里德里希·泡尔生,路德维希·龚普洛维奇,乔治·罗伯逊,赫伯特·布伦特,爱弥尔·涂尔干,鲁道夫·施塔姆勒,哈拉尔德·霍夫丁,奥古斯特·巴尔策。这些评论文章被集中收录在滕尼斯学会的刊物《滕尼斯论坛》(Tönnies-Forum) 1998年第一期里。

了新康德主义者泡尔生(Friedrich Paulsen)、生命哲学家奥伊肯(Rudolf Eucken)、历史主义政治经济学与法学领域的执牛耳者施莫勒(Gustav Schmoller),甚至德语知识圈以外的学者,如英国哲学史家罗伯逊(George Robertson)、丹麦哲学心理学家霍夫丁(Harald Höffding)、法国社会学家涂尔干。无论对本书的态度是褒还是贬,他们皆肯定滕尼斯在德国哲学和新生的社会科学之间搭建了一个全新的桥梁,他所呈现的古今世界观的对立意识为反思时局乃至现代性提供了有力武器。长久的沉寂之后,随着俾斯麦集权体制的瓦解以及世纪末日益凸显的工业文明的全面危机,首谈"共同体"与"社会"对立的《共同体与社会》越来越被大众广泛地接受,甚至说"狂热追捧"都不为过,它成了席卷全德的青年运动的圣经,青年人高喊着回归浪漫的共同体、对抗理性的社会;尤其当1914年德意志帝国投入欧洲战争,同英法诸国展开殊死较量,"日耳曼文化同盎格鲁—撒克逊文明间的斗争"发酵成德国学界最持续、最热烈讨论的议题,《共同体与社会》理所当然被视作发声之源[1],达到了它声名的顶峰;此后德意志帝国的败落,新生的魏玛共和国经历着持续的政治、社会动荡,纳粹党宣传家利用《共同体与社会》里的"民族共同体"(Volksgemeinschaft)的口号为其政权的合法性造势;而二战后的局面则迅速彻底颠倒过来,直到今天,政治的自由主义、经济的全球化以及学术和教育的美国化构成了欧洲主流的意识形态,《共同体与社会》不仅被抛入历史的故纸堆,

---

[1] Helmuth Plessner, *Grenzen der Gemeinschaft. Eine Kritik des sozialen Radikalismus*, Frankfurt am Main: Suhrkamp Verlag, 2015, S.11.

而且多少成为思想的"禁区"。

或许正是因为滕尼斯同他的这部名著（更准确地说是"标题"）太敏锐地触动了时代的神经中枢，故而它们被意识形态的各种潮流裹挟利用，书中丰富而深刻的理论探讨被曲解乃至直接无视。相反，回到历史的语境，追溯本书在同时代的学者共同体那儿产生的真正影响，也许有助于我们重新认识它对于当今的价值。不可否认，作为一位明确以"社会学"作为自我学术定位的学者，滕尼斯创作《共同体与社会》①为欧洲现代社会学奠定了基础。经典的社会学大家也无不从本书获取给养、进而从各自的视角出发回应本书的内容：首先，在现代社会科学诞生前夜，本书植根于近代自然法的理论土壤、结合历史法学对于历史事实的要求，将社会置于核心位置，明确提出了社会学的根本关切所在，即"共同生活"或广义的"社会"（das Sozial）的事实及其规范性基础的问题，如早期涂尔干便在此受到滕尼斯启发，他同滕尼斯关于"社会"本性的争论证实了这一点；其次，它将解释的脉络扩展到个体心理、经济生活、政治秩序等诸领域，将"社会"构筑为一个总体的世界图景，如韦伯对个体的社会行动的阐释、桑巴特对传统经济模式与现代资本主义的比较研究都离不开同滕尼斯的对话；最后，它是对现代性与文明格局的价值探索，如特洛尔奇调和信仰与现代性的进路，同滕尼斯寻求克服理性主义与历史主义世界观之对立的努力紧密相关。

当然，《共同体与社会》的意义也并非局限于社会学或社会科

---

① 1912年的第二版之后，滕尼斯将本书的副标题改成"纯粹社会学的基本概念"。

学的视域内部，它的内容涵盖了西方思想史的诸多关键论题。作为一位涉猎广博的哲学史家，滕尼斯对古希腊哲学（柏拉图—亚里士多德—斯多葛学派）、霍布斯与斯宾诺莎的早期近代形而上学、康德与黑格尔的德国唯心主义思想、歌德与席勒的魏玛古典主义精神、叔本华与尼采的悲观主义的意志学说都曾做过精深的研究，在本书里，他细致地回应了这些思想脉络，形成复杂的从心理到社会行动的理论体系；尤其值得一提的是，作为身处近代德语世界思想传统中的知识分子，滕尼斯对贯穿德国19世纪的唯心主义、浪漫主义、历史主义诸理论思潮及其内含的伦理和法权思想做了全面的反思，重新奠定了一套从个体心灵、社会生活直到政治国家的总体的、带有辩证色彩的伦理秩序。

不仅如此，在本书中，滕尼斯为我们勾勒了理解欧洲普遍历史进程的双重理论谱系：一方面，"共同体"概念囊括了从古希腊城邦、罗马父权制国家直到中世纪日耳曼封建制帝国与自由市镇并轨的历史，而"社会"概念则涵盖了近代市民社会与民主制国家的进程，滕尼斯对"共同体"向"社会"的转变进程的讨论既展现了他同梅因、巴霍芬、库朗热、摩尔根等人类学家或民族学家关于西方早期文明形态的对话，展现了他如何在洛贝尔图斯、施莫勒、瓦格纳、基尔克等德意志史家的启迪下重构日耳曼祖先的历史，也展现了他同斯密、李嘉图、马克思等政治经济学家关于现代商业社会和国家秩序的论争；另一方面，滕尼斯对"社会"的危机以及"共同体"在欧洲重新繁荣的预见，充分反映了他对世纪末普遍弥漫的悲观主义情调、对社会主义和共产主义的理论及其实践活动的反思，也奏响了20世纪的现象学、存在主义和批判理论的先声。

无论从哲学还是史学的角度来看,《共同体与社会》都不啻为一部欧洲文化的百科全书。如果说今天的社会科学要突破种种意识形态的幻觉和迷思,培育自身敏锐的感受力、深刻的解释力,打开自己的视野来充分应对现代世界的种种问题,那么回到本书、获取不竭的思想乃至信念的给养仍是必要的。在介绍本书的主要内容之前,我们有必要首先简要说明本书的成书历史以及它的思想背景。

二、《共同体与社会》的成书史

(一) 1877–1880 年:霍布斯研究与怀疑的启蒙

根据滕尼斯本人的报道,《共同体与社会》创作于 1880–1887 年①。在此之前,他已凭借对霍布斯哲学的开创性研究,在学界崭露头角。滕尼斯的学术生命始于霍布斯研究,而《共同体与社会》的创作历程,同样以霍布斯研究为起点。

1877 年,滕尼斯获得图宾根大学古典哲学的博士学位。此后,他彻底地投入近代形而上学和国家学的研究工作。在老师兼挚友泡尔生的指引下,他开始系统地梳理前康德时代的哲学思想,尤其以英国哲学家托马斯·霍布斯的生平与学说作为研究的核心。通过全面地考订霍布斯的文献、阐释其哲学体系,滕尼斯彻底

---

① Ferdinand Tönnies, "Eutin", in *Die Philosophie der gegenwart in Selbstdarstellungen Band III*, Herausgegeben von Dr. Raymund Schmidt, Leipzig: Verlag von Felix Meiner, 1922, S.212.

扭转了霍布斯在哲学史里的微不足道乃至声名狼藉的"唯物主义者""无神论者"的形象。在他的解读里,霍布斯作为17世纪反叛神学世界观的佼佼者,最完整、最彻底地道出了现代科学世界观与个体主义人性论的原则,也最深刻地奠定了现代自由主义政治的理性基础。在霍布斯之后,他开辟的契约国家观一直延续到了18世纪的自由主义政治经济学的思想传统里,以至于在19世纪边沁和穆勒的功利主义学说潮流中,这一观念仍然有所回响。

不过从一开始滕尼斯就认识到:霍布斯的"国家"实际上远比后世自由主义国家观囊括了更复杂的意涵以及更强烈的张力:一方面,霍布斯设想的政治体源于每一个体自身意志的构建,因而相较过去基于传统权威和宗教信仰形成的政治体,它完全是革命性的,这一点直接为自由主义继承;但另一方面,相较于自由主义的政治观念,它确定的主权者的权力也孕育着强大的保守力量。正是通过对此张力的敏锐感知,滕尼斯形成了关于"共同体"与"社会"理论的最初意识[1]。在1879-1881年间相继发表并奠定其霍布斯研究领域学术地位的《关于霍布斯的哲学注释》一文结尾部分,他这样写道:

> 一部分霍布斯学说的继承人通过鼓吹共同体意志的绝对主权,克服霍布斯的政治基础的软弱方面。这一观念合乎同时代的历史现实,即不受限制的王权的现象。其他继承人则

---

[1] E. G. Jacoby, *Die moderne Gesellschaft im sozialwissenschaftlichen Denken von Ferdinand Tönnies*, Stuttgart: Ferdinand Enke Verlag, 1971, SS. 16-17.

从对人性乐观的见解出发,断然拒绝这种同残余的权威观念缠绕在一起的新的权威观,他们并不将共同体(Gemeinschaft)视作必然的东西,而是认为人生最大程度的幸福靠纯粹的社会(Gesellschaft)以及所谓社会国家(gesellschaftlichen Staat)实现,也就是靠两个平等者合乎规则地缔结与解除关系实现。……其对应的外在现实形态就是自由主义的宪政(liberalitische Konstitutionalismus)。①

滕尼斯通过追溯霍布斯的学说及其效果史,进而形成的"共同体"与"社会"间对立的意识,事实上同他所植根的德国法哲学传统密不可分:黑格尔与他的后继者不仅提出判然有别于市民社会的国家,而且认为只有后者能真正地克服前者内在的个体任意性,实现真正的伦理精神。从另一个角度来说,德意志帝国这几年间的局势的剧变同样牵引着他沉思的方向。滕尼斯从事霍布斯研究的初衷,很大程度上是要站在启蒙哲学的立场上,克服路德教和封建制度的理论根基,为德国奠定国家理性(Staatsraison),他也确实从霍布斯的政治哲学着手一步步地追溯他的形而上学和人性学说,伴随着阅读的深入和对政局的敏锐感知,他更清楚地认识到现实的复杂性:1878－1879两年间俾斯麦政府颁布《反社会党人法》,疯狂地打击自由主义宪政、镇压社会主义运动,国内弥漫着阶级冲突的紧张气氛,令滕尼斯忧虑重重的,既是帝国这一混杂着容

---

① Ferdiand Tönnies und Friedrich Paulsen, *Briefwechsel 1876-1908*, Herausgegeben von Olaf Klose, E.G.Jacoby, Irma Fischer, Kiel: Ferdinand Hirt, 1961, S. 60, S.79.

克专政与垄断资本主义的寡头制怪物,更是在它的统治下败坏了的人心:统治者借用传统秩序和道德伦理的名义极力压迫劳动者,他们利用社会舆论,煽动起社会各阶级的抽象的政治想象,让各阶级无不彼此仇恨并力图将对方置于死地,德意志帝国这艘大航船正驶往末日的岛礁。

对此,滕尼斯坦言自己形成了"十足激进的、完全不倾向政府的思想"①,然而激进的态度也并没有让他陷入政治斗争和革命的幻觉。相反,他开始彻底地反思近代的理性启蒙:终结封建制和垄断资本主义合谋的寡头政体诚然是德意志未来的政治使命,但是更致命的问题却是早已由它们败坏了的文化和人心,因而仅仅从主权的角度理解政治共同体是有局限的,单纯用"理性"看待"社会"与"国家"也是不够的,如果不超出霍布斯式的理性主义自然法的视域并立足于日耳曼文化的复杂进程、从文化的脉络里考察它们,我们便无法真正认清、解决现实的困境。这个时代需要综合了理性和历史所赋予的信念的更高尚的启蒙,同样,这个时代需要担当这一启蒙责任的强大而冷静的伦理—美学英雄。

(二) 1880-1881年:"共同体与社会"作为文化哲学的概念建构

滕尼斯很快找到了理论突破的方向。1879年夏,他在一封写给泡尔生的信中提出了构建一门所谓"人的共同体生活的哲学"

---

① Ferdinand Tönnies, "Eutin", in *Die Philosophie der gegenwart in Selbstdarstellungen Band III*, Herausgegeben von Dr. Raymund Schmidt, Leipzig: Verlag von Felix Meiner, 1922, S.209.

(Philosophie des menschlichen Gemeinschaftslebens)的想法，并且明确地将这门学问称作"社会学"(Soziologie)。① 在一开始，他是在法学框架内部思考这一问题的。沿着德国法哲学揭示的"国家"与"社会"的双重脉络，滕尼斯一方面花了大量精力阅读从萨维尼到基尔克(Otto von Gierke)的德国历史法学派文献；另一方面，他将近代理性主义自然法的精神追溯到了罗马法。在阅读经典文本的同时，他有意识地从当前学术语境出发，把握思想史的实在轨迹，就此而言，耶林(Rudolf von Ihering)和瓦格纳(Adolph Wagner)这两位当代学者对他具有特别重要的意义，前者在《法的目的》(1877年)中揭示的"目的是法的创造者"的原则构成了理性主义自然法的衍生，而后者在《政治经济学基础》(1879年)里提倡的由国家主导的社会主义思想则是历史主义与有机论自然法的变体，可以说，它们代表了德国学术意识的两种不同实践取向的冲突。1879年，应莱比锡哲学协会的邀请，滕尼斯做了两次题为"自然法的更新"(Die Erneuerung des Naturrechts)的报告，在两种相对立的自然法的意义上重新对"共同体"与"社会"做出规定，他甚至想过写一本题为"作为哲学问题的法"的小册子。进一步地，滕尼斯试图向内探索，为这两种自然法寻求心理学的根基。

> 我的出发点是，面对神学对社群的相互关系、社群的意志形式和社群的结合的一切解释，在近代自然法里，已经奠定了

---

① Ferdiand Tönnies und Friedrich Paulsen, *Briefwechsel 1876 – 1908*, Herausgegeben von Olaf Klose, E.G.Jacoby, Irma Fischer, Kiel: Ferdinand Hirt, 1961, S.58.

科学地处置这些问题的基础,然而,这样的基础是不够的,因为它把意愿(Wollen)和思维(Denken)放在仅仅是理性主义的各种表达上,而不认识其他的表达方式。我的想法的核心是,在前理性主义(同样也是超理性主义)的愿望和思维里,揭示"共同体"的根基。①

在1880-1881年间,滕尼斯的理论探索有了初步成果,这便是他为谋求基尔大学哲学系私人讲师职位而撰写的《共同体与社会——文化哲学的原理》一文,在其中,他提出一种基于人们经验的共同情感、以实现伦理生活为旨向的文化哲学。以思想成熟时期的滕尼斯的眼光来看,这篇文献的讨论尚停留在概念构建的层次,还没有将概念同历史有机融合到一起、充分展现出来。澄清心理生成过程的每一环节的伦理意涵并构建它们同民族的实在生活的关系,成了滕尼斯要进一步深入思考的问题。

(三) 1880-1887年:"共同体与社会"作为经验文化形式的共产主义与社会主义

1881年,滕尼斯成为基尔大学哲学系的"私人讲师",担当伦理学的教席,此后主要讲授的课程是古希腊伦理学、政治哲学以及近代自然法学说。这段时间的教学和研究工作对他的"共同体与社会"的创作产生了深远的影响。首先,关于古今人性论与政治原

---

① Ferdinand Tönnies, "Eutin", in *Die Philosophie der gegenwart in Selbstdarstellungen Band III*, Herausgegeben von Dr. Raymund Schmidt, Leipzig: Verlag von Felix Meiner, 1922, S.211.

则的比较研究对他而言极其关键,由此,他从哲学的层面推进了对"共同体"与"社会"之法权基础的阐释;除此之外,在近代自然法脉络的内部,滕尼斯以霍布斯的学说为起点,过渡到对斯宾诺莎的《伦理学》的研究,这为他提供了理解现代人性与社会的更广阔的视角①。

据滕尼斯的学生雅各比(E. G. Jacoby)的报道,在 1882 – 1883 年间,滕尼斯创作"共同体与社会"的重心仍集中于概念体系的建构工作,然而到了 1884 年,他越发意识到要突破形而上学框架,其方式便是浸淫于大量的比较民族学和政治经济学作品,从心理学过渡到广义的社会哲学,向历史的纵深迈进。在回忆录里,他讲到自己这段时间反复地阅读马克思、基尔克和梅因以至于沙夫勒的著作,并如此概括了自己的思想进路:

> 从我的霍布斯研究与国民经济学以及自然法的研究之结合、从历史法学派思想与法律史的研究、从比较法学与民族学的法学研究,尤其从梅因的著作及其"从身份到契约"的公式那里,我的《共同体与社会》的若干基本思想形成了。②

1885 年初,滕尼斯写信给泡尔生,决定将所有精力都投入到

---

① E. G. Jacoby, *Die moderne Gesellschaft im sozialwissenschaftlichen Denken von Ferdinand Tönnies*, Stuttgart: Ferdinand Enke Verlag, 1971, SS. 29 – 34.

② Ferdinand Tönnies, "Eutin", in *Die Philosophie der gegenwart in Selbstdarstellungen Band III*, Herausgegeben von Dr. Raymund Schmidt, Leipzig: Verlag von Felix Meiner, 1922, S. 211.

写作一本小书上来,让他的讲法付诸实现,他把这本书界定为研究人类学和社会现实的作品。6月,他形成了未来理论体系的基本想法以及问题意识:

> 首先是心理学的讨论,即本质意志(Wesenwille)同志愿(Willkür)的差别;由此,我对应地提出了共同体与社会、民众与国家、有机的形态与机械的形态,家庭精神——习俗——宗教的力量与消解性的经济——政治——科学的力量之间的对立。不过困难的地方在于:人们并没有谈到它们之间的转化,既不存在持续地、进一步地讨论这一问题的研究,也不存在关于一种理论的确定观念,这一理论纯粹想要以及能够解答它。因此,我的写作便是针对这个问题。我感到在我的聪慧的同时代人那儿并没有回声,如果说人们只是为了过得好才去解释这件事,那么他们必然会无限地退化下去。我将指出,在德国众所周知的、不断被强调的关于社群与政治的历史主义观与理性主义观之间的对立是错误的,只要人们一会儿认为前者恰当,一会儿又认为后者恰当。①

在滕尼斯看来,历史主义和理性主义这两种对立观念所表现出的总体社会哲学的体系,便是在同时代学者们那儿争讼不已的"共产主义"与"社会主义"。在甚嚣尘上的阶级冲突和弥漫着浓烈

---

① Ferdiand Tönnies und Friedrich Paulsen, *Briefwechsel 1876－1908*, Herausgegeben von Olaf Klose, E.G.Jacoby, Irma Fischer, Kiel: Ferdinand Hirt, 1961, S. 216.

火药味的政治斗争的年代,它们不仅被混为一谈,而且被当成宣泄愤恨的口号,内容空洞无比,同时牵扯着意识形态上的敏感争执。然而滕尼斯从三位先驱基尔克、梅因和马克思那里辨识到两者在历史上既源于不同的思想传统,也呈现为彼此截然对立的实践生活图景:梅因笔下的早期希腊、罗马乃至印度的法和共同体秩序,基尔克生动而全面刻画的中世纪的日耳曼合作社生活共同构成了"共产主义"的原型;马克思对现代社会和资本主义的科学分析则代表了"社会主义"的方向。面对繁复的历史材料,滕尼斯牢牢抓住"共产主义"与"社会主义"内在的伦理精神:前者是以家庭生活为原型的一切从属于、亲和于人类自由的共同本质的东西,与此相对,后者则表现为以商业经营为主导的现代生活,其最直接、最简单的形态即经济交往和相应的、以契约为特征的法律事实。由此出发,他既克服了思辨的抽象性、又摆脱了纯粹历史叙事的束缚。

不过,正像滕尼斯指出的那样,单纯共产主义或社会主义的理论意识,或者说它们背后纯粹的历史主义观或理性主义观都具有片面性,相反,认识它们之间的"转化"(Verkehrtes)极其艰难却又十分必要:一方面,在当今这样一个剧烈变革的时代,清醒地认清历史发展的趋势,由此把握现实的社会条件和普遍的人心状况无疑构成了一门有效的经验科学的前提,梅因从法学史角度揭示的"从身份到契约"的规律指引滕尼斯抓住了从"共产主义"到"社会主义"这一古今之变的核心线索,继而后者从人心、经济、风俗、政治等诸领域大大扩展了历史变迁的内容;另一方面,我们的科学视域也不能只局限于当下的情形,伴随着近代商业社会的兴起和民主国家的确立,理性主义哲学所刻画、期许的"启蒙了的"现代人的形象以及他们的生活图景看似如此牢靠,然而它们仍然是有内在限度的,现代人依靠理性制造出"人格"确保他们获取利益、在世上"过得好"(Wohl),他们却无时无刻不活在分裂的状态里,从个体的角度来说是同本真的自我(Selbst)分离,从社会的角度来说则是同具有自然情感的俗众(Vulgäre/Volk)隔绝乃至对抗,社会日益被撕裂,因而滕尼斯认为我们需要在当下"社会主义"的背景里重新反思"共产主义"的意义和价值,"共产主义"不单意味着"前理性主义"(vor-rationalistisch)的生活方式,更是"超理性主义"(über-rationalistisch)的生活方式。

结合上述两个方面来看,滕尼斯因而称他的研究既是经验主义式的、又是辩证主义式的。在1885-1886年集中写作《共同体与社会》的过程中,他流连于书斋和家乡胡苏姆的宁静海岸,随时记录下自己的想法;他不断在大量历史与人类学材料间往来穿梭,从经济史、政治史、法律史等方面充实"共同体"与"社会"的概念内涵,沉思历史的进程和民族的未来命运,并坚定地将人心的问题或心理学的思考视作理论基础,他致力于从思想史上揭示古代和中世纪的人类共同生活的心理机制,即"本质意志"(Wesenwille),而且试图说明:经过哲学的升华,它能同当下的生活经验结合到一起,成为克服理性主义之片面性的整全的伦理力量。

1886年冬季,应家人的要求,滕尼斯陪同一位生病的妹夫去南方度假旅行,他随身带上了创作中的文稿。旅行的目的地是意大利南蒂罗尔的梅拉诺(Meran),滕尼斯同他的妹夫在梅拉诺城的奥博麦斯(Obermais)区住下,在这个风景如画的旅游胜地,他得以心无旁骛地工作。他也时常去奥地利西南部的因斯布鲁克

(Innsbruck),在因斯布鲁克大学的图书馆里查阅资料、从事写作。1887年的2月,滕尼斯完成《共同体与社会》的创作,副标题为"作为经验的文化形式的共产主义与社会主义"。他将这本书题献给泡尔生,并将书稿交给了莱比锡的出版商O.R.赖斯兰,到了这一年的7月,第一版《共同体与社会》正式面世。[①]

三、《共同体与社会》的基本脉络与主要内容

(一) 二元对立

在简要地介绍了本书的成书历史后,我们再回到本书的内容上来。如同标题明确呈现的那样,本书最鲜明的特征莫过于它采取了二元对立的结构、围绕着"共同体"(Gemeinschaft)与"社会"(Gesellschaft)这对彼此相对的概念展开讨论。本书的主体部分由三卷组成,依次是"关于主要概念的一般规定"(共同体的理论与社会的理论)、"本质意志与抉择意志"[②]、"自然法的社会学基础"[③],它们分别从三个方面揭示了"共同体"与"社会"之间对立的意涵:第一卷在社会学的层面上刻画了两种人类结合的关系形态

[①] 考虑到销量问题,出版商并没有按照最初的合同规定印制1000册,仅仅印制了750册。参见乌韦·卡斯滕斯,《滕尼斯传:佛里斯兰人与世界公民》,林荣远译,北京大学出版社2010年版,第118页。

[②] 本书第一版(1887年)和第二版(1912年)题为"**本质意志与志愿**",第三版(1920年)后更改为"**本质意志与抉择意志**"。

[③] 本书第一版(1887年)题为"自然法的序幕"。

以及它们各自形成的共同生活秩序;第二卷从心理学的角度解释了对应上述两种共同生活类型的个体心理事实与原理;第三卷则透过法学和政治哲学的视野解读了两种关系类型背后的规范以及共同生活的法权基础,其中又包含了双重的自然法脉络:第一重是私法层面的"共同体"或"社会"内部的人与人("人法")、人与财产("物权法")之关系的诸规范;第二重则是公法层面的、作为整体的共同体与社会为了维持自身所形成的法权秩序("公社"与"国家")。

本书卷与卷之间不仅相互对应、互作诠释,而且伴随着文本的展开,内容逐步变得丰盈。不过关于本书三卷之间的关系,特别需要指出的是:尽管论述心理机制的部分被安排在第二卷,然而从理解的次序来说,第二卷不仅占据着最首要的位置,而且统领其他两卷。① 滕尼斯认为,考察人的行动以及相互之间结成的各种关系,必须以理解人心、理解个体如何看待他所从属的类为前提,不实在地体会人在不同经验世界中的本能、欲望、情感和理智,也就不可能真正地展开社会学和法学的思考。

1. 共同体与社会

在最为人熟知的第一卷的开篇,滕尼斯即提出了"共同体"与"社会"这对概念,它们呈现出最朴素的意义,前者的本质包含着"真实的与有机的生命",而后者则是抽象出的"想象的与机械的构造"。可以说,滕尼斯对它们的社会学阐释展现了两重理论特征:一方面,它们分别对应古代和近现代的两种总体文化形态,共同体

---

① 参见本书第一版前言,XXIV。

的原型囊括了从古希腊—罗马的民社与城邦①、中世纪的日耳曼封建王国直到早期近代的自由市镇的漫长的欧洲历史的诸阶段,社会的历史原型则是近代以来的商业社会与国家;另一方面,他又并非按照纯粹历史的方式阐释这对概念,而是遵循着独特的历史哲学的思维进路、由简单到复杂地揭示它们的层次。

论述"共同体"时,滕尼斯接受了这个概念原本所指的"协同性"关系的意涵,进而创造性地为它注入历史的意义:首先,他用从母权制之家向父权制之家②过渡的历史展现了作为"共同体"的人类最初的关系形态,家庭里的母子关系呈现了人类意志完美统一的原型,因为它最直接地体现为身体的衍生或本能的结合,但是这一纯粹自然的关系最终要让位于由精神或心灵主导的关系,父子关系由于其支配的结构表现了最完善的共同体关系;简单的家庭关系将遵循从自然到心灵的脉络,衍生出更复杂的共同体关系,它们是血缘共同体(如家族、氏族、宗族和部族)、地缘共同体(如乡村社团)与精神共同体(如行会、兄弟会);同样,这些关系以及由它们构成的生活秩序不可能孤立地存在,它们必然同以"土地"为核心的物质条件紧密结合在一起、形成了不同的组织结构和活动形态。滕尼斯在讲述这些衍生的共同体时,从不同的历史原型做了对应性的解读,谈及家(Haus)或家族时,他尤其受法国历史学家库朗

---

① 特别值得注意,滕尼斯在早期罗马城邦、共和国同罗马帝国的性质之间做了非常严格的区分,如果说前者本质上仍然是共同体,那么由于罗马帝国的扩张、古典德性在帝国时代的败坏以及罗马法对所有臣民的"拉平化"的效果,罗马帝国实际上变成了社会的国家,滕尼斯也在借罗马帝国影射德意志帝国。参见本书第三卷第二章。

② 这里所说的家(Haus)指家庭产生之前的氏族或部族,不过滕尼斯在此着力论述的是"共同体"的基本关系及其原则,而家庭(Familie)则是承载着它们的基础。

热关于古希腊—罗马的家神崇拜与祭祀论述的影响,勾勒出"父权"支配下的、以灶火和餐桌为中心的家族日常生活景象;谈及乡村社团时,他以基尔克笔下的中世纪日耳曼封建制下的村庄作为典型背景,指出领主依靠强力和命令确保佃农的服从,佃农们则在领主的采邑或公共地上共同劳作;谈及精神团体时,他用中世纪以至近代早期市镇中的行会为对应者,行会里依靠师傅向徒弟传授技艺、指导人生,形成了牢固的精神纽带,他们过着休戚与共的生活。然而在滕尼斯看来,无论哪种衍生的共同体形态,皆植根于家庭这一典范①,家庭既天然产生了"共同领会"或"默认一致"的精神,它内在的母性气质和父性气质亦构成了塑造诸共同体关系的原初要素,这些要素彼此交缠,以不同的力量比例、结合方式形成了各种共同体的关系。

同共同体完全相反,滕尼斯将社会置于现代市民社会的视野,其出发点是断绝了一切自然纽带的、绝对独立的个体。展开论述"社会"概念时,滕尼斯沿着霍布斯、苏格兰启蒙思想家与马克思指引的理论方向,从人格、财产到制度,对"社会"概念做了逐步推进。在他的笔下,现代个体的基本处境就是霍布斯笔下的自然状态②,个体间本质上保持着彼此否定的态度;不过他随即以政治经济学的方式疏解自然状态的极端紧张性:社会之所以可能,或者说在这

---

① Ferdinand Tönnies, "Eutin", in *Die Philosophie der gegenwart in Selbstdarstellungen Band III*, Herausgegeben von Dr. Raymund Schmidt, Leipzig: Verlag von Felix Meiner, 1922, S. 211.

② Ferdinand Tönnies, "Hobbes und das Zoon Politikon", in *Ferdinand Tönnies Gesamtausgabe Band 15*, Herausgeben von Dieter Haselbach, Berlin: Walter de Gruyter, 2000, SS. 565-568.

种处境下个体仍然愿望同他人的结合,就在于他永远希望获得比现在手头更好的东西,故而他会同他人交换,同他人缔结契约,在观念里造出了一个共同的、虚构的人格;相对于承载共同体生活的永恒土地,这一抽象人格或社会的外化标志就是永不停止流动的货币,以货币的持有为唯一标准,社会不断地分离为商人与劳动者,前者是社会的主人,而后者则是社会的奴仆;从商人与劳动者的对立出发,滕尼斯追随马克思的脚步,在生产—分配—交换—消费诸领域深入剖析了社会具体的制度运作,不过,无论它们表现为何种特殊形态,社会的根本原则始终是商人与劳动者的分裂,商人追逐货币,在整个世界范围里自由流动,而劳动者则是社会这一"无生命的巨魔"的依附者。

2. 本质意志与抉择意志

在滕尼斯看来,要真正理解共同体与社会之间的对立,就必须深入到两种不同的人心世界,本书第二卷既是第一卷在心理学层面的对应者,也由第一卷的宗旨指引、展现出一套以行动(Tätigkeit)为导向的心理学体系。遵循从早期近代形而上学直到德国唯心论哲学的一贯传统,滕尼斯选择用"意志"概念指称人的全体心理事实及其活动。[①] 在此基础上,所谓"本质意志"(Wesenwille)和"抉择意志"(Kürwille)皆为滕尼斯本人自创的概念,它们的实质差别在于:前者是一个有机体的心灵结构,它自然地源于身体所出的有机体,而且是不断生成着的东西,其中的各种情感要素

---

① Ferdiand Tönnies und Friedrich Paulsen, *Briefwechsel 1876-1908*, Herausgegeben von Olaf Klose, E. G. Jacoby, Irma Fischer, Kiel: Ferdinand Hirt, 1961, S. 9.

（包括思维）相互关联且都从属于心灵整体，而这个心灵整体亦从属于更高的统一体；相反，后者并不是自然的，它纯粹由思维创造出来、按照思维的指示做决定。

最初，"本质意志"与"抉择意志"看似直接便是"共同体"与"社会"的对应者，然而随着作者详细地铺展它们的内容，它们实际上呈现出更广阔的理论解释空间。尤其当他根据从自然到精神的脉络、依次用"喜好""习惯""记忆"的机制表述本质意志的意涵时，本质意志已经跃出第一卷的"共同体"概念所设定的历史背景，变成普遍的心理世界，这不仅表现在滕尼斯调动大量现代的理论资源，充分地同霍布斯、斯宾诺莎、康德、席勒、叔本华、尼采和斯宾塞等思想大家展开对话，甚至运用时下实验心理学的研究成果[①]，尤其从本质意志最终指向"良知"（Gewissen）这一目的而言，他表露了同德国古典主义相契合的人文理想，而非意在单纯刻画古代人性，而且在接下来的"对二元对立的阐释"和"经验的意义"两章里，本质意志与抉择意志之间的对立被置于个体心理世界的内部，作为两种对立的精神气质，它们以不同的比例关系融合于我们每个人的"当下存在"（Dasein），每一个体都经历着浮士德式的命运抉择[②]；进

[①] 参见本书第一版序言："我联系一切心灵产物，指出喜好、习惯与记忆这三者之间的一致与区别……部分地在斯宾诺莎学说与叔本华学说的意义上成立，部分地使用生物学中的进化论手段实现。"

[②] 在一封写给泡尔生的信里，滕尼斯曾谈及本质意志与抉择意志的对立，实际上是"浮士德"同"梅菲斯特"的对立。浮士德象征着作为人性与民族性的文化（Kultur），象征着本质意志、情感与共同体。而梅菲斯特则象征着渗透在浮士德身上的谨慎与考虑时冰冷的平静。Ferdinand Tönnies und Friedrich Paulsen, *Briefwechsel 1876–1908*, Herausgegeben von Olaf Klose, E. G. Jacoby, Irma Fischer, Kiel: Ferdinand Hirt, 1961, S. 207.

一步地,滕尼斯甚至将对立扩展到社群生活,指出在迄今为止的任何时代,本质意志与抉择意志间的对立都表现在女人与男人、青年人与老人、俗众和知识分子之间的心理以及行为方式当中,它们彼此间的矛盾和斗争塑造了世界历史的进程。如此一来,本质意志与抉择意志各自投射出的心理世界的对立,既跨越了纯粹的历史思维,又为我们打开了思考现实和历史之复杂处境的大门。

3. 共同体的自然法与社会的自然法

立足于心理学和社会学的前提,本书第三卷从法权和政治哲学的角度解析共同体与社会间的对立,这一卷既是滕尼斯酝酿时间最长久的部分[1],也是前两卷的思想积淀、综合的成果。他以"自然法"这一统摄法与政治的根本原则为切入点[2],然而他又并非以某一特定时代的观念看待自然法的概念,而是延续了从孟德斯鸠直到黑格尔的总体历史观,并遵循第一卷奠定的社会学前提,将自然法视作古今流变中的"人们共同生活和共同思维之原始的、必然的产物",因而此卷被命名为"自然法的社会学基础"。

在滕尼斯看来,自然法的"自然"之意经历了从自然到人为的转变,发端于古希腊的有机的、目的论式的古代文化到罗马帝国时期被人为制定的、理性的、均一化的罗马法裂解,其后在罗马废墟上继起的基督教文明对世界帝国的渴求促使它重新接纳罗马世界

---

[1] 这一卷的构思可以追溯到滕尼斯在 1879－1880 年居留莱比锡期间关于两种自然法的研究和汇报。

[2] 在本卷§15,滕尼斯将自然法理解为法的原生质(Protoplasma),也即法之所以成为法的根据。

法，加速了古代文化的终结，这个过程的影响不断扩大，人们混合到一起，每个人都成了普遍者，人自由地在广泛的地域里流动，最热衷于变化、不竭地追逐财富和权力的商人群体成为现代世界的引领者，而近代发明的理性主义的、机械论的自然法则完美地道出了他们的人生观和构建整个世界的理论体系。从精神气质上讲，它是罗马法的继承者和"同胞兄弟"。

于是，共同体的自然法和社会的自然法要讲述的便是历史进程两端的、互为对反的共同生活的"道理"。滕尼斯构思《共同体与社会》时，曾言及"比较柏拉图的理想国（Politeia）同霍布斯的国家学（Staatslehre）具有十足重要的意义"①，他抓住两者的精髓，从历史（古代城邦与中世纪封建—现代商业社会和民主制国家）和思想史（历史主义—理性主义，有机论—机械论）扩展其意义，从私法（第三卷第一章）到公法（第三卷第三章）逐一对它们做了对比性的解读。

探讨私法时，作者形式上采纳了罗马法中关于人法和物权法的分类，人法的实质内容是个体和整体间的权利关系，物权法则是这一关系在财产占有上的表现，滕尼斯立足于第二卷"本质意志"的心理学探讨，提炼出有机的（从属于更高统一体）、目的论的（以统一体的目的作为自身目的）个体，继而将它同共同体理论所揭示的"家庭生活"这一典范紧紧结合到一起，父权制同由整体的身体（永恒不动的房屋和耕地）延伸而来共同占有财产的原则共筑为

---

① Ferdinand Tönnies, "Eutin", in *Die Philosophie der gegenwart in Selbstdarstellungen Band III*, Herausgegeben von Dr. Raymund Schmidt, Leipzig: Verlag von Felix Meiner, 1922, SS. 212 – 213.

"家庭法";与之相反,"抉择意志"刻画的绝对独立的、理性的人格同"社会"的自由交换一道,形成了基于私人之间协定财产关系的"债法"。

当然,两种自然法的内容不止停留于私法层面,它们必然要推及政治体的构建和运作。就像文本安排的从社会学到法权、从私法向公法的过渡的次序,滕尼斯理解政治关键在于政治以社群或广义的社会为根基,共同体的政治体、即公社(Gemeinwesen)建立在自然会聚、天然地服从权威者的基础上,其历史的经典原型是中世纪的封建制,与之相应的是人对风俗的敬畏、对神圣宗教信仰的精神结构;而社会的政治体则是人造国家(Staat),滕尼斯在此重述了霍布斯从"自然状态"到"政治状态"的过渡,国家的形成源于自由人的自由集会、合为统一的主权人格,不过在实在的历史进程里,唯有真正占有财富的商人、拥有权力的官僚才是能自由参与政治构建和运作的主体,他们使用人造的科学术语、靠着报刊舆论的手段支配公众的普遍激情。

(二) 古今之变与历史的辩证法

这样,《共同体与社会》将发端于 18 世纪,到 19 世纪臻于顶峰的"历史主义"与"理性主义"世界观间的对立用一种总体性的社会学的方式充分展现出来,这种对立不仅贯通欧洲历史的全局,而且囊括了社群生活的所有领域。然而,正如滕尼斯构思本书时表露的那样,理解它们间的"转化"比仅仅呈现事实更重要,这一点是单纯的历史主义者和理性主义者没有认识到的关键所在,故而它们各自只讲出了片面的真理。他在本书第一版前言里指出,本书要结合经验主义和辩证法,如果说前者的使命是将存在者及其现实的运动变化的规律揭示出来,那么与之相对,后者则意味着将"非存在者"必然地视作真正的"存在者"①,看似矛盾的两方面交织到一起,蕴涵着所谓"转变"的两重理解方向:其一是古今之变背后的本质;其二是现今时代自身中孕育出的否定力量与未来的可能趋向。

《共同体与社会》讲述的历史无疑是共同体正在消逝、社会正在形成并且走向繁荣的历史②,这一过程既包含着法权、宗教、经济生活等多方面理解的线索,它本身也非遵循一条简单的、直线式的路径③。发端于古希腊—罗马的"家—城邦"的共同体式的古代文化在罗马帝国陨落;之后从罗马废墟上成长起来的日耳曼诸民族源于自身的古老传统或早期罗马的影响,构筑起"家族父权制—庄园领主制—市镇行会制"的体系,因而延续了古代的共同体文化,然而与此同时,不断形成的基督教的统一信仰、大公教会及其支配下的世俗帝国对世界统一秩序的渴望使它接过了罗马帝国的权柄,猛烈冲击着区域性的古代文化遗产,为现代均一化的、理性的个体和商业社会的诞生扫清障碍,从这个意义上来说,近代理性主义自然法是罗马法的继承者,此后以萨维尼为代表的德国历史法学派挑起日耳曼法与罗马法的争讼,本质上正是以日耳曼的"民

---

① 本书第一版前言,XX。
② 本书第一版前言,XXIII。
③ 参见本书"结论与展望"§9。在晚年未完成的《近代的精神》(Geist der Neuzeit,1935)里,滕尼斯就这一问题展开了深入讨论。对历史演化及其动力学的研究亦被滕尼斯归为"应用社会学"范畴,同"纯粹社会学"、"经验社会学"一道构成社会学体系的三大组成部分。

族精神"或共同体精神同普世的国家与社会对抗[1]。

历史演化的必然趋势是社会的胜利,相较于历史主义者和浪漫主义者,滕尼斯更清醒地意识到这一点。然而正像他在本书第一版结论引用的古希腊史学家波利比乌斯的名言:"任何身体和政治体都会经历自然的成长、全盛直到衰落的过程",社会本身就孕育着自我毁灭的种子,而他恰恰从社会的内在逻辑出发、在"个体—社会—国家"间环环相扣的关联中抓住了批判的要害:不像浸染在共同体文化中的个体,社会人不再自然地感到自己从属于一个更高的整体,更不必说对整体负有什么天然义务,他变得"不安分",完全成了孤独者,只基于自己的利益行动,在一个所有人皆如此的世界,所谓的关系、组织甚至国家,都不过是个体人为地制造出的牟利工具,如此人性造就的社会也将走到濒临死亡的一刻,那些占有财富的资产者、手握权力的官僚携起手来,希望利用他们制造的国家机器,最大程度地控制商业、榨取劳动者的价值,与之相对,越来越多的农民和城市劳动者却被抛入贫困乃至绝望的生活,他们在辛苦的肉体劳动和精神的麻痹间耗尽生命,一旦被压迫的劳动者认识到他们不幸的根源,通过自觉地联合,发动暴动和革命,那么迄今为止的文化便消亡了。

滕尼斯关于社会前景的悲观预判,很大程度上源于对俾斯麦治下的德意志帝国的忧虑甚至厌恶,循着青年时代的偶像尼采的脚步、交出了这部"不合时宜"之作。然而他又并非像那些给他扣

---

[1] 参见第八版前言手稿,本书附录三。

上"社会悲观主义"帽子的人①所说的那样止步不前,而是以本书为起点,思考改造社会的未来进路,就此而言,共同体既是对立于社会的历史文化,更是用来反思社会的理论参照系。批判首当其冲便是针对现代人的心理世界②,相对于自然情感同人造理性分离的处境,共同体式的本质意志既意味人的自然起点,更指向人在成长的过程中的理智与情感的谐和,自身同所属的更大统一体内的情感联系。滕尼斯的人性理想是魏玛古典主义"浮士德"精神的回响,歌德吟诵的人生完整的教化历程、歌颂的女性羞耻感和礼法,席勒反专制君主的呐喊和美育的思考在此合为一体,为重塑现代人的伦理品性提供了理论出发点。此后,滕尼斯关于家庭、教育、合作社、政党与议会的一系列改革计划,都是在《共同体与社会》曙光照耀下绽开的花朵。

四、《共同体与社会》的版本与译介说明

在滕尼斯生前,本书前后共出过八个版本。1887年7月,第一版以"作为经验的文化形式的共产主义与社会主义"为副标题,由莱比锡的赖斯兰出版社发行。25年后(1912年),本书第二版改由柏林的库尔提乌斯出版社发行,同第一版相比,文本内容经过了较大更改:首先,伴随着20世纪以来滕尼斯的"社会学体系"(纯粹社会学、应用社会学与经验社会学)思想的确定,本书副标题改成

---

① Harald Höffding,"Sozialer Pessimismus", in *Tönnies-Forum*, 1998:1, SS. 52—65.
② 本书第一版前言,XX。

了"纯粹社会学的基本概念";其次,作者删改的语句以及部分篇章末尾添加的内容(即本书注明的 1912 年补充)证实了他对德国现实与未来命运之判断的改观,以及通过共同体塑造民族伦理生活的信念;除此之外,作者改变了一些陈旧的、不合时宜的修辞。可以说,第二版奠定了本书的最终格局。1920 年,本书第三版出版,此版本将过去第二卷的"志愿"(Willkür)概念改成了"抉择意志"(Kürwille)概念。此后,第四版与第五版于 1922 年问世,第六版与第七版于 1926 年问世。1935 年,由于纳粹上台、政治形势恶化,第八版最后交由莱比锡的布斯克出版社发行。除了第四版添加的少量内容(即本书注明的 1922 年补充),从第四版到第八版,文本内容没有改动。

第二次世界大战之后,德国的出版集团陆续重版《共同体与社会》。坐落于达姆施塔特的科学图书出版公司(Wissenschaftliche Buchgesellschaft)于 1963 年重印了滕尼斯生前最后一版的《共同体与社会——纯粹社会学的基本概念》(第八版),这一版保留了 1935 年版的花体字。1978 年,科学图书出版公司又推出了普通印刷体版的《共同体与社会——纯粹社会学的基本概念》,这个版本于 1979 年印刷面世。在 1991 年、2005 年、2010 年,它又被重新印刷出版。除此之外,许多出版公司专门推出了《共同体与社会——作为经验的文化形式的共产主义与社会主义》,即第一版《共同体与社会》的影印本。德国基尔的滕尼斯学会也计划将第一版的《共同体与社会》收录为正在编订的 24 卷《滕尼斯著作全集》(*Ferdinand Tönnies Gesamtausgabe*)中的第二卷,预计将于 2019 年面世。

除了德文本的修订与再版,《共同体与社会》也被翻译成多国文字的版本,包括英译本、法译本、西班牙文译本、意大利文译本、日译本、匈牙利文译本、中译本①等。其中,存在着两个不同的英译版本:

第一个英译版本是由已故的美国密歇根大学社会学教授查尔斯·鲁米斯(Charles P. Lommis,1905-1995)于 1940 年翻译的 *Fundamental Concepts of Sociology* (American Book Co., 1940);随后,这本书于 1955 年再版,改名为 *Community and Association* (Routledge & Kegan Paul, 1955);1957 年,这部译本再度重版,并加入了鲁米斯、索罗金(Pitirim A. Sorokin)、赫伯勒(Rudolf Herberle)等人撰写的研究性导言,书名改为 *Community and Society* (Michigan State University Press,1957);这部译著后来又分别于 1963 年、2002 年、2011 年再版。鲁米斯的译本是英语学界的第一部《共同体与社会》译本,对引介滕尼斯思想、推广滕尼斯研究功不可没,然而受制于美国 20 世纪 50-60 年代社会学的"实用"旨趣,这部译文的缺陷也很明显:首先,它放弃了滕尼斯本人为《共同体与社会》不同版本做的序,这些序言实际上对引导读者进入本书语境起至关重要的作用;其次,可能为了顾及美国人的阅读经验,鲁米斯并没有对德文一字一句地译,而是比较粗线条地采取意译的方式,这导致原书的很多内容都没有翻译出来。

第二个英译版本是由英国牛津大学现代史教授荷塞·哈里斯

---

① 1999 年,商务印书馆曾出版了林荣远先生翻译的《共同体与社会》的中译本,其后,北京大学出版社于 2010 年重版了该译本。

(Jose Harris)编写、荷塞·哈里斯与玛格丽特·霍利斯(Margaret Hollis)共同翻译的 Community and Civil Society (Cambridge University Press, 2001),它被收录在剑桥政治思想史著作集(Cambridge Texts in the History of Political Thought)里。该译本沿袭了剑桥学派的语境研究风格,译者严格遵照作者本人的表述,句句对应着翻译,并且对作者的生平、思想背景、主要概念直至文本内容都做了详细的导引和注释,可谓英语读者的首选阅读文本。不过可惜的是,这部译本只翻译了《共同体与社会》的第一版序言,其他研究价值很高的版本序言以及相关文献皆被舍弃了。

读者眼前的这部新的中文译本,乃是译者依照德国科学图书出版公司 1979 年的德文本 *Gemeinschaft und Gesellschaft: Grundbegriffe der Reinen Soziologie* (Darmstadt: Wissenschaftliche Buchgesellschaft, 1979)译出的。同时,译者对比了 1887 年的第一版《共同体与社会》,采用的是 Nabu 出版社 2010 年发行的影印本 *Gemeinschaft und Gesellschaft: Abhandlung des Communismus und des Socialismus als Empirischer Culturformen* (Leipzig: Fues's Verlag 1887)。由于第一版的《共同体与社会》的内容与表述同后来的版本差异较大,所以译者在第一版与最终版本间逐字逐句地做了比较,以"中译者注"的方式标明了两者的差异。需要指出的是,德文本里每一节的小标题都集中标记在目录里,而正文部分没有显示小标题[①],译者将每一节的小标题都

[①] 德文本编者之所以删除正文里的各节小标题,是因为考虑到这些小标题并非滕尼斯本人所拟。不过,译者仍然坚持将小标题放到正文每一节之前,方便读者理解大意。

标记在每一节正文的开始,以便读者把握每一节的大意。与此同时,在翻译过程中,译者分别参考了鲁米斯和哈里斯的英译本,这两部英译本的具体版本为：*Community and Society*（Dover Publications,2011）与 *Community and Civil Society*（Cambridge University Press,2001）。特别要说明的是,译者参照并翻译了哈里斯译本里比较重要的、能够提供背景材料的注释,希望对读者理解本书有所帮助。

处理译文时,由于德文版编者撰写的"1978年新版前言"与"1963版前言"仅仅涉及出版和编辑事宜,故而译者删去了它们。在附录部分,译者翻译了《共同体与社会——文化哲学的原理,1880/1881年手稿》。这篇文献是滕尼斯为申请德国基尔大学的哲学教授职位而撰写的论文,在其中,滕尼斯阐发了一套以社群心理学为基础的统一的经验科学,它实际上是未来的《共同体与社会——作为经验的文化形式的共产主义与社会主义》(第一版)以及《共同体与社会——纯粹社会学的基本概念》(第二至八版)的先导。然而直到现在,它并没有在思想史里获得应有的重视。译者将它翻译过来,希望有助于读者统一、全面地观照《共同体与社会》。《文化哲学的原理》后来成为了滕尼斯1925年出版的《社会学的研究与批判·第一卷》(*Soziologische Studien und Kritiken. Sammlung I*, Jena: Gustav Fischer, 1925)的首篇文章。本书被收录在《滕尼斯著作全集》的第十五卷,译者依据的正是已出版的第十五卷里的这篇文章(*Ferdinand Tönnies Gesamtausgabe. Band 15*, Berlin: Walter de Gruyter, 2000, SS.31–67)。

附录二是译者补充翻译的《共同体与社会》第三版前言,这篇前言本是滕尼斯于1919年为即将出版的第三版《共同体与社会》写的序,不过,本文最终并没有出现在正式出版的著作里,而是发表在德国社会民主党的官方刊物《新时代》(*Die Neue Zeit*)上。这是一篇热情洋溢而又沉着冷静的文章,当时正值一战结束,战败的德国内部分裂不堪、秩序混乱,人民陷于贫穷和耻辱的境地,各种打着无政府主义和共产主义口号的暴动甚嚣尘上,滕尼斯用坚定的信念鼓励人民奋发向上并勇敢地击碎了那些幼稚的、虚伪的政治幻象,他提出了合乎德意志民族时代要求的社会主义道路:在民主国家的秩序框架内,通过节制私人资本、营造劳动共同体与合作社,重建德国的经济和伦理生活。这篇文献有助于使读者从时代背景出发,理解滕尼斯的政治态度以及他的"共同体"思想与社会主义观念之间的关系。本文同样收录于1925年出版的《社会学的研究与批判·第一卷》。译者依据《滕尼斯著作全集》第十五卷里的这篇文章(*Ferdinand Tönnies Gesamtausgabe. Band 15*,Berlin:Walter de Gruyter,2000,SS.101-111)译出本文。

附录三为《共同体与社会》第八版前言手稿,这篇文献同样是译者的补充翻译。它是滕尼斯为第八版《共同体与社会》撰写的前言,作于1934年,然而1935年的出版物最终并没有收录它。滕尼斯写作这篇手稿的年代,正值德国纳粹政府上台,即将步入古稀之年的滕尼斯不仅回顾了自己创作本书的心路历程,而且对纳粹政府的浪漫主义与保守主义之根做了淋漓尽致的揭露,唱出捍卫自由的"天鹅之声"。这篇手稿现作为滕尼斯遗稿被保存在德国基尔的石勒苏益格—荷尔施泰因州立图书馆。滕尼斯的学生雅各比曾将本手稿载于他的研究著作《斐迪南·滕尼斯的社会科学思想中的现代社会》(*Die moderne Gesellschaft im sozialwissenschaftlichen Denken von Ferdinand Tönnies*, Stuttgart: Ferdinand Enke Verlag, 1971, SS.89-92)中, 本译文是从该书收录的印刷稿翻译过来的。

除了以上添加的三部文献, 译者在附录部分还编写了《重要概念的译法说明》与《滕尼斯生平及大事年表》, 以期读者加深对本书以及滕尼斯的生平、著作和相关事件的了解。

目 录

第一版前言 ·· 1
第二版前言 ·· 20
第四版和第五版前言（附第三版前言摘录） ·· 42
第六版和第七版前言 ·· 51
第八版前言 ·· 62

第一卷　关于主要概念的一般规定

主题 ·· 67
　§1,2.有机的与机械的形态——一般性的定义——辩护与命名
　·· 67

第一章　共同体的理论 ·· 76
　§1.共同体的胚胎形式 ·· 76
　§2.胚胎形式的统一与完善 ··· 80
　§3.享受与劳动的交互关系 ··· 83
　§4.过度与抵消 ·· 84
　§5.威严——长者威严——强力威严——智慧威严 温情和敬畏
　·· 86
　§6.血缘共同体——地缘共同体——精神共同体 亲属关系——

邻里关系—友谊 ·················· 87

§7. 父亲的威严—王侯的威严—师傅的威严 审判者的功
　　能—公爵的功能—教士的功能 ············ 90

§8. 作为共同体之表现的威严和服务 不平等的界限 ······ 93

§9. 作为共同体意志的共同领会—自然法—语言—母语—
　　默认一致或家庭精神 ················· 95

§10. 自然统一体的划分与重组 民族—部族—氏族 乡
　　　村—行政区—村庄 城镇—行会—社团 ········ 99

§11. 相互占有与享受—对共同财产的占有与享受 农田与
　　　家园 ························ 102

§12. 共同体的普遍倾向 发展的模式 首领与成员 最后的
　　　统一体 家 ····················· 104

§13. 家内生活—三个层次—家内生活中的仆役 ······· 107

§14. 家政—灶火和餐桌—对交换的陌生 ·········· 109

§15. 孤立的家—农民之家—城镇之家—对城镇和乡村的
　　　补充—交换的形式 ················· 111

§16. 家的类比—村庄—村庄和边区中的领主庄园—财产
　　　的关系 ······················ 114

§17. 乡村社团和公共地 作为家政的社团—经济的、共产
　　　主义的组织 ···················· 119

§18. 城镇作为共同体式的有机体—作为艺术的手工业—
　　　艺术与宗教—宗教的发展—宗教与艺术在城镇中的
　　　功能—城镇与商业 ················· 124

第二章　社会的理论 ······················ 129

§19. 定义—否定的基础—交换—共同的财产—共同的意志—价值的等同—客观判断 …………………………… 129

§20. 价值作为依附于社会的客观品质；只能用对社会而言必要的劳动量来表现价值—经验的意义 ………… 133

§21. 作为价值的商品和作为商品的价值 货币的概念—交换的应用—纸币 社会和科学 ………………… 137

§22. 契约—纯粹意志的给付—同意—债务与要求—共同的财产和分割的财产 …………………………… 139

§23. 信用—作为货币的替代品的信用—私人货币—根据信用出售货币—作为绝对商品的债券—社会的悖谬 ……………………………………………………… 142

§24. 用行动替代交换的实物—用行动替代承诺的实物—强制行动的权利—结合—作为特殊主体的结合—法权秩序的自然内容—涉及可能的改变—作为法律的自然法—协定与传统 …………………………… 145

§25. 市民社会—人人皆商—社会的现实存在—潜在的战争—普遍的竞争—协定性的社交—道德意义上的社会 ………………………………………………… 148

§26. 社会的进步——一个民族内的商人们的联合—超越一个民族内的商人们的联合—世界市场—商人群体的划分—资本—作为商人的出售自己劳动力者—区分 ……………………………………………………… 152

§27. 艺术与商业—在共同体生活之外的商人的地位—债权人的地位—动机—信贷业—对商人等级的有机论

解释 …………………………………………………………… 155
§28. 矛盾—牟取利润的意图—无限—共同体观点的不恰当—作为社会的主人的商人或资本家—奴役—奴隶是社会的主体？ …………………………………………… 159
§29. 劳动力—变卖劳动力，换取货币—劳动力的购入与再出售 ……………………………………………………… 163
§30. 同商业相比的高利贷和地主所有制—对劳动力的剥削—商人与手工业者—预支材料等 ………………… 165
§31. 从手工工场内部发展而来的商业原则—外部因素如何对内产生影响—大企业—技术—机器—工业的三个阶段—乡村经济中的类似情况—作为工业部门…… 169
§32. 商人的变形—师傅的变形—领导—可排除的—企业主—变种—风险—临时的状态—同商业相对的资本主义生产 …………………………………………………… 173
§33. 对立的观点 制成的商品—正在产出的商品—劳动与让他人劳动—按照志愿增加产品的数量 …………… 176
§34. 商业的利润与工业生产的利润—劳动力的价值与劳动的价值 ………………………………………………… 178
§35. 劳动力的价值与价格 出于使用的意愿而购买商品 ………………………………………………………………… 179
§36. 由于出售的意愿而购买商品—劳动力的可能价格及其界限—劳动力价值的可疑性 ………………………… 181
§37. 社会必要劳动时间的实现—垄断者之间的价格竞争—法则的概念意义—可追溯到同一原则 ………… 184

§38. 商品市场中的服务—劳动市场中的服务—资本主义主体作为表面上的创作者，劳动是价值的真正原因 ………………………………………………… 187

§39. 零售市场—对立的运动—商品销售者提供的剩余服务—按资本主义方式提供的服务 …………… 191

§40. 资产阶级和劳动阶级—社会的各个构成部分—社会概念之总体构成的条件 …………………………… 192

第二卷 本质意志与抉择意志

第一章 人的意志的诸形式 ……………………………… 199

§1. 概念界定 ……………………………………………… 199

§2. 本质意志包含思维，抉择意志是思维的产物 ……… 200

§3. 本质意志与行动—抉择意志与行动 ………………… 201

§4. 本质意志与有机生命—本质意志与有机生命的发展 ………………………………………………………… 202

§5. 植物性的生命和动物性的生命—植物性的意志和动物性的意志—心灵性的意志 …………………… 205

§6. 本质意志的第一种形式：喜好—发展与成长—感觉器官 ………………………………………………… 208

§7. 本质意志的第二种形式：习惯—经验与练习—发展与练习—动物与人的精神实质—习惯与知性 …… 211

§8. 本质意志的第三种形式：记忆—普遍的意义—新近心理学家的观点—"学会"相互关联—话语—幻想—记忆与理性 …………………………………………………… 215

§9. 进一步的界定：A)从情感引申出的有意识的行动—大脑的活动；B)素质与环境—素质与练习—学习；C)人的自然—第二自然—第三自然—肯定与否定—个体的自然的内容—表达；D)作为激情的人的本质—作为勇气的人的本质—作为才华的人的本质—作为天性的本质意志—本质意志的所有形式；E)意志的品质—好的意志—德行：道德意义上的善—人的善—正直，善，忠诚—道德上冷淡的德行 …………………………… 220

§10. 对抉择意志的考察—通过目的而形成的统一体—思维的统治—思维的自由—以及因果关系 ………… 230

§11. 抉择意志的形态—a)选择的方向—思虑，b)确定行动的方向—决定—c)思维本身的方向：概念 …… 232

§12. 抉择意志的总形式—器具—作为"努力追求"的普遍的表现—作为"计算"的特殊的表现—作为"自觉意识"的精神的表现 ………………………………… 236

§13. 作为一个外在物的最高目的—对幸福的追求 ……… 239

§14. 对幸福的追求—普通的幸福和更高的幸福—对手段的追求—对一个权力之上的另一个权力的追求—对货币的追求—现实中努力追求的诸方式 …………… 242

§15. 思想中的愿望—从中产生的结果—并非善的意志—聪明—狡猾—启蒙—抉择意志的结果 …………… 246

§16. 从本质意志出发的评判—利己主义的评判—利己主义者的评判—性情与良知中的反抗 …………… 248

§17. 头与心—情感与知性—思维的本性—记忆与倾向 … 251

§18. 观念的结合—自己的事情—义务感—事业—思维与意愿—思维的挣脱—目的与手段—最好的手段 …… 254

第二章 对二元对立的阐释…………………………………… 258

§19. 作为自然器官的本质意志的形态—作为人为工具的抉择意志的形态 …………………………………………… 258

§20. 本质意志的质料作为自由与真正的可能性—抉择意志的材料作为自由与观念的可能性 ………………… 260

§21. 抉择意志中的自由—对手段的消耗—作为购买的行动—作为否定的意志—乐趣的元素与痛苦的元素 … 262

§22. 本质意志中的自由—从"可能"发展到"必须"与"现实的发生"—作品与劳动的关系—同化—通过爱的力量而形成的心理的、真实的器官—真正的属己之物 264

§23. 有机整体及其部分—快乐与痛苦—一致—抉择意志的对立面 ……………………………………………… 267

§24. 抉择意志的诸形式与孤立的人—人的辩证的对立方—人的关系和本质意志诸形式的关系 ………… 269

§25. 经验的偏离—禀性—性格;思维方式—本质意志与抉择意志之间的争斗—禀性里的自然物或人造物等 ……………………………………………………… 271

§26. 通过本质意志和抉择意志形成的我们情感上的爱好—流动物与干燥物—柔软物与坚硬物—温暖物与冰冷物—有机的质料与僵死的材料—具体的东西与原初的东西—抽象的东西与人造的东西 ………… 275

§27. 作为天职的生活—作为生意的生活—方法—理论—

正确的目标—判断—行动 …………………… 276
§28. 知识的重要性—意愿的技巧—思维自身的条件—科
　　　学的思维与计算—逻辑 ……………………… 279
§29. 作为机械性劳动的思维—作为有机性与艺术性劳动
　　　的思维—教与学 ……………………………… 281
§30. 工具制造中的技艺—器械与方法的作用—对劳动的
　　　还原 …………………………………………… 283
§31. 作为艺术精神的本质意志—幻想的生产力—从抉择
　　　意志培养的抉择意志—概念—概念的传授—教师与
　　　指导者的功绩—涉及艺术 …………………… 285
§32. 作为动机的本质意志的诸形式—规范—作为动机与
　　　规范的抉择意志的诸形式—意志的自由 …… 287
第三章　经验的意义 ……………………………………… 291
§33. 两性的对立—清醒的专注力—远见与判断—艺术中
　　　的科学程序 …………………………………… 291
§34. 女性的生产力—被动的统觉—直接性—鉴赏力—俗
　　　众里的有才能者—女人的本性—艺术家与人造人—
　　　禀性中的矛盾—性格—思维方式 …………… 295
§35. 青年与老年—儿童的纯洁—通过良知获得的进步—
　　　激情的增加与减少—通过经验得到的财富—专注 … 300
§36. 心灵领域中的对立—俗众与有教养者—俗众中的良
　　　知—通过思维毁灭的东西—自觉意识 ……… 303
§37. 作为羞耻的良知—与共同体的关系—荣誉—道德—
　　　社会的生活与表象 …………………………… 306

§38. 市场和沙龙—羞耻作为愚蠢的东西—良知与宗教—世界史的主题—反题的局限性 ················· 310

§39. 本质意志与共同体—抉择意志与社会—女人与共同体的生活—家事—农耕—艺术 ················· 312

§40. 男人的劳动与商业—商业与欺骗—社会的基础—女性与工厂劳动 ································· 317

§41. 相应的对立—儿童与共同体—儿童的劳动—科学教育—成熟了的长者与社会 ················· 321

§42. 俗众与共同体—教养与商业—俗众的终结—无产阶级与自觉意识—社会的终止 ················· 324

第三卷 自然法的社会学基础

第一章 定义与命题 ··· 331

§1. 作为有机统一体的自我—有机体—目的—生存能力—整体与部分—作为具体的普遍性的人—划分—类型—自然的集会 ····························· 331

§2. 作为机械的统一体的个人—虚构—多样和统一—"个人"的体现—决定—集会，自然人的平等 ······· 336

§3. 自为的集会—人造的人格—承认—理论的人格化—代表—人造人—聚集的手段—虚构的抉择意志的主体 ·· 341

§4. 作为自我的共同体—作为个人的社会—法与法的体系—家庭法与债法—财产法 ····················· 344

§5. 本质意志的领域—抉择意志的领域—财产—有机的财

产与机械的财产—占有物与财富—内部的财产与外部的财产—统一与多样 …………………………………… 347

§6. 同身体和生命的关系—同他者的可能行动的关系，对牲畜的占有—对土地的占有—对自己的创造物的占有—内化—转让—商品—货币—债务 …………… 349

§7. 群体与对立—身份与契约 …………………………… 354

§8. 统治与财产—共同体中的统治与财产，社会中的统治与财产—占有劳动力—占有作为商品的人的财产—统治者的职责—双面特征 ……………………………… 357

§9. 报酬—功劳与结果—时间上双方的、同时的行动，分配的正义与交换的正义 ………………………………… 361

§10. 服务关系与契约关系，普遍的能力、观念与概念，抽象的劳动与简单的劳动，劳动的价格，领取报酬的工人与雇主 ………………………………………………… 364

§11. 捐税—习惯与义务—请求与恩宠—感谢—捐税的废除—报酬的废除—强者的反抗—施舍与小费—礼物与信念—表象的维持—捐钱—税收 ………………… 367

§12. 生活与法—质料与形式—身体的结合—物的交换—单独的与普遍的契约—法人 ……………………………… 372

§13. 结合与联盟—契约的增加—身份的适应—共同体的结合与联盟—婚姻—契约里的关系—商业交往—信任—通过计算替代—劳动契约 …………………… 375

§14. 社会的结合—目的—财富里的手段—特定的目的与特定的手段—资本的组合—单独的人与结合—股份

公司——劳动作为股份 ………………………………… 379
第二章　法中的自然物 ……………………………………… 388
　§15. 古代法哲学的问题——解答——双重意义上的自然物…… 388
　§16. 古代文化的进程——普通法——普遍性与原初的——源自经验的虚构与抽象 ……………………………………… 390
　§17. 普遍的自由——普通法与自然法——普遍的事物与特殊的事物——推论 ……………………………………… 393
　§18. 婚姻的普遍性——双重含义——良知的秩序——神圣的法——作为世界之法的市民法——偶然的秩序与必然的秩序——抽象的人 ……………………………………… 396
　§19. 社会的秩序——流通法或商业法——罗马帝国里的生活与法 ……………………………………………………… 399
　§20. 基督教文化与罗马的世界法——各种影响之间的关系——共同体的消解——家庭与婚姻——新自然法——公法与立法中的新自然法 ……………………………………… 401
第三章　相互关联的意志的诸形式——公社与国家 ………… 406
　§21. 喜好与共同领会——信念与默认一致——习惯与风俗——性情与习俗——风俗的意义与内容 ………………… 406
　§22. 习俗——家乡——居住的、耕作的、占有的大地——对祖先的纪念——婚姻的缔结与习俗 ……………………… 408
　§23. 作为习惯法的习俗——习俗的范围——习俗与默认一致——共同的方向 ……………………………………… 411
　§24. 分离的方向——作为自然法的默认一致，作为实在法的习俗——公社的类型 ………………………………… 414

§25. 公社与共同体—作为军队的公社—军队集会与首领—王侯的威严 418

§26. 军队与财产—军人阶层—贵族—贵族与平民 420

§27. 一个公社的各个部分—城镇作为理念的实现—城邦—公社的崇高—群众社团的双重含义 422

§28. 合作社与协会—公社、教会与世界帝国的相互关联—协会与强制手段—规章 425

§29. 国家与它的目的—社会与国家之上的法—作为法的解释者和创制者的国家—立法权—政治—作为社会的国家—没有任何法对抗国家的法—行政—社会主义—世界国家—国家的消亡 429

§30. 共同意志的最终形态—信仰与宗教—教义与公共舆论，它们与家庭生活以及习俗的相互关联—它们与公社的相互关联—宣誓—道德的主要部分 434

§31. 公共舆论与科学—行动与意见—政治舆论—政党与政府—报纸业—新闻媒体的力量—通向世界共和国的趋势—普遍的限制 437

附录　结论与展望

结论与展望 445

§1. 秩序—法—道德 445

§2. 社群意志的实体与抉择意志的自由—群众与国家 447

§3. 秩序与禀性—法与性格—道德与思维方式—转变 449

§4. 社会与大城市—地区—世界—商业城市—首都—世界

城市 452
§5. 家庭生活—维持与衰败—习俗的衰败—社会的反作用与国家的反作用 455
§6. 对民众的影响—民众与国家以及社会的关系—文化与文明 459
§7. 总结—时代—关于意志形式与生活形式的总括 460
§8. 个体生命过程的类比—植物性的生命与动物性的生命—心灵性的生命与上述两种生命的关系 463
§9. 共产主义—个体主义—社会主义—古代的文化总体与现代的文化总体—使命 466

索引 469

附录1：共同体与社会——文化哲学的原理，1880/81年手稿 476
附录2：《共同体与社会》第三版前言 526
附录3：《共同体与社会》第八版（1935年）前言手稿 538
附录4：重要概念的译法说明 547
附录5：滕尼斯生平及大事年表 552

第一版前言①

在本世纪②的进程里,历史的观点与理性主义观点之间的对立,已经渗透到了各种关于社群(Social-)的科学、或者说各个文化科学(Cultur-Wissenschaften)里的一切领域。就这个对立的根源而言,它与经验主义和批判哲学对理性主义稳固体系的攻击一致,比如说在德国,理性主义体系就通过沃尔夫学派(*Wolffische Schule*)③得到了确定的表现。因此,把握经验主义和批判哲学这

---

① 作者将第一版(1887年)的《共同体与社会》题献给他的导师与挚友弗里德里希·泡尔生。题献词引用了盖伦(Galen)《哲学史》里的一段古希腊文,中译者根据 Harris 版的英译译出:根据色诺克拉底(Xenocrates)的说法,哲学的发明是为了去除生活事务中的无序因素。——中译者

② 指19世纪。——中译者

③ 克里斯蒂安·沃尔夫(Christian Wolff,1679-1754)是18世纪德国启蒙哲学的代表人物,出生于布雷斯劳,早年在耶拿大学与莱比锡大学接受神学与哲学教育。1707年受聘于哈勒大学,担任数学与自然哲学教授,1723年,由于遭受哈勒宗教狂热分子,尤其是敬虔派的诽谤,沃尔夫被腓特烈·威廉一世驱逐出哈勒大学。随后,沃尔夫在马堡大学担任哲学教授。1740年,腓特烈二世将他召回哈勒,并给予他最高荣誉,直到1754年沃尔夫去世。哲学史家通常将沃尔夫的哲学与莱布尼茨联系在一起,认为这种哲学是莱布尼茨哲学的体系化,并将他们的哲学合称作"莱布尼茨—沃尔夫体系"。沃尔夫在他大量的拉丁文和德文著作里全面探讨了哲学的各个领域,不仅为哲学做了重新分类,而且运用几何学方法把哲学抽绎成各个理智的规定(概念、定义与命题等等)、由此建立了一个无所不包的知识体系。对后来的德国哲学来说,沃尔夫的贡献之一就是创始性地奠定了德语的哲学概念框架,推动了后世的德国哲学家运用共同的母语哲学术语进行思考。在沃尔夫之后,其学派的主要代表人物包括:比尔芬格

两个方法之间的关系,对当前所尝试的一种对社群生活的基本问题的新的分析而言,具有非同小可的意义。

如果说,尽管经验主义的观点以决定性的态势取得了对理性主义的胜利,但同时,经验主义又是理性主义在形式上的完成,那么这个说法就是矛盾的。然而,这一点却恰好最为明确地表现在康德的认识论里,康德的认识论要求统一经验主义与理性主义的对立,根据它的内容来说,它既是修正了的经验主义,又是修正了的理性主义。很清楚,这样的统一已经在休谟的纯粹经验主义那里出现了;因为休谟也不研究在现实中是否存在关于事实和因果(Cäusalität)的普遍而必然的认识,而是从概念出发推论出了它们的不可能性,正如后来康德相信可以从概念出发推论出它们的现实性、因而还有它们的可能性。两人都按照理性主义的方式行事,但是却得出了相反的结果。

休谟还假定了关于知觉(Wahrnehmung)的经验主义,在这个意义上,仿佛认识(Erkenntnis)就是事物的客观性质和状况对人类灵魂的一块白板(eine *carte blanche*)所产生的作用。不过在康德看来,虽然我们听任事物的现实存在(Dasein)以及它们的共同作用,但是知觉本质上是主体活动的产物,正如思维本身那样。因

尔(Georg Bernhard Bilfinger,1693 – 1750)、哥特舍德(Johann Christoph Gottsched, 1700 – 1766)、克努岑(Martin Knutzen,1713 – 1751)、鲍姆加登(Alexander Gottlieb Baumgarten,1714 – 1762)甚至是前批判时期的康德。滕尼斯认为:近代德国的知识启蒙始于沃尔夫哲学体系在德国知识界发挥最显著的影响,沃尔夫的哲学不仅融合了近代理性主义原则、以严谨的形式构造了一个全面的知识体系,而且开创性地建立了一套统一的新学术语言。最终,沃尔夫的哲学"点燃了"(illuminaion)近代德国新兴市民阶层的意识,为后来康德批判哲学的产生奠定了基础。参见 Ferdinand Tönnies, "Philosophical Terminology,Ⅱ",*Mind*,Vol.8(1899),474 – 475。——中译者

而按照康德的意思：能否与真理取得一致，这一点取决于"认识工具"（Erkanntnisßgeräthe）的相同特征，在超出直观形式与知性范畴的地方，认识工具就无非是观念的集合（Complexe von Ideen），尤其是知觉与表象（Vorstellungen）同名称与判断的结合，只要这里涉及的是对事实的见解。与此相对，当我们寻找既定结果的原因时，我们必然已经设定了关于力量源［Agentien］（有生命的东西，物品或力）以及它们起作用方式的确定概念，这样一来，我们就可以从种种可能的东西中选出必然的或确定的东西。

然而根据休谟的经验主义，必然的或确定的东西不能通过其他的方式获得，而只有通过一种从有规律的时间序列里得到的知识来获得，所以事实上，一切具有同样类型的相互关联最开始都被看作松散的，最终通过作为习惯（Gewohnheiten）的经常性重复而被固定下来，并且被视作必然的、具有因果性的东西。这样一来，因果性就从事物那里被抽取出来并移植到人身上，当康德坚持将因果性视作知性的范畴时，休谟的这种移植就无异于康德的做法。

不过，康德摒弃了休谟从纯粹个体经验出发所采取的解释。在康德看来，因果性先于一切经验，如此一来，康德的观点实际上指明了一条朝向更深刻解释的道路。因为在休谟那里所发现的心理学法则无论如何都需要进一步的补充，甚至需要建立其自身的依据，通过正在从其胚芽中形成着的、因此作为被赋予了力量与倾向的确定素质（Anlagen）这一精神的观念（Idee），以上的需要得到实现。从生理学的规定上来说，人的思维区别于"兽类的联想"

(*consécutions des bétes*)①，这一点可以仅仅从人的大脑皮层的本质(der Essenz der menschlichen Großhirnrinde)来理解，由于大脑皮层，一种对所得到的印象进行协调(coordination)的特定行动就是必然的，伴随着大脑皮层的发育，这样的行动也发展起来，同时，一种确定的关系，即被感知到的内在整体状态与某些特殊感觉之间的关系，也形成了。因为前者是绝对先天的(*A priori*)，它只能被想象为在自身之中包含着全部本性(Natur)的实存(Existenz)，这种全部本性呈现出种种普遍而又晦暗不明的关系。其中的一些关系将通过大脑与感觉器官的发展和行动、也就是通过正进行着理解行动的(正面临着的)精神渐渐变得更加清楚和明确。任何随之而来的经验和任何其他的活动一样，都是通过人的整个本质(Wesen)以及到此刻为止形成了的诸器官的作用而产生的。然而由此一来，却又产生了"一种无限的回溯"(ein regressus in infinitum)过程，一种回溯到有机生命的开端的过程。如果以心理学的方式来理解，则这个过程必然被称作一种确定经验的结合(Incorporisirung)，这样一来，任何行动或受动(因为受动只是行为的另一种类型)、因而连生命本身都是经验，正如所有经验都是行动或受动。行动就是有机体的变化；这个变化留下了一些痕迹，无论它沿着与有机体的成长以及有机体的其他发展相同、相反或随遇的任何方向，它都会留下痕迹，这种痕迹就被理解成记忆

---

① "兽类的联想"(consécutions des bétes)出自莱布尼茨《人类理智新论》("*Nouveaux Essais sur l'entendement humain*")序言第 3 节，他用这样的说法讽刺(洛克的)经验主义原则。参见莱布尼茨：《人类理智新论》，陈修斋译，商务印书馆 1982 年版，第 5 页。——中译者

(*Gedächtniß*),尤其只要记忆是感觉所实现的持久的劳作与力量(因为力量只是储备着的劳作),而这些感觉都是感性的、即已经以协调了的复合形态所出现的完成了的感觉,反过来,感觉本身是通过记忆才实现的。

一个器官的任何可能的改变本质上都受制于现存器官的相互关联及其状态:即这个器官在多大程度上倾向于接受这些变化,也就是说,它可能(likely)接受或不接受这些变化。在这个意义上,我(在本书的第二卷)联系一切心灵的(mentale)产物,指出了喜好、习惯与记忆这三者之间的一致和区别,并将它们当作意志与精神力的基本变更(Modificationen),这样的看法也应当扩展到人类认识的起源问题和历史问题上来。这因而仅仅是一种解释,部分地在斯宾诺莎学说与叔本华学说的意义上成立,部分地使用生物学中的进化论手段实现,生物学的进化论既阐释了以上的哲学论断,也借助以上的哲学论断而变得清楚。同时,这是一种思想的解释,康德用这样的解释真正地克服了休谟的表述。因为这个解释是正确的,所以从中得出的不仅有以下的事实,而且还有以下的原因:即我们为什么只能将一个存在者视为正在发挥作用者,将一件发生的事情视为由于所用而产生的结果,而不能将它们视为别的东西。这是曾经植根于我们知性结构的机能(Funktionen),甚至是永恒的机能,而且以上所说的"不能是别的东西"(Nicht-anders-können)就是一种必然性,我们的确信(*Gewißheit*)与这一点相关联,因为根据形式上的同一性原则,"活动着"与"按照其本性活动着"是一样的东西。

然而,由于因果观念就像感觉器官那样内在于我们之中,而且

XVII

为了表示发挥作用者与作用所产生的结果，我们必须要构造一些名称，这样一来，当我们人类组成了一个天然的"思维共同体"（Denkgemeinschaft），那么就同一过程中的差异而言，这些差异只能从思维那里产生，也就是说，思维决定哪些主体是发挥作用的、因此是本来现实的（τὰ ὄνιως ὄνια）东西，就这一点来说，各个民族（Völker）、团体（Gruppen）与个体（Individuen）的观点截然不同，尽管它们在很大程度上保持了一致：即它们都在神话和诗的图景里、将自然按照人与动物的方式描绘为发挥作用的主体（Agentien），这种情况不断地在各种语言形式那里表现出来，即使僵死的（即那些仅仅被动的）东西与有生命的（即那些可使自身运动的）东西之间的区分是思维在早期就已经把握到的。然而，将整个自然视为一个有生命者的观点，以及将所有的作用都视为一个自由意志的产物的观点仍然占据着优势地位，诸神和众精灵与可见的主体一道参与其中。不过，一旦世界及其整个命运都被交到一个唯一的上帝的手中，上帝曾经从虚无中创造了世界并且根据自己的喜好（Wohlgefallen）维持着世界的运转，上帝为世界赋予了秩序和法则，根据这些秩序和法则，世界的整个运转显得更有规律，更加自然而然；这样一来，自然界里所有从属者的意志与自由、甚至人的自由意志就都消失了，只有那些不能从感觉到的、其他的运动那里引申出的倾向才被理解为无法解释的倾向与力量。于是，甚至"无差别的自由决断"（liberum arbitrium indifferentiae）也可以被重新恢复，它本身以一种如此无法解释的力量与全然神秘的品质的形态出现，与其说它是经验的事实，不如说它是必要的假设，以此将全能全知者从违背它自己的秩序的罪责那里摆脱出来。

这个整体性的思考，正如"神圣意志是唯一的"这一观点那样，就其原则而言属于一种对立于宗教信仰与民众直观感受的思想，即使这种思想从自身起源来说、可能保留了出自于这些根源的痕迹。这些原则发展着，直到它们能够自立，并且表现为完全独立于它们的根源，直到它们与相似于自身的原则相遇、继而自由地与之交汇，后者从一开始就处于思维的天然领域里。这就是科学的思维。

在其最初的以及最容易体现其纯粹性的地方，科学的思维与探询现象的起因无关，也最少地关系到人和神的意志，相反，它产生于比较与测量大小以及数量的技艺。作为这些原生技艺的通常性辅助技艺，计算的技艺发展了起来，它也即分开和积聚、将整体划分成若干相同部分、将既定的部分扩大为若干倍的技艺。这些操作是如此轻易地在纯粹思维里执行，因为思维已经为此准备好了一个有序的名称体系，被知觉到的任何对象之间的差别都不会阻碍对那些可任意结合的各个相同单位进行思维上的设定（Setzung）。因此，只要控制这样的体系需要对某些对象加以支配，那么计算者就会尽可能地选取那些相同的、易于观察且易于管理的对象，如果这些对象不受他的支配，那么他就会把它们造出来，并将这些特征赋予它们。因为虽然在自然之中存在着不可胜数的物体，然而根据它们被感知出的特征，它们相互之间在或大或小的程度上被认为是相似的，并且实际上就是相似的，那么由此推到最后，最大程度的相似就被称之为相同（Gleichheit），尽管如此设定的相同是一种自然而然的结果，同时，它们由此而与一个名称相关联。但是，由于名称是被人们按照有意识的、随意的（willkürliche）方式构造出来的，同时，由于人们为了达到这样一个确定的目的，即设定一个有用的、尽可能完美的相同，既定的差别就由此不仅被忽视，而且它们被有意地排除于人们的考虑之外、甚至实际上被否定，这样一来，这种相同变成了一个人为的（künstliche）与强制性的（gewaltsame）相同。

尽管如此，所有的科学思维正如计算那样，都意愿着（will）相同，以此来达到测量的目的，因为测量必然要么得出相同这一结果，要么得出一个普遍性的原则，对后者来说，前者是其中的一个特殊情况，也就是说，普遍的原则就是要得出一个精确的关系（Verhältniß），而相同作为衡量标准、反过来服务于这样的关系。因此，科学上的各个等式就是一些衡量标准，现实里各个对象之间的真正关系都用这些标准来衡量。它们服务于节省思维的劳动。那些在不可胜数的情况下必须被不断算出的新东西，将会在一个理想的情况下被一劳永逸地计算出来，此后需要做的只是纯粹的应用。就这种理想的情况而言，所有现实的情况或者是相同的，或者与这种理想的情况处在一个可以确定的关系里，因此所有现实的情况之间也处于可以确定的关系里。这样一来，一般的或科学的概念、定理以及体系都可以和工具相类比，借助于它们，我们可以在特殊的、既定的情况下获得知识，或者至少是做出推测。对它们的操作就是将特殊的名称与既定情况的一切条件置入那些虚构出来的、普遍的条件之内：这就是三段论（Syllogismus）的程序。

三段论法以最为多样的形式包含在一切应用科学之中（即以"寻求根据"为原则而进行的思考），正如一切纯粹的科学都关联着一个名称系统（术语）一样，名称系统以最简单的方式通过数的系统表现出来（即以"同一律"为原则而进行的思考）。因为一切纯粹的科学关系到的只是这样一些思维之物（Gedankendinge），它们是一般的对象，当仅仅涉及计算时，它们就是大小，除此之外，它们或者是无广延的点，是直线，是无深度的平面，是有规则的形体。在这里，空间的诸现象之间的关系确定了下来。

同样，处于时间中的想象出来的事件最终也被视作现实事件的类型（Typen），比如在真空中一个物体的下落，它的速度即是在任意确定的时间单位里所穿越的空间单位，无论这个速度是始终如一的还是发生了变化的，人们都是根据一定的前提条件来计算它。纯粹可思维的一般情况与可知觉的特殊情况之间的差距越大，因此特殊情况就越复杂多样、越无规律，那应用就变得越是困难。如果分离的物体通过它们的运动形成了一种暂时的空间关联，那么针对这个现象，"原因"这一科学概念就产生了，它被视作一种所付出劳动的量（在运动中就包含着付出的劳动），根据作用与反作用等量的原则，这个劳动的量等同于另一个量，即效果中包含的量，而且它们是可交换的：对这样的观念而言，只有当一切现实（Realität）与生产（Productivität）的涵义从它起初所包含着的力的概念里剥离出去之后，它才完全是一个纯粹的观念。因此，纯粹力学的大体系出现了，随后，所有具体的自然科学，首先是物理学与化学必然表现为对这个体系的运用。

与此同时，除了这些关于因果的科学观点且在这些关于因果的科学观点之内，那种我们可以称之为哲学的（*philosophische*）观点形成并保持了自身，这种观点既是关于因果的科学观点的最终提升，也是对它们的批判，哲学的观点是一种对立于机械观点的有机观点，也是对立于物理学观点的心理学观点：根据这种心理学观点，毋宁说现实存在着的无非是生产性的力量，是一种普遍的能量守恒体系所呈现出的现实而持久的统一体，它的一切特征都应当从这一统一体中被引申出来，这些特征既作为这一统一体的部分，也作为其效果。所有其他的自然法则都为宇宙的生命法则服务，正如可以归结为机械论的法则都服务于任何有生命的部分（一个个体或一个物种）的生命法则，在有生命的部分里，机械论的法则实现了自身。科学一方面越是普遍的，另一方面越是将它的方法扩展到有机体那里，科学在这个意义上就必然越是哲学的。与此相反，一种哲学的自然观就其主要内容而言是简单的与必然的，但它也能够下降为各式各样的、相对的和偶然的真理，这取决于它在多大程度上将科学的原则吸收了进来。这种哲学的自然观必须借助类型（Typen）来表现生命及其各种方式，然而这些类型至少会模仿真正的普遍物（理念），因为所有生命都是从普遍向特殊的发展。

所有科学、因此所有作为科学的哲学，都是理性主义的。它们的对象是思维之物，是构造起来的东西。但是所有哲学、因此所有作为哲学的科学，都是经验主义的：在这个意义上且根据这个意义而言，所有存在（Sein）都必然被理解为发挥作用（Wirken），现实存在（Dasein）必然被理解为运动，变化的可能性、或然性、必然性一定被理解为本来的现实，通过辩证法的方式，非存在者（τό μὴ όν）必然被视作真正的存在者。经验主义的方法与辩证的方法彼此促进、彼此补充。两者都纯粹地与倾向（Tendenzen）有关，即人们彼此相遇、相互斗争、相互结合在一起的倾向，这些倾向最终只能作为心理学的现实而被把握，或者毋宁说，作为心理学的现实而为人所知。因为我们知道,人的意志就是我们自己的意志而且人生的命运就是由这些意志所组成的一个整体,即使它不断地、严格地受制于其他自然条件,所以经验主义的方法与辩证的方法才在人类的一般心理学和个体心理学那里找到了自身的庇护之所。一般心理学的事实就是历史的与现实的文化,也就是人类的共同生活及其事业。

当历史只意味着收集事实时,它就既不是科学也不是哲学。然而,一旦能够在其中发现人类生活的法则(Lebensgesetze),那么它就同时是科学和哲学。历史是各种事件组成的整体,这些事件的开始和结束只能由极不确切的推测(Vermuthungen)来决定。对我们来说,未来并不比过去更加晦暗不清。那些我们现在感觉到了的东西,我们首先必须要观察并尽力地去理解它们。尽管大量严肃而又值得尊敬的工作已进入到这种像自然本身那样清楚而神秘的领域,但由于在这一方面采取一种无偏见的、精确的理论态度是困难的,因而其中大部分工作的价值会遭到贬抑。在这样的工作中,主体距离他的研究对象太近。相反,把握这些历史的现象要求付出许多努力并不断加以练习,也许甚至还需要知性保持一种天然的冷静,这样一来,我们才能像自然科学家探究一种植物或动物的生命过程那样,以客观的超然态度来理解历史现象。即使是那些有学问的、具有批判能力的公众,一般而言也不想知道:按照一个作者的观点,事物现在是怎样的,过去是怎样的以及将来是怎样的。他们更愿意以他们自己的观点来评判事物应当是怎样的。因为人们习惯于看到,事物根据他们的观点来确定方向,这在一定程度上似乎是不可避免的。但是人们没有注意到,有意地避免这样的危险恰恰构成了科学的特征。人们几乎期待并要求的是一种党派的立场与党派间激烈的雄辩，而不是无偏见的旁观者所具有的冷静的逻辑和平静的心态。

因此，在现今的，尤其是德国今天的社会科学（*Social-Wissenschaft*）中，各种关于理论的基础所阐发的观点彼此争斗，在就实践和立法问题所进行的论辩中，人们满足于将理论的基础视作相互对立的各种倾向。在这里，各种利益的代表和阶级的代表彼此针锋相对，他们怀着或多或少的诚意（*bona fides*），可能宣称自己是诸对立信念和学说的代表，不过，这些信念和学说仿佛不过是政治的各种技术性原则（technologischer Principien der Politik）。有时，这些分歧在主体的道德感和主观倾向的领域里有着一种更为深刻的基础，不过，它们和其他的激情（Leidenschaften）一样，都不应当阻碍对事物的客观观察。

此外，在我看来（举最重要的一个例子），理解个人主义（*individualistischen*）与社会主义（*sozialistischen*）这两种类型之间的对立，对于认识和理解当前生产领域和商业领域的现实而言至关重要，这就好像医学家们想把对抗疗法（alloiopathischer）与顺势疗法（homöopathischer）之间的对立移植到生理学上来。毋宁说，我们应当从传统的混乱中摆脱出来，必须完全将自己置于事物之外并且仿佛用望远镜和显微镜来观察物体和运动。在文化（*Cultur*）的领域里，物体和运动之间是不同的，一方面完全只能在普遍的与宏大的范围里研究，另一方面完全只能在特殊的与微小的范围里研究，正如在自然的领域（Natura rerum）里，我们一方面研究天体运行的轨道，另一方面则研究与前者相对的基本有机体组成部分及其生命过程。从观察宇宙的角度来说,历史本身无非是一个行星的命运的一部分,并且由于这个行星的日益冷却使得有机体的生命得以可能,历史本身就构成了有机生命发展的一个阶段。然而对于最狭窄意义上的研究来说,历史是我们日常生活的环境和条件,是所有出现在我们眼前和耳畔的人类行为和活动。

我的这个研究试图将经验主义哲学和辩证主义哲学集中在一个共同的焦点上。无论是在经验主义的哲学里,还是在辩证主义哲学里,生命的种种必然性,人类本性中的种种激情与活动,就它们的基本持存而言都是一样的。理性的原则(die *rationalen Disciplinen*)也关联着这些现象的普遍性,不过起初并没有任何时间和地点的规定。这些理性的原则天然地预设了完全分离的,甚至为了自己而以理性的方式努力追求着的(志愿的〔willkürlicher〕)个体,理性的原则着力于一方面确定由这些个体的意志所形成的理想的关系(Verhältnisse)和联结(Verbindungen),另一方面确定由于个体在交往当中的接触而造成的既定财富状况的变化。前者致力于处理这些关系的形式上的结果,它就是纯粹的法的科学(即自然法),它可以与几何学相媲美;后者致力于这些关系的物质状况,它就是政治经济学,它可以与抽象的力学相媲美。对以上两种科学的运用就是解释社会现实的条件,人类的事务和关系越是由于文化而变得更加发展、更加错综复杂,那么对它们的运用就越是证明了它们在理解和处理这些事务以及关系上富有成果。

尽管如此,几乎所有迄今为止的"有机论观点"和"历史的观点"都与以上两种观点相对,它们是对以上两者的否定。我的当前的这个理论试图将这几种不同的理论观点(sie)都吸纳进自身当中,且让它们保持对这个理论整体的依附。① 但是,在这个方面,正如在任何其他方面一样,当前的这个理论只能将此概略地表现出来。其研究对象的复杂性具有压倒性的力量。对此,我必然要考察现有的各种概况性的思维形态,这样做与其说是为了说明它们多么正确,还不如是为了说明它们在多大程度上可以被使用。不过,只有通过我即将展开的论述才能证明这一点,我希望用我的力量、激励我自己来做这件事。对于误解性的理解以及对我的理论的自作聪明式的利用,我不负有任何责任。那些不习惯进行概念思维的人们,应该对我所讨论的事情免下判断。但是在当前的这个时代,相比于其他任何要求,几乎不能期待人们会对此做到自我节制。

我本来可以容易地专辟一个特殊章节,来叙述那些促进我思想发展的各种影响。在本来的社会科学的领域里,这些影响表现为许多方面。一些与这些影响相关联的最重要的名字时不时地出现在各种引文里。但我还是想提一提,奥古斯特·孔德与赫伯特·斯宾塞的伟大的社会学著作曾在我前进的道路上陪伴过我,他们的作品都有各自的缺陷,前者更多地表现在史前史的基础方面,而后者更多地表现在历史观方面,他们两人都以片面的方式阐释了人类的发展,都将人类的发展视为直接依赖于人类智识的进步(即使孔德在他后期的作品里做了更为深刻的研究)。此外,我还想提一提,

---

① Harris 英译本将这句话翻译为:"我的研究试图既囊括法的科学和政治经济学的观点,也让它们保持从属地位。"中译者的理解与此不同,即认为作者在这里使用的代词 sie,指代的并不只是"法的科学"和"政治经济学"的两种观点,还包括本段提到的"有机论观点"和"历史的观点",它们一同被囊括到作者所构造的理论整体中,因此并不存在前两种观点依附于后两种观点的问题,而是它们依附于作者的完整的理论整体。——中译者

我曾热情地追随着并且现在仍然追随着阿尔伯特·沙夫勒先生（Albert Schaeffle）①和阿道夫·瓦格纳先生（Adolph Wagner）②以及他们的重要作品。然而在我看来，尽管他们与洛贝尔图斯（Johann Karl Rodbertus）③深刻的政治见解相一致，但他们似乎更少地像洛贝尔图斯那样认识到现代社会病态的演变过程。就此而言，一切理论和立法意义上的善良意志所能做的只是修改性的工作。

除此之外，我不隐瞒，我的研究从三位优秀作者的不同作品那里获得了最深刻的影响，它们是发人深省、富有教益的，并且，它们对我的研究产生了确切的作用，这三位作者就是：

1）亨利·梅因爵士④（《古代法》〔Ancient Law〕、《东西方的村庄共同体》〔Village Communities in the East and West〕、《早期制度史》〔The Early History of Institutions〕以及《早期的法与习俗》〔Early Law and Custom〕的作者），他是一位视野广阔的、富有哲思的法律史家，但是我对他的各种明白易懂的评论（Aperçus）不得不表示遗憾，因为他不公正地抵抗着那些非同一般的启发，它们来自于从巴

---

① 阿尔伯特·沙夫勒（Albert Schaeffle，1831－1903）：德国国民经济学家，最主要的作品是四卷本的《社会躯体的构造和生命》（Bau und Leben des socialen Körpers，1875－1878）。——中译者

② 阿道夫·瓦格纳（Adolph Wagner，1835－1917）：德国历史主义国民经济学的代表人物。——中译者

③ 约翰·卡尔·洛贝尔图斯（Johann Karl Rodbertus，1805－1875）：德国经济学家和社会主义者，也被称作"洛贝尔图斯—亚格措夫"（Karl Rodbertus-Jagetzow），推崇劳动价值理论。——中译者

④ 亨利·梅因爵士（Sir Henry Maine,1822－1888）：19世纪英国著名的法律史学家，历史法学派在英国的代表人物，其最有影响力的著作是《古代法》（Ancient Law，1861）。——中译者

霍芬①(《母权》〔Das Mutterrecht〕的作者)直到摩尔根②(《古代社会》〔Ancient Society〕的作者)以来的研究,这些人讨论了家庭的、公社的以及一切制度的原初历史。尽管如此,我还是认为梅因对现代社会的乐观判断是良好的判断。

2) 奥托·基尔克③(《德意志合作社法》〔Das deutsche Genossenschaftsrecht〕3 卷本、《约翰内斯·阿尔图修斯》〔Johannes Althusius〕以及在杂志上发表了若干论文的作者),他的博学总是不断让我产生新的钦服,他的判断总是会引起我新的注意,尽管我在他的作品里很少找到对我来说最重要的(经济的)观点。

3) 在这一方面最引人注目、最具深刻认识的作者正是社会哲学家卡尔·马克思(《政治经济学批判》〔Zur Kritik der politischen Oekonomie〕、《资本论》〔Das Kapital〕的作者),我热切地强调着这个名字,因为他所背负的所谓乌托邦式的幻想并没有得到人们的谅解,即使对那些有识之士而言,这样的误解也并没有被消除。不过,马克思自己恰恰为确实地克服了这些幻想而骄傲(这位

---

① 约翰·雅各布·巴霍芬(Johann Jacob Bachofen,1815－1887):瑞士法律史学家、人类学家,最著名的作品是《母权:根据古代世界的宗教和法的本性对古代世界的妇女统治的研究》(Das Mutterrecht: eine Untersuchung über die Gynaikokratie der alten Welt nach ihrer religiösen und rechtlichen Natur,1861)。——中译者

② 路易斯·亨利·摩尔根(Lewis Henry Morgen,1818－1881):美国民族学家、社会史家、人类学家,他对于亲属制度和社会结构的探讨,他的社会进化理论与民族志研究,对后世产生了广泛而深刻的影响。他最著名的著作是《古代社会》(Ancient Society,1877)。——中译者

③ 奥托·基尔克(Otto von Gierke,1841－1921):德国法律史学家,他的最主要的作品是四卷本的《德意志合作社法》(Das deutsche Genossenschaftsrecht,1868－1913)。——中译者

思想家实践性地参与到现实的工人运动中,这一点与他的批评者们并没有什么关联;如果批评者们将这个事实视作非道德的,那么谁又来担心他们自己的道德?)。

对我来说,我将我要表达的思想用以下的方式表述出来:自然的、(对我们来说)逝去的,但总是作为基础的文化构造是共产主义(communistisch)的文化构造,现实的且正在生成的文化构造是社会主义(socialistisch)的文化构造。我认为,对那些真正的历史学家,即那些最敏锐地理解他们自己的历史学家来说,这个观点并不陌生,即使只有那位发现资本主义生产方式的作者①能够使这一思想清楚而明确地表达出来。我在其中看到了各种事实之间的相互关联,这样的关联是那么自然,正如生与死一样。我可能会为生命而感到愉悦,为死亡而报以悲叹;但是当我直观神圣的命运(göttlicher Schicksale)时,愉快和悲伤就都消逝了。我完全与我的术语和定义为伴。然而,人们很容易就会理解:在历史和文化里根本就不存在着个人主义(*Individualismus*),除非它派生于共同体并保持自己受制于共同体,或者它产生并支撑着社会。这种个体的人与整个人类之间的对立关系才是纯粹的问题。

由于我确定这些思想是我自己的思想,所以我无须惧怕别人针对这部极不完善的作品的中心议题(Hauptsache)所做的任何批判。从我个人的感受来说,我更关心那些无论来自于我认识的还是不认识的人所提的各种意见,只要这些意见是他们同情地受

---

① 指马克思。——中译者

到触动和鼓励而提出的。从这些人的意见中可以产生出许多东西，它们对我来说至少是奖赏与新的推动力。因为不论人们可能怎样地追求真理，有一点总是确定的：

> 一切关于事物的意见都属于个体，我们仅仅知道，信念（Überzeugung）不依赖于见识（Einsicht），而是依赖于意志，除了和他相适应的、他因而可能承认的东西，没有什么是一个人可把握的。无论是在知识上还是在行动上，先入之见决定着一切，就像它的名称所表现的那样，先入之见（Vorurteil）就是在研究之前已下的判断（Urteil）。先入之见是对符合或违背我们的本性的东西所作的一种肯定或否定；它是我们的生机勃勃的生命本质的一种愉悦的欲望，无论是朝向真还是朝向假，它都指向了与我们自身相一致的所有东西。（歌德：《颜色学》，论战部分 WW.38，第 16 页）①

关于本书的第二卷，我必须说明一下，从系统意义上的论述进程来讲，它更正确的位置应当是在第一卷之前。但是，我有意地安排成了现在这样的顺序。第一卷和第二卷相互补充、相互解释。最后，根据一份承诺，我必须补充一项说明，即：这部著作的第一稿（不过现在的这一稿几乎没有保留第一稿的任何痕迹）作为我的教授资格论文（Habilitation），于 1881 年被呈交给基尔大学哲

---

① 选自歌德的《颜色学》（*Zur Farbenlehre*，1810）的论战部分（polemische Theil），这个部分收录在德文版《歌德著作集》（*Werke*，Weimar edn：H. bohlau，1887－1919）第 53 卷。——中译者

学系。

石勒苏益格－荷尔施泰因的胡苏姆

斐迪南·滕尼斯

1887年2月写于梅拉诺的奥博麦斯

第二版前言

这部著作于25年前问世,自问世以来,它缓慢而持续地对德语区社会学理论形态的发展产生了一种并非无足轻重的影响,除此之外,它的影响甚至超出了德语区,而遍及意大利、丹麦、俄国以及美国。尽管这个过程面临着极为不利的,甚至是与之敌对的环境。这部著作原本是为哲学家们撰写的。尽管像泡尔生(Paulsen)[①]与霍夫丁(Höffding)[②]这样的人士极力地强调它的意义;尽管冯特(Wundt)甚至将它称作"思想丰富"(gedankenreich)的作品,而且这种提法还经常被用在对这部作品的评价

---

① 弗里德里希·泡尔生(Friedrich Paulsen,1846-1908):德国哲学家与教育学家,19世纪末著名的康德学者,柏林大学的哲学教授,滕尼斯的老师与挚友,其人格、思想与生活乃至政治态度深刻地影响了滕尼斯的学说,具体可参阅 Ferdinand Tönnies, Friedrich Paulsen, *Briefwechsel 1876-1908*, Herausgegeben von Olaf Klose, Eduard Georg Jacoby, Irma Fischer, Ferdinand Hirt In Kiel, 1961。——中译者

② 哈拉尔德·霍夫丁(Harald Höffding,1843-1931):滕尼斯的挚友,丹麦哲学家,早期受克尔凯郭尔哲学的影响,后来转变为一名实证主义哲学家,他对近代哲学史的解读、对实践心理学的研究,在丹麦产生了重要的影响。关于滕尼斯与霍夫丁的交往,具体可参阅 Ferdinand Tönnies, Harald Höffding, *Briefwechsel*, herausgegeben und kommentiert von Cornelius Bickel und Rolf Fechner, Berlin: Dunker&Humblot, 1989。——中译者

上;尽管在雨伯威格－海因策(Ueberweg-Heinze)①与福尔伦德(Vorländer)②最近的哲学史(不用提那些拥有更少影响力的作家的作品)里,我的这部著作被认为是值得提及甚至值得称赞的。然而整个当代哲学仍然对此保持沉默。③ 当代的哲学认为,花力气去批判这部著作所提到的概念,乃至于否定它们都是不值得的。

就此而言,当代哲学对这部著作保持沉默,其更深刻的原因在于哲学与伦理学问题的关系。的确,现在并不缺乏伦理学著作,而且恰恰刚才所提到的三位现今具有世界影响力的智者④就写过伦理学著作,并取得了巨大的成就。这些著作当然既没有忽视当今社群生活的各种问题,也没有忽视整个人类发展历史中的各种问题,它们的作者严肃地对此做了深入研究。在这里,奥伊肯(Eucken)⑤和巴尔特(Barth)⑥的著作也应当被提及。

---

① 指弗里德里希·雨伯威格与马克斯·海因策合著的《哲学史大纲》(*Grundrisse der Geschichte der Philosophie*,1903)。弗里德里希·雨伯威格(Friedrich Ueberweg,1826－1871):德国哲学史家。马克斯·海因策(Max Heinze,1839－1904):德国哲学史家,古希腊哲学的研究者,编纂了康德的形而上学讲演稿。——中译者

② 卡尔·福尔伦德(Karl Vörlander,1860－1928):德国新康德主义马堡学派哲学家,康德作品集的编纂者,发表了大量研究康德的著作,对后世的康德研究最具影响力的作品是 1925 年出版的《康德的生平与著作》(*Immanuel Kant：Der Mann und das Werk*,1925)。——中译者

③ 深切地同情作者的马堡学派直到若干年以后才进入到哲学研究的前沿。——作者原注

④ 指泡尔生、霍夫丁和冯特。——中译者

⑤ 鲁道夫·奥伊肯(Rudolf Christoph Eucken,1846－1926):德国哲学家,生命哲学的代表人物,主要作品包括《人生的意义与价值》(*Der Sinn und Wert des Lebens*,1908),1908 年诺贝尔文学奖的获得者。——中译者

⑥ 保尔·巴尔特(Paul Barth,1858－1922):德国社会学家,最著名的作品为《作为社会学的历史哲学》(*Philosophie der Geschichte als Soziologie*,1897)。——中译者

然而，所有人都知道并将之视作典型事实的是：社会学在德国的大学里仍然没有立足之地，甚至还不能与哲学比肩而立；而且社会学被有意地禁止进入哲学的宴飨之堂。

人们之所以排斥社会学，并不是由于厌恶"社会学"（Soziologie）这一名称，相反，这一名称越来越多地为哲学家们运用。造成这种排斥的原因就在于：人们畏惧这样一个事实，即哲学，尤其是那些占主导地位的学院派哲学（akademische Philosophie）越来越感到自己无法根本地、彻底地处理这些问题。这种感觉的原因绝不仅是偶然的。

现代哲学不仅与自然科学一起成长，而且依靠着自然科学成长起来。200年前，亚里士多德—经院的自然哲学以及附属于它的道德神学、神学的法哲学以及神学的社群学说还统治着所有欧洲的大学。18世纪带来了现代化（Modernisierung），至少就信仰新教的德国而言，情况正是如此，正如大革命为法国带来了现代化：高等学校（Hochschulen）跟随着资产阶级的运动及其政治进步而发展起来。

除此之外，随着机械论式的对自然的认识伸展出来的哲学，也包括了一种法哲学与一种社群理论（Sozialtheorie），对这种哲学来说，法哲学与社群理论甚至是伦理学的主要组成部分。这种"实践的"哲学的倾向必然是反神学、反封建、反中世纪的，它是个体主义的，因此根据我的概念，它是社会的（gesellschaftlich）。

这种哲学的伟大而划时代的功绩是（理性主义的，特别是所谓的）产生了自然法学说以及与之具有深刻内在关联的（正如W.哈斯巴赫〔W. Hasbach〕①已经深入证明了的那样)重农主义的"政治经济学",后者是从"古典的"英国学派那里不断发展而来的。我曾经在本书的第一版序言里将前者比作几何学,将后者比作抽象的力学。

自然法学说与政治经济学都强有力地推动了正在发展和壮大着的现代社会的形成,同样也促进了现代国家的出现。现代社会和现代国家的发展都是在"革命"的旗帜下产生的,法国大革命摧毁了神圣罗马帝国,紧接着,在19世纪的法国和德国发生了众多较小的革命,德国革命部分地是通过在起源和能力上都具有革命性的普鲁士君主国的行动实现的。这些革命为资本和立法赋予了强大的推动力,而立法从一开始就服务于资本的要求。

然而,一切革命都引发了巨大的反作用。显而易见,复辟和反动的倾向必然会跟随在革命的动荡之后。

"国家学的复辟"(Restauration der Staatswissenschaften)——这个被引用的标题所对应的内容囊括了历史法学派的思想——想要置自然法于死地,在这里,国家学首先就想摧毁基于理性个体主义的国家建构(即契约论)。至少就德国而言,尤其考虑到这些学说的官方"学术"代表时,这一企图实际上就已经实现了。因为在英国,边沁(Bentham)与奥斯丁(Austin)②的立法理论和分析法学毋宁说重新自觉地与托马斯·霍布斯的学说结合起来。在罗马语族的国家、在俄国、在美国,自然法学说作为自由主义的法哲学仍

---

① 威廉·哈斯巴赫(Wilhelm Hasbach,1849–1920):德国国民经济学家,主要著作包括《英国的劳动者保险体系》(*Das englische Arbeiterversicherungswesen*,1883)等。——中译者

② 约翰·奥斯丁(John Austin,1790–1859):英国法学家,英国"分析法学"与"法律实证主义"的代表人物,主要著作包括《法理学的范围》(*The Province of Jurisprudence Determined*,1832)等。——中译者

然或多或少地发挥着作用。

在这期间,尽管法哲学在德国作为高等学校里的学科退居到次要的位置,但它并没有被完全地舍弃。正如从怀疑主义者胡果(Hugo)①以及天主教徒萨维尼(Savigny)那里发源的历史学派通过最后提到的浪漫主义者、出自于犹太血统的斯塔尔(Stahl)②的新教—保守体系,与谢林最初泛神论的、继而变得越来越具有幻想性的自然哲学结合到了一起。同样,克劳泽(Krause)③同比他更成功的弟子阿伦斯(Ahrens)④的法哲学也是泛神论式的,不过他们的法哲学更多地混合了人本的、世界性的以及共济会的倾向。

然而,黑格尔哲学所发挥的影响要早得多,也强烈得多,同样,它延续并转化了谢林的思想。黑格尔的哲学希望在自然法的学说

---

① 古斯塔夫·冯·胡果(Gustav Von Hugo, 1764 – 1844):德国法学家,早期历史法学派的奠基人,主要著作是《作为实在法,特别是私法的自然法的哲学教科书》(*Lehrbuch des Naturrechts, als einer Philosophie des positiven Rechts, besonders des Privatrechts*, 1819)。胡果深受康德哲学的影响,最终成为了一位怀疑主义者,在他看来,由于我们不能认识真实的事物,所以只要不真实的事物存在着,我们就合乎逻辑地承认它完全有效。因此,胡果消除了现实事物的理性"假象",只是为了承认没有理性"假象"的现实事物,从而完全从历史中去考察现实的事物。关于胡果的怀疑主义,可参阅卡尔·马克思:《历史法学派的哲学宣言》。——中译者

② 弗里德里希·尤里乌斯·施塔尔(Friedrich Julius Stahl, 1802 – 1861):德国宪法学家、政治家,出身犹太家庭,后改宗成为路德教徒。施塔尔反对理性主义哲学原则,坚持一切法和政治都建立在基督教启示的基础上。因此,他支持建立教会国家,并且毕生致力于扩大路德教在德国的影响。施塔尔的主要著作包括《历史观点中的法哲学》(*Die Philosophie des Rechts nach geschichtlicher Ansicht*, 1830 – 1837)等。——中译者

③ 卡尔·克里斯蒂安·克劳泽(Karl Christian Krause, 1781 – 1832):德国观念论哲学家,谢林的学生,深受谢林哲学的影响,他试图统一基督教的上帝观念与感受到的世界,创立了"超泛神论"(Panentheismus)哲学。——中译者

④ 海因里希·阿伦斯(Heinrich Ahrens, 1808 – 1874):德国法哲学家,克劳泽的学生。——中译者

里（最初在1820年）发展出客观精神的本质，正如黑格尔从自由意志出发、将这一意志的抽象对象置入法里，并使这一抽象的对象提升为伦理（Sittlichkeit），伦理的理念在国家那里得以实现自身。

这个体系的有价值的地方在于：它同样地，甚至首先将现代的社群构造（即社会与国家）理解为精神的—自然的实体，也就是证明社会与国家是必然的，而不是仅仅将它们视作由于理论的迷途而产生出的东西、继而摒弃它们。就此而言，浪漫主义、历史法学以及所有复辟的与反动的思想，本质上都倾向于拒绝它们。但是与此相对，在黑格尔的概念世界里，尽管他提出了"世界历史"（Weltgeschichte），然而一切历史的认识以及所有关于个体意志与社群群体之现实关系的理论最终都消解了。黑格尔的法哲学不仅是对国家的描述，甚至是对国家的赞美。对黑格尔来说，实现了伦理理念的国家就是现实的国家，是复辟时代的普鲁士，然而这样的国家却无法完全否认它激进的过去。就像保守的绝对主义那样，黑格尔的国家学说是模糊不清的，它的模糊不清同样也出现在当前黑格尔学派的学说里。黑格尔左派从绝对主义—官方认可的自由主义那里摆脱出来，导向民主的自由主义，并试图超越前者，但是黑格尔左派依然没有什么学术影响。

因此，与黑格尔哲学的衰落保持平行趋势的是旧普鲁士的、笼罩在保守的德意志同盟之上的国家思想被战胜，取代这种国家思想的是一直为它所厌恶的"德意志统一"的理念。然而，就像许多在历史中出现的悖谬情况那样，"德意志统一"的理念是以这样的形式实现的：即上述普鲁士的国家思想反而变成了实现统一的暴力工具。

在这个时代，哲学丧失了它曾在德意志国家所占据的精神、伦理与政治的领先地位。

哲学的命运就是一种自由主义的命运，这种自由主义通过"国家的"(national)这一前缀修饰语间接地表明了：它原则上处于从属地位，相比于认为自己有责任去引导激进要素，它更认为自己有责任去适应反动要素。

这样的思想方式只与自然科学的启蒙保持了一些联系。然而，情况也仅是如此而已，它小心翼翼地让出道路，避免与教会的意识产生冲突。尤其自（1878年开始的）"文化斗争"（Kulturkampf）①结束后，与罗马教皇支配下的教会建立起一种宽容而友好的关系的意识甚至成为整个国家的自白。

这些同一般社群发展的更深刻联系可以很容易地被辨认出

---

① "文化斗争"指1871—1887年德意志帝国俾斯麦政府与天主教会及其代表"中央党"的斗争。"文化斗争"虽有反对分离主义势力的积极方面，但其主要目的是吸引工人和民主派去注意反教权势力的斗争，而忽略革命和阶级斗争的迫切任务。1871年德意志帝国成立后，德国天主教会和南部、西南部小邦的反普鲁士势力，不满信奉新教的普鲁士在德意志帝国中的统治地位，要求享有更多权利。他们在议会中的政治代表"中央党"在首次帝国国会上公开主张各邦自主和自决，要求教会有"独立处理和管辖"自己财产和事务的权利，教皇庇护九世也以维护"民主"的姿态出面攻击新教、自由主义和世俗主义。俾斯麦为巩固自己的权力，在普鲁士资产阶级—容克的支持下，决定将天主教会置于国家管理之下。颁布了一系列反教权主义的法律，其中：1871年的《布道规章》禁止教士利用讲坛发表政治观点；1872年的《学校监督法》和《耶稣会士法》使全部教会学校接受国家监督，并将耶稣会士赶出德国；1874年的《平民结婚法》规定全国一律采用世俗结婚仪式；1875年又宣布解散所有教团。1873年普鲁士邦公布的《五月法律》规定，只有本邦的、经过德国大学学习并通过考试的人才有资格取得教职；所有教会教育机构处于国家监督之下；教会权力受王家法院的监督。俾斯麦的措施被渲染为所谓"文化斗争"，但这些法律并没有摧毁天主教会和中央党的力量，也没有能够使天主教会服从政府、帝国政权。因害怕同天主教会完全决裂，在整个文化斗争期间，甚至没有提出教会同国家分离、学校同教会分离的问题。随着德国工人运动的发展，俾斯麦同天主教会妥协，1876年起，停止颁布反教权主义法律。至1887年帝国已废除和放宽大部分反天主教的立法，转而与天主教会共同镇压工人运动和社会主义运动。——中译者

来。通过与邻国(法国与英国)持续地相互影响,德国自 1840 年以来也开始了大工业生产的发展,与此相伴,工人运动以及与此相伴随的社会主义—共产主义学说也敲开了德国的大门。

它们同样敲开了高等教育的大门。就其主要特征而言,国民经济学(Nationalökonomie)是一门实践的政治学说。就本质而言,它在资本主义与自由竞争的意义上发挥作用。"自・由・放・任・"(*laissez faire*)是它打出的旗号。不过德国的学者们早已尝试着赋予它一种历・史・的・(*historischen*)特征。正是这样的做法促使"曼彻斯特学派"(Manchesterstums)的教条毁灭。伦理动机强烈地支持正在斗争着的工人阶级。讲坛社会主义(Katheder-Sozialismus)登上了舞台。这个名称并不是它自己颁给自己的,然而它已经欣然地接受了这个名称。在英国,由于卡莱尔(Carlyle)①热情洋溢的辩说和罗斯金(Ruskin)②的带有美学—伦理色彩的责难,

---

① 托马斯·卡莱尔(Thomas Carlyle,1795 - 1881):苏格兰评论家、讽刺作家、历史学家,主要著作包括《论英雄、英雄崇拜和历史上的英雄事迹》(*On Heroes and Hero Worship and Heroic in History*,1841)、《过去与现在》(*Past and Present*,1843)等。在《宪章运动》(*Chartism*,1840)等著作里,卡莱尔批评了传统的政治经济学学说,他呼吁对力量与英雄的崇拜,赞成激进的政治。他的学说深刻地影响了英国维多利亚时代的精神风貌。——中译者

② 约翰·罗斯金(John Ruskin,1819 - 1900):英国维多利亚时代主要的艺术评论家之一,1843 年,他因《现代画家》(*Modern Painters*)一书而成名,书中,他高度赞扬约瑟夫·透纳(Joseph Mallord Wilhelm Turner)的绘画创作。这些艺术评论作品使他成为维多利亚时代艺术趣味的代言人。罗斯金论述政治经济学的著作包括《政治经济学散论》(*Four Essays on the First Principles of Political Economy*,1862)等。罗斯金认为资产阶级的政治经济原则是违反人性的,他反对英国的维护剥削制度的立法,反对资本家榨取工人的血汗。总体而言,只有幸福和道德高尚的人才能制造出真正美的东西,而工业化生产和劳动分工恰恰剥夺了人的创造性。罗斯金是兴起于 19 世纪的"工艺美术"运动的精神指导者。他的一生对工艺美术运动产生巨大的推动作用,唤醒了人们对工业革命之后的艺术乃至整体精神现状的反思。——中译者

政治经济学早就将人们对唯物主义的愤恨引到自己身上。于是，它现在披上了德国唯心主义的外衣，德国唯心主义认为自己首要的任务是唤起有产阶级的责任感。

在那些创造了一种新的社群—政治意识的人士中，走在前列的学者包括：施莫勒（Schmoller）①、布伦塔诺（Brentano）②、克纳普（Knapp）③，他们每个人都在不同的意义上发挥着影响。在对待社会主义与资本主义（或个体主义）之间的尖锐对立上，阿道夫·瓦格纳与阿尔伯特·沙夫勒卓有成效地提出了原则上严格化与体系上普遍化的要求：瓦格纳受到了一位真正的社会主义者（洛贝尔图斯）的影响，在《政治经济学基础》（*Grundlegung*）一书里，他呼吁扩大国家的活动，支持建立对待一切私人财产的法权理论，并且赞同以"国民经济"概念对抗"私人经济"概念的权利。沙夫勒具有与瓦格纳类似的精神，不过除此之外，他还以更强烈的哲学激情来写作《社会躯体的构造和生命》。这部作品触及了赫伯特·斯宾塞对社会学所持有的"有机的"观点（事实上，沙夫勒强烈地受到

---

① 古斯塔夫·冯·施莫勒（Gustav von Schmoller，1838－1917）：德国国民经济学家，德国历史主义国民经济学"青年学派"的领导人，"讲坛社会主义"的主要代表，德国"社会政策学会"（Verein für Sozialpolitik）的创建者。19 世纪 90 年代，由施莫勒领导的德国历史学派和卡尔·门格尔（Carl Menger）领导的奥地利学派之间爆发了长达十年左右、影响深远的"方法论之争"（Methodenstreit）。——中译者

② 卢约·布伦塔诺（Lujo Brentano，1844－1931）：德国国民经济学家，德国历史主义国民经济学的领导者之一，"讲坛社会主义"的代表人物，德国"社会政策学会"成员，布伦塔诺的重要贡献表现在经济史的研究领域。——中译者

③ 格奥尔格·弗里德里希·克纳普（Georg Friedrich Knapp，1842－1926）：德国国民经济学家，其主要著作是《货币的国家理论》（*Staatliche Theorie des Geldes*，1905），克纳普认为，货币都不具有固有的价值，而是仅仅作为政府的象征、作为法定货币而存在。克纳普的货币理论影响了宪章主义学派（Chartalismus）。——中译者

了斯宾塞的影响），但是斯宾塞最终提出了行政虚无主义的要求，而在沙夫勒这个方面，他毋宁支持着行政的普遍主义。不过，斯宾塞和沙夫勒都根据生命的发展规律，即进化论来看待文化的发展，并从中得出了结论；尽管这些结论就其要素而言无可辩驳，但是它们很快就陷入到臆测的滑溜冰面上，这些臆测介于恐惧和希望之间。与之相对，奥古斯特·孔德思索着将社会学建立在实证的意义上，他想通过确定的、正确的理论来引出确定而正确的社群生活以及政治的形态。孔德所根据的也是一种发展的法则，然而这个法则仅仅是人类思想发展的法则，是三阶段的法则。在其中，我们不难看到它与黑格尔的辩证法的一些联系。在实践的方向上，一种创造性综合（schöpferischen Synthese）的观念形塑了整个19世纪的进步思想的潮流。

自17世纪以来，所有的启蒙思想家都认为文化是从野蛮和粗暴中发展起来的，也就是说，人是从类似于动物的状态中发展起来的，他们不再相信人类起源于伊甸园，不再相信人类的崇高。然而，这种观念由于复辟和浪漫主义而变得日益模糊，它不得不从达尔文主义那里重新孕育出来。不过就其本质而言，与其说这一理论是一种生物进化论的运用，不如说它是生物进化论的普遍化。无论是在黑格尔那里，还是在孔德那里，它本质上独立于生物进化论的特征还是表现得很明显。

在孔德那里突出地表现出来的是：他受到圣西门强有力的影响，对进步、新时代以及自由主义采取了一种批判的态度。浪漫主义者是这样做的，传统的、中世纪的、专制的代表们也是这样做的。但是圣西门与孔德是站在进步本身的立场之上、站在近代

(Neuzeit)与自由主义的立场之上而采取这样的态度的。他们并不想回复到宗教信仰与封建主义那里,而是认识到在中世纪里存在着一种实在的和有机的秩序,同时认识到近代本质上具有否定的和革命的特征,他们不是要去否认科学、启蒙与自由;相反,他们甚至更强烈地肯定和强调着这些。

这也即社会主义理论在对待文化问题时所处的适当位置。这里所说的社会主义理论并不是一种堕入特定(关于资本主义、私有财产和无产阶级的)价值判断的理论,它也既不要求一种特定的政治形式,甚至也不要求一种整全的社会秩序。社会主义是这样一种理论:它并非简单地证实自由主义中隐含着的、被视作自明的价值判断,即并非直接证实占统治地位的社群哲学观点中的价值判断,而是使自身外在于对立且超越于对立之上。相反,那些观点却天真地坚持这样的对立。

社会主义理论使自己批判地、理论地对待各种事物及其发展,也就是说,它首先要去认识、思考和观察各种事物及其发展。

《政治经济学批判》的持久意义就在于此。由于古典形态下的政治经济学在历史——伦理的变更中保持了下来,它总在试图表述和建立标准的(*normale*)社群状态:这种状态建立在个人自由和个体平等的基础上;建立在已获得的权利,即财富无限不平等的基础上;建立在将社会区分为有产者组成的阶级和无产者组成的阶级的基础上。

与这样的假设对立,以下的认识具有根本的重要性:1.在没有这些所谓的标准状态的情况下,正如在没有铁路、电报以及自动化装置的情况下,迄今为止的文化总体也曾经存在并且繁荣过;毋宁说,整个民族拥有任何共同的财产(至少拥有共同的耕地和土地),以及产业工人对其劳动工具的私人所有,都曾完全是历史上的规则,而且这一规则现在还在进一步地扩展。2.同时,"现在的社会不是坚实的结晶体,而是一个能够变化并且经常处于变化过程中的有机体"(卡尔·马克思,《资本论》,第1版序言,1867年7月25日)。

进一步来说,这样的观点是"科学社会主义"的一个必要因素:即首先不是政治的状况,更不是科学的、艺术的、伦理的精神潮流构成了推动社群运动的要素,尽管它们也强有力地共同促进了这种运动。推动社群运动的要素是经济性"日常"生活中的基本物质需求、感觉和情感,它们根据社群的生活条件形塑了不同的阶层或阶级。这种相对独立的可变要素也能决定性地影响政治的状况和精神的潮流。同样,由于它所受到的反作用,这个要素自身也会不断地被促进,然而也会受到阻碍,不过无论如何,它总是以重要的方式得到修改。

关于上面所提及的第一点,一切民族学—社会学的研究(正如本书1887年版的序言所指出的那样,"从巴霍芬到摩尔根的研究")越来越深刻地与各个经济史和法律史的支流汇聚到一起。因此,我热切地关注着亨利·梅因先生的那些明白易懂的报告;因此,我发现自己通过阅读基尔克的《合作社法》(*Genossenschaftsrecht*)而不断地充实起来,基尔克的这部著作旨在理解法的形成,以及证明存在于法的生活与总体文化生活之间无法分解开的相互关联。除了法的这个方面,基尔克在这部著作里还对"合作社"的文化史的、经济的、社群的与伦理的方面做了博学而深刻的研究。

基尔克的《阿尔图修斯》(*Althusius*)由于论述了自然法的国家理论,因此与我的专门研究更为贴近。因为我曾经以霍布斯为起点,在1877-1882年刻苦地致力于霍布斯的生平和哲学的研究。我将霍布斯研究的启发归功于泡尔生。如果说我与泡尔生,以及与所有了解那位大思想家的学者一起,不得不惊叹他在国家构造上的能力与始终保持的一致性。如果说我能够追踪霍布斯思想直至19世纪所产生的巨大影响(在英国、德国、法国与意大利),那么我必然会惊讶于这种理性主义和个体主义法哲学的没落,毕竟它在18世纪似乎是世界智慧的巅峰。难道这些学说确实应当被视作毫无价值和毫无意义的吗?然而这些学说的核心还被康德、费希特、费尔巴哈这样的人物坚信为正确的;难道那些通过对政治经济学以及整个国家内部行政产生影响,从而对整个现代立法、农民解放、职业自由而言变得至关重要的学说确实应当被看作毫无价值和毫无意义的吗?难道那些在英国和英国之外富有影响的、构成边沁学说基础的理论应当被视为毫无价值和毫无意义的吗?

由于自然法及其国家学说的消解形成了一个空荡荡的空间,历史法学、有机论的国家学说以及一种探索性的折中主义乘虚而入。在折中主义之内,神学的因素总是能够显现它自身,显现为由于有权力者的赞同而最具确定性的东西。

法与社群联合体(sozialen Verbände)的神学基础具有很重要的历史意义,不过只有在科学思维克服了它时,科学思维才能考察它。纯粹的历史观点是无概念的,因而也不是一种哲学的认识。

一种可讨论的理论只是那种诸如法和国家等等的"有机"特征的理论，这种理论在很早的时代就与神学的观点结合到了一起。它在新近的时代又出现了，部分地（正如之前已经提到的）与自然哲学相关联，神学在此又一次表明了与这种理论的亲和性（斯塔尔）；部分地却又披上了生物学类比法的新外衣，因为生物学类比法建立在相互性（Gegenseitigkeit）的基础上：生物学想通过与社群生活的事实进行比较来解释和阐明自然的有机体，与之相反，社会学想要借此解释和阐明"社群的"身体。

我从来都没有否认，这种方式的一系列类比在现实里是有依据的。它们根据的是生命的普遍而共同的现象，这个生命既是由多样性组成的统一体，而且在它之内，各个部分相互作用，因而各个部分与整体也相互影响。有时，我们将这一倾向认识并表述为器官和功能的分化，有时（也在生理学里）将它认识并表述为劳动的分工。

与此相反，我不可能认为这样的论断是有意义的：即认为国家、社团（Gemeinde）或任何一个人类的合作社都"是"（sei）一个有机体。尽管基尔克恰恰总是凭借着他的观念论的一切力量来对此表示赞同。他在 1902 年所做的关于"人类联合体的本质"的有分寸的、漂亮的演说还支持着这一观点。基尔克认为：外在的和内在的经验都促使我们接受能发挥作用的"联合的统一体"（Verbandseinheiten）；决定我们行动的推动力，一部分起源于渗透进我们自身之中的共同体；我们对"自我"现实存在的确切把握同样涉及我们是更高生命统一体的组成部分，即使我们不能在自己的意识里发现这个更高的统一体，并且只能间接通过共同体在我们身上的作用而得出结论，即社群的整体是一个具有肉体和精神特征的生命；因此，联合体的法就构成了对社群动物而言的一种生活秩序；作为这样的法中的一个大的分支，社群的法结合了宪法、成员资格、法人、机构以及自由意志行为等法的概念，它们创造了一个联合体的人格（Verbandsperson），而且这个过程并不是通过契约完成的，相反，它本身就是一种创造性的整体行动。

与基尔克的观点相对立，我认为要在**自然的**（*natürlichen*）联合体和**文化的**或**人造的**（*künstlichen*）联合体之间做出更加严格的区分，即使后者可能是从前者那里发源的。而前者对于社群生活来说无疑十分重要。

诚然，前者也在我们的"意识"里存在，且**为了**我们的意识而存在，但是它本质上不是**由于**我们意识而存在的，正如本然而真实的社群关系和社群联结那样。因为我把这样的认识视作基本的社会学认识：即除了存在着人们所组成的真实的统一体和现实的相互关联以外，还存在着本质上通过人们自身的意志所构成和制约着的统一体，因此它们根本上具有观念性的特征。它们必须要被理解成由人们创造或制作出来的，尽管它们事实上获得了凌驾于个体之上的一种客观权力，一种总是且总意味着超越个体意志的联合体意志的权力。

就此而言，我发现理性的自然法的巨大意义就在于：它将迄今为止占统治地位的、由神学所把握的实体（Wesenheiten）以人类学的方式来理解，把似乎是超感性的形态解释为人的思维与意愿的产物。

然而我并不怀疑以下这一点，即并不存在着什么普遍有效的解释。历史法学派在习惯法里找到了理想的东西,他们不断地吁求民族精神(Volksgeistes)所带来的法权感(Rechtsgefühl)与正在平静发挥着作用的各种力量,由于不断增长的关于原始农业共产主义的研究,他们的观点在当时不断获得了许多新的证实。在冯·毛雷尔(v. Maurer)①和哈克斯特豪森(Haxthausen)②等人之后,拉维莱伊(Laveleye)③对此进行了总结(他的作品由 K. 毕歇尔〔K. Bücher〕④翻译和补充,取题名为"原始财产"〔Das Ureigentum〕,这部著作于 1879 年出版)。同样,由于氏族法和家庭法得到了澄清,比较法学对它们基本特征的相似性与相异性做出了阐明,尤其是雅利安人各种制度的因素更加清晰地呈现了出来。让我感到高兴的是,赖斯特(Leist)出色的作品深入地探讨了这一领域。在此之前,澳大利亚人希尔纳(Hearne)⑤的《雅利安家庭》(The aryan household)给我留下了不少印象(由于我的建议,泡尔生从中吸收了一些内容,纳入到他的《伦理学》里去了)。同时,珀斯特(Post)的著作对我来说也是十分有益的,莱尔(Lyall)⑥的

---

① 格奥尔格·路德维希·冯·毛雷尔(Georg Ludwig von Maurer, 1790 – 1872):德国历史学家,法律史学家。——中译者

② 奥古斯特·冯·哈克斯特豪森(August von Haxthausen, 1792 – 1866):德国农业史学家、经济学家、律师、作家、民歌收集者。——中译者

③ 埃米尔·路易斯·维克多·德·拉维莱伊(Émile Louis Victor de Laveleye, 1822 – 1892):比利时经济学家、经济史学家,他最有名的贡献是关于"复本位制"与"原始财产"的研究。——中译者

④ 卡尔·威廉·毕歇尔(Karl Wilhelm Bücher, 1847 – 1930):德国国民经济学家。——中译者

⑤ 威廉·爱德华·希尔纳(William Edward Hearne, 1826 – 1888):澳大利亚政治经济学家、法学家、政治学家。——中译者

⑥ 阿尔弗雷德·科明·莱尔(Alfred Comyn Lyall, 1835 – 1911):英国历史学家、诗人。——中译者

《亚洲研究》(Asiatic Studies)指引我去了解现在依然富有生机的印度氏族生活,并给了我一些关于中国的国家与宗教之间关系的启发。与此相关联,福斯特尔·德·库朗热(Fustel de Coulanges)[①]的《古代城邦》(La Cité antique)、巴霍芬的《母权》、摩尔根的《古代社会》等作品也给我留下了深刻的印象。

所有上述的著作都加深并促进了我们对现代社会与现代国家之不同特征的认识。我认为,现代社会和现代国家的概念在洛伦兹·冯·施泰因(Lorenz von Stein)[②]的重要学说那里作为绝对有效的概念被表达出来。此外,鲁道夫·冯·耶林(Rudolf von Jhering)[③]在他那可惜只留下残篇的《法的目的》(第一卷,1877)里拟定了社会的新理论:他完全按照理性主义的方式行事,在我看来,他的学说仿佛是"自然法的更新"(Erneuerung des Naturrechts);正如我也认为阿道夫·瓦格纳深刻的法哲学论述(《政治经济学基础》,第一卷,1876)是自然法的更新,尽管(或恰好正因为)他们都具有国家社会主义的倾向。我曾经赞同这种实践方向,然而对我来说,这样的理论构造似乎并非在所有方面都是充分的。

---

① 福斯特尔·德·库朗热(Fustel de Coulanges,1830-1889):法国历史学家、人类学家,实证史学的代表人物,其主要著作是《古代城邦》(La Cité antique,1864)。——中译者

② 洛伦兹·冯·施泰因(Lorenz von Stein,1815-1890):德国国民经济学家、法学家、政治史学家、黑格尔主义者,他首次将法国的"共产主义"与"社会主义"学说传统介绍到德国,其主要著作包括《当今法国的社会主义与共产主义》(Der Sozialismus und Kommunismus des heutigen Frankreich,1842)、《从1789年直到今天的法国社会运动史》(Geschichte der sozialen Bewegung in Frankreich von 1789 bis auf unsre Tage,1850)等。——中译者

③ 鲁道夫·冯·耶林(Rudolf von Jhering,1818-1892):德国历史法学家,其主要著作包括《法的目的》(Der Zweck im Recht,1877,1883)等。——中译者

当我在 1880 年读到出现在梅因的《古代法》中的一段文字,并将第 223 页(第 1 版第 213 页)的内容用德文来引述时,写作这部著作的想法就初步成熟了。作为典型的法律事务,同时作为一切理性的法律关系的根本特征,契约是所有理性的社群关系的确证性表达。在这个意义上,"整个"社会与国家与其保持一致,它们都被设想为建立在个体们的协定(Verträge)的基础上,而个体们的协定又被想象为建立在他们自由的、有意识的意志的基础上。但是,并非一切法的关系和结合都根据这样的公式来构建,恰恰那些原初的、总在不断发挥作用的家庭的关系和结合就不是这样。难道家庭的关系和结合像赫伯特·斯宾塞所说的那样,只是强迫性的关系?显然不是。它们也是由自由意志所赞同的,即使采取的方式不同于前面所说的那些关系和协议,那些关系和协议明确而清楚地被视作满足个体们(他们相遇和相会在一起)目的的手段。那么它们都是以何种方式实现的呢?这正好就是我要阐释的问题。

正是由此而产生了共同体与社会的原理,而它们又不能同"本质意志"(Wesenwille)与"志愿"(Willkür)区分开来。对这两种社群状态以及个体意志形态的类型而言,它们都必须通过以下这一点来理解:即整体和组成它的部分之间的关系,也就是古人亚里士多德所指出的有机体(Organismus)与人造物(Artefakt)的对立关系。然而在这里,人造物本身必然被理解为本质上或多或少地相似于有机的或机械的集合(Aggregat)。一切社群的构造都是心理实体的人造物,它们的社会学概念必然同时是它们的心理学概念。

霍夫丁本人作为一个心理学家而倾向于社会学,通过伦理学和宗教哲学，他将自己引向了社会学。关于我的这部著作，他这样写道：这部著作以独特的方式结合了社会学与心理学，因为它指出了社群的发展如何必然地与人类精神能力的发展关联在一起，社群的发展又是如何对应于人类精神能力的发展。① 冯特同样认为这些概念值得一提，他指出，我对于意志形式的区分"可能符合更加通常的区分，也就是将意志形式区分为简单的或本能式的意愿或选择以及构造起来的（zusammengesetztes）意愿或选择"。② 我曾经对此做出了回答（《系统哲学文献》[*Archiv für systemat. Philosophie*]第4卷第487页）：

> 在我看来，本能式的意愿只是"本质意志"的胚胎形式；不仅一切以复杂方式构造起来的意愿"从属于"本质意志，而且在本质意志之中，它们才能发展，本质意志甚至将其本质实现为人的意志；因为我从来没有将人的"自然本能"称作人的意志，而总是将意志设想为"理性的欲望"（*appetitus rationalis*）。作为欲望（*appetitus*），它不仅指努力去做（或反对）某事，而且指作为其基础的、与非我（Nicht-Ich）的肯定或否定的关系，这样的关系只有通过思维的伴随与共同作用才能变成本质意志。我认为：本质意志只有在构造起来的意志里才能实现其自身……因为我把具有创造性的人、艺术家或伦理天才的全部观念世界理解为他们的本质意志的表现，而且他

---

① 《卑微的劳动者》（*Mindre Arbejder*），第144页，哥本哈根，1899。——作者原注

② 《逻辑学》（*Logik*）第二卷第599页，第三版与原文字相同。——作者原注

们的任何自由行动也是本质意志的表现,只要这种自由行动产生于他们的精神、情感或良知的本质性方向。因此,通过决定社群形态的本质意志以及共同体,我将黑格尔所指的"民族精神的具象实体"(konkrete Substanz des Volksgeistes)理解并分析成那种大大超越"社群本能"(Sozialen Triebe)的东西,它决定且承担了一个民族的全部文化。(在那里,我进一步对这位德国哲学巨匠①做了表示敬意的若干评论。)这种正确的提问同样在巴尔特(P. Barth)的《教育史》[*Geschichte der Erziehung*](莱比锡,1911年,第40页)里获得了承认,在此书的序言里,巴尔特探讨了社会学的本质以及它与教育学的关系。

国民经济学完全过着一种与哲学相分离的生活。然而它又总是试图与哲学建立起一种关系,它常常鲜明地按照哲学的基础提出它的各种要求。在我的这部著作发表25年后,这一倾向表现得更加强烈了。纯粹社会学逐渐提升到政治经济学的一门辅助性科学的位置。在各个社会学学会(最近在德国也建立起来了)建立的过程中,国民经济学家们率先参与进去,这种情况可以在学会对外发表的文献那里发现。

我在这里提出的关于社群生活(sozialen Leben)的概念,尽管就其形式而言是全新的,但是对国民经济学家而言,它们似乎并不是完全陌生的。通过自然经济与货币经济的对立,以及某些与此

---

① 指黑格尔。——中译者

相类似的概念,它们为我提出的概念做了准备。德国科学的两位领袖,施莫勒与瓦格纳从他们各自不同的方法论观点出发、深入地与我的著作展开了对话。国家主义与生产的理性机械化,甚至"世界"的理性机械化越来越被承认为划分整个新时代的标志,这一点在一些重要的论述中一再得到阐明。

我曾抓住这些论辩的机会,在其过程中遭遇了一些难得的经历,这些经历或许在别的地方会被提及。然而无论如何,我可以欣慰地回过头来谈谈这部著作在过去的12年里受到了越来越多的关注。如果说沃纳·桑巴特(Werner Sombart)①称它为"划时代的作品",弗朗茨·欧伦伯格(Franz Eulenburg)②称它为"深刻的作品",俄国社会学家大卫·科伊根(David Koigen)③称它为"经典的著作",那么这些赞美只会使我更加意识到这部著作的缺陷。我希望自己能够在目前这个新版本中更彻底地纠正这些缺陷。无论如何,这都是一些评价,它们与更早些时候的评价一同促使我再次将这部著作公之于世。同时,在不愿触及著作的核心和结构的前提下,我努力在一些细节上加以改进,使它更完善,即使大部分只是表达方式和行文风格的改变。在此期间,也有不少行文字被删去,更多的内容被补充进来。这些补充进来的内容同样包含着

---

① 沃纳·桑巴特(Werner Sombart,1863－1941):德国国民经济学家,社会学家,德国社会学学会奠基人之一,主要作品包括《现代资本主义》(*Der moderne Kapitalismus*,1902)。——中译者

② 弗朗茨·欧伦伯格(Franz Eulenburg,1867－1943):德国经济学家、社会学家。——中译者

③ 大卫·科伊根(David Koigen,1879－1933):俄裔文化哲学家与社会学家。——中译者

新的思想因素，它们被标识为"1911年的补充"或"1912年的补充"，这样一来就可以为读者辨认出来。然而，书中有一些保留下来的和必须保留下来的内容，诚然，如今的我不会如此地表达这些内容，但是如果人们回顾我长时间的写作经历，就会容易地理解它们。

如果说这部著作受到了一些优秀的作者承认，那么它同样遭到了其他人的有意忽视，他们诚实地（然而也不诚地）对此缄默不语。因此更应该强调奥古斯特·巴尔策（August Baltzer）博士所做出的特殊贡献，他的一部短小的专著（柏林，1890）出自于精确的认识和正确的理解，他也很早就掌握了我的这部著作并且由此理解了我的思想。我同样要感谢库尔特·马卡特（Kurt Marcard）博士和阿尔伯特·格拉赫（Albert Gerlach）博士，感谢他们完成了本书索引的编写。

斐迪南·滕尼斯

于1912年

第四版和第五版前言

(附第三版前言摘录)

这部著作的第三版比我所预计的时间还要早地脱销了。然而,真正使我的内心感到满足的是:这部作品的基本思想成型于我25岁至30岁之间,它现在已经在科学的领域内赢得了坚实的地位,而且我也相信,在未来,它将坚守这一地位。

从那时起,它变得更强壮了,
我希望,它将永世流传,受读者爱护。
(*Firmius inde stetit, spero stabitque per omne Aevum, defensus viribus ipse suis.*)①

今天,谁还敢像当年80岁高龄的托马斯·霍布斯信心十足地期待他的《利维坦》那样,希望他精神的造物能够得到长久的生命?我尤其不敢作此奢望,因为我现在已经注意到,我不仅远离了自己创造的术语——我几乎没有要求把这些同义词的区分视作我自己的所有物——,而且就这些概念的特征与运用、就它们以某种方式被使用而言,我远离了这些概念本身;至多在一篇"文献"(Litera-

---

① 参见:Thomas Hobbes,"T. Hobbes Malmesburiensis Vita",in Thomas Hobbes Malmesburiensis opera philosophica Quae Latine Scripsit,Vol. I,Londini:1893,xciv.——中译者

tur)的附加索引里,它们的创造者会被授予"在众多他人当中"(*inter multos alios*)被提及的尊荣。因此,这里阐释的理论会让今天的许多人觉得过时,或者让他们感到只是重复其他作品里已经出现过的东西,它们在其他作品里反而表现得更加明白易懂、更加精确恰当。因为时间的先后顺序总不会受到人们重视。

尽管如此,我相信,这部早年完成的作品还是得到了他人进一步的理解,并且为我赢得了许多朋友。我曾把本书的第二版题献给霍夫丁,他在1890年为本书第一版撰写的一篇文章里称它是"社会悲观主义"(sozialen Pessimismus)的著作(在《卑微的劳动者》〔*Mindre Arbejder*〕第一版第246-258页中,他重复了这一观点,参阅"序言"〔*Forord*〕VI-VIII)①。我在当时曾反对这样的提法,现在我仍然拒绝这一标签,因为它建立在误解的基础之上,可能这其中并非没有我的责任,仿佛我希望的只是在今天的社群生活里看到一种罪恶和死亡。从那时算起,一代人的时间已经过去了,我多次表明、然而外在的事实使我感到惋惜的是:对于我们就种种社会状况所进行的认真的、深刻的伦理以及社群的改革,我从来没有指责、嘲笑它们是徒劳,而毋宁说,我不断地在寻求着促进这些改革。我也完全没有拒绝进步、启蒙、自由之发展和文明这些 XXXVII 真正的事实,并没有认为它们毫无价值:我的观点从来就不是浪漫主义者的观点,他们用诗歌神化了过去,使之闪烁着熠熠光辉。我是如此地理解和赞赏着这些幻想,正如我也理解和赞赏着我们由

---

① 霍夫丁还反复地研究了本书。请参见他的《极权的概念》〔*Der Totalitätsbegriff*〕(莱比锡,1919)里第98页和106页的精彩研究,以及用丹麦文撰写的《19世纪的进步思想》(*Ledende Tanker i det mittende Aarhundrede*)的第56页。——作者原注

于庄重地怀有如此想法而感到的骄傲,这个想法就是:从基督教和古典时代那里滋养的,尤其是北欧的"文化"(Kultur),在其辉煌的、更为年轻的形态(即"文明"〔Zivilisation〕)里,越是不能反思它的社群基础,即越是不能反思共同体,它就越会更迅速地、更彻底地消失殆尽;而当它越是转变为一个不能缺少国家进行中央掌控的纯粹社会,而社会又不能现实地改变它的本质时,它也会更迅速地、更彻底地走向衰亡。在我写作这本书的时候,这样的想法就是我的研究所得出的结论,凭借着直觉的力量,这种思想占据着我的心灵。我在接下来的35年里所能进行的一切研究与思考,无非只适用于对它的巩固和加深。"西方的没落"作为一本迅速闻名的著作①的标题,无数的人为之议论纷纷,他们过去几乎做梦都没有想到会考虑和忧思这样的问题。② 无须向成熟了的男士与女士们讲:观察大的历史事件的相互关联正如研究最高的形而上学问题(只要这类研究具有价值),它们都需要一种严肃的气氛,当然,这样的气氛不得损害日常生活的义务,同样它也不应受到日常生活之义务的扰乱;如果一种绝望的、悲剧性的震撼精神从历史的观察之中且由于这样的观察产生出来,那么这种精神也是一种深刻化、高尚化的伦理意识,因此,它首先适合于那些思维着的、渴求正义的人们。诚然,这种情感方式与思维方式本身之中担负着一些危

---

① 指奥斯特瓦尔德·斯宾格勒(Oswald Arnold Gottfried Spengler)的《西方的没落》一书。Ostwald Spengler, *Der Untergang des Abendlandes: Umrisse einer Morphologie der Weltgeschichte*, Band 1: Wien 1918, Band 2: München 1922.——中译者

② 葛兹·伯里夫(Götz Brief)的《西方的没落、基督教与社会主义》(*Untergang des Abendlandes, Christentum und Sozialismus*)第二版(弗莱堡,准备于1921年出版)已经强调了我的思想的前瞻性。——作者原注

险，即它们将损伤人们的精力、淡化坚定的自信色彩。然而，人们内在的认识越是深刻，越能转化为血与肉，那么他们也就会越容易地战胜这些危险。最后，只要不是由于苦难和环境所迫，与其说我们的行动和行动能力最终由各种原理与观念决定，毋宁说它们由人们的秉性和性格决定。我对以上的一切都深思熟虑过，并且把这些告诉给那些伴随着我一起思考的人们，我们从中得到的是确信，而非任何其他的结论：这个确信即相信未来的时代将从以上的考察以及与之相类似的认识中获得一些结论，它们似乎同样会不言而喻得到人们理解，就像现今，相反的东西似乎大多也能被理解那样。如果说我今天把这本书献给那些正在辛勤劳动着的德国青年，这也就意味着，我并没有对德国的未来悲观失望，相反，我相信：在充满意义的共同劳动和共同思考中，新的一代将会理解社群的建筑艺术（Baukunst），民族共同体是如此紧迫地需要这种理解。在这本书的正文里，1922年的补充内容（见下文第203页）正是指向这个目的。

附第三版前言摘录[①]

在这部著作的第二版和第三版之间，欧洲文明，尤其是德意志文明遭受了巨大的灾难。

我们很容易就能发现，这个灾难和本书所探讨的问题存在着

[①] 本书第三版面世时，完整的第三版前言被删节掉了，此前言的全文以及关于此文的说明，可具体参见中译本附录二。——中译者

一种相互关联。但是,这些问题只能有待于在别处论述了。

这一版主要修改了的地方,就在于我之前所表述的"志愿"(Willkür)这个概念,被我自由构造出来的"抉择意志"(Kürwille)这一概念所取代。我只是想借此来确定,这个概念本身是一个被我自由构造出来的概念。除此之外,我进一步删除了那些没有特殊含义的外来词。

尽管受到世界大战的五年阻碍,这部 1887 年初版的作品自第二版问世以来,越来越获得了人们的重视。我需要提到的是:巴尔特的《作为社会学的历史哲学》第一卷(第二版的第 406-412 页,第三版的第 439-446 页),桑巴特的《现代资本主义》第二卷(第二版和第三版的第 1076 页、第 1087 页),特洛尔奇的《基督教世界》(1917 年,《历史学刊》第 24 卷第 3 册的第 441 及下页),马丁·布伯(M. Buber)的《时代讲话》〔Worte an die Zeit〕的第二册(《共同体》,1919 年,三国出版社,慕尼黑、维也纳、苏黎世,第 50 页),布林克曼(Brinkmann)的《一种社会科学的尝试》(第 50 及下页),利特(Litt)的《个体与共同体》(第 56、70、117 页),马格里斯(Margulies)的《犹太复国主义的批判》(第 12 及以下诸页)(这本书对我的作品有很深的误解),以及 W. 施吕特尔(W. Schlüter)的《德国人的行动思想》(第 231 页)等等都对本书予以了关注。①

---

① 以上提到的作者与原书名按照顺序分别是:Paul Barth, *Philosophie der Geschichte als Soziologie*; Werner Sombart, *Der moderne Kapitalismus*; Ernst Troeltsch, *Christliche Welt*; Martin Buber, *Worte an die Zeit*; Carl Brinkmann, *Versuch einer Gesellschaftswissenschaft*; Theodore Litt, *Individuum und Gemeinschaft*; Heinrich Margulies, *Kritik des Zionismus*; Willy Schlüter, *Deutsches Tatdenken*.——中译者

尤其需要指出的是,斯托尔滕贝格(H. L. Stoltenberg)博士的《指南》(柏林,库尔提乌斯出版社,1919)①既为本书的读者,也为本书的作者做出了贡献。

(1922年的补充):更多有价值的评论肯定了本书存在的权利,它们在当时都被遗忘了(然而并不是被有意地忽略)。例如B.哈姆斯(B. Harms)的《国民经济学与世界经济学》(第37-40页),E.罗森鲍姆(E. Rosenbaum)刊载于《施莫勒年鉴》里的文章(第38卷第4页)。此外,还有威廉·麦茨格尔(Wilhelm Metzger)(于1915年去世)的《德国唯心主义伦理学中的社会、法与国家》(海德堡,1917年,我在《德国文献杂志》〔D. L. Z〕1919年第43期 XXXIX 的第12页等曾对此指明),F.克莱因(F. Klein)阁下的《组织的本质》(第77及以下诸页),弗里茨·科恩(Fritz Kern)的《文明人(国家、教会与文化)》(第71页注释)。与此同时,我应当补充地提及一下《形而上学与道德观察杂志》(*Revue de metaphysique et de morale*)(1914年5月)以及柏林的伊萨克·阿尔塔拉茨(Isaak Altaraz)的博士论文《纯粹社会学》(1918年)。②

此外,还要提到一些最近的著作:瓦尔特·奥斯特瓦尔德(Walter Osterwald)的《对执行公务者的一个研究》(它主要研究

---

① 指汉斯·洛伦茨·斯托尔滕贝格(Hans Lorenz Stoltenberg)的《滕尼斯的〈共同体与社会〉指南》。Hans Lorenz Stoltenberg: *Wegweiser durch Tönnies' »Gemeinschaft und Gesellschaft«*, K. Curtius, Berlin 1919. ——中译者

② 以上提到的作者与原书名按照顺序分别是:Bern Harms, *Volkswirtschaft und Weltwirtschaft*; E. Rosenbaum, *Schmollers Jahrbuch XXXVIII*, 4; Wilhelm Metzger, *Gesellschaft, Recht und Staat in der Ethik des deutschen Idealismus*; Franz Klein, *Das Organisationswesen der gegenwart*; Fritz Kern, *Humana Civilitas (Staat, Kirche und Kultur)*; Isaak Altaraz, *Reine Soziologie*. ——中译者

的是《民法典》〔BGB〕的第278条和第831条,兼论社会的劳动法,第32、35、171页),汉斯·里希特(Hans Richter)的《德国的教育统一和高等学校》(第121及以下诸页);E.罗塔克尔(E. Rothacker)的《精神科学导引》(图宾根,1920年,第107页注释),E.萨林(E. Salin)的《柏拉图与希腊的乌托邦》(慕尼黑与莱比锡,1921年,第282页),W.米彻利希(W. Mitscherlich)的《西欧的国家主义》(第112、344页),约翰·普兰格(Joh. Plenge)的《1789-1914》(第107页)和《三篇演说》(第26页),马克斯·舍勒(M. Scheler)的《价值的颠覆》第一卷(第224及以下诸页),费尔康德(Vierkandt)在《科隆季刊》上的文章(系列A,第1卷第1册第57页),R.威尔布兰特(R. Wilbrandt)的《经济学》(第107、117页),H.库诺(H. Cunow)的《马克思的历史、社会与国家理论》第一卷(第258页),C.布林克曼(C. Brinkmann)在《施莫勒年鉴》上的文章(第45卷第4册的第265页),列奥波德·冯·维泽(L. v. Wiese)的《社会学研究指南》(哈勒,1912年,第14页)以及W.耶路撒冷(W. Jerusalem)在《科隆季刊》上的文章(第2卷第1册的第52、53页)。最后要特别提到的是马克斯·韦伯遗留下来的社会学著作(《经济与社会》,第1卷的第1页和第22页)[①]。从列奥波德·冯·维泽刊载在《科隆季刊》上的富有思想的报告里,我得知,勒

[①] 在这里,我同样想要缅怀在1921年去世的、我忠实的朋友弗兰茨·施陶丁格(Franz Staudinger),他的思想方式部分地建立在与本书的理论不同的其他假设之基础上,而且当他想了解本书的理论时,实际上他过去的思想方式已经无法改变了。尽管如此,他还是对我的著作投入了爱与激情,并从中吸取了某些东西,最终他为本书的第三版撰写了一篇深入的评论,刊载在1920年9月25日的《消费合作社评论》(Konsumgenossenschaftlichen Rundschau)上。请参阅我的悼文《纪念弗兰茨·施陶丁格》(刊载于《科隆季刊》系列A,第2卷第1册的第66-70页)。——作者原注

内·沃姆斯(René Worms)(《社会学——它的性质、内容和趋势》,巴黎,1921)在探讨结构发展的法则(进化论)时,使用了我在这里所提出的学说,不过按照维泽的看法,沃姆斯的表述并不准确。非常奇怪的是,在科尔(Cole)这位英国吉尔特社会主义的重要理论家的成熟学说里(《社会理论》,伦敦,1920),我又发现了我的概念和术语,不过他未注明出处。[①]

一个谦逊的作者也应当将以下的这段话用在自己身上,它是一位为科学付出了巨大努力的伟大作家在其 70 岁高龄时写下的话语:"正如我们在这里严肃地工作,这并不是为了我们自己,而是为了一桩值得尊敬的事业,因此,当我们承认了他人的努力时,我们也需要得到他人的承认;我们渴望帮助、同情与支持。"(歌德:《两篇适宜的评论》,载于《有机自然的形成与变形》,1819[②])如果

[①] 以上提到的作者与原书名按照顺序分别是:Walter Osterwald, *Der Erfüllungsdiener, eine Studie*;Hans Richter, *Die deutsche Bildungseinheit und die höhere Schule*;Erich Rothacker, *Einleitung in die Geisteswissenschaften*;Edgar Salin, *Platon und die griechische Utopie*;Waldemar Mitscherlich, *Der Nationalismus Westeuropas*;Johann Plenge, *1789 und 1914*;*Die symbolischen Jahre in der Geschichte des politischen Geistes, Drei Vorlesungen*;Max Scheler, *Vom Umsturz der Werte*;Alfred Vierkandt, *Kölner Vierteljahrshefte, R. A. I. 1, S. 57*;Robert Wilbrandt, *Oekonomie*;Heinrich Cunow, *Die Marxsche Geschichts-, Gesellschafts- und Staatstheorie*;Carl Brinkmann, Rec. In *Schmollers Jahrbuch XLV*;Leopold von Wiese, *Wegweiser für das Studium der Soziologie*;Franz W. Jerusalem, *Kölner Vierteljahrshefte II*;Max Weber, *Wirtschaft und Gesellschaft*;René Worms, *La Sociologie. Sa nature, son contenu, ses attaches*;George Douglas Howard Cole, *Social Theory*.——中译者

[②] Geothe, "Zwei günstige Rezensionen", in *Bildung und Umbildung organischer Naturen*. 这部文献收录在歌德 1817 年出版的《形态学》(*Zur Morphologie*)里。——中译者

说,歌德在《回顾》(*Rückblick*)里写道:"在我满怀感激地享受着的美好日子里,几乎没有人会想起我曾经拮据的岁月,在那个时候,没有人来帮助我,与我共同从事一场严肃而忠诚的事业";那么,追随着他的人应当把这段格言真正地铭记于心。

斐迪南·滕尼斯

第六版和第七版前言

这本著作在三年前新印了2000册，在此之后，由于更多的作品诞生①，社会学在德国丰富和充实起来。这些作品或者承认和赞同《共同体与社会》里的各种概念，或者批判了它们，但是几乎没

---

① 在这里，我需要提及上述著作的名称：弗朗茨·奥本海默的《社会学体系》第一卷（耶拿，1923）；A.费尔康德的《社会学说》（斯图加特，1923）；威廉·绍尔的《社会的基础》（柏林，1924）；克拉考尔的《社会学》（德累斯顿，1922）；罗森斯托克的《社会学》第一卷《共同体的力量》（柏林与莱比锡，1925）；列奥波德·冯·维泽的《作为人的关系与关系形态之学说的一般社会学》第一卷《关系学说》（慕尼黑，1924）。对最后这本书的第39页，我必须要做个说明：这里引用了一句具有我的理论之特征的话语（第3页），这句话清楚地被我视作典型的语言惯用（Sprachgebrauch），诚然，他借此是为了表明我的用法是正确的。除此之外，这里暂时提及的共同体概念，后来在我的《共同体的概念》（Begriff der Gemeinschaft）一文里（可惜未做校阅就付印出来，并且迄今为止未再重版）做了更详细、更准确的阐释，本文刊载于第一年第一期的（不过从那时起又再停刊的）《社会教育学杂志》（1919年10月，第12-20页）。在维泽的作品里，我发现了一些思想，这些思想阐明了长久以来我认为纯粹社会学所缺少的东西且对于它的扩展而言必不可少的因素。他声称一直以来他所追随的目标是：指出人们之间是如何相互依赖，一个人如何成为其他人的命运。当然，这对于我来说也是一切社会学认识的必然落脚点。不过奇怪的是，维泽在这里也提到了H.凯尔森（H.Kelsen）对我的轻视态度，在《社会学和法学的国家概念》（图宾根，1922年，第64页）中，凯尔森写道："关于最近的社会学（在详细地论述完齐美尔、斯宾塞、涂尔干以及耶路撒冷之后——需要指出的是，除了斯宾塞以外，其余人在学界出现的时刻都晚于我），还是要提及滕尼斯，他在自己的作品里提出了一些奇怪的术语等等。（共15行）。"凯尔森自己的理论既不会使我对我的术语、也不会使我对我的学说本身感到混乱。——作者原注

有人会否定它们。我提到了奥本海默(Franz Oppenheimer)的大作①,费尔康德(A. Vierkandt)的社会学说②,施马伦巴赫(Schmalenbach)③、耶路撒冷(Jerusalem)④、绍尔(Wilhelm Sauer)⑤、克拉考尔(Kracauer)⑥、罗森斯托克(Rosenstock)⑦的致力于社会学基本概念的论文。同样,列奥波德·冯·维泽的关系学说("Beziehungslehre")⑧想要描绘一个全新的基础,他对这里所谈论的先行基础也只是顺带地提及,当然,维泽的学说必然还要经

---

① Franz Oppenheimer, *System der Soziologie*, *Erster Band*, Jena 1923. 弗兰茨·奥本海默(Franz Oppenheimer, 1864 - 1943):德国犹太裔社会学家、政治经济学家,1919 年接受法兰克福大学社会学与理论国民经济学的教席,此教席是德国大学历史上第一个社会学教席。他的代表作品包括讨论现代主权国家理论的《论国家》(Der Staat, 1908)等。——中译者

② Alfred Vierkandt, *Gesellschaftslehre*, Stuttgart 1923. 阿尔弗雷德·费尔康德(Alfred Vierkandt, 1867 - 1953):德国社会学家、民族学家、现象学家,1909 年德国社会学学会的奠基人之一。——中译者

③ 赫尔曼·施马伦巴赫(Hermann Schmalenbach, 1885 - 1950):德国社会学家、社会哲学家。——中译者

④ 弗兰茨·威廉·耶路撒冷(Franz Wilhelm Jerusalem, 1883 - 1970):德国社会学家、法学家。——中译者

⑤ Wilhelm Sauer, *Grundlagen der Gesellschaft*, Berlin 1924. 威廉·绍尔(Wilhelm Sauer, 1879 - 1962):德国法学家。——中译者

⑥ Siegfried Kracauer, *Soziologie als Wissenschaft. Eine erkenntnistheoretische Untersuchung*, Dresden 1922. 西格弗里德·克拉考尔(Siegfried Kracauer, 1889 - 1966):德国作家、记者、社会学家、电影理论家。——中译者

⑦ Eugen Rosenstock-Huessy, *Soziologie I Die Kräfte der Gemeinschaft*, Berlin und Leipzig 1925. 欧根·罗森斯托克(Eugen Rosenstock-Huessy, 1888 - 1973):德国历史学家、社会哲学家。——中译者

⑧ Leopold von Wiese, *Allgemeine Soziologie als Lehre von den Beziehungen und Beziehungsgebilden des Menschen*, Teil I, *Beziehungslehre*, München 1924. 列奥波德·冯·维泽(Leopold von Wiese, 1876 - 1969):德国社会学家、经济学家,1946 年德国社会学学会复建后首任主席。——中译者

受检验。如果说我要自告奋勇地报道纯粹社会学的当前状况,并且使我自己的理论与其他学说提供的新论据或新研究结合在一起、使之发挥新的作用,这是我无论如何都无法胜任的,即使我能够胜任,这篇序言也不是探讨这一点的合适场所。然而令我感到高兴的是,讨论开展得十分热烈;我也相信即使没有我的参与,讨论依然会保持着如此活跃的状态;在产生分歧的地方,我更愿意听任他人做出判断,即使这一判断并不必然意味着一个决定。

只在一点上,我坚信自己有责任向新老读者做一个说明,即我曾经尝试通过添加一个第三概念来消除这里两个构造出来的概念①的模糊性:作为撰写过一部很有价值的莱布尼茨研究专著②的作者,赫尔曼·施马伦巴赫希望借助"同盟"(Bund)这个范畴来补充我的理论!关于这个范畴,他做过一些引人注目的阐述。③ 在这里,我无法追述他以此为基础的细致考察,然而我应当指明,我曾经努力在其他方向上补充这些基本概念,而我与施马伦巴赫的差别所依据的似乎就是这样的情况:对我来说,共同体与社会是标准类型〔Normaltypen〕(相比于理念类型〔Idealtypen〕④,我更愿意使用标准类型的说法,因为"理念"一词会导致另一个意义上的误解),现实的社群生活介于这两种类型之间;长期以来(包括1887年版的这部著作中),我将现实社群生活的基本特征区分为

---

① 即"共同体"与"社会"这两个概念。——中译者
② Hermann Schmalenbach, *Lebniz*, München 1921.——中译者
③ 《狄奥斯库里兄弟》(*Dioskuren*),第一卷(迈耶与耶森出版社,慕尼黑),第35-105页。——作者原注
④ 韦伯的"Idealtype"一般被译作"理想类型"、"理想型"或"理念型",不过鉴于滕尼斯对"Ideell"和"Ideal"的区分,译者在此将这个概念译作"理念类型"。——中译者

"关系"(Verhältnisse)与"结合"(Verbindung);不过最近,我又添加了"整体"(Samtschaft)这一概念作为它们的中间环节。施马伦巴赫所说的"同盟"概念必然要从属于"结合"这个概念,而且正如我所认为的那样,作为一个动名词的"结合"概念更应照其目的地被理解成"团体"〔Körperschaft〕(社团〔Korporation〕—组织〔Organisation〕)。在这里,我和其他人都遇到了一个误解,即仿佛我按照我们民法典里记载的法律概念的使用方式那样将共同体等同于"无组织的结合体"(unorganisierten Verbundenheit)、将社会等同于"有组织的结合体"(organisierten Verbundenheit)①。毋宁说,共同体和社会这两个范畴适用于一切类型的结合体(Verbundenheit),而且也应当被应用于一切类型的结合体。一切关系(无论是作为"整体"的关系,还是作为"团体"的关系),只要它们建立在直接的相互肯定,因而即本质意志的基础上时,它们就是共同体式的关系;相反,只要这样相互肯定是理性化了(rationalisiert)的肯定,即它们所根据的是抉择意志时,它们就是社会式的关系。这样一来,就像施马伦巴赫对"同盟"富有深意的描述,我更愿意将它定义为"一个具有共同体特征的、精神性的或更具道德意义的团体"。因而当罗森斯托克谈起一种"滕尼斯—施马伦巴赫理论"时,我并不认为这是有道理的,压根就不存在这么一套理论。共同体与社会的理论仅仅是我的理论;如果他人的理论建立在此基础上并且对此加以扩展,那么这也是令我感到欢喜的事情。然而像施马伦巴赫这样的情况,我不得不从我这个方面拒绝如此刻意的补充。

---

① 这里所说的"无组织的"("unorganisiert")与"有组织的"("organisiert")亦可以译为"非器官化的"与"器官化的"、"非有机体的"与"有机体的"。——中译者

第六版和第七版前言

最近,共同体的概念已经深深地浸入普遍的意识之中,而且变成了种种生机勃勃之情感的会聚点。与此相关,许多思想家都对这一概念进行了研究,这种情况就表现在他们反复地援引我的理论。我很赞赏皮西勒尔(Hans Pichler)的《共同体的逻辑》[1](不过这本书与我的著作没有什么联系)。此外,我也非常乐意推荐赫尔穆特·普勒斯纳(H. Plessner)的一部名为"共同体的界限"的册子(柯亨出版社,波恩,1924年)[2],这部作品被视为"对社群激进主义的批判"("Kritik des sozialen Radikalismus")。同样,我相信自己有责任提请大家特别注意格尔达·瓦尔特(Gerda Walter)博士的文章——《社会共同体的本体论,附录:社会共同体的现象学》[3](出自《哲学年鉴》第六卷的单行本)[4],尽管或者说因为种种迹象

---

[1] Hans Pichler, *Zur Logik der Gemeinschaft*, Mohr 1924. 汉斯·皮西勒尔(Hans Pichler,1882-1958)奥地利出生的德国哲学家,在德国复兴了沃尔夫的哲学,其代表作品是《论克里斯蒂安·沃尔夫的本体论》(*Über Christian Wolffs Ontologie*,1958)。——中译者

[2] Helmut Plessner, *Grenzen der Gemeinschaft. Eine Kritik des sozialen Radikalismus*, Cohen, Bonn 1924. 赫尔穆特·普勒斯纳(Helmut Plessner,1892-1985):德国哲学家、社会学家,"哲学人类学"的代表人物,1953-1959年担任德国社会学学会的主席。——中译者

[3] Gerda Walter, *Zur Ontologie der sozialen Gemeinschaften mit einem Anhang zur Phänomenologie der sozialen Gemeinschaften*. 1923.——中译者

[4] 在当今日益强大的现象学学派里,现象学学者带着偏爱的心态以及令人尊敬的热情探讨、研究着个体与共同体的关系。同时,著名社会学家马克斯·舍勒和阿尔弗雷德·费尔康德同样醉心于现象学学派的哲学。因此,艾迪丝·施泰因(Edith Stein)在《哲学与现象学研究年鉴》的第5卷也撰文论述了个体与共同体之间的关系。这位女哲学家认为:应当强调斐迪南·滕尼斯"首先明确提出了"在现代社会学里占据着重要地位的两组不同的"社会化"(我认为更应当称为"社群形式")类型。不过,这位女作者显然也相信,应当大大地贬低"首先明确提出"的价值,对此,我并非不见怪于她;我应当保持我自己做判断的权利。——作者原注

表明，瓦尔特如此写作这篇文章，仿佛我的那部摆在面前、然而老得多的著作不存在一样。对于这篇用哲学的学院术语、细致而缜密地写成的论文，我无意否定其成就。然而，必然使我罕见地受到触动的事实是：当这位女作者深入地研究了"社会共同体"（soziale Gemeinschaft）这一概念的意义，并且冒险地对"社会共同体的本质特征作出了暂时的界定"之后，她以她的方式论述了"共同体与社会的区分"，而且抓住这个机会顺带地、用单单"例如"来提及我的名字，同时她还提到了美国人吉丁斯（Giddings）的名字（他根本就没有探讨过这个问题，而且他在文献中出现的时间要大大地晚于我），甚至随即抗议说："我们'此外'不能完全同意滕尼斯进一步论述的内容"。如果不是全部，那就是一部分了，这是值得感谢的。但是，我不得不提出这样一个问题：这位女作者论文第二章的标题"共同体与社会的区分"就像她自己想要展示出的那样，真的完全出自于她自己的想法吗？她用很多话论述了她的研究结果，不过她完全不是要将此确定为"社会共同体"概念的意义，而是认为要去探究它。通过以下的问题，她引出了这个第二章："所有的这些足够建立一个共同体吗？如果建立共同体是必要的，这个共同体不是已经处于社会的范围之内了吗？难道共同体与社会之间不存在本质的差异？倘若本质的差异存在，那么它又存在于什么地方呢？如果说一个共同体存在，那么共同体的本质特征存在于任何共同体之中，且只存在于它们之中，我们已经完全指明了这一共同体最原初的特征了吗？"从这些问题就可以看出——就我所知道的那样——，她既不想认识也根本没有理解我在自己著作里作出的尝试：构造共同体与社会的概念，并把它们展现为标准类型。不仅如此,当她从语言惯用法出发,首先着手讨论什么是"一个"共同体,接下来再讨论什么是与之相对的"一个"社会时,她还理所当然地以为这是她的独创。她认为,"例如"我与吉丁斯一样,"仅仅是那些讨论这个问题的人中的两个",我们都把共同体的"本质特征"视作存在于"那种彼此共属的情感"、即那种内在的一致之中。这样的看法是一种对我的著作之基本思想的粗糙化和歪曲化。除此之外,这位女作者也以恰当的距离感和应有的尊敬谈到了马克斯·韦伯,尽管韦伯有他自己特有的方式,但是这位女作者还是将韦伯与我的概念直接地联系起来,这显示出这位女作者或者对此毫无认识,或者将之视为无关紧要的东西。在这里,正如以上所提到的那样,我不想去评判这位青年女哲学家所付出的艰辛努力。我想让别人来判断,请他们根据自己的认识评判:按照那些在文献交往里保持下来并得到承认的传统,按照对一位刚踏入学术领域的作者而言应当注意到的、具有重要意义的惯例,这位女作者是否公正地对待了我?

另外,我获悉马克斯·阿德勒(Max Adler)①在他的关于"社会学与认识论批判"〔"Soziologie und Erkanntniskritik"〕(《社会学年鉴》,第1卷,第30页)的研究里指责我的概念界定,他认为我的界定("然而,还")不是认识论批判性的界定,"而且很少(!)能对真正澄清问题做出贡献",因为我的思想方式本身"还不是纯粹社会学的方式",而是"太过于被生物学的,甚至完全形而上学的元素

---

① 马克斯·阿德勒(Max Adler,1873-1937):奥地利法学家、政治学家、社会哲学家,奥地利马克思主义传统的权威理论家。——中译者

所浸透"。这一点应当不久将会在另一处地方得到说明。

同一位像阿德勒这样级别的思想家对话,是件令我感到高兴的事情,与此同时,我冷静地面对他的攻击,而且感到自己并不是毫无准备地面对它。关于我与认识论批判(Erkenntniskritik)的关系,我已经在本书的第一版(1887年)序言里做出了若干说明,这篇前言又在这次的再版中重印出来(前面第15页及以下诸页),同时,它也被收录在1924年出版的《社会学研究与批判》第一卷(耶拿,古斯塔夫·费舍尔出版社,第34-44页)①里。除此之外,除了那些包含在这一卷里的其他论文外,我应当提及《社会学的分支》这篇文章,它被刊登在《普通国家科学》第19卷(1925年)第一册(第1-15页)②里,不久又被刊登在了"第五届国际哲学家大会"的论文集里。至于所谓的"浸透着"生物学的,甚至完全形而上学的因素,这样的指责可能是基于阿德勒个人的误解,也可能是出于我自己的缺陷,这些缺陷是我在后来的研究里所力图弥补的。在某些方面,我的已出版了的《霍布斯的生平与学说》第三版增订本(现在又在Fr.弗罗曼出版社出版)③中有关"自然法和国家学说"的章节,应当适于促进对我的理论的正确理解。对于我的理论在这段时间内所取得的成就,我应该感到满意。然而,早在本书第

---

① Ferdinand Tönnies, *Soziologischen Studien und Kritiken*, Band I, Jena: Gustav Fischer 1924.——中译者

② Ferdinand Tönnies, Einteilung der Soziologie, in der Zeitschrift für die gesamte Staatswissenschaft 19.Jahrgang 1925, Heft I, S.1-15.——中译者

③ Ferdinand Tönnies, *Thomas Hobbes: Leben und Lehre*, 3. vermehrter Auflag, Fr. Frommann, 1925.——中译者

二版序言①里,我已经承认,本书里的一些内容,今天的我不会如此来表达。这样一来,我必须要改写它们吗?我认为自己不能够那样做,因为这样一来就会在其他方面严重地损害本书的价值。相比于此,我更愿意使人们注意我后来写的一些作品,还有那些作者意愿并希望今后能够完成的作品。我想强调的是,在本书里,作者只是指出了纯粹社会学的一些"基本概念"。只是在一些不重要的地方,我认为有必要加以修改。就此需要指出一点:我并没有坚持占据本书第三卷第 13 节之主导地位的术语("结合"与"联盟")。至于我现在所称呼的"社群实体"(soziale Wesenheiten)以及区分为关系(Verhältnisse)、整体(Samtschaften)和团体(Körperschaften)的"社群实体",尽管我现在十分重视,但是对当前的这部著作来说,它还是无法就外部结合着的一定数量的人群而言、从外在的方面划分他们,而目前的德国社会学界则特别喜欢用"群体"(Gruppe)这个概念来表示一定数量的人。与此相对,对于关系、整体和团体的内在状况而言,只能用精神的眼睛来注视,即必须从构成它们的人自身的意识(Bewußtsein)和意愿(Wollen)方面来解释:与他们的"原初的现实存在形式"(Originäre Daseinsform)相联系,我把"认识"(Erkennung)视作第二种现实存在形式;把来自于其他人,尤其是像自己一样的其他人的"承认"(Anerkennung)视作第三种现实存在形式,"承认"对于团体和联合体 XLVI (Verbände)而言具有一种特殊的意义;最后,我将理论性的表象

---

① 现载于《社会学研究与批判》第一卷,第 45-58 页(引文见第 57 页),在这个版本的第 XXXV 页。——作者原注

与理解(theoretische Vorstellung und Begreifung)视作第四种现实存在形式。如果缺少第二种和第三种现实存在形式,第四种现实存在形式也可能存在(比如就一些秘密的社团而言,人们可以在概念上认识和表现它们,而不需要在一个具体状况里经历它们)。

我认为自己有必要借这个机会来表达感激之情,在我度过70岁之际,许多人士直接地与间接地(通过杂志和报纸)表明了对我的敬意,对此我充满谢意。同时,许多人士经常会思考我的这部作品以及它在社会学文献中占据的地位。除此之外,对这部作品及其地位的评论持续地增长着。除了在前几版的前言以及上文那里提到的著作,我必须要特别强调卡尔·敦克曼(Karl Dunkmann)教授最近在这个意义上所做出的工作和贡献。早在他的著作《职业学说:职业的历史学与社会学导论》(柏林,特洛维茨出版社,1922年)①,尤其是该书的第二卷里,他将我的概念结构作为他的深刻研究之基础,并且将其纳入到他自己的学说之中。此后,他在《社群理性的批判:一种共同体的哲学》(柏林,特洛维茨出版社,1924年)②一书里提出了一个新的学说,这一学说希望在社会的(在这里也就是"社会学的")基础上构筑一个世界观,"就像施莱尔马赫的伦理学所明确争取的那样"。谁要是通过理解《共同体与社会》而在思想上有所启发,谁就会在这种社群理性的批判中发现一

---

① Karl Dunkmann, *Die Lehre vom Beruf. Eine Einführung in die Geschichte und Soziologie des Berufs*, Berlin:Trowitzsch 1922. 卡尔·敦克曼(Karl Dunkmann, 1868 – 1932):德国路德派神学家、社会学家。——中译者

② Karl Dunkmann, *Die Kritik der sozialen Vernunft. Eine Philosophie der Gemeinschaft*, Berlin:Trowitzsch 1924.——中译者

种理论上的强化,不论他接受或拒绝这个理论,他都有可能感受到其中的丰富性,并承认这个理论使他自身得到了充实,[①]就像我自己所做的那样。尽管我年岁已高,我还是希望与敦克曼的这部著作进行对话,就像与之前提到的诸新近产生的社会学作品进行对话一样,进而使这个对话过程为人们所了解。除此之外,如果说我愿意承认那些在基本方向上、同我的著作保持充分亲密性与相似性的作品,那么我也愿意承认那些与我的方向不同的作品。

斐迪南·滕尼斯
1925年9月4日于阿森海姆城堡

[①] 请参阅安娜玛利亚·海恩贝格(Annemarie Hermberg)的《敦克曼的共同体意识形态》("*Dunkmanns Gemeinschaftsideologie*")一文(刊载于《劳动》杂志,1925年10月15日,第619-632页)。不过我并不赞同这篇文章最后几行的观点,而且我发现了我的学说与敦克曼对此的运用之间的差别。的确,敦克曼凭借他自身的精神以及伦理上的热情准确地使用了我的学说,然而他对此的强调又过于苛刻。——作者原注

第八版前言

对于一位年迈的作者来说,在其有生之年还能看到自己的一部将近50年前完成的作品再版,这是一件让人欣慰的事情。在当时,这部作品所踏入的是一个作者尚且陌生的世界,就此而言,只能期待一些优秀的学者同情地接受它。我在这里要满含敬意地提到弗里德里希·泡尔生以及阿道夫·瓦格纳的名字。这部著作连同它的出版商,都曾遭遇过种种不幸。今天,一个新的出版社①让这部著作重新面世,可以相信,它还能向这个世界说些什么。因为这几年来,尽管德语区社会学理论的发展停滞不前,然而从整个世界来说,社会学理论还是在顺畅地发展着。人们应当相信,关于社会学理论的一种清晰的、概念化的思维,无论对于个人、还是对于整个国家来说,都是很有益处的。

我过去曾打算完全改写这部著作,但这个想法早就被我推翻了。就真正地补充这个学说而言,我必须指出我新近完成的一些文稿,它们部分地收录在三卷本的《社会学研究与批判》(G.费舍尔出版社,耶拿)里,部分地收录在最近出版的《社会学引论》(F.

---

① 这里指的是莱比锡的汉斯·布斯克出版社(Verlag Hans Buske)。——德文版编者

第八版前言

恩克出版社，斯图加特）①里。因此，我在这里重新刊印更早版本的文本，它在第一版之后仅仅经过了一些补充，篇幅有所扩大，不过篇幅的扩大并没有扩展理论本身。应该说，以这样形态面世的第八版乃是出于一家年轻而又朝气蓬勃的出版社的强烈兴趣，它期待着找到阅读这部书的读者，期待着这部书还能受到读者的欢迎。

为了指出正确的方向，我还想做一点补充：无论是50年前，还是现在，我从来就不认为这本书是一本伦理的或政治的册子，而且我已经在本书的第一版序言里着重地提出了警告，不要对它做出任何误解性的阐释，也不要自以为聪明地对此加以利用。自从那时以来，我自己关于伦理与政治问题的思想方式其实有所改变，这样的改变即使不是本质性的，却也表现在一些方面。不过我几乎不再抱有任何期望，期待自己还能系统地向我的朋友们以及广大的公众传达这些改变了的思想。

斐迪南·滕尼斯

1935年3月于基尔

---

① Ferdinand Tönnies, *Einführung in die Soziologie*, Stuttgart: F. Enke 1935.——中译者

第 一 卷

关于主要概念的
一般规定

> 上帝用这样的方式安排各个时代
> 如同从"对仗"开始
> 铺展出一首华美的乐章
> ——奥古斯丁,《上帝之城》,第 XI 卷,第 18 章[①]

[①] 原文为拉丁文:Deus ordinem saeculorum tanquam pulcherrimum carmen ex quibusdam quasi antithetis honestavit. Harris 英译本指出,滕尼斯并非直接引自奥古斯丁的原文,而是有所修改。中译本根据 Harris 英译本的翻译译出。——中译者

主　题

【有机的与机械的形态——一般性的定义—辩护与命名】

§1

人的意志①(Die menschlichen Willen)存在于人们相互之间的多种关系里②；只要关系中的一方是主动者或施加作用者，而关系中的另一方是受动者或感觉到作用者，那么任何这样的关系都是一种相互作用(eine gegenseitige Wirkung)。这里讲的"作用"具有两种性质，即它或者趋向于维持受动一方之意志与身体，或者趋向于毁灭它们，也就是说，它是肯定的作用或否定的作用。然而，我们的理论仅仅把相互肯定的关系当作考察对象。所有这样的关系都表现为"多"中的"一"(Einheit in der Mehrheit)或"一"中的"多"(Mehrheit in der Einheit)③。这样的关系包含了人们的相互扶持、相互慰藉、相互履行义务，它们在人们彼此之间传递，并

---

① 第一版(1887年)"意志"(Willen)下加了着重号。——中译者
② Harris 英译本译作：人的意志以许多不同的方式相互作用。——中译者
③ Harris 英译本译作：任何这样的关系都包含着某种一与多的平衡。——中译者

且被视作人的意志及其力量的外在表现。通过这种肯定的关系形成的群体（Gruppe）一旦被理解成统一地向内或向外发挥作用的生命体或物体，那么它就被称作一个结合（Verbindung）①。对关系本身，因此也即结合而言，如果我们将它理解为真实的（reales）与有机的（organisches）生命，那么它就是共同体（Gemeinschaft）的本质；如果我们将它理解为想象的（ideelle）与机械的（mechanische）构造，那么这就是社会（Gesellschaft）的概念。

通过应用这两个概念，我们发现：这两个被挑选出来的名称②在德语里是同义词。直到现在，人们在使用科学术语时，仍然习惯于任意地、不加区分地将它俩混淆在一起。因此我们首先应当提出若干说明，借此澄清以下观点，即："共同体"与"社会"之间的对立是一组既定的对立。

所有亲密的、隐秘的、排他性的共同生活都被我们理解成共同体中的生活；而社会是公共生活（Öffentlichkeit）③，社会就是世界。在共同体里，一个人自出生起就与共同体紧紧相连，与同伴共同分享幸福与悲伤；而一个人走入社会就像走入另一个国度。青年人被告诫警惕坏的社会；但是"坏的共同体"这种说法本身就是违反话语

---

① Lommis 英译本将 Verbindung 这个词译作"结盟"（association），Harris 英译本同时使用"联合"（union）、兄弟会（fraternity）、"结盟"（association）这三个词来翻译 Verbindung 一词。在之后的讨论里（例如本书第三卷的§12），滕尼斯实际上将 Verbindung 这个词专门用来指称共同体的关系，不过在这里泛指共同体和社会的关系。——中译者

② 即"共同体"与"社会"。——中译者

③ Lommis 英译本将 Öffentlichkeit 译作"公共生活"（public life），Harris 英译本则译作"公共领域中的生活"（life in the public sphere）。——中译者

意义的。法学家们可能会谈起"家庭社会"①,因为他们仅仅从社会的意义上理解"家";但是家庭共同体依靠着它无限的施加于人的灵魂的影响,会让每个参与其中的人都能感受到它。同样,对于一对新婚夫妇来说,他们知道步入婚姻其实就意味着走进了一个完全的生命共同体(即拉丁文 communio totius Vitae);然而一个有生命的社会却是自身矛盾的②。人可以自由地结成社会;却不能因此任意地为他人提供共同体。人被接纳进宗教共同体之中;而宗教社会就像其他那些为着任何目标的团体(Vereinigungen)一样,只是为了外在于自身的国家与理论而存在。人们通常用语言、习俗、信仰来描绘共同体;却用经商、旅行、科学来指涉社会。在各种社会类型里,商业社会尤其重要,尽管在经商的主体间可能也存在着亲密的关系,或者说存在着共同体式的关系,但人们几乎不会讲"商业共同体"。更不用说将"股份"与"共同体"组合成一个复合词"股份共同体",这种说法令人厌恶。尽管如此,却存在着"占有的共同体":比如共同占有农田、森林、牧场。但没有人会将夫妻之间的财产共同体称作"财产社会"(Güter-Gesellschaft)③。

4

---

① 根据 1794 年颁布的《普鲁士民法典》(*Allgemeines Lanelrecht für die preußischen Staaten*, 1794),"家庭社会"(die häusliche Gesellschaft)的讲法被用来定义一种由三代人组成的家庭单位,即由一对已婚夫妇、他们的父母以及他们的子女组成家庭。——Harris 英译本

② communio totius vitae 是罗马法概念,不过按照 Harris 英译本的讲法,这个词并不是一个罗马法学家常用的说法,但是 communio 暗示着一种不可分解的同伴关系。滕尼斯在这里可能想到的是早期罗马的婚姻法,而在罗马共和国晚期和罗马帝国时期,对离婚的限制已经衰落。另一方面,Societas vitae 也是罗马法的一个提法。——Harris 英译本

③ "财产社会"(eine Güter-Gesellschaft)即一种基于契约的财产合伙关系,这种关系可以通过当事人的同意而解散。此外,这个说法并不是一个标准的罗马法用语,但是,它被用于 1808 年颁布的、以罗马法为基础的巴登法典。——Harris 英译本

这样一来，我们就表明了两者间的许多差别。

在最普遍的意义上，人们可以说存在着一个包括全体人类的共同体，正如教会希望的那样。但是人类社会被理解成一个个相互独立的人格之间的并存。如果说人们最近使用科学概念时，通常将一定地域内的"社会"视作对立于"国家"（Staate）的概念，那么我们将采纳这个用法，但是，我们应当首先将"社会"置于同"民族共同体"（die Gemeinschaften des Volkes）的更深刻的对立之中阐明它。

共同体是古老的；相反，无论作为事物还是名称，社会却是新的。一位作者[①]认识到了这一点，尽管他讲授了政治学的各个方面，但是他却没有对此更深入地探究。"在社群（sozial）或政治的意义里，社会（Gesellschaft）的整个概念（布伦茨利在《国家词典》的第四卷中这样写道）的自然基础存在于第三等级的习俗与观念里。'社会'概念本来就不是'人民'概念，而仅仅是'第三等级'概念（ein Drittenstands-Begriff）……第三等级的社会成为了他们的共同判断与倾向的源泉，同时也是这些共同判断与倾向的表现……凡是城市文化繁荣兴旺、硕果累累的地方，社会都呈现为一个不可缺少的器官。农村地区对这些知道得很少。"[②]与此相反，

---

① 指约翰·卡斯帕尔·布伦茨利。约翰·卡斯帕尔·布伦茨利（Johann Caspar，1808-1881）瑞士法学家、政治学家。——中译者

② 这段引言来自于 J.C.布伦茨利与 R.布拉德特（R. Bradter）撰写的《德语国家词典》（Deutsches Staatswörterbuch，12 vols，Stuttgart und Leipzig：1859）第 4 卷，第 247 页。布伦茨利以及更早的作者所使用的"第三等级"的说法不是指人民大众，而是指在市民社会里拥有财产者，例如资产阶级。——Harris 英译本

所有歌颂农村生活的人总是会指出：人们结成的共同体要比社会强大得多，也更富有生命力。共同体是持久的、真实的共同生活，社会却只是一种短暂的、表面的共同生活。与此对应，共同体本身应当被理解成一个有生命的有机体，社会则应当被视作一个机械的集合体和人为的制品。

§ 2

只有当任何现实的东西（Alles Wirkliche）能被人想象成联系着整个现实，并且它的性质与运动被整个现实决定时，它才是有机的（organisch）事物。因此，引力在其多种多样的表现中将我们的认识所能通达的宇宙变成了一个整体，通过任意两个物体改变它们相互间的位置，整体的行动就表现了出来。但是，对于知觉以及建立在知觉基础上的科学认识而言[①]，一个整体若要发挥作用，那么它就要受到限制，并且任何一个这样的整体都被视作由许多更小的整体结合而成的东西，这些更小的整体相对于彼此而言，具有各自确定的运动方向和运动速度；这样一来，引力本身要么（作为远距作用）并没有得到解释，要么被想象成（通过外在的接触而产生的）机械作用，即使这一作用仍然以不为人知的方式发生。

在这个意义上，正如众所周知的那样，具有形体的总体（Massen）可以分解成同类的、以或大或小的能量相互吸引着的分子，换

[①] 第一版（1887年）有所不同："但是，为了获得科学的知觉以及建立在此基础上的认识……"——中译者

句话说,这些分子的聚合状态就是体(Körper);而分子可以进一步地被分解成不同种类的(化学)原子,如果要揭示原子之间的差异,这有待于我们进一步地分析组成原子的相同粒子的不同排列状况。但是,从理论上讲,纯粹力学仅仅将无广延的力的中心(Kraftzentren)规定成现实的各种作用与反作用的主体,这种"力的中心"的概念非常类似于"形而上学的原子"(die metaphysische Atome)①。因此,由粒子的运动或运动倾向产生的全部计算上的干扰就都被排除了。对应用来说,物理分子关联着的同一个体充当了它们的系统(System),这样一来,这些分子被视作具有同等大小的东西,而且我们无须考虑它们的内在构成可能是怎样的,同样,我们以恰当的方式将它们看作能量的载体以及材料本身。所有现实的总体都可以在重量上比较,并且当总体的各部分被看作处于完全固定的集聚状态时,总体就表现为由确定的、相同的材料组成的集合体。在所有的情况下,我们或者将统一体(Einheit)表象成一个运动的主体,或者将它表象成一个全体(即更高的统一体)中的统一的部分,但统一体其实不过是一个必要的、由科学虚构出来的产物。在严格的意义上,仅仅只有最终的统一体,也即形而上学的原子,才能被视作统一体的恰当的代表:它们是一些"无"的"有",或者是一些"有"的"无"(Etwasse, welche Nichtse, oder Nichtse, welche Etwasse sind.);因此在这里,人们应当将一切"量"

---

① 第一版(1887年)有所不同:"这种'力的中心'的概念与那种'形而上学的原子'一致(übereinkommt)。"——中译者

的表象(Größen-Vorstellungen)的纯粹相对的含义铭记于心①。②

然而事实上,存在着另外一种体。尽管从机械论的观点看来,它是一个反常的东西(Anomalie),而且它不同于那些由无生命的材料可能地或现实地结合在一起的粒子群,但是,它的全部现实存在(gesamtes Dasein)都表现为自然的全体(natürliche Ganze),同时,作为全体,它在同其各组成部分的关联中运动并发挥作用,这样的体就是有机体(die organischen Körper)。我们人类本身,即不断求知的人类本身就属于上述有机体,其中的任何一个人除了能间接地认识(自身之外的)一切可能的物体,还可以直接地认识自己的身体。由此,我们可以必然地推知:任何一个生命体(lebendigen Körper)都与一个心理性的生命③联系在一起,因此,生命体就以同样的方式自在自为地存在着,正如我们知道我们自己存在那样。④ 但是,通过客观观察,我们同样不无清楚地认识到:在这里,每一个既定的整体都不是由各部分聚合到一起的,相反,各部分都依赖于它并且受它限制;因此它自身作为整体,也即作为形

---

① 原句为虚拟式,而第一版(1887年)使用的是陈述句。——中译者
② 按照 Harris 英译本的注释,滕尼斯在本段讨论的机械论原理,参照了克拉克·麦克斯韦的《物质与运动》(*Matter and Motion*, 1876)与弗里德里希·阿尔伯特·朗格的《唯物主义史》(*Geschichte des Materialismus*, 1866)。詹姆斯·克拉克·麦克斯韦(James Clerk Maxwell, 1831-1879):英国物理学家、数学家,近代电磁学的奠基人。弗里德里希·阿尔伯特·朗格(Friedrich Albert Lange, 1828-1875):德国新康德主义哲学家,社会学家。——中译者
③ 原文为 ein psychisches Leben,Lommis 英译本译为"一个心灵性的生命"(a psychic life),Harris 英译本译作"一个有意识的生命"(some kind of 'conscious' life)。——中译者
④ 这里的关于身体与心理之关系的讨论,似依据了笛卡尔的第一哲学沉思的过程。——中译者

式,就是现实的、实质的(substantiell)。

人类依靠自己的力量,仅仅能从有机的质料①中制造出无机的东西,他所做的就是分割材料并重新地结合材料。按照上述方式,人们通过科学的工作程序,可以将这些东西制成一个统一体,即使提出一个新的概念,他们也是遵照这样的过程。② 天真的直观(naïve Anschauung)、艺术的想象、民间的信仰与激动人心的诗歌将一切现象皆塑造成有生命的东西;艺术的工作因此与科学有共同之处,即虚构(Fingieren)。但是,科学也要把活的东西做成死的东西,这样做是为了把握研究对象的各种情况及其相互关联。科学使所有状态与力皆变成了运动,并将一切运动皆描述成付出劳动的量,即付出劳动力的量或者说付出的能量。这样做是为了将一切过程都视作同样的东西,并且以相同的方式比较两样可变的东西。这一点如此地真实,仿佛我们假定的统一体就是真的东西,正如可能性的范围事实上同可想象的范围一样,都是无限的。这样,我们就实现了科学的目的,也实现了服务于这一目的的其他目标。

但是,有机体的生成与消亡的倾向以及它们的必然性并不能通过机械的手段来理解。在这里,概念本身作为个体之本质的理念(Idee des individuellen Wesens),是一个实在的东西,是一个有生命的、自身不断变化着并发展着的东西。如果科学探入这一领

---

① 第一版(1887年)有所不同:"人类依靠自己的技艺,仅仅能从无机的质料中制造出无机的东西……"——中译者

② Harris 英译本译作"不论这些事物,还是概念,都通过科学分析的过程被制作成一个统一的形态。"——中译者

域,那么科学也就改变了自己的性质,即从推理的、理知的观点转变为内省的、辩证的见解;后者就是哲学思考(Philosophieren)。然而,我们当前的考察不应当[①]围绕着属(Gattungen)与种(Arten),也就是说,当涉及人类时,我们不应当将种族(Rasse)、民族(Volk)、部族(Stamm)视作生物学上的统一体,而应当从社会学的意义(der *soziologische* Sinn)上思考他们。从社会学的意义来说,人的关系与人的结合[②]或者被看作有生命的东西;或者与此相反地被看作纯粹的人工制品。在个体意志的理论里,上述对立有其对应者与类似者;在这个意义上,心理学的问题因此就被提了出来,本论著的第二卷将处理这个问题。

[①] Lommis 英译本与 Harris 英译本都没有译出"应当"(soll)之意,而都用陈述句表述。——中译者

[②] 第一版(1887年)有所不同:"在社会学的意义上,人类群体(die menschlichen Gruppen)或者被看作有生命的东西……"——中译者

第一章　共同体的理论

§1

【共同体的胚胎形式】按照"主题"的规定，共同体的理论是从"人类意志的完美统一"这一设定出发的，它意味着人类原始的或者自然的状态。尽管在实际的经验里，人们彼此分离，乃至恰恰通过他们的分离，人类意志保持着统一的状态，也就是说，根据不同条件制约下的个体间关系的各种必然的、既定的特征，这种原始的、自然的状态形成了各式各样的形式。上述关系的普遍性根基在于：由于出生，人与人之间形成了相互的"植物性生命"（vegetativen Lebens）①的关联。事实上，就任何一个人的意志皆符合他的身体构造（leiblichen Konstitution）这一点而言，通过出身（Abstammung）与性别，人的意志同他人的意志结合在一起并保持着

---

① "vegetativen Lebens"一词，Lommis 英译本译作"植物性生命"（vegetative life），Harris 英译本译作"潜意识的，'植物性'的生命"（the sub-conscious, 'vegetative' life）。Harris 英译本在这里指出，滕尼斯用"vegetative"指代比感觉与思维功能更低的有机生命领域，比如说消化或血液流通。中译本之所以翻译为"植物性的生命"，是为了对应后文提到的"动物性生命"与"心灵性生命"。——中译者

这样的结合，或者说，它们必然会实现这样的结合。作为直接的相互肯定，如此结合以最强有力的方式、通过三种关系类型表现出来。这三种类型即：1)一个母亲与她的孩子们之间的关系；2)男人和女人之间的夫妻关系（这里所谓的"夫妻关系"概念，要从自然的或普遍的动物性的意义上理解）；3)兄弟姐妹之间的关系，也就是说，他们至少由于源自同一位母亲的身体而相互认识。如果说，从家族亲属（Stammverwandten）①的彼此关系里，我们可能表象出共同体的胚芽，或者说一种植根于意志的形塑共同体的趋势与力量，那么上述三种类型的关系就是最强有力的关系，或者说是最有可能发展成共同体的萌芽。但是，每一种类型都以其特殊的方式发展起来：

A)母子关系最深地植根于纯粹本能或喜好（Gefallen）②；在这里，母子关系从一种肉体结合同时向一种单纯精神③结合转变，这一点似乎显而易见；精神的结合越是返回到肉体的结合，它就越接近原初状态。母子关系本身就决定了它要延续很长一段时间（Dauer）④，因为母亲有责任为她生育出的孩子提供营养、保护与

---

① Harris 英译本将德文词 Stammverwandten 译作 kinship，即以血缘为基础的亲属关系。德文前缀 Stamm 有树干的意思，按照滕尼斯的讲法，这个词的意象就是所谓的"植物性生命"的关联，即从同一个树干（母亲）那儿自然长出了各个枝条（孩子），这一事实即人们的原始关系，其他关系都是这个原始关系的进一步衍生。——中译者

② "Gefallen"一词，Lommis 英译本译作"喜欢"（liking），Harris 英译本译作"愉悦"（pleasure）。Harris 英译本在小注里解释说，"Gefallen"可译作愉悦、喜欢、偏爱（preference），这个词与这一段中出现的"习惯"与"回忆"共同组成了一组三元体系。——中译者

③ 按照 Harris 英译本的说法，"geistig"可译为"精神的"（spiritual）、"心灵的"（mental）、"智识的"（intellectual）、心理上的（psychological）——中译者

④ 第一版（1887 年）"一段时间"（Dauer）下加了着重号。——中译者

引导,直到孩子能够独立地供养自己、保护自己、引导自己。然而与此同时,随着时间的流逝,这种关系失去了它的必要性,母子更有可能分离开。尽管如此,分离的倾向反过来又会被另一个倾向抵消,受到另一个倾向的阻碍,这一倾向就是母子相互之间的习惯(Gewöhnung)以及母子对往昔相互给予的快乐的回忆(Gedächtnis),特别是孩子对母亲的照料与辛劳的感激之情;不过,除了这些直接的相互关系之外,我们还要考虑到母子共同面对外在对象时形成的间接的结合关系,即她们对周围环境中一些最初就可爱的或逐渐变得可爱的事物感到快乐、对这些事物的习惯以及共同的记忆。同样,她们对熟悉的、乐于助人的、心爱的人也会产生以上的感受,比如父亲就可能是这样的人,假如他与他的妻子生活在一起的话,当然,这样的人也包括母亲的兄弟姐妹或者孩子的兄弟姐妹等等。

B)性本能无论如何都不会使持续的①共同生活成为必要的东西;它首先并不能轻易地导向一种相互的关系,相比而言,它更容易导致女性单方面被奴役的境地。由于天性更柔弱,女性可能会被压迫,以致变成纯粹由男性占有的对象,或者说她们毫无自由。因此,考察夫妻之间的关系,如果排除家族亲属关系(Stammes-Verwandtschaft)②以及所有建立在此基础上其他社群力量的因素,夫妻关系必然主要通过夫妻相互间的习惯支撑起来,这样一来,它才能变成一种持续的、相互肯定的关系。此外,还存在着其

---

① 第一版(1887年)在"持续的"(dauendes)一词下加了着重号。——中译者
② 在这里,Lommis英译本译作"亲属"(kinship),译得相对笼统,Harris英译本则意译成"家庭关系网"(family networks)。——中译者

他一些已经提到过的、很容易理解的要素,它们巩固了夫妻之间关系,特别是夫妻同他们共同生育、为他们共同所有的孩子们的关系;进而,它们巩固了夫妻同共同的所有物以及家产的关系①。

C) 在兄弟姐妹之间不存在像母子之间、异性结成的亲属之间那样原初的、本能的喜好以及相互的天然认识。虽然夫妻关系可能同兄弟姐妹的关系恰好相合,而且我们可以找到大量的依据,证明这一情况是真实的,即在人类历史的某一个较早时期,在一些部落里,兄弟姐妹间结成夫妻关系已经是常见的情形了。然而,我们必须想起:在那些地方,只要出生的后代算作母系这一支的话,亲生兄弟姐妹的取名方式与彼此间的情感与表(堂)兄弟姐妹一样,这样的情况如此普遍,正如许多其他事实已经指明:"兄弟姐妹"这个概念内在的限定含义,到了后来才形成。② 由于一些最重要的民族群体的同步发展,"婚姻关系"与"兄弟姐妹关系"彼此之间完全地排斥,(在族外婚的实践中)"婚姻关系"与"血族亲属关系"(Blutsverwandtschaft)相互排斥,也就是说,具有血缘关系的亲属之间不能通婚,但是"婚姻关系"与"氏族亲属关系"(Klanverwandtschaft)却是相容的,氏族内部无血缘关系的成员③可以通婚。尽管兄弟姐妹之间的爱完全建立在血缘的基础上,然而它被

---

① 第一版(1887年)没有"然后,就完全是夫妻与共同的所有物及家产的关系"这句话。——中译者注

② 这里指的是:从母权制过渡到父权制之后,子女的身份、姓名乃至情感完全由父系确定,"兄弟姐妹"的亲疏远近关系有了明确的规定,比如说,由一个父亲所生的亲生的兄弟姐妹之间的情感和义务,就绝非表(堂)兄弟姐妹所及。这里的"限定的含义",指的应当是亲生兄弟姐妹。——中译者

③ 按照Harris英译本的说法,这里指"更疏远的亲属"(more distant relatives)。——中译者

视作最富人性的①人与人之间的关系。通过比较兄弟姐妹的关系与其他两种关系(母子关系与夫妻关系),我们可以认识到:在兄弟姐妹的关系里,本能似乎对产生、保持并巩固心灵纽带发挥的作用最弱,而记忆②发挥的作用似乎最强。因为如果出现了下述情况,即(至少)几个孩子拥有同一位母亲,由于他们与母亲在一起,这些孩子也会共同生活、彼此必然地结合到一起(让我们撇开所有妨碍这一倾向的敌意,不去谈它们的原因),在一个人的回忆里,另一个人的形象与行为必然会伴随着所有愉快的印象与经历;回忆越切近、越强烈,感情就越亲密,特别当一个人受到外在威胁的时候,他就越会想起群体。因此,所有上述的情形都能使群体团结一致、共同战斗、一同发挥作用。这样一来,习惯反过来又总会使共同生活变得更轻松、更可爱。同时,在兄弟之间,人们可以尽可能地期望他们在性格与力量上保持一致;与之相对,作为纯粹人性的或心灵的因素,他们的知性或阅历的差异③可能会愈加明显地表现出来。

§ 2

【胚胎形式的统一与完善】一些其他的、更远的关系同这些最

---

① 这里讲的"人性",是完全相对于"自然"而言的。——中译者
② "das Gedächtnis"—词可译作"回忆"(memory)或"回想"(recollection),不过滕尼斯使用的这个词的词义比较广泛,可以说它指的是一种共享的"指涉框架"(frame of reference)。——Harris 英译本
③ 第一版(1887 年)在这里使用的是单数的"差异"(die Differenz)。——中译者

早的、最密切的关系类型①联系在一起。在父亲与孩子们的关系里，这些关系类型实现了统一与完善。在最重要的方面，父子关系与第一种关系类型（母子关系）类似，最重要的方面即有机体的基础的特质（在这里，"有机体的基础"指的是：让理性的生命与源于他自身身体的后代保持结合的东西），但由于父子关系中的本能因素弱得多，所以它不同于母子关系，毋宁说更类似于丈夫同妻子的关系，因此，我们更容易感觉到，父亲对子女的关系就像自由者施加于不自由者纯粹权力与暴力。然而，当我们比较丈夫（对妻子）的感情与母亲（对孩子们）的感情时，如果更多地以感情之持续时间而非强烈程度为衡量标准，那么，我们会看到：丈夫的感情要少于母亲的感情，这样一来，父亲（对孩子们）的感情以相反的方式区别于母亲的感情，即父亲的感情更强烈，然而持续的时间更短。如果说父亲的感情具有一种统一的力量（Stärke），并且由于它的心灵性本质（mentale Natur），因而类似于兄弟姐妹的爱：不过与兄弟姐妹的关系相比，父子关系由于其本质（尤其是年龄）与力（这里的力还完全包括了②精神的力）的不同、而清楚地凸显了③同兄弟姐妹关系的差异。

因此，父性（Vatertum）最纯粹地在共同体的意义上奠定了统治的理念（die Idee der *Herrschaft*）：这里的"统治"，并不意味着

---

① 这里指上一节讲的"母子关系"、"夫妻关系"、"兄弟姐妹关系"这三种关系类型。——中译者

② 对应"包含"（begreifen），第一版（1887年）用的德文词是"包括"（innovieren）。——中译者

③ 对应"凸显"（hervorragen），第一版（1887年）用的德文词是"表现"（auszeichnen）。——中译者

统治者利用并支配被统治者，让他们为自己创造利润，而是意味着父亲教化、培养孩子们，以此作为生育活动的完善。父亲将自己的大量生活经验传授给孩子们，这种传授只能随着孩子们的成长、以逐步增加的方式获得回报，如此一来，一种现实的相互关系（即"传授"与"回报"）才能建立起来。在这里，第一个出生的儿子拥有天然的优势：他离父亲最近并将占据衰老者（父亲）未来空缺出来的位置；当他一出生，父亲的所有权力就已经开始在理念上[①]转移给他，而且正是通过父亲与儿子们之间不断的代际延续，一种永恒更新的生命之火（Lebensfeuers）的理念表现了出来。

我们知道，这种继承规则并不是原初性的，正如在父权制之前，母亲与母系兄弟把持着统治的权力。但是因为在战斗与劳作中，男性的统治证明了自己是更有效的统治，同时，通过婚姻，父权（Vaterschaft）提升到了一个像自然事实那样确定的位置：所以父亲统治是文化状态的普遍形式。如果以年龄和名望为依据的旁系继承制〔die kollaterale Sukzession〕（"选举继承制"体系[②]）优于长子继承制（Primogenitur），那么旁系继承制只是表明了上一代的持续影响，即继承的兄弟并非从他的兄弟，而是从他们共同的父亲那里引申出自己的权力。

---

① 第一版(1887年)没有"在理念上"(in der Idee)这样的说法。——中译者
② "选举继承制"(das System der "Tanistry")指的是在一位统治者死去之后，选出一名与死去的统治者有血缘关系的、年龄最大的、最受尊重的男性作为新的统治者，而非自动地让死去的统治者最年长的儿子做新的统治者。——Harris 英译本

§3

【享受与劳动的交互关系】根据普遍的状况,我们在任何的共同生活里皆能发现享受与劳动之间的差别和划分,它们逐渐地发展起来,而且形成了一种交互关系(Reziprozität)。

在三种原初关系的第一种里,交互关系最直接地就是既定的东西:即在母子关系里,享受比付出更占优势。孩子享受着保护、营养与教导;母亲享受着占有孩子时的欢愉,随后享受着孩子的服从,最后也享受着孩子在智识和行动方面的帮助。

在男人和他的女性伴侣之间,类似的交互影响也在一定程度上存在着,不过这里所说的交互影响,首先建立在性别差异的基础上,其次才以年龄差异为依据。根据性别差异,自然力的区别更多地产生出劳动分工的结果:为了保护共同的财产,女人的责任是护住有价值的东西,男人的责任则是防御外来的敌人;为了生计,男人负责狩猎,女人则负责保存与烹饪食物。除此之外,还有一些其他的工作,比如说教导较年幼者、较弱小者,人们总是期待着并且实际上可以发现的事实是:男人的力是对外的,他们持续地战斗并领导着儿子们,而女人的力则指向内部的生活,而且女人要照料女孩子们。

因为[①]兄弟姐妹最大程度地从事共同的、一致的活动,所以在

---

① 对应"因为",第一版(1887年)用的德文词是"als",第八版(1935年)用的德文词是"weil"。——中译者

兄弟姐妹之间,真正的相互帮助、相互支持与相互需要能够最纯粹地表现出来。但是在他们之间,除了性别的差异(就像上面已经谈到过的)外,还特别显露出心灵天赋的区别,根据这一区别,如果其中一部分人更多地从事思考活动和精神或脑力劳动,那么另一部分人则更多地从事执行活动和体力劳动。进而,我们可以将前一种人理解成先行者与领导者,将后一种人理解成跟随者与服从者。

从所有的这些差异中,我们可以认识到:它们遵循自然的教导,实现了自身;尽管这些合乎规律的倾向就像其他倾向那样,可能常常会遭到中断、废除,甚至完全被颠倒过来。

§4

【过度与抵消】尽管上述关系全都表现为意志的相互确认与彼此服务,并且其中的每一个关系皆被表现成力的平衡景象,然而,所有赋予关系中的一方的意志更有优势的东西,必须通过一种更强大的、施加于另一方的作用抵消掉。

这样一来,我们可以想象一种理想的情况:从关系中获取更多的享受对应于为关系付出更沉重的劳动(即要求花费更大的力量或使用更罕见的工作方式的劳动);因此,较少的享受也就与较轻松的劳动一致。即使辛劳与斗争本身就是快乐的事,而且可能变成快乐的事,然而一切用力过后的紧张必然会伴随着松弛的状态,付出之后一定是收获,运动之后必然是平静。

第一章 共同体的理论

较强者享受的过剩的东西,部分地意味着优越感本身,意味着权力感以及发布命令的快感;与此相对,被保护、被领导和必须服从的感觉,也就是卑下感,即使可能通过爱、习惯和感激之情缓解很多,也总会让人觉得受到了压迫和束缚,因而不快乐。

然而通过以下的方式,我们会更清楚认识到:当意志相互作用时,它们彼此的力量(Gewichte)关系是怎样的。就此而言,所有的优越都伴随着因傲慢与残酷带来的危险,还有因此导致的敌对的、强迫他人的行为;当优越者支配他人时,如果他为被支配者提供好处的倾向和兴趣并没有变得越来越大,或者说没有增长,那么上述的危险也就会变得更大。从"力量关系"的本性来说,现实的情况是:更强大的普遍力[1]也是更强大的、为他人提供帮助的力。如果说还有一种意志存在于其中的话,那么这种意志凭借着可让人感受到的力(因为力本身就是意志)也变得越发地强大、越发地坚决。因而,尤其在肉体的—有机的关系之内,强者对弱者怀有一种本能的、天真的温情(Zärtlichkeit);当强者帮助并保护弱者时,他将感到快乐,这样的快乐感又同占有弱者时的乐趣以及对自身权力的享受紧密地结合在一起[2]。

---

[1] 第一版(1887年)有所不同:"更强大的力根本上也是更强大的提供帮助的力……"——中译者

[2] 第一版(1887年)有所不同:"……存在着一种强者对弱者本能的、天真的温情,一般而言,可以想象这样的温情源自于母亲(对待孩子时)的温情,前者从后者那里获得了它自身的原型。当然,在任何总体里,母亲的温情这一本能甚至也会传递给男性。"——中译者

§ 5

【威严—长者威严—强力威严—智慧威严 温情和敬畏】优越者行使他的力,当这样的力合乎隶属者的利益或意志时,隶属者也就会肯定它。我将优势者的力称作威严(*Würde*)或者权威(*Autorität*)①②。它可以被区分成以下三种类型:长者权威、强力权威与智慧或精神权威。这三种类型彼此分离,然而,当父亲高居他的家庭之上,保护着、支持着、领导着家庭时,它们又在父亲的威严里融为一体。这种(父亲的)权力的危险之处在于:它使较弱者产生了畏惧(*Furcht*),单纯的畏惧几乎只意味着否定与反对(除非畏惧中混合着钦佩);不过,善心与好意唤起了隶属者的尊敬(*Ehren*)的意志。在畏惧与尊敬的混合体中,当后者占据优势的时候,敬畏(*Ehrfurcht*)感③就会从中产生出来。因此,由于权力的明确差异,温情(*Zärtlichkeit*)与敬畏(*Ehrfurcht*)彼此对立,或者(从较弱的程度上说)亲近(*Wohlwollen*)与顺从(*Achtung*)彼此

---

① 与滕尼斯使用的"权威"(Würde)一词意思最近的英文词是 dignity,但后者并没有充分地传达出"Würde"的所有内涵,不过正如滕尼斯使用的其他术语与概念一样,文本自身会帮助解释这些概念,dignity 在这里暗示了"应得的权威"(merited authority),而 authority 是基于权力与特权的。英译本后文中就常常将"Würde"翻译为"authority"。——Lommis 版英译本

② Harris 英译本将 Würde 译作"等级"(rank),在此处的小注里,译者指出,滕尼斯用 Würde 指称源自共同体生活的合法权威,强调处于较下等级者对较上等级者的承认,这个概念同统治或支配(Herrschaft)不同,后两者单纯强调自上而下的优势力。——中译者

③ 第一版(1887 年)有所不同:"……我们所称呼的敬畏感就会从中产生出来。"——中译者

对立,对立的双方被视作共同体所根据之信念(Gesinnung)的两个确定界限。由于上述动机,在主人与仆人之间产生共同体的关系正是一件可能的、或然的事情,特别当我们通过亲近的、持久的与封闭的家庭共同生活,支持并促进了这种关系——正如它通常被看作联结最亲密的亲属关系本身的纽带——时,情况就正是如此。

§6

【血缘共同体—地缘共同体—精神共同体 亲属关系—邻里关系—友谊】作为本质的统一体(Einheit des Wesens),血缘共同体发展着,并逐渐地分化成地缘共同体;地缘共同体直接地体现为人们共同居住在一起,它又进一步地发展并分化成精神共同体,精神共同体意味着人们朝着一致的方向、在相同的意义上纯粹地相互影响、彼此协调。我们可以将地缘共同体理解成动物性生命之间的关联,就像我们将精神共同体理解成心灵性生命之间的关联。因而精神共同体在自身中结合了前两种共同体的特征,构成一种真正属人的、最高级的共同体类型。一般而言,同血缘共同体关联着的是人们的共同关系以及共同地参与事务,总的来说,就是对人类本质自身的拥有;同样地,地缘共同体建立在对土地和耕地的占有的基础上,精神共同体的本质则关联着神圣的场所或受到崇拜的神祇。无论从空间还是时间来讲,这三种共同体类型彼此都保持着最紧密的联系:在所有这类单独的现象及其发展过程里、在人类的文化及其历史里,如此的联系都表现出来了。只要在人们通过自己意志、以有机的方式相互结合和彼此肯定的地方,就会存在着这样或那样的共同体形式。就此而言,要么更早的共同体类型在自身之中就包含了更晚的类型,要么后者发展成相对独立于前者的类型。因此,我们完全可以通过若干可理解的名称,将这些原初的形式放到一起考察,它们分别是:1)亲属关系;2)邻里关系;3)友谊。

亲属关系(Verwandtschaft)将房屋当作它的场所,仿佛房屋就是它的身体。在这里,亲属们共同生活在同一个屋檐下,屋檐为他们遮风挡雨;他们一起坐在同一张桌子旁,共同地占有并享受着好东西,尤其是从共同的储备中得来的食物;在这里,死去的人被视作看不见的魂灵,受到人们的崇敬,似乎它仍旧强大,在它的亲属头顶上飘荡,时刻庇护着他们,因此,共同的畏惧与尊敬就更确定地保证了亲属间的安宁的生活和活动。亲属关系的意志与精神不受房屋界限以及空间距离约束。然而,在这种意志与精神极其强大且富有生机的地方,即在最亲近、最密切的人际关系里,亲属关系的意志与精神可以仅仅依靠自身、依靠纯粹的记忆滋养自己。人们无论相隔多么遥远的距离,仿佛都能感受到近在身边般的情感,想象到毗邻时的情景以及共同体的行动。但是,它仍然热烈地寻求彼此身体的接近,努力不使彼此分开,因为只有如此,每一个爱的渴望才能实现自身的平静和安宁。因此,从持续的状态以及大多数的情况看来,假如平常人处在自己家里,围绕在自己的亲属身边,他就会感到最大程度的愉快和欢乐,他就同自己相伴(即法语所说的"在家"〔chez soi〕)。

邻里关系(Nachbarschaft)是乡村共同生活的普遍特征。在这里,居所毗邻,人们拥有共同的田地,或者为各自的农田划定了边界,这些都引起了人们相互之间的大量接触,大家彼此适应、互

第一章 共同体的理论

相熟知；共同的劳动、秩序和管理成为必要的事情；土地、河水里的诸位神灵和精灵赐予人们恩典，或者施予他们灾祸，这反过来又促使人们向神祈求，以期望获得它们的恩赐和宽宥。尽管邻里关系本质上受制于共同居住这一条件，但这种共同体类型在人与居住地分离的情况下仍能保持自身，虽然相较于亲属关系，它要做到这一点，就会面临更多困难，因而它更需要寻求固定的集会习惯与各种神圣仪式的支持。

友谊（*Freundschaft*）独立于亲属关系和邻里关系，它以人们一致的工作、一致的思维方式作为条件和结果；因此，人们从事的职业或技艺越相同、越相似，友谊就越容易产生。但人们必须通过轻松的、经常性的会聚才能将友谊的纽带联结起来并维持它，例如在一个城市里，这样的会聚就最有可能实现。在这里，由共同精神创造出来的、受到赞美的神，对维持友谊的纽带具有完全直接性的意义，因为只有神，或者说主要是神赋予了友谊纽带一种生机勃勃的、持存着的形态。这样一个善的精神或神灵，并不附着在固定的位置，而是居住在崇拜者的良知（*Gewissen*）里，陪伴着在异国他乡漫游的他。所以，我们可以意识到，就像由于技艺以及身份结成的伙伴一样，相互熟知的人彼此间事实上也是信仰的伙伴，他们完全通过一条精神的纽带结合到一起，从事一个共同的事业。如此一来，假如城镇里的共同居住可以通过"邻里关系"的概念理解，就像家里的共同居住（即使我们将没有亲属关系的人或为家庭服务的成员也考虑进来）也可以这样理解，那么与此相反，精神性的友谊则展现了一幅看不见的景象，它就像一座神秘的城市与一次不可思议的会聚，它仿佛由一位艺术家的直觉、由一种创造性的意志赋予了生命,因而它生机勃勃。朋友间的关系和伙伴间的关系最少地具备一种有机的、内在必然的特征:它最少地受到本能束缚,而且相对于邻里关系,它更少地被习惯约束。友谊本质上是心灵性的东西。因此,同前两种关系相比,它似乎建立在偶然或自由选择的基础上。然而,在纯粹亲属关系的内部,一个类似的层级就已经显示出来了,并进一步地导向了下述原则。

§7

【父亲的威严—王侯的威严—师傅的威严 审判者的功能—公爵的功能—教士的功能】完全从亲和性(Affinität)来讲,邻里与亲属之间的关系,正如夫妻与母子之间的关系。关系中的后一方通过人们彼此的喜好就可以实现,前一方则需要由人们的习惯支持。① 同样,拿兄弟姐妹间的关系——这里还完全包括了表(堂)兄弟姐妹关系以及相对而言同一层次的关系——同其他类型的有机关系相比,就像拿友谊同邻里关系、亲属关系相比;在兄弟姐妹的关系里,记忆体现为对他人的感激和忠诚,这一关系特有的真实性必须在相互信任和相互信赖里表现出来。然而,由于这一关系的基础不再是天然的、自明的,而且个体通过相互间的交往,更确切地认识到了自己希望获得的东西以及自己的能力,并且坚持地掌握着它们,所以这一关系最难维持,它也最不能忍受扰乱和破

---

① "关系中的后一方"指的是亲属关系和母子关系,"关系中的前一方"指的是邻里关系和夫妻关系。——中译者

坏。然而扰乱的情形（例如吵架和争论）几乎必然会存在于每一个共同生活里：因为人们持续地接近、频繁地接触，这既意味着他们相互需要、相互肯定，同时也意味着他们相互阻碍、相互否定，扰乱的情形真的可能发生，它在一定程度上也确实会发生。不过，只要友爱的现象占优势，那么就可以将这一关系认作真正的共同体关系。由此，透过许多的经验，我们可以解释：特别地对那些纯粹精神性的兄弟会（Brüderschaften）而言，为何只有当它们的成员间的接触频率与亲密程度达到一个确定的界限时，它们才能承担成员们真正共同生活时的身体的切近。更确切地说，它们必须在个体高度自由的情况下寻求自身的平衡。

在亲戚关系里，所有自然的威严都集中在父亲身上；在邻里关系构成团结之实质基础的地方，父亲的威严保留下来了，它以王侯（Fürsten）的威严的方式发挥作用。在这里，王侯的威严更多受制于权力和强力，而非像父亲的威严那样受制于年龄和生育活动，除此之外，王侯的威严最直接地表现为主人对仆人、地主对佃农、封建领主（Patrone）①对农奴的影响。最后，就友谊而言，只要它建立在人们共同献身于同一天职（Beruf）、同一技艺的基础上，那么，友谊的威严就表现为师傅（Meister）对年轻人、学生、学徒的威严。

长者威严首先被用来衡量审判者的（richterliche）行动和正义的性质，因为年轻人的狂热、暴躁与形形色色的激情催生出暴力、复仇与争执。作为冷静的观察者，年长的老人保持着超然的品格，他最不会靠着自己的偏爱或仇恨，倾向于支持一方、反对另一

---

① Lommis 英译本将"Patrone"翻译为"封建领主"（feudal lord）。——中译者

方;相反,他将试图去发现坏事因哪一方而起,判断当前的理由对于一个正直的、有节制的人而言是否足够有说服力;或者,他需要决定:通过怎样的行动或惩罚措施,才能弥补由于过度造成的影响。

强力威严必须在斗争中凸显出来,并且通过勇敢和无畏证自身。因此,它的完善形态就是公爵的威严(Herzogliche Würde)[①]:公爵将有战斗能力的力量聚集在一起,并安排他们;面对敌人时,他身先士卒;为了发挥总体的作用,他命令提供一切有利的东西,抵抗一切有害的东西。

如果在大多数的决定与措施中,毋宁只有行家们才能猜到并预料到正确的、有益的意见,他们比其他人更确信地看出了每一种可能性;除此以外,如果我们面前的未来是隐蔽起来的,常常充满着威胁,总是令人恐惧:那么在所有的技艺里,似乎这样的技艺占据了优先的位置:即知道如何认识、解释或推动种种看不见的意志的技艺。因此,智慧威严作为教士的(priesterliche)威严,凌驾于所有其他威严类型之上。教士的威严使人们相信,神的影子在人间漫步。那些被危险和恐惧环绕着的人信仰不朽者和永恒者,他们相信,神彰显着自己,并将启示传给他们。

这些不同类型的统治及领导的行动同德行互相要求、互相补充。我们可以按照上述各个威严的特质,想象它们各自同对应的优势地位结合到一起,只要这一地位从共同体的统一性那儿派生出来。因此,审判者的威严是原始的威严,它自然地合乎家中的父

---

① Lommis英译本翻译为"封建权威"(feudal authority),Harris英译本翻译为"封建领袖"(feudal leader),他们都将"公爵"理解为封建领主。——中译者

第一章　共同体的理论

亲的地位；公爵的威严同族长（Patriarchen）的地位适应；最后，用师傅的地位衡量教士的威严似乎最合适。然而，"公爵的"威严作为自然的威严，也被赋予家中的父亲，特别当共同体要应对外敌、从而需要各成员服从领导者的时候，这种情况同样适用于一个氏族的最高首领（即从有亲属关系的各家族里的最年长者中选出的头目），并且以最原始的方式，适用于尚未分裂的部族的首领（他代表了部族神话里的共同的祖先）。而公爵的威严又进一步地上升为神的—教士的威严，因为祖先就是神，或者说变成了神，人们把神当作祖先和父亲的朋友来信仰，所以家神、宗族神、部族神以及民族—共同体的神皆存在着。通过它们，共同体的力以卓越的方式（auf eminente weise）发挥着作用：它们使不可能变成可能；它们施加的影响不可思议。因此，假如人们以虔诚和恭顺的态度供奉并尊敬神，神就助人；假如人们忘却神、轻视神，神就损害并惩罚人。作为父亲与审判者、作为统治者与领导者、作为教育者与教师，神是人间威严的原始承担者和典范。在人间威严中，公爵的威严也需要审判者，因为在一致对外的战斗中，人们必须借助令人信服的判决调解内部纷争。对此，教士的职责将不可触犯的、神圣的性质赋予这些判决，神自身既是法的创造者，又是法的判决的创造者，它受到人们崇敬。

§8

【作为共同体之表现的威严和服务　不平等的界限】作为特殊的、增加了的自由与荣誉，因而作为特定意志领域（Willenssphäre），一切威严必然源自共同体之普遍的、相同的意志领域；因此同威严相对的服务就是一种特殊的、减少了的自由与荣誉。不过，只要我们仅仅考虑它们的特殊性，那么每一种威严都可以被看作一种服务，每一种服务也都可以被看作一种威严。意志领域、也即共同体的意志领域，是由确定的力、权力或法组成的全体。法是能够做某事或可能（被允许）做某事的意愿，同必须做某事或应当做某事的意愿加起来的总和。① 这样，法证明自身即所有派生出来的意志领域的本质和内容。其中，优先权和义务是同一事物的两个对应的方面，或者无非是"法"或"力"这两个相同的客观实体的不同主观样式（Modalitäten）。因此，在共同体之内，不仅由于增加了的义务和优先权，而且由于减少了的义务和优先权，共同体内部的各种不平等的状况通过共同体的意志不断地产生，并得以维持下来。不平等的程度只能增长到一个确定的界限，否则，作为差异之统一的共同体的本质就会消解：一方面（就优势者而言），因为优势者自身的权利的力量（Rechtskraft）太强，以至于他们与共同体之法的关系变得无关紧要、毫无价值；另一方面（就劣势者而言），因为劣势者自身的权利的力量太弱，以至于他们与共同体之法的关系变得不真实，同样毫无价值。

一个人越少地同他人接触并保持联系，越不与他人结合在同一个共同体中，那么他就越是一个掌控着自己的意愿和能力的自由主体，也越同别人对立。如果这样的自由愈发不依赖于个体自

---

① Lommis 英译本将这句话意译为："法在本质上是做出某种行为的意志、允许某种行为被做的意志、遵守或者接受某种责任的意志。"Harris 英译本采取了直译的方式，将此句翻译为："法既是以能够行动或被允许行动为形式的意志，也是作为责任或义务的意志。"——中译者

第一章　共同体的理论

已先前确定下来的意志、即不取决于任何共同体的意志，或者说，个体愈没有体会到自己从属于一个共同体，那么自由的力量就愈强大。因为当我们谈及一个个体的习惯和性情特质如何被塑造、被培养出来的时候，我们将认识到：除了个体通过出生继承了力量和本能这一情况之外，共同体其实是一位教育者和引导者，它的意志是培育个体性格的最重要的因素；其中，家庭精神尤其关键，当然它也包括类似于家庭精神的其他精神，它们发挥着同家庭精神的效果相近的作用。

§9

【作为共同体意志的共同领会—自然法—语言—母语—默认一致或家庭精神】相互一致的、结合到一起的信念（Gesinnung）是一个共同体特有的意志，在这里，我们应当将它理解成共同领会（即英文里的"共识"概念〔consensus〕）①。它是一种特殊的社群力（soziale Kraft）②，也是一种相通的感受（Sympathie），由此，它就

---

① Lommis 英译本和 Harris 英译本都将"Verständnis"翻译为"理解"（Understanding）。不过两个英译本都就这个词的翻译作出了说明。Lommis 英译本指出：这个词在这里包括的含义是相互理解（mutual understanding）和共同分享相似的情感、希望、志向、愿望、态度以及信仰。Harris 英译本认为，这个词包含了理解、同情和洞见。综合地看来，"Verständnis"作为共同体特有的意志形态，一方面，它既具有一种"共同的"特征，即共同体的成员共同分享的一种意志形态；另一方面，这样的意志形态包含了各种心理的特征，既包含了情感的层面，又包含了理智的层面。因此，将"Verständnis"译作"共同领会"比较恰当。——中译者

② 对应"社群力"（soziale Kraft），第一版（1887 年）用的德文词是"社群欲"（soziale Trieb）。——中译者

把一个整体里的各个成员团结到了一处。因为人心中的所有本能的东西①都结合着理性(Vernunft)②,并且这一结合建立在语言天赋的基础上,所以我们才将"共同领会"理解为这种结合关系的意义和道理。例如,就生育者和他的孩子之间的关系而言,只有当我们把孩子想象成具有语言能力和理性意志的人时,"共同领会"才会存在。同时,我们可以这样说:一切以共同体关系的意义为根据的东西、一切存在于共同体关系之中并对它具有一种意义的东西就是共同体关系的法;也就是说,法是若干结合在一起的人们的真实的、本质的意志,法受到他们尊重。因此,只要个体的实在的天性和力量决定了他是一位享受者还是一位劳动者,尤其最终决定了一部分人领导而另一部分人服从时,他们就具备了作为一种共同生活秩序的自然法,自然法分配给每一个意志各自的领域或功能,它是一切义务和优先权规定的总和。如此一来,"共同领会"建立在人们相互间密切认识的基础上,这取决于一个人直接参与另一个人的生活、同他人一同分享幸福和悲伤的倾向,反过来,这又进一步地促进了人们彼此间的认识。因而,人们在整体人性构造与生活经验的方面越相似,他们的天性、性格、思维方式越类似、越协调,他们就越有可能形成"共同领会"。

  "共同领会"的真正器官是语言(Sprache)本身。在语言之中,"共同领会"形成并发展了自身的本质;人们通过表情和声音彼此

---

  ① 对应"本能的东西"(Triebhafte),第一版(1887年)用的德文词是"本能"(Instinkt)。——中译者

  ② 对应"结合"(verbunden),第一版(1887年)用的德文词是"伴随"(angetan)。——中译者

第一章 共同体的理论

传达着、感受着各种情感,其中就包括了痛苦与快乐、恐惧与愿望,以及所有其他的感情和澎湃的心潮。正如我们都知道的,语言既不是被发明出来的东西,也不是人们出于彼此理解的目的、仿佛聚集到一起并通过共同约定制造出来的手段或器具;事实上,语言本身就是有生命的"共同领会",同时,它也是"共同领会"的内容和形式。同所有其他有意识的表达活动类似,语言表达不过是个体在其深厚的情感以及居于统治地位的思想共同作用下做出的不自觉的(unwillkürliche)行动,而且语言不是一个人为了让他人理解自己、因而采用的人造手段;事实上,所谓"人造手段",恰恰建立在人们无法天然地彼此理解的基础上,尽管就像其他由人们约定出来的符号一样,语言被寻求相互理解着的人们当成一个纯粹的符号系统使用。固然,个体通过语言的表达,既可以显露他感觉到了的敌意,又可以揭示他体会到的友好。这一情况如此地真实,以至于它促使我们指出下述普遍原理:无论友好的情绪,还是敌对的狂热,皆以相同的或非常相似的条件为前提。但是在这里,由于自然的、现存的情感纽带的破裂或松弛导致的敌对情况,必须要同另一种形式的敌对情况区分开来,后一种敌对的根源是陌生、无知和怀疑。两种敌对都是本能的反应,但是前者本质上是恼怒、憎恨和不满,后者本质上是恐惧、反感和厌恶;前者是急性的,后者则是慢性的①。

毋庸置疑,语言如同其他灵魂的媒介那样,既非由前一种敌对状况、也非由后一种敌对状况——这里的"敌对状况"仅仅意味着一种不正常的、病态的状态——发源而来,而是源于亲密、真挚与

---

① 第一版(1887年)无"前者是急性的,后者是慢性的"这句话。——中译者

爱。母语(*Mutter-Sprache*)尤其最容易、最生动地从母子之间深刻的"共同领会"中生发出来。与此相对,我们其实可以认为:人们之间公开的且彼此清楚认识到了的敌对状况,毋宁植根于友谊和团结。① 事实上,只有在血缘的紧密关系和血缘的混合里,人类意志共同体的统一性、继而它的可能性才能以最直接的方式表现出来;在此之后,它通过空间内的接近表现出来;最后(仅仅对人来说)则通过精神的亲近表现出来。以上述层次为依据,我们因此发现了一切"共同领会"的根源。这样一来,我们就提出了关于共同体的三个最主要的规则:1)亲属之间、夫妻之间相亲相爱,他们怀着轻松的心情习惯彼此:他们常常互相倾诉,共同思考,亲密无间地聚在一起。相较而言,邻里之间以及其他朋友之间的关系也具有类似的特征。2)相爱着的人们之间存在着"共同领会"。3)相爱着并相互理解着的人们居留在一起、生活在一起,他们共同地安排着自己的生活。

共同体之确定意志的总体形式如同语言本身那样,是自然地形成的,因此在它自身之中就包含了"共同领会"的多种形式,这些形式的标准由它们的规范(Normen)决定,我将此规范称作"默认一致"(*Eintracht*)或者家庭精神(即拉丁文 concordia 所谓的

---

① 第一版(1887年)在这里插入了一段话:"在一篇古老的论法的文章里,西塞罗赞赏了语言的深刻意义(*De Republica*,Ⅳ,第480页以下):如果人们争吵(quarrel),这就称作一种朋友间的争辩(dispute),而非一种敌人间的诉讼(lawsuit)。因此,法将邻人之间的争辩视作争吵,而非讼争(litigation)。"("'Si iurgant,'inquit,'Benevolorum concertatio, non lis inimicorum, iurgium dicitur. Jurgare igitur lex putat inter se vicinos, non litigare.'")这段话为滕尼斯直接引用西塞罗的文本,原文为拉丁文,Harris 英译本指出,这段引文出自于早期罗马的"十二铜表法"。中译参照的了 Harris 英译本,拉丁文原文附在中译之后。——中译者

"人们发自内心地结合与统一"的意思)。"共同领会"与"默认一致"因而是同一个东西:共同体的意志包含在它的每一个基本形式之内,从它的各个单独的关系和作用来看,它被视为"共同领会";从它的总体的力与本性来看,它就被视为"默认一致"。

§ 10

【自然统一体的划分与重组 民族—部族—氏族 乡村—行政区—村庄 城镇—行会—社团】这样来看,对一切真正的共同生活、共同居住以及共同劳作的内在本质与真相而言,"共同领会"就是它们的最简单的表达。其最原始、最普遍的含义就是家内生活;家内生活的核心体现为:男人和女人为了生育并教养后代结合到一起,融合成一个统一体,故而,婚姻作为男女间持久的关系,特别地具备了这种自然的意义。我们可以将上述情况称作"默契"(das stillschweigende Einverständnis),"默契"界定了义务和优先权,界定了善与恶,我们完全可以将它与同一份约定或契约比较:但是我们之所以这样做,仅仅是为了更有力地强调它们之间的对立。以同样的方式,我们可以说:话语的意思和那些由人们约定的、源于他们的志愿的符号的意思相同,但它们本质上仍然是相反的东西。

约定和契约是被制作出来的东西,是人为达成的"一致"。它即人们彼此交换的承诺,换句话讲,它意味着各方实现了以语言为基础的相互理解,各方共同接受了未来的行动,当然,人们必须以明确的概念的方式将接受的态度表达出来。如果最终的结果符合上述"一致"情况的话,我们就可以假定"一致"仿佛已经实现,或者说，我们默认它是偶然发生（per accidens）的事件。但是"共同领会"就其本质而言①是缄默的：因为它的内容是无法被人言说的，它无穷无尽而又不可捉摸。尽管通过语言，人们掌握了大量指称概念的符号系统，但正如语言本身不可被约定一样，即使"一致"的类型还有许多种，"默认一致"也不可能被人为地制作出来。假如条件有益的话，"共同领会"和"默认一致"将从既有的胚胎中生长出来，发荣滋长。

就像一株植物发源于另一株植物，一个家（或家庭）源于另一个家，婚姻源于"默认一致"与习俗（Sitte）②。在婚姻与家庭之前，始终制约着并产生着它们的东西不仅是它们的同类物，而且是包含在它们之中一个普遍者，这个普遍者即上述这些现象的形式。因此，在更大的群体中，我们也能发现"意志的统一"③的情况，意志的统一即血缘亲属关系的纽带在心理学上的表现。即使在更大的群体里，它会变得模糊不清；即使只有在有机的秩序里，它才能向个体传达它自己。如果说，人们共同使用的语言之内包含着普遍性，这一普遍性恰恰意味着人们可能实在地理解彼此的话语，它使人们的心灵相互靠近、相互结合；那么，在人与人之间必然存在着一种共同的意识，它通常表现为更高的现象形式（Erscheinungsformen）④，即共同的风俗和共同的信仰；它们渗透到了一个民族的成员当中，意味着人们团结地、和平地生活在一起，即使它们绝不能可靠地确

---

① 对应"按其本质而言"（ihrem Wesen nach），第一版（1887年）用的德文词是"本质上"（essentiell）。——中译者

② 第一版（1887年）有所不同："婚姻源于它的真实的理念（Ideen）。"——中译者

③ "意志的统一"即上述普遍者。——中译者

④ 对应"现象形式"，第一版（1887年）用的德文词是"演进"（Evolutionen）。——中译者

保这一结果。共同的风俗与共同的信仰存在于任何一个民族之中,它们从这个民族出发、以日益增长的强度扩散到每一个部族的各分支世系;最后,它们最彻底地扩散到了具有亲属关系的各个家里,家是有机结合着的生活——即氏族(Klan)或者宗族(Geschlechte)——的早期的、重要的形态,它是家庭出现之前的家庭,它具有同家庭一样的实在性。

从这些群体出发、作为它们的变更结果并超越它们的东西,正是由土地和耕地决定的复合体,我们将这些复合体区分成以下几个一般性的层次:A)王国(Land),B)行政区(Gau)或者边区(Mark)①,C)村庄(Dorf),它是这些形式中人际关系最紧密的形态。②

城镇(Stadt)③部分地从村庄发展而来,部分地独立于村庄发展起来。与其说城镇的完善依赖于人们天然的共同利益(Natur-

---

① 边区(die Mark)是一个历史概念。最早在中世纪时期为了保护法兰克福王朝和神圣罗马帝国的疆土而在边境地区设立的军事防御区,此后在这些地区逐渐形成了一些诸侯国。——中译者

② 这个分类的层次遵循的是欧洲中世纪日耳曼封建制的各组成部分。——中译者

③ 德文词"Stadt"在英文里既可以翻译为"城镇"(town),又可以翻译为"城市"(city)。对滕尼斯而言,"Stadt"对应于"共同体",因而它与对应于"社会"的"大城市"(die Großstadt)区别开来。Lommis 英译本为了鲜明地区别出这一点,于是将"die Stadt"翻译成"城镇"(town),将"die Großstadt"翻译成"城市"(city)。不过需要注意的是,滕尼斯将"共同体"发展的最高阶段描绘为那些较小的、然而能自我统治的城市中心,比如中世纪晚期意大利的城市国家(city-states)或德意志的"自治市",所以 Harris 的英译本就时而将"die Stadt"翻译成"城镇"(town),时而翻译成"城市"(city),不过这样操作起来就显得不那么清晰。简便起见,中译将根据语境,看滕尼斯使用 Stadt 时,更偏重指自然孕育的"共同体",还是偏重私人之间交易关系组成的"社会",在前一种情况里,中译将 Stadt 翻作"城镇",在后一种情况里,中译将 Stadt 翻作"城市"。——中译者

Objekte),毋宁说,它凭借着人们共同会聚到一起的精神而实现。从城镇的外部情景来看,它不过是一个大村庄、一个由众多相邻的村庄组成的整体,或者说是一个被围墙环绕的村庄①;不久,城镇就变成了一个支配着环绕它的乡村地区(Landgebiet)的整体,并且进一步地同乡村地区结合,成为了一个包含着更大范围的乡村地区的新行政区(Gau)组织:它是由一个部族、一个民族改造或新组建起来的组织。在城镇之内,其特有的产物或者果实又表现为:劳动合作社(Arbeits-Genossenschaft)、行会(*Gilde*)或同业公会(*Zunft*);此外,还有宗教崇拜团体(Kultgenossenschaft)、兄弟会、宗教社团(die religiöse *Gemeinde*);宗教社团同时是共同体理念能够体现出的最终的、最高的形式。然而,我们看待一座完整的城镇,一座村庄,一个民族、部族、宗族,最后乃至一个家庭时,也可以凭借着同样的方式,将它们描绘成、理解成一种行会与宗教社团的特殊形式。反之亦然(*vice versa*):家庭的理念是对共同体之现实性的最普遍的表达,所有那些多种多样的形态都包含在家庭的理念之中,并从家庭的理念那里产生出来。

§ 11

【**相互占有与享受—对共同财产的占有与享受 农田与家园**】
共同体的生活是相互的占有和享受,也是对共同财产的占有和享

---

① 第一版(1887年)无"……或者是一个被围墙环绕的村庄"这句话。——中译者

第一章 共同体的理论

受。占有和享受的意志就是保护和捍卫的意志。共同面对的善事——共同面对的恶事;共同的朋友——共同的敌人。恶事与敌人不是占有和享受的对象;它们不是积极的意志对象,而是消极的意志对象,是不满的与憎恨的对象,即共同的意志要去消灭的对象。人们愿望的和欲望的对象并非是同他们敌对的东西,而是处于他们表象之中的、为他们占有并享受的东西;即使获取它们的过程可能会受到敌对行动的制约。"占有"自在而自为地即意味着保存的意志;"占有"本身就是享受,就是意志的满足和实现,就像人吸取大气中的空气一样。人们彼此占有的事物、分享的事物亦是如此。然而,由于享受是一种特殊的使用的行动,故而它区别于"占有",并且可能受制于"毁灭":比如说,杀死一只牲畜不过是为了消耗它。对于各自捕获的猎物,猎人和渔夫既不希望占有它们,又不希望单纯地享受它们,尽管他们享用的一部分可能反过来是持存的东西,因而就是他们占有的东西,比如说人们使用动物毛皮或者储藏某些采集来的东西。不过,作为一种重复的行动,狩猎本身受制于狩猎区(Revieres)内的猎物占有情况,即使狩猎区的情况并不确定,然而,只有将狩猎行为视作对狩猎区内的占有物的享受,我们才能理解这一行为。理性的人必然希望保持狩猎区的一般状态,甚至增加狩猎区里的内容。作为狩猎区的实质,其形态与产物就表现为人们每一次捕获的猎物。因此,树木的实质就是它的果实被采摘,土壤的实质就是它承载着可被享用的禾秆。

  被驯化、被喂养和饲育的牲畜具有同样的本质,无论人将它们当成奴仆或助手来使用,还是享用它们身体中有生命的、不断自身更新的部分。在这个意义上,牲畜被人饲养。同每个单独的牲畜

21 相比,畜类或者畜群被保存、被维持下来,因而它们是真正的被占有物,而单独的牲畜却被人毁灭、被人享用。保存牲畜又意味着人本身同土地、牧场的一种特殊关系,因为土地与牧场为牲畜提供了食粮。然而在自由地带(in freiem Gebiete)的狩猎区和牧场,如果它们的资源被耗尽,人们就变换处所,因为他们可以携带着家产,驱赶着牲畜,离开此处,去寻找更好的地方。首先,在破碎的土地里,人们通过自己的劳动,把未来植物的种子、即过去植物的果实种下,这样,土地就与人们的双脚绑在了一起,土地也成了人类不断延续着的后代子孙们的占有物;另外,土地同始终年轻的人类力量本身结合,构成了一份取之不尽、用之不竭的财富。尽管原始的情形并非如此,人类正是不断地累积经验,由此逐渐地形成了理性能力,通过悉心地处理、保护和照料土地,人类才取得了这样的功绩。伴随着农田的开垦,人们的家园也固定下来了:曾经,家伴随着人、牲畜和物品的流动,不断改变着位置;现在,它和土地一样不流动了。人得到了双重规定:一方面,他被自己耕作的农田规定;另一方面,他被自己居住的家园规定,因此,人也就被自己的劳作束缚住了。

§ 12

【共同体的普遍倾向 发展的模式 首领与成员 最后的统一体 家】共同体的生活是在同农田以及家的持续关系中发展起来的。它仅仅通过自身就可以得到解释,因为它的胚胎就是事物的本质,也就是说,凭借着某一强度的力量存在着的共同体生活的现实自身就是事物的本质。从根本上说,一切有机生命之间都能结成共同体,人类的理性共同体就存在于人们中间。在此,我们区分出了共同生活着的动物与非共同生活着的动物,也即区分出了社群性的动物和非社群性的动物。当然,做出这样的区分是好的,但是人们常常忽视了这样一个事实:如此的区分仅仅关系着共同生活的不同程度和类型,就像候鸟的群居生活方式不同于肉食动物的群居生活方式。不仅如此,人们常常忘记了共同居留(Zusammenbleiben)本质上就是一个既定的事实;因此,似乎我们只需要对分离现象做出说明。这就是说:各种特殊的原因造成了生命间更早或更晚的分离,即较大的群体瓦解成了较小的群体;不过无论如何,较大的群体总是先于较小的群体,正如生长先于繁殖[①](在这里,"繁殖"被理解成一种超个体的[②]成长)。每个群体都具有一种要保持下来的倾向和可能性,虽然它分离成各个独立的部分,但是这些部分其实都是它的成员;整体的影响仍能在它的各位代表成员那儿表现出来。

如果我们因此想象一种共同体的发展模式,即从一个中心向不同方向放射出各条直线,那么这个中心本身就意味着全体的统一,并且只要全体意味着意志的自身相关,那么在那个中心里,意志必然以卓越的方式存在着。然而,半径上的点将发展成一些新的中心,它们越能向周围扩散同时保持自身的必要能量,它们就越

---

① 对应"繁殖"(fortpflanzung),第一版(1887年)用的德文词是"Propagation"。——中译者

② 对应"超越个体的"(überindividuales),第一版(1887年)用的德文词是"hyperindividuales"。——中译者

能够摆脱那个更早的中心,如果那个更早的中心不能以同样的方式联系着原始的中心,那么前者就必然会逐渐衰弱,无法在其他方面发挥作用。但是无论如何,我们表象出统一体和结合体维持着自身,并且保存了自己的力量与倾向。作为一个存在者、作为一个全体,它通过首要中心(Haupt-Zentrum)与从中直接派生而来的次级中心(Neben-Zentrum)之间的关系表现自身。每一个中心都由一个自我(Selbst)来代表,由于中心同它的组成部分联系在一起,因而这个自我就被称作首领(*Haupt*)。然而作为首领,它并不是全体;除非它使那些从属于它的中心们以其各自的首领形态聚集在一起,它才更类似于全体。从属的中心们总是理想地(ideell)存在于它们源出的中心之内;因此,如果它们的身体上更接近这个中心,也就是说,它们共同聚集在同一个地方,那么它们也就在更大程度上履行了自己的自然使命。不论向内还是向外的行动,全体必然会要求它们相互帮助、共同活动。也就是说,这里存在着一种力量与权威,无论通过何种方式,它皆影响着所有成员的身体与生活。

同样,只要中心被理解成全体,那么一开始的情况必然是:全体和它的中心占有了全部的财产。从这个中心之内派生出了①更次级的中心们,它们占有自身的财产并且以积极的方式、通过使用和享受财产,维持着自己的占有;比这些中心更次级的中心以同样的方式获得并保存财产。我们进一步地向下推演,直到推及最后

---

① 对应"派生出"(ableiten),第一版(1887 年)用的德文词是"derivieren"。——中译者

的统一体,即家中的家庭(der Familie des Hauses)以及家庭共同体式的占有、使用和享受财产的情形。在这里,权威发挥着作用,他最终直接地关系着每一个追求自身利益的个体,只有从这一权威里,作为最终单元的个体才能为自己引申出自由和财产[①]。任何一个较大的全体都类似于一个内部成员彼此分离的家;尽管它并不完美,但是我们必须想象其中存在着一个像完美的有机体那样的、包含着所有器官和功能的结构。对家的研究其实就是对共同体的研究,正如对有机体细胞的研究就是对生命的研究。

§ 13

【家内生活—三个层次—家内生活中的仆役】我们已经描绘了家内生活(das häusliche Leben)的本质特征,但在这里,我们还需将它们同一些新的特征结合到一起,对此加以论述。

家由三个层次或区域组成,它们围绕着同一个中心运动。最内的区域同时也是最原始的区域,即家的主人与他的妻子或妻子们(假如她们接受同一权威者统治且彼此并立的话);紧接着的是由子孙后代构成的下一个区域,即使他们已经结婚,他们仍然可能保留在这个区域里。为家服务的成员(即仆人与使女)组成了最外围的区域:他们代表着家内最晚近的层次,他们是年轻人,具备了多多少少相似的材质,与其说他们是被主人强迫的对象,故而从属

[①] 第一版(1887年)有所不同:"……作为最终单元的个体才能为自己引申出自由和财产等等。"——中译者

于共同体,不如说他们通过共同精神与共同意志的同化,借助自己的意志,让自己满意共同体、顺从共同体。类似于"主人同仆役之间关系"的是"丈夫同自己从外面娶进门的妇人之间的关系"。孩子是由丈夫和妻子生育出的对象,因此,孩子是他们的后代并依附于他们,孩子也就成了统治与屈从的中介以及中间状态。

在家的这些构成性因素中,仆役群体虽然最多余,但是它却是敌人或外人为了参与一个家的生活因而进入这个家的必要形式。如果外人并未受到尊敬、不被看作某一共同分享家内生活的宾客,那么就"共同分享"的本质来说,这一状况不会持续下去。然而,对于宾客共同分享家内生活的一段时间而言,这样的参与越接近对统治的参与,宾客就越受到敬畏和爱戴。相反,如果宾客越不受尊敬,宾客与主人的关系就越同仆役与主人的关系类似。仆人的地位本身可能变得接近孩子的地位,但是从另一个方面来看,假如仆人由于他的遭遇,其人性尊严受到蔑视,那么仆人的概念就逐渐转变成了奴隶的概念。有一种低劣的、毫无思想的偏见,它认为仆役就其本身而言即耻辱的人,它的理由在于仆役违背了人性的平等面貌。事实上,一个人无论出于恐惧、习惯、迷信,还是出于冷静地思考和计算自己利益,他都有可能在多种多样的关系里表现出奴隶般的姿态,让自己从属于另一个人之下;[①]除此之外,专制的、贪心的主人可能会狂妄而粗鄙地压制他、折磨他,尽管从形式上来

---

① 第一版(1887年)无"尽管从形式上来说,双方可能处在自由的契约关系里"这句话。——中译者

说,双方可能处在自由的契约关系里①。上述两种现象即使常常可能同仆人的地位有关系,但它们之间并没有一种必然的关系。如果说长期受到虐待的人以及阿谀奉承者(从他们的道德的品质来看)是奴隶的话,仆人则与此相反,他们分担了家庭的愉快和伤悲,他们对主人表示出敬畏,正如一位成熟的儿子向父亲表示出的敬畏;作为一名助手甚至顾问时,他们享受着被人信任的快乐;以道德标准②衡量的话,他们是自由的人。尽管从法的地位来讲,他们并不是自由人。实际上,就"合法的奴隶地位"这一说法而言,它本身就是不合法的,因为法想要成为、并且应当成为一种理性的东西,因此它需要区分出人和物,或者说,它理所应当地就要承认人是理性的存在者。③

§14

【家政—灶火和餐桌—对交换的陌生】在这里,家的整体状态(Verfassung)首先意味着家政(*Haushaltung*),它是十分重要的,也就是说,从经济的(*ökonomischen*)④角度上讲,家是成员们一起劳动、共同享受的共同体。供给营养就像呼吸,它是人类不断重复

---

① 第一版(1887年)与之不同:"……主人可能尝试去压制和折磨他。"——中译者

② 第一版(1887年)与之不同:"……就其整个特征而言,他们是自由人。"——中译者

③ 第一版(1887年)无"尽管从法的地位上讲……或者它要理所应当地承认作为人所具有的理性本质"这段话。——中译者

④ "经济"这个词的原初含义正是古希腊哲学家色诺芬讲的"家政"。——中译者

的活动，因此，生产并准备食物以及饮品变成了人们必要的、日常的工作。上文已经提到①两性间的劳动分工。正如森林、原野和耕地是自然的、外部的领域，炉灶以及炉灶内燃烧的活火仿佛就是家自己的核心与精髓，男人和女人、年轻人和老人、主人和仆人围聚在这个地方，共同会餐。所以灶火和餐桌具有了象征性的②含义；前者象征世代更迭中不断延续着的家族生命力；后者象征当前的家的成员们结合起来，一同维持、更新家的肉体和灵魂。就这一点而言，只要每个成员都有自己的一席之地，都分得了自己应得的部分，那么餐桌就是家本身。就像之前，家的成员们因统一的劳动之故，各自从事自己的劳作部分；现在，为了对享用的物品做必要的分配，再一次的聚合取代了此前的分离。对待由分离的或共同的劳动创造出来的剩余物品时，无论最终是共同体还是单独的个体享用它们，过程都是类似的。

　　与此对立，真正的交换（Tausch）违背了家的本质。除非它是在"分配"的条件下发生的，即个体将分配给他们的东西视作自己的独立的财产，就像他们将自己在共同体行动之外独立创造出来的物品视作自己的财产。家本身是一个全体，通过主人或管理者之手，它可以利用交换，使家内的产品转变成看上去更有用的东西。这样的交换能表现为一种有规律的行动，人们在由若干家组成的共同体（比如说在村庄、城镇里，或者在一个乡村地区或城镇地区内的城乡交界处）——这个共同体自身也就像一个广大的

---

① 对应"提及"（angedeutet），第一版（1887年）用的德文词是"erwähnt"。——中译者

② 第一版（1887年）在"象征性的"下面加了着重号。——中译者

家——里开展这一行动。同时,如果他们可以在平静与和平的环境里、根据一些规范(这些规范通过人们的"共同领会",表明了自身即公正的①)开展交换行动,那么交换本身就仅仅被看作一种合法分配的表现,或者说,它仿佛意味着,家内的成员在同一张铺好了的餐桌旁一起用餐。需要注意到的是:交换行动背后总是保留了一种隐蔽的交换理念,即简单的商品流通的理念。但是,这些交换现象也许离交换理念太过遥远,最后,我们只能发现一幅将这些现象描绘得失真的图像②。所以为了正确地理解它们,我们必须最终将它们完整地、专门地提出来,并从个体的需求和意志出发,解释这些现象。

§ 15

【孤立的家—农民之家—城镇之家—对城镇和乡村的补充—交换的形式】以感性的形态为标准考察现实的家时,我把"家"区分成以下3种类型:

1)孤立的家(*isolierte Haus*),这一类型的家不从属于任何由若干的家组成的系统。它特别地表现为游牧民使用的可移动(从

---

① 括号里的句子,第一版(1887年)有所不同:"这些规范通过共同领会表现为'自然的',通过风俗表现为'传统的'与'可靠的',通过信仰表现为'公正的'"。——中译者

② 对应"失真的图像"(Zerrbild),第一版(1887年)使用的德文词是"Caricatur"。——中译者

一个地点搬到另一个地点)帐篷。在农耕时代①,它也以农庄定居点(Hofansiedlung)的形式保留下来,在山脉地区和低洼沼泽地,这样的形式是天然的、固有的。孤立的农庄同样作为领主庄园和祖传宅第存在于边区(Mark)之内,它在村庄(Dorfe)之外,并凌驾于村庄之上,根据习俗,它往往是这些村庄的创建者和保护者,因而村庄有义务向它交纳贡赋。

但是,2)村庄中的农民之家(*Bauernhaus*)是真正适应于标准土地文化的固定居所,它通过自己的力量即可满足自身最基本的需要,除此之外,它通过邻里以及共同体的帮助(比如说,村庄铁匠和其他的手工业者的帮助)补充了家需。然而,当农民之家仍然是未经分裂的统一体时,它其中也可能包含了各种手工工场,即使大家不在同一个屋顶下工作,至少他们接受了统一的管理。这种家的形式是古典(古希腊—罗马)之家的典型,正如一位优秀的作家(即洛贝尔图斯)针对这个主题表象出下面这条原则:*Nihil hic emitur, omnia domi gignuntur*(没有什么是买来的,一切都从家里生产出来的)②。

与前两者相反,3)我们认为城镇之家(*städtische Haus*)表现出的典型就是手工匠人之家,它对自身必需品的要求依赖于交换。手工匠人自己生产出来的东西(例如鞋)大半不是为了给自己使

---

① 第一版(1887年)有所不同:"它度过了农耕时代,作为农庄定居点,它普遍地扩散开来。"——中译者

② 约翰·卡尔·洛贝尔图斯(Johann Karl Rodbertus):《关于古典时代国民经济学领域的研究》("Untersuchung auf dem Gebiete National-Ökonomie des klassischen Alterthums"),载于《国民经济学与统计学年鉴》(*Jahrbücher für National-ökonomie und Statistik*),第2卷(1864年),第206-268页。——Harris英译本

第一章　共同体的理论

用。假如我们将城镇视作一个全体,即一个由各种行会组成的共同体,那么通过行会间相互支持的行动,城镇为它的市民之家、因此也即为它自己提供有益的、美好的东西。只要不是城镇自身占有土地、不是它内部的市民从事农业活动,它就必须不断地生产出剩余产品,这样一来,它才能同周围的农民之家交换,以剩余产品换取自己必需的生活资料。

因而城乡之间的交换(对于从普遍的意义考察文化现象而言,这一点是最重要的)形成了。在这样的交换里,乡村具有明显的[①]优势,因为除非是工具和其他必需的经济物资,乡村占有了必需的、而非相对多余的东西。与乡村相比,城镇具有的优势在于,它生产出稀有而好看的产品。我们可以假定有一个广阔的农业地区与一个城镇结合到了一起,在那里,生产过剩的谷物和肉类的劳动力数量同生产可使用的手工业品和艺术品的劳动力数量相比,其比例为 10 比 1;此外,我们也可以假设这里没有职业商人(他们与其他人竞争,想方设法卖出商品);也没有那些垄断者(为了尽可能地牟取最高价格,他们刺激消费者的购买需求,进而为消费者提供商品);尽管上述假设都是可能的现象,然而,当作为中介环节的非劳动者越多地控制物品时,乡村和城镇优势颠倒的情况就越可能发生。

与此同时,我们还可以确定地推测:在城镇与乡村的结合里,通过亲属关系和友谊,许多交换关系之外的人际关系形式保持了下来,并且它们被人视作善的、合乎礼俗的(recht)关系。人们共

[①] 第一版(1887 年)有所不同:"……乡村具有确实的优势……"——中译者

同地会聚到中心场所和神圣之处,彼此间形成了这样的联系,他们不顾那些紧紧把持私有物或尽可能最多地获取外物的自然愿望,反而互通消息、相互赠予,在这里,友爱的精神保持着强有力的生机。在更加活跃的城镇间的交换之内,相似的关系也保留了下来,然而相对于城乡关系,只要乡村居民的亲属关系、相互间的亲近以及这些关系的非商业性的特征皆对共同体的意义有贡献的话,那么,城镇之间的交换则少了些对共同体意义的促进。然而进一步说来,在这样一个社群的躯体里(sozialen Körper),如果我们将它内含的各种更高的功能(比如说动物性层面或心灵性层面的领导功能)分别地集中到一起①的话,我们就绝不能把这些功能理解成商品的陈列和销售。相反,共同体的意志有机地保持、供养和培育着它们,因此在共同体意志可支配的力的作用下,它们表现为馈赠、捐税和徭役等形态。如果这些功能皆通过上述形态表现出来的话,那么服务的交换无非是一种形式,在此形式里,交换服务的两方应当明确地被当作一种交互的关系。但是,这一关系无论如何都要发展,也就是说,我们必须将它看成一种更适当的关系,它受到下述情形限制,即行动的能力以及受诸条件制约的愿望可能被看作同市场上的商品一样的东西。

§16

【家的类比—村庄—村庄和边区中的领主庄园—财产的关系】

---

① 对应"分别地集中到一起"(gesondert zusammen sind),第一版(1887年)表述的是"分别地存在"(gesondert vorhanden sind)。——中译者

根据家的类比,村庄和城镇在此被视作最大程度地具备共同体之占有和享受界限的形态。在家与村庄的二分之前,氏族(Klan)存在着,氏族已经被描述成家庭之前的家庭(Familie vor der Familie);但是同样,氏族也可以被理解为村庄之前的村庄,尽管相较前一种理解,这一观点更少地被明确表达出来。因为氏族自然地便在自身中包含了上述两种首要形式①的可能性,故而在氏族里,父权制的特征(所有建立在生育基础上的威严都凝聚于此)与兄弟般关系的特征(基于兄弟姐妹之间的平等)混合到一起;统治的因素和伙伴关系的因素结合了起来。在家的社团(Hausgemeinde)中,前者发挥着主要的影响;在村庄社团(Dorfgemeinde)里,后者则占据着支配地位。不过,家的社团并不缺少兄弟般的精神,就像村庄社团并不缺少父权的支配。但是只有后者(即父权的支配)——正如它在村庄组织的系统发挥着强大的作用——对于历史的概念性识见是至关重要的:因为后者构成了封建制的基础。其中,人们保持着对杰出之家(它作为高贵的贵族之家)的自然威严的信仰,即使这些信仰的根源正在消逝:人们敬畏长者和高贵的出身,这种敬畏意味着,它以最直接的方式(用直的、不间断的线)将现实的或想象的氏族首领(Klanchef)同整个氏族共同的祖先结合起来,这样做似乎确保了氏族首领的神圣出身,并仿佛很容易地便保证了他的神性的威严。同时,当首领现实地行使他的统治权时,他也获得了人们的尊敬和感激。所以,自然而然地,人们将首批收获的庄稼和头生的牲畜贡献给他。同样自然的事实是:人们

---

① 即"家"与"村庄"。——中译者

在首领的领导下划分并分配边区(Mark)时,在抽签决定以前,他们就已通过普遍的意志,将最近的、最好的农田划归首领的胡符(Hufe)①里了,起初这是不固定的财产,但最后却成了首领持久的占有物了。首领对土地的享有常常意味着他占据数倍分量的土地,或者在氏族分裂成若干村庄的情况下,它对每一村庄都占有相等分量的土地(在日耳曼的农业系统里,这是最常见的现象)。所以首领之家、首领的庄园与盐场皆坐落在村庄(或若干村庄)的中心,或者在(山区)高居村庄之上的地方以"堡垒"的形式凸显出来。

然而,只有在封建领主(Feudalherrn)那儿,真正的权力才形成。如果说封建领主以共同体的名义行使职权,那么这么做的首要目的便是为了实现他自己的利益。因此,随之而来的事实必然是:领主似乎仅仅以他自己的名义行使职权。这一事实特别关系到他对尚未分配的土地的管理,土地越是不可利用的、无法耗竭的,它们就越容易被转让给领主;故而,领主掌握的森林要多于草地,荒漠要多于森林。确实,作为"不毛之地",荒地甚至不被看作田地(Feldmark)的组成部分,因而它毋宁被纳入到了一个更高的联合体(行政区或者王国)中,并且由联合体的领主们管理,领主们又进一步将采邑交给更小的男爵们。男爵与他治下的人们定居在似乎值得耕种的土地上;因为随着人口数量的增加,作为狩猎骑士与战争骑士的男爵拥有了越来越多的为他服务的随从,他们聚集在男爵庄园的所在地或庄园周围的地区,然而为狩猎人员和战

---

① 胡符(Hufe)是德国历史上农户占有土地的计量单位,大小因地而异,约合7至15公顷。——中译者

争人员提供的花费,可能最终会超过为领主缴纳的捐税和粮食:所以他们将自己变成了农民、牲畜蓄养者,并为此准备了牲畜(即英文的 Fe-od 一词原初指称的内容①)、工具和种子。他们与领主紧紧地联系在一起,并有义务为领主提供服务以及随军出战。他们有自己的财产,但是这些财产的性质与自由民的财产的性质不同,自由民的财产源于他们自己的合作社,即社团,而仆人的财产则首先源自于他们与领主的关系,并且它作为"上级的财产"(oberes Eigentum)——就这一点而言,后来发展出来的、区分出"封建领主土地所有制"与"土地占有"的思想与此同源——掌握在领主的手中。

按照正确的界定,即从建立在事物本性与传统(默认一致和习俗)基础上的观点看来,"上级的财产"隶属于共同体,以及由社团和领主结合成的统一体,因而这使领主有了机会和企图(尤其关系到臣民中比较卑微者),完全地将这一财产据为己有。最终领主也将自由民、连同自由民的依附者压低到与他的隶农相似的地位,同时将他们的财产权变成领主出于自己的恩惠、赐予他们的"优先的使用权"(即拉丁文 *dominium utile* 所谓的"收益支配权")。因而,为了受到保护、为了向更高权威的联合体履行更少的义务,自由民要使自己迎合领主。这样一来,最终的极端状况似乎就是:边区不再是相对的、共同体的、由集体分配的财产,而是领主支配的绝对的、个体的、只属于他自己的财产。面对领主,隶属者或者被

---

① 英文的 feud 或 feod 通常被翻译成"封地"、"采邑",它源于古英文词 feoh,即"牲畜"(cattle)之意。——中译者

要求提供无限的服务、履行无限的义务，这样一来，完全的农奴制(*Leibeigenschaft*)便产生了；他们或者被要求承担计算好了的然而似乎过量的义务，由此，一种自由的、建立在契约基础上的租佃(*Pachtung*)关系产生了，就其实际内容而言，通过佃农掌握的资产和他们受到的教育，租佃关系可能会发展成完全同农奴制对立的形态，与此相反，在另外的情况下，它又可能只不过是一个改换了的名字和新的法律形式，其实质则与农奴制完全相同。

然而另一方面，无论通过领主自己的意志，还是通过必要的立法、从而施加于领主头上的强制力，所有下层人或农民的财产依附关系也可能被取消，而且他们的财产（在同样的意义上）被宣告为他们自己占有的绝对物，就像它变成"上级的财产"的情形。在所有上述情况里，一种起初只是在法的意义上区分财产的方式产生了。事实上，共同体的关系能够在它们存在过的地方保持下来的。但是与此同时，一方面统治者不断地压制着被统治者，另一方面被统治者不断地抵抗着统治者，这对关系一直在延续，而且一直在更新，只要"统治"这个概念在此意味着：占有较多财产的人对占有较少财产的人具备优势力，前者借此对后者发挥影响[1]。

---

[1] 第一版(1887年)有所不同："在上述任何一个情况里，一种简单的、理性的因而抽象的形态进入到复杂、生动而又具体的关系之内；更准确地说，它发挥着作用，即根据逻辑的—理论的模式切分现实的生活。不过，这样做还是多少可以掌握事实的状况，或者说，可以使之更简易。"——中译者

§17

【乡村社团和公共地 作为家政的社团—经济的、共产主义的组织】前面的那些关系极其①丰富多样,但是如果在封建领主的所在地还存在着(精神性的)合议机构、寺院或者其他团体,那么这些关系的形态可能将发生不小的变化,而在这里,我并不是要概括地描绘②它们。对我们来说重要的地方只在于,我们要注意到:在整个乡村文化与以此为基础的封建体系里,合乎自然的"分配"理念和既决定着它、又以它为依据的神圣的"传统"理念如此强烈地控制了生活里的所有现实,以及同一切生活的现实对应着的正确的、必要的"秩序"理念,而"交换"、"购买"、"契约"以及"规章"这些概念却只能而且事实上也只发挥着微弱的影响。社团和领主之间的关系,尤其社团和它的成员之间的关系,并非是基于契约的关系,而是像家庭那样建立在"共同领会"的基础上。乡村社团以及那些包含了领主们的地方,同土地具有必然的关系,它们类似于一处唯一的、未分离的家政。公共地(*Allmend*)③是乡村社团活动的场所,也是它日常关切的对象;公共地的存在,部分地是为着满足统一体的共同目的,部分地是为着满足成员们的一致的、共同的

29

---

① 对应"极其"(große),第一版(1887年)所使用的德文词是"ungeheure"。——中译者

② 对应"描绘"(beschreiben),第一版(1887年)所使用的德文词是"掌握"(befassen)。——中译者

③ "Allmend"或"Allmende"是"der allgemeine Grund"(公共土地)在古代的口语化简称,意指一个村庄里的公共土地。——中译者

目的:对公共森林而言,前一个目的表现得更明显;对公共牧场而言,后一个目的则表现得更明显。但即使分配到各个家庭的耕地和草场,也只有在"封闭期"内才属于它们;当他们收获完之后,围上的篱笆就要被拆除了;作为草场的一部分,土地又重新变成了公共地。

在特殊地使用土地时,村庄的成员"在许多方面都受到超越他之上的整体法(Gesamtrecht)的限制。这样,当他经营他的草场、田地以及葡萄种植园时,耕作的强制制度(*Flurzwang*)就会把他同共同体的秩序结合在一起。在这方面,几乎不需要明确的规定存在,以此使他遵守传统的轮作制度以及按照传统的时间耕作、收获。因为对他而言,无论从事实上讲、还是从经济制度上讲,他的特殊经营都没有从共同体里解放出来的可能性,也就是说,如果没有不断充实着的、甚至不断创造出来的共同体之法,个体便无法经营他自己的特殊事业。各项细致的规则——尤其是耕地和草场的开放时间、关闭时间——通常由古老的习俗确定。但只要古老的习俗不足以规定它们,或者它本身就需要修改,那么这时,社团成员就要共同决议。因此,社团的事务包括:关闭并开放草场以及耕地,确定耕作夏熟作物、冬熟作物的土地以及休耕期,安排播种和收获的时间,处理葡萄采摘的事宜,后来甚至决定收获期的劳动报酬。此外,它还控制着迄今为止的土地利用方式,确保它服从耕作的强制制度的规定,让它无法随意改变,这样一来,农田共同体也就不会被破坏,……由于地块分散,大大小小的个体田产存在着;所有对个体田产的限制、所有加诸个体田产的压力皆都植根于整体法。……如果追溯整个邻里法(Nachbarrecht)的源流,那么我

第一章 共同体的理论

们就会发现:邻里法从属于整体法,它起初更多的是缠绕着整个边区的合作社纽带产生的结果,而不是以毗邻田产的特殊名义为前提、采用个别的方式变更(本身被想象为绝对的)财产状况"(根据奥托·基尔克:《德意志合作社法》第二卷:《德意志团体概念的历史》第216-218页)。①

一位研究印度农民的专家将他们的生活描述成同西方人的原始状态类似的情形,并且将他们的社团描绘成一个有机的、独立的、自发的生命。

> 社团实际上包含着一个几乎完整地囊括了各种职业与机构的骨架,它能够保证社团成员的集体生活,而无须外来的个人或团体帮助。除了那些在统一的标准内行使司法和立法权力的首领与参议会,它还包括了乡村警察……,社团包含了经营世袭手工业的不同家庭,例如锻工家庭、制作器具的家庭、制鞋的家庭。那里的婆罗门执行着各式各样的仪式,在节日庆典上甚至有女舞者表演节目,她们让观众感到欢愉。在村庄之中,通常都会有一位精于计算的师傅……从事任何一个世袭行业的人,实际上不仅是社团里的一位仆人,而且也是一

---

① 奥托·冯·基尔克(Otto von Gierke),《德意志共同社法》(*Das deutsche Genossenschaft*)(Berlin: Weidman,1868-1913),第二卷:《德意志社团概念的历史》(*Geschichte des deutschen Körperschaftsbegriffs*),第216-218页。在这里以及接下来的引用中,滕尼斯在一些小地方修改了基尔克的文本(包括将"合作社的"〔genossenschaftliche〕替换成"共同体的"〔gemeinschaftliche〕)。这样的修改并没有严重地歪曲基尔克原文的意思,但是却可能夸大了基尔克对中世纪乡村共同体整体的、无所不包的特征的描述。——Harris 英译本

位建设着社团的成员。有时他通过社团的允许获得了一定谷物,以此当作对自己劳动的报偿;更通常的情形是:社团分配给他的家庭一块耕作的土地,这块土地便成了他的家庭的世袭的占有物。除此之外,他生产商品的需要受到传统价格标准的限制,而且他很少会偏离这个标准。在耕作的区域内,社团将一块块确定的土地分配给各个行业。据此,我们可以推测,原始的条顿族群体采取相似的方式自给自足。(H.S.梅因爵士:《东方和西方的乡村共同体》第125-126页)。①

这样的状况同样可以在描述德意志边区之处被证实:

根据今天的观点来看,使用公共地是为了实现社团的目的,这样一来,领导成员、官员与服务人员就从公共地中获得报酬、补偿劳动的费用。有时,社团会从总田地里分出一些正式的官职采邑给他们,作为他们的特殊占有物。几乎在各处,社团皆为他们提供了森林和草地的特殊使用权,这些权利都承载了工资的性质。直到职责蜕化成领主权利,它们的性质就改变了,伴随着边区长官、林务长官、林务裁决者等身份的优先使用公共地的权利都属于以上描述的状况。同样,村庄的法官和农民法官也是据此利用职务或特权。尤其对建立在

---

① 亨利·梅因爵士,《东方和西方的乡村共同体》(*Village Communities in the East and West*),第三版(London:John Murray,1876),第125-126页。在这里,被滕尼斯截去的句子指涉的是这样一个事实:梅因是在大英帝国法的影响下论述印度的乡村组织的。——Harris英译本

全体让与基础上的陪审员、陪审法官、护林员、审判员、树木看护者、军曹、牧人与其他社团官员所享受的各式各样的权利来说，它们往往是这些职务表现出来的结果，并且是对这些公职人员所付出辛劳的补偿。神职人员、学校教师的优先使用权往往类似于上述情形。最后，经过社团或领主允许，在边区开设手工工场的工人也有使用公共地的权利，而且这一权利大多也具有上文描述的特征。因为手工工人被视作社团的雇员，作为雇员，他们不仅被赋予相关权利，而且有义务专门地或优先地为社团以及社团的成员做工，或者为社团付出一定标准量的劳动，无论这些劳动以"捐税"的方式、还是以转化成"固定价格"的方式被提供给社团；然而，社团允许手工工人使用公共财产；只有使用公共财产时，他们才有可能经营手工工场，而且使用公共财产这一权利同时被看作他们的劳动报酬，故而这一权利便呈现为一种工资的样式。在所有的这些情况里，我们似乎倾向于把使用公共地看成向社团提供特殊服务时的报酬，同时，将共同体的思维方式理解成用全体成员的公共财产满足所有人的各种直接的需求。因为首领、官员以及服务者——正如被雇用的手工工人——都完全受到全体的委托，无论从他们作为一个整体来看，还是就他们作为各个个体而言，他们皆对社团发挥了作用。（根据基尔克 前引书第239页）①

---

① 同样，滕尼斯在这一段里更改了基尔克原文的若干表述。——Harris英译本

换句话讲,为共同体付出效力的成员皆可以被比作共同体躯体里的各个器官。共同生活的组织(Verfassung)是经济性的,即共同体式的(共产主义的)①。

§ 18

【城镇作为共同体式的有机体—作为艺术的手工业—艺术与宗教—宗教的发展—宗教与艺术在城镇中的功能—城镇与商业】根据亚里士多德的描述以及建立在城镇的自然现象基础上的理念,城镇本身便是一个自足的家(Haushalt),一个共同式的、有生命的有机体。无论它如何在经验里产生,就其现实存在而言,我们必须将它视作一个全体,然后再进一步地考察它:城镇由各个合作社以及家庭组成,并且必然地依赖于它们。因而,城镇连同它的语言、风俗和信仰(正如连同它的土地、建筑以及财富一样)一道,皆是持存者;它历经了许多世代的更迭;部分由于城镇自身,部分由于城镇中的市民之家的遗传和教育,它不断在新的基础上产生着本质上(同过去)相同的性格和思维方式。如果说,无论凭借着自己的和市民的占有物,还是通过同周围地区的有规则的联系,城镇皆会确保粮食以及其他物质资料的供给,那么这样一来,它就把大量精力都贡献给更精细的脑力劳动与手工劳动,这些劳动为共同的感官和共同的精神赋予了一种令人愉悦的、谐和的形式,它们体

---

① 第一版(1887年)有所不同:"共同生活的组织是经济性的,也就是说,是共产主义的。"——中译者

现为艺术（Kunst）的普遍本质。因为按照艺术本质的倾向，以及正如艺术的本质受到社团的风格和社团中各个等级的风格的制约，城镇里的一切手工业都是真正的艺术；即使在一些手工业部门，这一倾向很少能实现。但是，手工业首先是一门技艺①，它的存在是为了满足全体市民的需要，比如说，建筑技艺就是为了建造城墙、塔楼与大门，以及为城镇建造市政厅和神庙；雕刻技艺和绘画技艺就是要去装饰这些建筑的室内和室外的景象，通过肖像，它培育了人们对神灵以及卓越人物的崇敬感，并使他们一直纪念神灵和卓越人物。这些技艺根本上都是将"威严"与"永恒"切近地带到人们的感官面前。艺术和宗教之间的密切关系（正如歌德所言，艺术建立在一种宗教感的基础上）建立在家庭生活的基础上。所有的原始宗教礼拜都是家庭性的，因此家内的宗教礼拜——"炉灶"和"祭坛"从一开始就是同一个东西——最有力地发展起来，并且宗教礼拜本身就是一种艺术。为了纪念逝者和受崇敬者的仪式，一定要在隆重的、严肃的气氛下，以一种审慎的、深思熟虑的方式举行，这样就保持了共同的外在气氛，进而唤起了人们相同的情绪。在这里，我们应该密切关注人与人之间的谈话关系、行动关系②以及工作关系当中包含着的令人愉悦的东西，这些东西在自身之中就具备了一个调节韵律与谐和状态的尺度，它适应于仪式

---

① 德文词 Kunst 既有"艺术"的意思，也有"技艺"的意思。滕尼斯在此显然将这两个层面的含义合二为一。不过，中译者会根据语境灵活地处理这个概念，当 Kunst 指的是为了满足特定生活需要的东西时，我们便将它翻译成"技艺"，当 Kunst 指更高层次的（例如审美、宗教）、创造性的活动时，我们便将它翻译成"艺术"。——中译者

② 这里的"行动"对应的德文词是"Handlung"，Lommis 英译本翻译成"performance"，也就是说，这里的行动具有一种"表演"或"艺术表现"的意味。——中译者

参与者的平静意识,仿佛参与者自身即产生了这种感受。相反,令人厌烦的、无节制的、同传统对立的东西则遭到了人们的憎恶和鄙夷。因为虽然古老的事物和习惯可能会阻碍人们在仪式中追求美好的东西;但恰恰仅对习惯以及敬畏的一虔诚的情感而言,一种固有的美和神圣性包含于其中。在城镇生活里,人们对传统事物的亲近感松弛下来了,而创造(Gestalten)的兴趣则占据着优势。在同样的情况下,同造型艺术相比,讲演术退到了次要地位,或者说讲演术同造型艺术结合起来、彼此同化了。

  宗教在其开端之处,主要致力于思考死亡。在乡村生活里,作为对自然力的崇敬,宗教同生命结成了更令人愉快的关联。于非凡的幻想中,人们欢呼永恒的新生。神灵(Dämonen)作为祖先,仅仅是平静的幽灵,是地下的存有者;作为诸神时,它们便复活了,并且升到了天上。城镇使诸神同自己接近,它描摹诸神的形态,每一天都注视着它们,就像过去的每一个家对待自己的家神那样,不过现在家神的形象已经逐渐变得模糊。同时,人们感觉诸神似乎从天上被请下来,并且具有了思想的意义,它们成为品性纯洁、才能卓越与善的典范;侍奉它们的神职人员成为德性的教师和传道士。这样,宗教的理念就完善了。城镇生活越丰富多样、越五彩缤纷,作为友好的情感和行动之基础的亲属关系与邻里关系、或者说作为人们彼此内在相知和相互报颜之基础的亲属关系与邻里关系越丧失了力量、越被限制在狭窄的圈子里,宗教的因素就越成为了必要的东西。因此,更强烈的刺激促使一种教士实践的艺术产生出来了;因为"善"与"高贵",以及在这个意义上的"神圣",必须由人们感官感知,这样一来,它们才能对思想和良知产生作用。

手工业和艺术也像是一种宗教信仰,甚至它们就像秘仪和信条那样、通过教导和示范流传下来;因而它们也最容易一直保持在家庭(Familie)里,也就是说,父亲将手艺传授给儿子们,与此同时,手艺被兄弟们共同分享。作为一个氏族,合作社可能与一位祖先以及发明技艺的人关联到一起,合作社管理着共同的遗产,它构成了市民整体的组成部分,并表现为城镇社团的一个"部门"(Amt)。由各行业组成的全体越来越构成了城镇的本质,在与全体的关联中,各行业获得了充分的自由和统治能力。城镇成为了它的共同体的和平与秩序的守护者,借助劳动组织向内或向外发挥着作用,人们充分地感受到了共同体的和平秩序。这些都是具有直接伦理意义的神圣秩序。行会其实就是一个宗教社团;同样,城镇本身也是一个宗教社团。假如我们不像看待宗教那样看待艺术,即不将艺术视作整个城镇最高的、最重要的事务,因而也即城镇的政府、城镇里的各个等级以及诸行会的最高且最重要的事务,那么我们也无法理解一个完善的城镇——无论我们将它表象成希腊世界还是日耳曼世界的组成部分——的全部经济的现实存在。作为城镇日常生活的内容、作为城镇的诗歌和服饰以及城镇的秩序和法律的标准以及规则,艺术和宗教发挥了有效的作用。柏拉图(在《法篇》里)说:城邦(Polis)就像一部真正的戏剧。① 维持城

---

① 这句话出自柏拉图《法篇》817b - 817c,滕尼斯对这句话做了改写,原句是雅典来客(An Athenian Stranger)所说的:"我们的政制(political regime)构成了对最美的、最好的生活方式的模仿,它至少被视作最真实的悲剧。"参见 Plato, *The Laws of Plato*, ed. Thomas L. Pangle, Chicago: The University of Chicago Press, 1988, pp. 208 - 209. ——中译者

镇自身的健康和活力本身就是一门艺术；正如一个人朝着理性与德性转向就是艺术。因此对于城镇来说，买卖商品，连同储存货物和市场经营的基本权利，不是经营者个人的事情，而是城镇自身的事情，或者说是一个部门的事情，它以城镇的名义活动。市政委员会要承担责任，它必须保证为城镇所需的东西不被运出去，同时，对城镇有害的东西不会流进来；各个行会要确保它们的师傅卖出去的东西是货真价实、质量良好的；教会和教士要尽力防止商业与交通产生摧毁性作用。

经济史家看到了城镇表现出的共同体特征，他们将纯粹商业的观点同政治的观点结合起来，细致地研究这一特征。在这个意义上，施莫勒的一些确切的表达（《立法年鉴》[①]等 VIII,1）证实了上述观点。他以郑重的方式强调"当时基本的经济和社群的机构都依赖于最重要的政治体"。因而，他写道："村庄是一个自为的、封闭的经济和商业系统"（对于日耳曼文化来说，这里提到的村庄同徭役庄园以及寺院同义）。"就像村庄社团及其组成机构，城镇毋宁凭借着自己固有的强大力量，发展成了一个更大的经济体，它统治着所有个体的生活。"……"每一个城镇，特别是大城镇，都希望让自己成为一个封闭的经济全体，但同时，它又努力尽可能广泛地向外扩大自己的经济与政治势力范围。"如此等等。

[①] 古斯塔夫·施莫勒（Gustav Schmoller），《关于1680-1786年弗里德里希大帝与普鲁士的经济政策研究》（"*Studien über die Wirtschaftliche Politik Friedrichs des Grossen und Preussens überhaupt von 1680 bis 1786*"），《立法年鉴》（*Jahrbuch für Gesetzgebung*），第8卷(1884)，第1-61页，第345-421页，第999-1091页。——Harris 英译本

第二章 社会的理论

§ 19

【定义—否定的基础—交换—共同的财产—共同的意志—价值的等同—客观判断】社会的理论构想出一个由人组成的圈子,就像共同体一样,人们以和平的方式一起生活和居住,但是在此,他们实质上并非结合在一起,而是彼此分离。在共同体里,尽管存在着种种分离的因素,但人们保持着结合,社会则与之相反,虽然其中存在着种种结合的因素,人们却保持着分离。因而在社会里,不会产生源于一个先天的、必然存在的统一体的行动。因此,只要行动通过个体产生,那么个体也就不会在自身之中表达统一体的意志和精神,同样,在这里也不会出现那种为了联合体的利益恰如为了自己的利益般的行动。在这个地方,每个人都只是为了自己,并且每个人都处于同所有人对立的紧张状态。他们在彼此间划分出了严格的行动领域和权力领域的界限,每个人都禁止他人触动和突破界限,触动和突破界限的行为被视作敌对行动。这种彼此否定的姿态是相互对立的权力主体间正常的,甚至常常是基础性的关系,并且它表明了社会处于平静的状态里。在此,没有人会为他人做些什么或者提供些什么,也没有人会愿意赠送及给予别人些什么,除非他是为了报偿和回礼,而且这些报偿与回礼至少被他视作同他所给出的东西等同的东西。甚至在他看来,这个东西必须比他假设保留下来的东西更令他满意,因为只有获得一个似乎更好的东西才能使他把现有的东西给出去。如果每个人皆有了这样的意志,那么毫无疑问的结论就是:虽然对主体 B 来说,物品 a 比物品 b 可能要更好一些;同样,对主体 A 来说,物品 b 比物品 a 要更好一些;但是没有主体 A 与主体 B 的偏好关系,就不会同时存在物品 a 好于物品 b 以及物品 b 好于物品 a 的情况了。于是,这样一个问题出现了:在何种意义上,我们不考虑这些关系便可谈论事物的品质(Güte)或事物的价值呢?

对此,我的回答是:在此呈现出的表象里,所有的物皆如它们的主体那样,被设定成分离的东西,也就是说,"某个人占有并享受一个东西"这一事实便排斥了其他人占有并享受同一个东西;现实中并不存在所谓"共同的东西"。只有通过主体的假定,共同的东西才可能产生;事实上,这一假定不可能是别的什么东西,只能是被虚构或被人为制作出来的一个共同的主体及其意志,共同认可的价值也必然与此相关。但是,如果没有充足的理由,这些假定是无法被创造出来的。而充足的理由已经存在于交付和接受一件物品的简单行动之中。因为通过这样的行动,一个为双方主体都意愿的共同区域就产生了,"交易"(Transaktion)持续多长时间,它就保持多长时间;这段持续的时间既可以被设定成逐渐消逝或者近乎为无,也可以在表象中被延伸成随意的长度。在这段时间里,从主体 A 的区域里分离出来的部分不再完全地处于 A 的意志和统治之下,然而与此同时,它也还没有开始完全地处于主体 B 的意志和统治之下:它依然隶属于 A 的局部统治并且已经隶属于 B 的局部统治。它依赖于双方①主体,只要与之关联的双方意志是相合的,即只要给予的意志和接受的意志一同持续下去,那么上述情况就是事实。它是共同的财产,是社群的价值。与它关联着的、结合着的共同意志可以被想象成一个统一的意志,统一的意志要求每一方主体都去实现它,直到双方完成了他们的行动。只要统一的意志被理解成一个主体,或者被赋予了一种主体性②,那么它就必须被想象成一个统一体,因为无论把某个东西想象成一位存在者或一件事物,还是把它想象成一个统一体,两者是一回事。

然而在这里,我们需要细致地区分:1)这种虚构物(ens fictivum)是否仅仅为着理论的缘故、因而只在科学的思维中存在,并且在何种程度上,它如此存在;2)它是否也被安放进主体们的思维中,为着实现他们的特定目的(这一点的前提在于:他们本来就有能力具备共同的意愿并做出共同的行动)而存在,并且怎样的时刻,它如此存在;因为如果"主体们"被表象成只在科学的意义上参与创造客观事物的人(这就是说:在既定的条件下,它是"所有人"都必然会思考的东西),那么就此而言,第二种情况就不同于第一种情况了。无论如何,我们必须认为:每一个给予的行动和接受的行动皆清楚地表明,它们暗含着一种社群的意志。但是,抛开了行

---

① 第一版(1887 年)在"双方"下加了着重号。——中译者
② 对应"主体"(Subjekt),Lommis 英译本翻译为"人格性"(personality),Harris 英译本翻译为"人格"(person)。——中译者

动的理由和目的,也就是说,假设一方做出行动却没有报偿,那么这一行动就是不可想象的。因为行动同样是有条件的,故而不会有其中一方的行动先于另一方的行动的情况,双方的行动必须在时间上恰好相合,或者说(即让我们换一种方式来表达同样的思想):"接受"等同于付出一个被给予者接受的报偿。因此,作为一个统一的、单一的行为,交换(*Tausch*)本身就是虚构出的社群意志的内容。就这个意志而言,相互交换的物品或价值是等同的。它们是否等同,这一点取决于意志的判断,只要双方的意志达成了一致,判断的结果就对双方皆适用。因此,"等同"只是相对于交换的持续时间而言的,只是关联着交换的时间点。在这样的限定下,如果判断的结果要变成客观的或普遍有效的结论,那么它就必须表现为"所有人"皆满意的判断。所有人因而必须具有这个唯一的意志;换句话说,交换的意志普遍化了。所有人都参与了这一单一的行为并认同了它,这个单一的行为便成为了绝对的、公共的行为。

　　与之相对,普遍性可能会否定这个单一的行为。普遍性宣称:a 不等于 b,a 要大于 b 或者小于 b;也就是说,人们并非按照物品的真实价值来交换它们。真实的价值就是所有人为一个物品共同赋予的价值,这样一来,这个物品也就被想象成了普遍的社会物品。假如估量一个物品时,没有人做出相对于另一物品更高或更低的价值判断,那么真实的价值就被确定下来了。它是理性的产物,是准确的、真实的东西,它并非源于所有人偶然达成的一致,而是所有人以必然的方式实现的协调;既然在此情形中,所有个体统一起来了,因而我们可以想象他们的意志集中到了一个不断做出

第二章 社会的理论　　133

比较和权衡行动的、学识丰富的审判者身上，由审判者做出客观的判断。对于这个评判，只要人们自身具有理性、懂得以客观思维方式想问题，只要他们需要同样的标准、使用同样的天平衡量事物，那么所有人就必须承认、必须遵守这个审判者的判断结果。

§ 20

【价值作为依附于社会的客观品质；只能用对社会而言必要的劳动量来表现价值—经验的意义】当人凭借着思维比较事物时，什么被表象成"标准"或"天平"呢？我们认识到了物体的"性质"（Eigenschaft），而它的量则应当通过确定的检验才能表现出来，我们称这个表现出来的量为"价值"（Wert）。但是，只要所谓的"善"不过是被一个实在的主体感受到的东西，那么在这个地方，我们就不可将"价值"理解成"善"（Güte）①：因为面对同一个对象时，不同的人对"善"的主观感受是不同的，这一点是他们理性地交换物品的前提。② 与此相反，我们要秉持客观的判断，从不同对象中发现它们价值的等同。"自然的估价"意味着：我们比较的是同一种类的各个对象，根据这一"类"的纯粹理念（Idee），我们看看它们

---

① 对应"善"（Güte），Lommis 英译本与 Harris 英译本都翻译为"值得"（worth），指的是物的使用价值。关于 Value 与 worth 的差别，具体可参见马克思的《资本论》第一卷第 1 章，注释 3。——中译者

② 参见卡尔·马克思，《资本论：政治经济学的批判》（Das Kapital. Kritik der politischen Ökonomie）（Hamburg：Otto Meissner，1867；第三版，1883），第一章，第一节。滕尼斯似乎同时用了《资本论》的第一版和第三版，尽管在他的引用里没有对此作出区分。——Harris 英译本

究竟符合还是违背理念,进而肯定它们或否定它们,或者说,评判它们在多大程度上合乎理念。在这个意义上,我们也可以构造一个由可使用的(可利用的)事物组成的普遍的类,这样一来,我们就能将其中的一些视为必要的事物,将其他视为多余的事物;将其中的一些当作十分有益的事物并突出它们,将其他当作格外有害的事物并抛弃它们。在此,我们必须把人类想象成一个全体,或者想象成一个人类共同体,这个共同体就像一位个体一般地生活着,并且因此产生了种种需求;就其自身意志而言,它是统一的,因而它既得享受利益,又得承受伤害(也就是说,我们同时要将它做出的判断表象成主观的东西)。

但是,如果人们认为两个交换物的价值相等,那么,此情形完全不意味着这两个交换物对整体而言皆是有用的、必要的。我们必须提出下述可能情况,即有人会购买绝对有害的物品。然而,这也许是令人难以置信的事实,是乌托邦式的想象。人们可能会有根据地断言:由欲望(Begierde)下的判断是错误的,因此才有一些人通过交换获取对自己有害的东西。然而很明显,如果说烈酒会损伤工人的身体,它对烈酒经营者却完全有利,因为经营者并非要去饮用烈酒,而是要把酒卖出去,借此获益。这样一来,如果一件物品要获得社会价值的话,一方面,它只需被一个人占有,这一假定排除了其他人同时占有这件物品的情况;另一方面,被排除出去的这些人当中的一部分人渴望占有它,除此之外,它的所有其余特征都是无关紧要的。所以,如果说一件物品具有一定的价值,这完全不意味着它将带来大量的效用。

价值是一种客观的品质,正如长度是相对于视觉和触觉的客

第二章 社会的理论

观品质,重量是相对于触觉和肌肉觉的客观品质,价值则是相对于知性(Verstand)的客观品质。知性处理着、把握着社会事实,它查看并检验事物,评判它们是否可以被快速地制造出来,还是需要花费很多时间;评判人们是否可以轻易地获得它们,还是为此付出沉重的辛劳;换句话说,知性将事物的现实性同它的可能性放到一起比较,得出能够获取它的概率。概率是价值的唯一标准,对于理性的交换者而言,它是主观的;对于交换社会(Tauschgesellschaft)[1]而言,它则是绝对的[2]。这个唯一的标准所指的无非是:当每个理性者面对眼前出售的东西时,他会思考(他必然会思考):就其自然而言,这个东西之所以能存在,或者说,它之所以能在此时此地存在,一定有人为此付出了代价,即无论为它付出了其他的东西,还是为它付出了劳动,抑或两者兼而有之。然而,对"人类社会"这一虚构物(ens fictivum)而言,它不能交换任何东西,除非它被理解成一个特殊的人格(在此,"人格"这一问题已经超出了我们的讨论范围[3])。因为只有人与人之间才能产生交换关系,所以不存在任何同社会并立(gegenüberstellen)、可以同社会发生交换关系的生命体。对社会来说,为对象付出的仅仅是辛勤与劳动。无论抢劫还是交换,都以事物的实存为前提。只有生产、照看、培植、创作以及塑造材料的劳动才是事物能在特定的时间内存在的原因,除了

---

[1] 对应德文复合词 Tauschgesellschaft,Harris 英译本译作"商业交换系统"(commercial exchange system)。——中译者

[2] Harris 英译本译作"客观的"。——中译者

[3] 这一章主要讨论"社会"的政治经济学层面的问题,"人格"(Person)问题,也即滕尼斯所说的社会的自然法范畴,留待本书第三卷第一章的细致讨论。——中译者

这些内在的劳动,还应该考虑那些使事物在空间内运动的外在劳动,它是事物在特定的地点里存在的原因。

因此对社会而言,所有的事物都是一样的。每一个事物,或者说每一定量的事物都只是一个对社会来说确定的必要劳动量。因此,如果一些劳动比另一些劳动更敏捷,一些劳动比另一些劳动更多产(更有效),也就是说,前者付出更少的辛劳(通过更灵敏的劳动或更好的器具)便生产出同样的东西,那么所有的这些差别都会溶解在社会之中,并且通过社会,被化约成相同单位的平均劳动时间的量。这就是说:商品的交换变得越普遍化、越社会化(即每个人越为着所有的人出售商品,所有的人越有能力生产同一种商品),但与此同时,由于每个人都有自己的见解和选择,故而他们就越局限于对自己而言最容易处理的商品内。在我们考察的这个地方,与其说一种(就其本性而言的)共同体式的劳动被分割或者自行裂解成若干部门,因此各种特殊的技艺形成了,师傅将它们传授给徒弟,它们被一代一代地继承下来;不如说每个主体都接受了共同劳动的一个环节,每一环节的劳动皆最可能对应社会为此确定的价格,也就是说最可能少地需要多余的劳动时间量。

所以,"社会"就被想象成仿佛由这些分离的个体真正构成的东西:他们似乎为着自己工作,而从整体上看,他们的劳动却是为着普遍的社会;与此同时,他们似乎为社会劳动,但却是为了自己才工作。通过不断地重新分工、重新选择,最终每个个体将从事实质上相同的、简单的或者说基本的工作,个体将成为一个原子(Atom),作为原子,他为社会的全体劳动贡献自己的力量,社会的全体劳动就是由这些原子的劳动组成的。通过交换,每个人把对自

第二章　社会的理论

己来说不需要的价值放弃掉,以此换取等同于放弃了的价值、然而为自己所需的价值。那么社会的现实结构与这些概念有怎样的关系呢？我们的考察将揭示这一问题的答案。

§ 21

【作为价值的商品和作为商品的价值　货币的概念—交换的应用—纸币　社会和科学】如果说,以商品交换商品的行为无非发生在一个持续着的状态里,那么每个商品制造者便完全受制于、依赖于其他商品制造者。通过为社会做出的确定贡献,每个人皆能从所有其他可享用的商品中获取自己应得的份额,并且设法得到对他付出的生产资料(这里设定的前提是：所有个体的需求不是相同的,而是不同的)的必要补偿。这就是个体对社会的依赖；然而,其中也包含了个体凌驾于社会之上的一份优势力和支配力。因此,当个体面对社会时,个体便交替地接受着社会的请求与命令：当个体出售作为价值的商品时,他就在满足社会的请求；当个体出售作为一种商品的价值时,他就在实现社会命令的内容。具体说来,假如存在着一种普遍的商品,它得到了所有人承认,社会意志给它打上了烙印,那么个体将无条件地追求它,它将意味着一种在任何其他商品之上的权力,它本身——也就是持有它的人——可能试图通过交换,获得其他商品；它代表了价值的抽象概念。如果这种普遍的商品呈现出轻便、可等分、易被察觉的形式,那么"它本身具有价值"这一事实也绝非毫无可能,上述形式乃至其他为人所知的特性都最大程度地浓缩在所谓的贵金属里,人们用它们衡量各种价值①,通过它们,人们将价值间的关系确定为统一的价格。在这个意义上,它们的存在是必要的,正如我们需要一个标准量来表现物体的重量及其特殊的重力。金和银从属于社会(只要它们是货币,它们就不属于任何个体,正如一句法国的谚语所言:金钱没有主人〔l'argent n'a pas de maître〕②),根据这些金属的量,社会确定了各种商品的市场价格。买者和卖者的个人愿望、他们的交易乃至讨价还价,只能使价格在狭窄的界限范围内上下浮动。

然而,相对于任何"金属钱币"(Münze),通过一种自身无价值的商品表达出的货币的概念要更纯粹,此商品就是一种标有符号的纸。不仅完全通过社会,它才有了自身的意义,而且只有通过社会,它才获得了自己的价值。社会决定了它只能在社会的交换中被使用,除此之外,别无其他用途。这样一来,就没有人单纯为了拥有这些纸币而想占有它们,任何人希望占有它们,都只是为了将它们交换出去。对那些除纸币之外的其他具体事物而言,只要它们对占有者发挥了有益的影响或令他们愉悦,由此表现了自身的理念,那么它们就是善的。然而,对"纸币"这一抽象的事物来说,只有当它能向不占有纸币者施加一个表象的刺激,使他们认为通过占有纸币,他们便可以发挥同占有货币的情况相等的外在效果,

---

① 第一版(1887 年)版"价值"下没有着重号。——中译者
② 按照 Harris 的注解,这句话是 18 世纪法国的一句格言,字面的含义是"金钱没有主人"。格言作者匿名,不过这句话更普遍的讲法是"l'argent n'a pas d'odeur(金钱没有气味)。"——中译者

纸币才是善的。除此之外，任何一个作为商品的事物都分有了货币的无品质、无价值的特征，在一定程度上，任何一个商品都是货币，它越类似于货币（它越易流通），它就越是一个好商品。

社会生产出它自身的概念、即作为纸币的概念，并且使之流通，为之设定流通的数率。只要价值的概念寓于社会的概念之中，且构成了社会意志的必要内容，那么这种说法就是有效的。因为社会无非是抽象的理性——其中的每一个理性者都通过自身的理性，分享了社会的理性——只要我们将这种抽象的理性想象成"去意愿"、"去发挥影响"。从一个特殊的角度看来，这种抽象的理性是科学理性，而从事科学理性的主体就是正在认识着客观关系、正在以概念的方式思考着的人。因此，就其一般的起源和其对应事物的性质而言，科学概念就是判断[①]，通过判断，感觉的复合体（Empfindungskomplexen）被赋予了名称，科学概念内在于科学之中，正如商品内在于社会之中。科学概念会聚成体系，如同商品集中于市场。最高的科学概念（比如说"原子"的概念或者"能"的概念）不再指称现实事物，就像货币的概念一样。

§ 22

【契约—纯粹意志的给付—同意—债务与要求—共同的财产和分割的财产】只要我们将交换视作社会式的行为，那么任何交换

[①] Harris 英译本将这句话译作：科学概念就是关于事物的起源和本性的判断。似与原文有出入。——中译者

中的统一意志就被称作契约(Kontrakt)。契约是两个分离着的意志相交于一点时的合量。它一直持续到交换的完成,它意愿着并要求着两方同时做出行动,并将他们的行动置于一起;其中的每一个行动都可以进一步地被分解成一系列的分行动。由于契约总是同可能的行动有关,所以当这些行动变成现实,或者变得不可能时,契约就成了无内容的东西,而且不再存在。当可能的行动变成现实时,我们就说契约被履行了;当行动变得不可能时,我们就说人违背了契约。契约内的一方意志:1)或者关联着它的当前的、现实的行动,比如说给付商品或货币;2)或者关联着它的未来的、可能的行动,即我们无论将此行动想象成当前行动整体的一个剩余部分,因而它就是对商品或货币之剩余部分的给付,还是将它完全想象成在一个遥远的时刻(日期)发生的行动,都是这一情况的表现。因此,我们可以说:纯粹意志(der bloße Wille)要么部分地、要么整体地被交托出来,或者被他人接受。

尽管纯粹意志能以许多方式明显地表现出来,但是只有当它变成一个词语(Wort)并且由词语表达出来时,它才变成真正可感知的东西了。这样一来,词语就替代了事物本身。对于接受者来说,只要词语和事物的结合是必然的,也就是说,只要他能确定无疑地得到事物,那么在这样的范围内,词语就具备了事物的价值。作为"抵押品"(Pfand)的词语毫无价值,因为它既不能像事物本身那样被人享用,也不能像事物本身那样被人出售。然而词语等同于从观念上给付事物本身;接受者能够通过他自己的意志(这种意志的现实力量构成了实在财产的自然基础)获得独一无二的、完全占有事物的权利,因而,接受者靠着普遍的社会意志,获得了对事物的权利①。因为社会没有能力审查每一个情况,于是它就预设人们给付事物时要受制于交换的规则,即预设人们在等价物之间交换。这无非想说:在我们正确理解了的社会里,不仅每一个个体的现实状态而且每一次交换甚至每一个承诺(Versprechen)都有效地合乎所有人的意志,也就是说,它们被视作合法的、因此有约束力的东西。但是,这样的承诺首先需要得到接受者的同意;因为只有通过他的意志,才能使一个属于他的东西(只有交换才是我们可想象的这一情形的原因)落到其他人的手中。我们可以将他的同意解释为他自己做出的一项承诺:他要将东西交到其他人手里,让其他人保留它直到一定的期限而不被夺走。

如果我们将每一个承诺皆普遍地看作同未来交换物品的行动相关的东西,那么还不如将它想象成当前的财产给付,不过人们要到一个适当的时间才能完成此行动,给付的财产是受契约意志制约的东西。相对于"债权人",债务人欠的"债"(Schuld)表现为一种负财产,它也即债务人在确定期限内必须还清的东西。与之相反,从社会的观念来看,正财产毋宁意味着一种绝对的(无拘无束的)自由,即它的所有者可以无限期地、不受任何人干预地支配自己的物品。同样,对于任何第三方来说,债务也是真实的财产,当债务的时限已过,他们就能占有财产(在社会的法律体系内,关于占有〔possessio〕的抽象性的保护规定就建立在此基础上);对于债

---

① 滕尼斯的这句话有些语意不清,Harris英译本的意译表达得更明确:接受者获得了对事物的绝对权利,这是他通过自己的意志获得的唯一的东西。在自然状态里,意志的力量将使他得到实在的财产,然而现在,只有通过社会的普遍意志,他才能获得它们。——中译者

权人来说,只要到了债务的期限,他就成为了所有者。因此,债务只关系着债权人,并且只受到"偿付"之必然性的限制与否定。债权人对于同一事物的财产权也是如此,到了债务的期限,相对于所有人,债权人的财产权就是绝对的,在此之前,由于债权人将事物转让给债务人,他的权利被否定了。这样一种对债务人的限制就称作对债务人的"要求"(Forderung)。到了债务的期限,债务人被强令要求交出支配事物的自由或权利。在债务归还的间隔时期,债务人交还的财产既是共同的也是分割的:其中,全部的财产属于债权人,但依然包含着债务人对财产暂时使用的例外情形。

§23

【信用—作为货币的替代品的信用—私人货币—根据信用出售货币—作为绝对商品的债券—社会的悖谬】因此,就一种如此特别的契约①而言,作为"提供信用(Kredit)"的接受者和作为"收取"信用的承诺者同样都是主动的人。"以(既定的)信用出售商品"这一形式发源于"以商品交换商品"的形式,并经历了"以货币出售商品"的形式的发展,因而它是合乎规则的情况。通过信用的形式,商品交易与借款(Darlehn)关联到了一起,这种情形进一步发展,我们最终看到的现象便是人们根据信用出售货币。但是在那里②,信用意味着延迟支付,并且常常是——为了让交换更便

---

① 即上文所说的"承诺"的契约。——中译者
② 即以信用出售货币的现象。——中译者

利——通过抵消(Gegenforderung)①被废除了的支付:在这里,承诺或暂时地、或完全地履行了货币的职责;它是货币的替代品,因此,由于债务人的支付能力或抵消的情形,它越是有效,那么它就越能像纯粹的货币那样被债权人当作购买手段和支付手段,故而它也就越完善。对于给予者与接受者而言,承诺具有货币价值,人们也是以货币的名义接受了它:因为被赋予了虚构的或想象的价值——它们仅仅建立在结合着的志愿的基础上——承诺足以符合货币的概念。

然而,所有的人都会接受绝对的纸币,他们用纸币购买任何(同纸币)价值相等的商品(因为他们都确信,他们由此再度获得了同所选择的商品相等的价值)。与之相对,"兑换"(Wechsel)或与之类似的市场货币是有效的,仅仅因为并且只有当接受者有把握:要么能够将它继续传到另一个人手中,要么能够把它归还到发放者(签发者)那里,以此获得一个特定商品的价值(比如说黄金的价值)时,情况才是如此。它是私人货币(Privatgeld),由于社会支持私人货币的持有者对债务人或债务人的"保证人"执行强制的行为,故而社会为私人货币提供了保证。流通的纸币②由一个人格(Person)发行,在一个有限的区域里,这个人格表现为社会本身

---

① 在罗马法里,"抵消"(compensatio)是债法中"债的消灭"的一种形式,即二人互负债务,其给付种类相同且都已到期,而各得以其债务与他方债务互相抵消,使其相互抵消部分的债因之消灭。参见周枏,《罗马法原论》,商务印书馆2014年版,第921页。

② "流通的纸币"对应的德文词是empirische Papiergeld,直译过来是"经验的纸币",它指的就是在现实里流通的纸币。Harris英译本译作paper currency。——中译者

（就像国家或国家的"银行"那样），流通的纸币处于私人货币和人们表象中的绝对的公共货币之间，没有人会对绝对公共的货币负有义务，因为所有的人都渴望得到它、努力追逐它。在现实里，就货币（无论它表现为怎样的形式）作为普遍的购买手段而言，情况就是如此。

在根据信用出售货币的地方，交易双方希望得到的仅仅是货币，除此之外，他们不再有其他的需要，就这一点而言，社会交往的真相最清楚地表现出来了。无论如何，人们为了收到借款，故而发行"债券"（Obligation），"债券"自身就变成了一种特殊的商品类型，它在人和人之间的传递，伴随着这个过程，它也会不断变换价格。但是它的持有者为了保有并充分地享用它，所愿望的无非是从其中获得周期性支付的货币总额，即"利息"（Zinsen），债券持有者对利息拥有合法的权利，即使对方可能没有承诺将在某个确定的期限归还"本金"。因此，收回本金根本就不是债权持有者的意图，他毋宁希望不实现他对本金的要求，这样一来，他便可以不断收到对方的支付金。所以"债券"无非是通过一张纸片表现出的理念（Idee）。正如绝对的货币一样，"债券"是绝对的商品，是商品的完美形式：它不像一个僵死的工具或者一个无用的、被确定为"永恒"的艺术品那样朽灭和老化，而是真正永葆青春的东西，它仿佛是能不断激发相同程度的快乐的活水。

一位古代的哲人留下了一句长久流传的、具有权威的箴言：金钱不生育①。这句话是正确的。金钱就是权力，但它绝不是自身

---

① 亚里士多德，《政治学》，卷（A）一，章九—章十一。——中译者

可直接再生产的权力。无论用货币换取什么,只要为了获得某个东西,人们就必须使货币同持有者的双手分离开。它不赋予任何人(永久占有货币的)权利。面对货币,任何人都是自由的、无拘无束的。与此相对,债券则完全、甚至根本上就是法权权力。因为掌握了债券就意味着掌握了另一个人未来将要履行的义务,而这在事实的世界里是不可能的,它只有法权意义上的可能性。用货币换取商品是一个纯粹事实性的、完整的事件,即使我们只能从社会出发,才能理解这个事件。然而,一方基于占有某个商品(债券便是如此)却不将它给付另一方的事实,便能让另一方向他支付货币,这是一种社会性的、超感官的状态。因为在这个地方,一种违背社会概念的持久纽带产生出来了,它并非联结事物的纽带,而是联结人的纽带。这样的关系已然在简单的交换契约短暂存在过,但是对基于债券的关系来说,人们则将它想象成不受任何时间限制的关系;在简单的交换契约里,它被视作交换双方之间的平衡,然而就基于债券的关系而言,人们则将它理解为单方面的依附。

§ 24

【用行动替代交换的实物—用行动替代承诺的实物—强制行动的权利—结合—作为特殊主体的结合—法权秩序的自然内容—涉及可能的改变—作为法律的自然法—协定与传统】在任何交换里,我们都可以用行动(*Tätigkeit*)替代一个可知觉的实物,也就是说,我们能够将行动本身视作可给付、可接受的效用(*Leistung*)。它必须像一个物品那样,使接受者感到有用、让他产生适意感。因此，我们将行动想象成一件商品，生产它和消费它的时间正好相合。如果说人们当下只是承诺实现某一效用，而非直接就做出行动（与此相应的情形是人们仅仅承诺给付一个事物、而非直接就交出来），那么它们①的最终效果其实是一致的。接受者有权利掌握上述效用；他可以按照给付效用的期限，合法地强迫许诺者执行给付行为，正如他能合法地迫使债务人以及任何一个第三方占有者交出到期的物品，甚至能够使用武力来索取它们。总之，只有通过强迫，人们才能让别人偿付他所亏欠的效用。对效用的承诺可能是双方面的行动，也可能是单方面的行动，所以由此产生的强迫权利也同样适于单双两方面。在这个意义上，若干人因而可以结合起来、对外做出某种一致的行动；同时，每个人都将他人现实给付的效用视作对自己的帮助，他们充分地享受着它。最终，这些人可能会达成一致，即他们将结合（Verbindung）想象成由相同个性的人组成的一个实存着的、独立的生命体（这个生命体正如他们自己那样，拥有个性），并且将一种独特的意志与行动能力赋予这个虚构的人格，这样，它就可以订立契约并履行契约了。就像契约的所有其他可能的内容那样，似乎只有当社会参与其中并确认这个人格的实存时，人们才能将它想象成客观的、现实的东西。唯有如此，它才是一个参与构建社会之法权秩序的主体，进而，它才能被称为一个集体（Sozietät）、一个联合体（Verein）、一种结合（Verbindung），或者其他类似的名称。

我们可以用一句惯用语来总结这一秩序的天然内容，即"契约

---

① 指"承诺"和"直接行动"。——中译者

必须被遵守"(拉丁文是：*pacta esse observanda*)①。这样，我们就预设了各个意志领域或意志范围彼此分离的状态，与此同时，它们对应的事实区域也被肯定下来，或者说得到了保证；如此一来，对任何意志领域的肯定性的、因而合法的改变之情形就可能发生：无论这一情形对系统②外部的范围有利或不利，还是对系统内部的范围有利或不利，它都只能通过所有人达成的契约才实现，也就是说，通过所有人的同意才实现。就其本质而言，所有的人的意志之会聚是片刻的、逐点式的情形，故而，"改变"(它意味着形成了一种新的状态)必然没有时间延续之意。此外，它也绝对不可能更改最高的规则，也就是说，每个人都有权在其领域之内做他想做的事情，而在他的领域之外则什么也不能做。因此，凡是在一个共同领域产生的地方(比如说在一个持续的债务关系里或在一个集体里)，作为上述权利之总和的自由本身必须被分割，或者被改造成一种新的、人为的、虚构的自由。

对普遍的社会意志的简单形式而言，只要它确定了自然法，我就将它称作协定(Konvention)。所有类型的实在的规定和法则——从它们的起源来看，其各自的特征完全大相径庭——都可能被理解成协定，因此我们常常将"协定""传统"(Herkommen)和"习俗"(Sitte)视作同义词。但是对一切发源于传统和习俗的东西

---

① 霍布斯将这句话表述为第三自然法。参见托马斯·霍布斯，《利维坦》第十五章。根据 Harris 英译本的说法，滕尼斯使用的文本是威廉·莫勒斯沃思爵士(Sir William Molesworth)编纂的《托马斯·霍布斯英文著作集》(London，1839－1845)，第三卷，第 130 页。——中译者

② 这里说的"系统"(System)指的是"意志领域"，参见本书第三卷§5 关于"意志领域"(这里指的是抉择意志的"意志领域")的界定：一个人所是，以及他所拥有的一切。——中译者

而言,只有当它们以普遍的效用为目的,并且个体完全为着自己的效用而希求并维持普遍的效用时,它们才是协定。协定不是基于祖先流传下来的神圣传统。所以,"传统""习俗"这些名词就不再适于表达"协定"的含义①。

§ 25

【市民社会—人人皆商—社会的现实存在—潜在的战争—普遍的竞争—协定性的社交—道德意义上的社会】通过协定和自然法,社会形成一个统一的聚合体,我们将它理解成一群自然的个体和人造的个体的聚集。个体的意志和活动领域②之间彼此关联、形成了多种多样的结合,不过个体同个体仍然互相独立,他们无法影响彼此的内心。在这里,我们发现了一些关于"市民社会"(bürgerlichen Gesellschaft)③或"交换社会"(Tauschgesellschaft)的普遍性描述,政治经济学即在竭力地认识它们的本质和运作方式:根据亚当·斯密的表述,这一状态就是所谓的"人人皆商"(je-

---

① 第一版(1887年)有所不同:"因此,我们不再适于将'协定'称为'传统'与'习俗'。"——中译者

② Harris 英译本译作"利益领域"(spheres of interests)。——中译者

③ 市民社会(bürgerliche Gesellschaft),在英文里常常被翻译为"civil society"("公民社会"或"市民社会"),黑格尔和马克思用这个概念指涉国家之外的市民经济组织与制度。根据 Harris 英译本的注释,滕尼斯的用法最接近霍布斯在《论公民》(De Cive,1642)以及亚当·弗格森(Adam Ferguson)在《市民社会史》(An Essay on the History of Civil Society,1876)中使用的这个概念,它不仅指经济领域,而且也指国家的组织与制度。滕尼斯非常赞赏弗格森的著作,他在 1880 年详细地为这本书做了注释,并在 1885 年重读了这部著作。参见 Ferdinand Tönnies und Friedrich Paulsen, Briefwechsel 1876-1908, Kiel: Ferdinand Hirt, S.91-92, S.210。——中译者

dermann ein Kaufmann ist)①。因而，在这个地方，商人、交易所、企业、公司并立，它们在世界市场或国内市场中彼此贸易往来。由此，社会的本质如同从一种浓缩物或一扇凹面镜那儿表现出来一般。

然而，社会状态的普遍性绝不像这位著名的苏格兰人②想象的那样，是创新（Neuerung）——劳动分工和产品交换——的直接结果或它的仅仅可能的结果。它毋宁是一个遥远的目标；我们将社会的发展视作同这个目标紧密关联的东西，只有在实现了这个目标的程度上，一个社会在某一特定时间的现实存在（Dasein），对于我们而言才是真实的。因此，目标是一个不断生成着的东西；在这里，我们应当将它想象成普遍意志的主体或普遍理性的主体。同时（正如我们知道的），它是一个虚构的和名义上的东西。它似乎飘浮在空中，好像从它的那些有意识的担当者的头脑中迸发出来一样；这些担当者跨越了所有的距离、界限，他们毫无顾虑地共同携手、渴望交换，一同建造了一个纯粹想象出来的完美存在物，它是唯一的国家③、仅有的城市；在此，所有靠运气而生的人和冒险者（商人冒险家）具有现实的、共同的利益。正如货币的虚构物体现为金属或纸，社会则由整个地球或某个有界限的区域来代表。

因为在"社会"这个概念里，人与人的所有原始的、自然的关系

---

① 亚当·斯密：《国富论》（*The Wealth of Nations*，1776）第一编第四章（"论货币的起源及其效用"）。——中译者
② 即亚当·斯密。——中译者
③ 这里的"国家"，用的是 land 这个词，强调的是土地、地域意义上的国家，而非主权、统治意义上的国家（Staat）。——中译者

必须被舍弃。社会关系之所以可能,是因为它预设了由赤裸裸的个人组成的多数,这些人有能力提供效用,并因而能做承诺。就其自身的理念而言,作为全体的社会是无限的,在它之上,由各种规则组成的协定的体系应当发挥着作用。同时,社会也在持续地打破着所有现实的、偶然的界限。在社会里,每个人都追求着自身的利益,而且只有当其他的人可能促进这一利益时,他才会肯定这些人,所以在达成协定或任何特定的契约之前,或者说,在不存在协定或任何特定的契约的地方,所有人对所有人的关系都被理解成潜在的敌对状态或者是隐藏的战争状态;与此相对,一切意志统一的情形都以协议和缔结和约的方式凸显出来。这是唯一地同所有交易的事实和商业的事实对应的观点,就此而言,人的一切的权利和义务都要被追溯到纯粹财产的规定和财产的价值,而且任何纯粹的私法或者(被理解成社会式的)自然法理论都必然地立足于这一观点,即使人们并没有意识到它,但是他们仍然会这样做。在其多种多样的、不断变更的关系中,买者和卖者始终保持着彼此的联系,即双方都渴望着、并努力尝试着花费自己最少的财富,以此尽可能多地获取别人的财富。真正的商人或买卖人在无数的赛道上相互赛跑,每个人都想跑到别人前面,如果可能的话,他甚至想第一个冲过终点:他要努力销售自己的商品,并且尽可能多地将它们卖出;所以他必须努力不停地将别人推到后面,或者向别人设下种种圈套,也就是说,一个人的损失就等于另一个人的获益,对任何一次单独的交换而言,这种情形都是真实的,除非商品的所有者以真正同等的价值彼此交换。

这就是普遍的竞争(*Konkurrenz*),尽管它也发生在许多其他的领域里,但是没有哪个领域像商业领域那样明显地表现出竞争状态,而且身处其中的人们自发地意识到了这一点,因此,人们通常便将"竞争"这一概念限制在商业的领域,同时,许多悲观主义者都将它描绘成"所有人对所有人开战"的画面,一位伟大的思想家①将此理解为人类的自然状态。然而,就像一切形式的战争那样,"竞争"就其自身而言便包含了结束的可能性。在某些确定的情形下,即使互为敌人,人们也能认识到彼此和解、互不侵害的益处(虽然这是最难实现的情况),他们甚至会为了共同的目标(比如说最有可能的情况是:他们一起反对一个共同的敌人)相互结合起来。故而通过联盟(Koalition),人们将限制竞争,甚至彻底消解它。

类似于一切以物品价值为依据的交换关系,所有协定性的社交(*Konventionelle Geselligkeit*)也可以如此来理解,它的最高规则是礼貌(Höfflichkeit),"礼貌"就是交换词语、相互效劳。这样看来,仿佛每个人都在为所有人的利益服务,每个人都把彼此看作与自己等同的人,但实际上每个人想的都是自己,而且每个人同所有其他的人对立,他只关心自己的重要性和自己将获得的利益。当某人向另一个人提供令后者适意的东西时,他至少会期待乃至于要求收到一个等值的东西;因此,他会权衡自己给予的服务、恭维以及礼物等等,看看它们是否能满足了自己希望的效果。由这一意图出发,人们一直都在缔结着不成形的契约,与此同时,许多人都在竞争中被少数幸运者以及强力者排斥。

因为一切社会关系都完全建立在对可能的效用与实现出的效

---

① 即托马斯·霍布斯。——中译者

用进行比较的基础上,所以很明显,为什么人们同可见的物质对象之间的关系在此具有优先性,而纯粹的行动和词语只能以非本然的方式构成社会关系的基础。与此相反,作为"血缘"之结合的共同体首先是一种身体的关系,继而这种关系不断地表现为行动和词语;同时,在共同体中,对物的共同关系是次要的问题,与其说物是用来被交换的,不如说它用来被人共同地占有、共同地享受。此外,在我们所能称作的"道德"(moralischen)的意义上,社会完全受制于它与国家(Staate)的相互关系。直到现在,"国家"还没有进入到我们的研究视域当中,因为在此之前,我们必须要理解经济(ökonomische)社会。

§ 26

【社会的进步——一个民族内的商人们的联合——超越一个民族内的商人们的联合——世界市场——商人群体的划分——资本——作为商人的出售自己劳动力者—区分】如果我们因此将社会的进步——它的实现意味着一个自身发展着的共同体生活与民族生活达到了最高阶段——根本上仍局限于经济的领域内考察,那么它就表现为普遍的家族经济向着普遍的商业经济的转变,与之密切相关的是由农业占主导的经济形态向着由工业占主导的经济形态的过渡。我们可以这样理解社会进步的过程:它仿佛是按照计划实现的,即一个民族不断达成它的绩效,而且作为资本家的商人与作为商人的资本家努力将自己推向顶峰,并仿佛为了共同的意图结合在一起。我们最好用"交易"(Verkehr)一词表示这个意图。因为

第二章 社会的理论

一名管家、一位农民或市民一般会将注意力集中在他们所从属之地的内部与中心，也即集中在他们所从属之共同体的内部与中心；而商人阶级的注意力则是向外的，他们关心的只是联结各个地区的交通线、公路和运输工具。因此，商人阶级似乎居住在任何一个地区的中心，他们倾向于渗透进这个地区，进而决定性地改变它。对他们来说，整个国家都只不过是市场，也即购买的市场和销售的市场；这一点不仅对国内贸易——它就像心脏的收缩（Systole）和舒张（Diastole）那样交替地发挥作用，吸收资金和贸易紧缩如同心脏的收缩，释放资金和贸易扩张就像心脏的舒张①——成立，而且也适用于国际贸易，通过"国际贸易"这个中介，一个国家能出售多余的商品并购入需要的商品。

虽然任何一个国家都可以发展成这样的商业区，但是这样的区域越广阔，它就越充分地成了社会的国家（Land der Gesellschaft）。因为商业区越大，人们就能越普遍、越自由地从事商业交易，纯粹交易的法则也越有可能发挥效用，而其他有关人与物的非商业的诸品质则被取消了。于是，商业区最终汇聚成一个唯一的总市场，即世界市场（Weltmarkte），所有其他的市场都依附于它。商业区愈大，真相愈清楚、愈纯粹地显露出来：即交易的创始者和领导者都为着他们自己的利益而行动；他们身处商业地区的

---

① 收缩（Systole）和舒张（Diastole）是心脏的紧缩和扩张，根据 Harris 英译本的注释，滕尼斯的这个观点来自霍布斯，霍布斯对威廉·哈维（William Harvey）的血液循环理论以及这一理论运用于政治体的情况有过论述，具体可参见 Ferdinand Tönnies, *Thomas Hobbes: Leben und Lehre*, Stuttgart: Friedrich Frommann Verlag, S.94.——中译者

中心,在他们看来,这个国家和其他所有同他们有贸易联系的国家没什么差别,它的土地、它内部的一切劳动都不过是他们投放资本、经营资本的真实的或可能的对象,也即能使他们的货币增长的真实的或可能的对象。除此之外,现实中的劳动和生产的领导者——他们既是土地以及其他物质要素的所有者,也是劳动力(和新购入的劳动力)的所有者——越希望凭借着交易、彻底地增进纯粹的利润和剩余价值,他们自己就越成了纯粹商人群体的一个部分,不论他们受到真正的商人掌控、抑或凌驾于后者,还是他们按照真正的商业法则行动,他们的许多利益都同真正的商人一致,不过也有一些彼此对立之处。两个阶级都是流动的、灵活的货币财富(Geldreichtum)的收集者。由于货币财富被持续地用于生产或商业的目的,它自身不断地增值,因而我们也将它称作资本财富(Kapitalreichtum)。

然而,资本的本质首先表现为商人的花费和他在商业赌博中的牺牲,也就是说,他需要在商品价格最便宜的市场里购入商品,然后努力在商品价格最昂贵的市场中卖出它们。任何一个出售自己劳动产品的卖者,只要他像一个商人那样行动,并且计算着他所赢得的价格与所付出的费用之间的比例关系,那么我们就可以将他想象成一位商人。但是,他把价格与费用之间的差额(*Differenz*)视为对自己行动的补偿,这样一来,在现实中,一种新的价值便产生出来了。只要这样的补偿能被确定为现实的、有效的东西,那么他从同一个市场里的所得便不会多于他的所失。如果商品交换只在如此的卖者之间发生(正如高度发展的共同体本质的概念预设的那样),那么这样的交换就能表现为社会交往。如此说来,每

第二章 社会的理论

个人为了获得尽可能高的价格,他就想努力进入一个无限的领域;然而,最终的结果必然是另一方使用相等的、与之相对的力,从而消解了这种努力。尽管我们可能看到了另外一些经验,它们表明:一个卖者获得的额外好处是通过榨取另一个人的利益实现的(每个人越像商人那样理智地行事,我们就越不会看到一个人从另一个人榨取利益的情况;在这个意义上,我们可以如此断言:市民社会预设每个人都掌握了百科全书般的商品知识:见卡尔·马克思,《资本论》第一卷,第1章,注释①)。

§ 27

【艺术与商业——在共同体生活之外的商人的地位——债权人的地位——动机——信贷业——对商人等级的有机论解释】人的所有创造、培育和劳作的行动类似于艺术,而且它们仿佛是有机的行动,人通过将意志注入外在的质料之内,赋予该质料特定的形式。就像在自然的、原始的关系里那样,如果人类的行动服务于维持一个共同体、不断地满足它的需要,并为其中的成员带来欢乐,那么我们便可以将这些行动理解成共同体的机能(Funktion),换句话说,通过个体(或群体)的行动,共同体似乎维持着自身。作为制造利润的技巧,商业是所有上述艺术形式的对立面。利润(Profit)不是价值[②],它只不过是财富关系的变化,即一个人的所增就是另一个人

[①] 参见卡尔·马克思,《资本论》第一卷,人民出版社2004年版,第48页。
[②] 根据Harris英译本的解释,滕尼斯在这里使用的"价值"概念,应当指的是事物的内在(intrinsic)价值或"使用价值"(worth)的程度,参见本卷§20节。——中译者

的所减(正如蒙田讲的:一人得益,他人受损〔le proufict de l'un c'est le dommage d'aultruy.〕①)。据为己有(Aneigung)是一种纯粹的占领行动,进而言之,只要他人遭到损害,它就是一种强盗行径。据为己有不是劳动,它不是将此前并不存在的东西(除了大自然里的作为材料的事物)或不够完善的东西变成财富(或可使用的对象)的行动。就其本性而言,以商业方式作用于眼前对象的"行动"(尽管行动主体可能会带入一些劳动)无非是需求、据为己有、供应、出售。总之,它是完全不触动事物本性的行动。

与此相对,除了上述行动,商人还将一种显见却抽象的利润定作其行动的现实的、理性的目的。在这个意义上,他在标准的社群生活的发展过程中充当了第一个思考者和自由人。他要尽可能地从所有必然的关系(即拉丁词 necessitudines 表述的意思)、义务以及偏见中摆脱出来,成为独立的人(亚当·斯密曾经十分确切地指出:一位商人并不必须是某个特定国家的公民。② 参见亚当·斯密,《国富论》第 III 卷,第 4 章;人们应当将这一段文字同本书此前引述的斯密的另一段文字③相比较,也就是说,交换使每个人都成了商人)。商人从共同体生活的纽带中摆脱出来,成为自由的人;他越自由,他将获得的益处就越多。

---

① 这句话即蒙田的《随笔集》(Essaies)第一卷第 22 章的标题。参见蒙田,《蒙田随笔全集》(上卷),潘丽珍 王论跃 丁步洲译,译林出版社 1996 年版,第 120 页。——中译者

② 滕尼斯直接引述了斯密的原文:A merchant is not necessarily the citizen of any paritcular country. 本句话出自《国富论》第三卷第 4 章,这一章的标题是"城市商业对乡村改良的贡献"。——中译者

③ 即本卷 §25 里引用的斯密的"人人皆商"的说法。——中译者

第二章 社会的理论

在商人之前出现、伴随着商人发展起来、并且类似于商人性格者，首要地便是债权人。不过，债权人与商人之间的区别还是很明显的：债权人同对立于他的债务人交易，前者给予后者一些东西，其目的是收回更多的东西。他本人获得的无非是债权（Forderung），也即通过债务人的承诺而被授予的权利；因此，他就得到了一种可能实施的、针对债务人的强制权利，或者（至少）保持并拿取了债务人的抵押物（无论是实在的还是纯粹观念的事物）的权利，抵押物是债务人为了增强承诺的信度而交付于债权人的东西。作为"一段时间内的有效契约"这一纯粹事实，上述情形已经被我们所论述过了。契约能够产生一种责任（Obligation）。在现实里，债务人承诺的东西多于债权人给予的东西，这一状况并不是责任概念的本质环节，然而它却是隐蔽在责任概念之下的交换事实。只要其中存在着一个主体，他的利益取决于交换的结果，而且此结果正是他关切的目的，那么情形便是如此。为了在将来获得一笔更大的财富，他就要通过计算确定现在需花费的财富。正是在这里，债权人和商人恰好相似。只要我们将借款规定成一种帮助的行为，将利息仅仅视作补偿物（收益的损失〔lucrum cessans〕或遭受损害〔damnum emergens〕时的补偿），那么利润就不被我们想象成确定的动机。与此相反，从其本性而言（ex professo），商人就是一个目标取向的（zweckmäßig）行动者，利润是其行动的必然的、唯一的动机。商人对此无须采取任何强迫的手段，也无须使用任何严厉的办法。不过在某些情形里，债权人会被责骂为放高利贷者，他将因此声名狼藉。商人订立的都是和平的协定，作为买者，他将和某个人打交道；作为卖者，他将同其他人，甚至距离遥远的人交易。在此,即使责任的情况可能存在着,但它却不是必需的东西,因此商人自己将成为一位债权人或债务人,又或者同时成为两者。一旦债权人以盈利为目的、有计划地从事交易活动,那么他就发展成了商人的变种。故而以兑换(Wechsel)形式表现出来的债权本身就变成了一种可转让的商品,人们购买债权是为了卖出它们,通过最终出售它们,人们也就实现了消费它们的愿望。因此信贷业(Kreditwesen)便成了真正商业的辅助业务。如果说商人是交换的中介,那么银行家就是中介的中介。但事实上,这两种类型具有共同的本质特征(不论他们相互之间提供怎样的服务,或者他们为其他人提供怎样的服务),即他们不是受委托行事的人,而是依靠自己的双手、独立经营业务和承担风险的行动者,他们拥有自由的、独立的力量,他们的一切行动都是为了实现自己思想所设定的目标,它们都是通过思虑形成的手段。

50　　尽管如此,只要这些行动可能直接或间接地帮助两个(或更多)不同点的现实(交换的)需要,那么事实上,我们就能将它们理解成一个包含着这两点的有机体的辅助功能(假设我们完全有理由想象这样一个有机体已经存在)。因此即使不是单独的商人,而是整个行业、商人等级(Stande)被想象为一个这样的器官,它由共同体的生活和意志构成。只要是不存在共同体的地方,中介的器官也不会存在。如果仅从一个角度来说,它可能表现为一个有益于销售(Absetze)的器官;如果从另一个角度来说,它可能作为供给(Zufuhr)的器官,被人们使用并同化。但是,这两个角度只有以下述情形为前提,才会发生:即在现实中,通过销售货物,人们将较少的利用价值转变成更多的利用价值,从而为整体带来好处;与此同时,器官获得的补给和报酬(尽管它以合乎规律的利润形式来获取这些补给和报酬)同它为整体付出的价值对应,这些价值通过人们适当的估量得出来;(所以我们不排除存在着一种较高的利润,只要它可能通过外人的花费得到)。

§ 28

【矛盾—牟取利润的意图—无限—共同体观点的不恰当—作为社会的主人的商人或资本家—奴役—奴隶是社会的主体?】然而事实上,总有一个矛盾存在并发挥着作用,它要将所有的这些关系都颠倒过来:普遍说来,每一位卖者都想把自己的劳动产品当作实在的商品卖出去,最终是为了换取与之等价的其他实在的商品;但是对于商人以及放高利贷者而言,他们固有的本性就在于将那些并非由他们生产出来的商品掌握在手中,也就是说,他们掌握的是货币。就货币的概念而言,它是纯粹观念性的商品;即使按照规则,它可能由一块铸有印记的金属这一实在的商品代表。因为货币自在地是所有商品的纯粹抽象的品质,借此,人们可以用它购买其他商品。就像杠杆或砝码的力量一样,货币不能被创造,只能被累积起来。积累货币就是商人行动的唯一宗旨。商人用货币购买货币,即使这个过程的实现要以商品为中介;然而,放高利贷者甚至完全撇开了商品这一中介。如果他们通过交换,最终仅仅获得的是相等的货币量,那么从社会的知性角度上讲,他们的行动和事业便毫无意义:一方面,等量交换是非商业性的贷款的本质,它完全源于帮助他人、同他人友好的愿望;另一方面,等量交换意味着,卖者以当初购入的价格卖出商品,为了避免负利润,即为了防止损失,等量交换有时可能变成人们的必要手段。然而,作为行业里的强者,商人和放高利贷者通常都希望通过更少的给予获取更多数量的回报,即渴望牟取利润。他们的成功取决于他们在多大程度上利用了地点差和时间差,因此,他们可以将自己的货币量和财富量增加到无穷大,尤其当他们精明地、精打细算地利用各种有利环境时,结果便是如此。与此相反,生产者①将自己的劳动产物带到市场出售,以此将它们转化成一种更能持久保持、更令人感到适宜的形式,也即更容易保存或更易享受的恰当形式②,尽管在货币流通的地方,由于货币体现了人对未来事物选择与分配的自由,故而货币形式被优先使用。

实际上,上述应用货币的方式③,总归是一种可能的对货币的使用方式,由此,货币自身持续地增加着。一旦人将货币的增加视作,并规定为绝对的目标,那么他的选择就只会在高利贷行业与商业之间摇摆,因为这两个行业是实现这个绝对目标的最简单、最容易的方法。但是,即使人不缺乏这样的愿望和企图,然而他的行动时机以及最终成功与否,或者说,他参与这些活动的时机以及最终是否成功,皆关联着许多特殊的条件。

与此相反,当货币只意味着劳动收益时,正如劳动收益的增长

---

① 根据 Harris 英译本的解释,生产者(Produzenten),在这里既指农业生产者,又指工业制造者。——中译者
② 即货币。——中译者
③ "上述应用货币的方式"指商人和放高利贷者利用地点差和时间差,让货币量和财富量增长。——中译者

受制于劳动者自身的劳动力和技艺,货币的增加同样要受制于劳动者的劳动材料和用具。如此的收益虽然体现为纯粹的货币,但它也被恰当地看作自然的报酬和奖赏,"民族"〔Volk〕(或任何可以表述这种共同体的概念)为了保持、促进现在甚至将来的生活,因而向他们的劳动者提供了这些报酬和奖赏:在现实里,它们由食物、住宅、衣服以及所有对劳动者有益并使他们感到愉快的可能的物品组成。然而,如果整个民族给某一个服务者(尽管他可能是十分罕见的、有价值的人)一大笔钱,其目的是让这个人从自己手里买下一些商品,继而自己再用更大的一笔钱从这个人那里把这些商品买回来,那么该民族无疑发疯了。因此,对我们所理解的、作为"社会"的现实而言,我在这里阐释的看法是不恰当的①。

商人或资本家(即货币的持有者,货币通过双重的交换②才可增加)天然地是社会的主人(Herren)与统治者。社会为了他们才存在,社会是他们的用具。社会里的所有不是资本家的人要么本身就是僵死的用具——这就是彻底的奴役(Sklaverei)概念——要么是法权意义上的无足轻重者,也就是说,他们被想象成一些没有能力按照自己的"志愿"(Willkür)行事的人,因此,他们也就无法在社会的系统内缔结有效的契约。这样一来,作为同奴役概念对立的统治(Herrschaft)概念就以最纯粹的方式凸显出来。然而

---

① 这句话的意思是:当我们以社会的逻辑为前提,同时却将"民族"看作一个先于个体的自然整体时,我们就会遭遇一个矛盾,即"民族"会做出让自己受到损害的非理性的事。因此,以社会为前提意味着:除了每个独立的个体,我们无法想象一个先在的自然整体。——中译者

② "双重的交换"(doppelten Tausch)指在变化了的地点和时间的交换(第二次交换),货币才能增加。——中译者

同时，(普遍的人类)社会的概念就被否定了，因为主人和奴隶之间不存在任何社会的关系，他们之间甚至根本就不会存在任何关系。

或者与之相反，奴隶具有人格，他们是按照自己的志愿行事的自由主体，他们是能相互交换、彼此缔结契约的自由主体，因此他们也是社会本身的自由主体、是担当社会的诸协定的自由主体。上述情形仅仅展示了社会的自然的、正常的系统。就自然法的社会概念而言，所有的人都是理性的且具有行动能力的人，他们先天地就是平等的人。每个人都具备确定的力量，他们是自由的人，各自掌握着自己的志愿领域。每个人都能杀死其他人，只要他觉得这样做于己有利。每个人都能将无主的财物据为己有，并且享受这些财物；他们抵御外界的攻击，保护着自己。① 只要拥有材料和工具，每个人都可以通过自己的劳动制造出为己所有的新东西。因此每个人都可以将自己的行动变成实物，并且出售它。他也可以将它变成承诺的对象、因而也即契约的对象。这种对每个人具备的普遍的、必然的能力的承认即使不属于每一个人，至少也属于每个成年人，它使合法的奴役变成一件荒谬的事，并将奴役取消了。

---

① 滕尼斯在这里论述的"自然法的社会概念"的理论出发点是霍布斯的"自然状态"学说。然而，滕尼斯本人实际上改造了霍布斯的理论：一方面，滕尼斯强调了"自然状态"背后的规范性前提，即个体间的平等；另一方面，滕尼斯将霍布斯的"自然状态"历史化地解读为市民社会的状态。关于滕尼斯对霍布斯的"自然法"与"自然状态"之间关系的理解，具体可参见：Ferdinand Tönnies, *Thomas Hobbes: Leben und Lehre*, Stuttgart: Friedrich Frommann Verlag, 1971, SS. 200 – 201; Ferdinand Tönnies, "*Hobbes und das Zoon Politikon*", Gesammtausgabe Band 15, Berlin: Walter de Gruyter, 2000, SS.543 – 570。——中译者

§29

【劳动力—变卖劳动力,换取货币—劳动力的购入与再出售】在社会里,自由的商人或资本家同自由的劳动者(我们通常将劳动者称作群众〔Masse〕)产生了关联,前者凌驾于后者之上,并天然地统治后者——尽管后者拥有自由,但前者的天然统治还是演变成了现实——因为劳动者被剥夺了财产,变得一无所有,他们无法占有劳动手段以及用来享受的物资。由于劳动者为环境所迫,他们自身分化并普遍化成纯粹掌握着简单劳动力("双手")的人,也就是说,由于没有其他生活方式的可能性,他们被强迫着(因此他们自己也准备着)变卖劳动力,以此换取货币[1]。为了得到货币而出卖劳动力的行为使劳动者成了一种名义上的商人的变种:就像一切出售商品的人那样,他们出售自己的特殊商品,以此换入的并非是其他的特殊商品,而是一般商品(Generalware)[2],这种一般商品为人提供了自由和权力,他们可以任意地分配、购入或保存(积蓄)它,因此通过高利贷或商业,它甚至具备了无限增长的逻辑可能性:"暂时地拥有货币财产"这一事实使劳动者成为了潜在的资本家。不过,在多大程度上劳动者能现实地变成资本家? 这个问题不在我们的关注范围之内。无论如何,它都是个次要的品质,并不涉及"劳动者"概念本身。与此相反,对劳动者来说,成为暂时

---

[1] 第一版(1887年)在此句之后附有一句拉丁文:Quanquam coacti tamen volunt,意思是:尽管他们愿意被强迫。

[2] "一般商品"指的就是货币。——中译者

的货币财产所有者的可能性才是实质问题。通过将货币转换成用于享受的物品的必要性(只要这一必要性足以发挥现实效果),交易的真正意义便被限制于将劳动力本身转化为用于享受的物品(当然,我们必须预设用于享受的物品是稀缺的)。因此,这种交易绝对不是真正的商业,而是纯粹的交换,即使它要通过两个阶段①才能完成。

与之对立的是真正为着获取利润、从而经营商业的主体。对这些主体来说,他们购入的劳动力是一种商品,将它再出售就是他们当初购入它的唯一目的。人们可以通过简单的转让,直接地将劳动力再次出售:这种交易同任何其他类型的交易类似,无论具体商品的类型是多么地特殊,情况皆如此。因为作为劳动力的商品与所有其他商品的区别在于:唯一可能的消费它的方式建立在劳动者使用劳动资料(材料和工具)的基础上,劳动力同这些劳动资料紧密结合在一起,由此,劳动资料被转化成令人感到舒适的东西或有益的东西,被转化成用于享受的物品以及生产资料。总之,它被转化为可使用的对象。

以作为劳动力的商品为对象的特殊交易形式因此受制于劳动力的消耗,而且它要求劳动力被再出售时,作为劳动力的商品应当以用于享受的物品的形态出现。对用于享受的物品来说,除了它自身的品质,它的内部还包含着一部分劳动资料或劳动力。出售制成的、用于享受的物品和出售劳动力一样:尽管出售两者所获得

---

① "两个阶段"分别指的是:用劳动力换取货币阶段和用货币换取用于享用的物品的阶段。——中译者

的货币之意义有所不同,然而无论如何,购入的货币首先无非意味着(如果它自身就是用于享受的物品,那么我们便将它排除在外①)变成其他用于享受的物品的可能性;不同于购买劳动力的情形,我们绝不会将出售劳动力视作达成未来有利可图之目的的行动,即不会将它理解成为着将来再次出售劳动力(以换取货币)的行动。我们完全不在这里探讨商业利润的起因。利润的前提是对商品的保存,我们可能会切割、填充商品,或者改变它们的本质或外表,但是我们不允许消耗商品,不允许用尽它们。然而,作为劳动力的商品则必须被消耗掉;它必须——我们这样说——消亡,这样一来,它将以它所生产的物品的形态重获生命。

§30

【同商业相比的高利贷和地主所有制—对劳动力的剥削—商人与手工业者—预支材料等】放高利贷者的首要行动就是将货币交给别人,供别人任意使用。高利贷与商业具有明显的区别。就高利贷而言,尽管被动的缔约者②拥有一切形式上的自由,但作为债务责任的承担者,他仍然不得不被置于对自然物质的依赖关系

---

① 这句插入语的意思是:我们只将货币理解成用来交换用于享受的物品的东西。——中译者
② "被动的缔约者"对应的德文是 der passiv Kontrahent。形容词 passiv 有被动、消极、忍受等含义,这里指的应是借了高利贷的一方,即他要"忍受"高利贷的债务。——中译者

当中,只要他被强迫用"他山之石"("fremdem Erze")①购入他需要消耗的物品或劳动工具,那么他占有的财产就被负财产抵消掉了,负财产即他亏欠借款人的资本和利润。

与此相对,从高利贷之影响的角度来说,它很容易同出借(出租,租赁)土地、房屋、住宅连同它们的附属物的行动达成一致,只要我们将高利贷视作纯粹的生意,并完全以经营生意的方式从事高利贷的活动。同样在这里,由于佃农(或承租人)有责任(在契约期满之后)向出租人缴纳财物、支付租金,因而他被看作这些负财产的所有者。然而在这个地方,首要的东西(资本)保存下来了,而且它无论如何都不会被别的东西替代。因此,从这个意义上讲,地主制〔Gutsherrentum〕(即英文 Landlordism 表示的地主所有制)不具备同高利贷以及商业的亲和之处。一般高利贷和商业的亲和之处在于:两者都要交出(preisgeben)它们的资金,尽管高利贷由此得到的是一份承诺或者毋宁说一份债权(债券、兑换券,还有可能是一种抵押权〔Pfandrecht〕,也即提供贷款者在资本损失时占有替代物的可能权利),而商业由此得到的是一件商品。

货币会在流通中消失。土地则不会消失,它仍然留在农民的脚下和手中。②从这个方面说来,地主所有制实质上并非一种商业类型。首先,土地必须通过人的表象能力,被溶解成货币或货币

---

① 根据 Harris 英译本的解释,这组德文词的拉丁原词是 Aes alienum,直译为"他人的青铜"。西塞罗曾在他的演说词里用过这个词组,它被引申为指代"债务"(debt)的一般拉丁短语。——中译者

② 根据 Harris 英译本的解释,这种观点是重农主义(或亚里士多德主义)的反映,重农主义(或亚里士多德主义)认为土地是真正财富的来源。——中译者

价值,在这个过程中,土地被人们视作纯粹的手段,而获取地租(Rente)则是他们的绝对目的,这就如同资本是租借者和商人的纯粹手段,而得到利息或利润才是他们的绝对目的。然而在这里,人们是根据货币的本性对待它的,因为作为货币,它即是手段;尽管一开始,人们仅仅用它来获得自己需要的对象,它应当变成这个对象,而不是要自我增值,也就是说,它并非适用于土地的情形。因为土地本质上就是一个实实在在的东西:毋宁说,它制约着、承载着人们,并且束缚着人们,而非处于任何领主的手中或其腰包里,仿佛供他们自由地支配一般。因此,如果个体与社会开始把土地用作一种特别的财产与货币资本的类型,那便意味着他们的思想前进了一大步。

可是,如果说在债权人和债务人之间,由于前者向后者施加了直接的、人为的压力,商人统治里的令人痛苦的效果[①]就被超越了,那么地主及其代理人也许不会以更少敌对的方式对待佃农,他们毫不留情地向佃农收取租金,极其冷酷地将他们从家里以及灶火旁驱逐出去,一些众所周知的历史事实以及当前发生的现象都可以证明这一点。无论作为买者还是卖者,商人都可能会欺骗他的顾客;作为以牟取利益为职业者,商人有强烈的企图、充足的时机,以及常常是习得的甚至继承下来的才干、趣味与毫无良知之心,做出欺骗的行为。但是这些欺骗行为都是一次性的行为,面对它们反复出现的情形时,警醒的人会保护自己,毋宁说,(尤其在商人间的相互交往中)不断计算着的精明品质本身也时刻在禁止这

---

① 第一版(1887年)使用的是最高级,即"最令人痛苦的作用"。——中译者

些欺骗的行为。

　　根据事情本身而言,在商人之中不会产生依附关系、法律的要求权和强制权,以至于使商人主宰他人的行动。与此相反,通过这些权力,债权人和地主有可能使债务人直接为他们劳动,并且剥削债务人的劳动力。如果商人向一位手工业者预支了货币,使他能购买材料或工具,或者同时购买这两者,那么商人最终就和债权人或地主一样了;只要预支的行为构成了劳动的根基,我们便可以在商人和地主之间做类比。然而,他们也非常不同,商人不是要从劳动者的货币收益中收取租金,因而他不会放任劳动者自由行动。相反,他力图获得作为实物(in natura)的劳动产品,就此而言,商人通过购买的方式实现了这一点,但更确切地说,我们应当将购买称作纯粹的据为己有,因为价格仅仅是由商人自己确定的(由于作为债务人,手工业者依附于他);这不是一个新的交换契约,而是早先契约的结果。因此,早先的这个契约实际上是要出售未来生产的商品,即出售劳动力,这样一来,商人必然以劳动力的占有者的姿态出现,他也就表现为形式上的创造事物本身的人。如此情形同样适用于地主(除非他是资本主义制度里的企业家,他才不会按照这样的方式行事):由于契约的规定,他的佃农被强迫在农庄的田地上劳动,这一制度也使他成为了可出售的产品的主人。然而,只要佃农经营自己的经济,那么在恶劣的情况下,地主就可能变成一个暴君,他不是从佃农身上勒索商品,而是敲诈货币。这样看来,商人的角色与地主的角色仿佛混淆到了一起。就其起源来说,货币地租总归是实物地租,而且它并非源于契约关系。地主(除非他同时也是一位资本家,他才不像下面说的事实那样行动)也关心货币总量,因为对于地主来说,它意味着大量欲求的对象以及可享用的东西。对商人而言,他创造出来的东西预示着大量的货币,而货币的首要意涵则是它自身增长的可能性和手段。

§ 31

【从手工工场内部发展而来的商业原则—外部因素如何对内产生影响—大企业—技术—机器—工业的三个阶段—乡村经济中的类似情况—作为工业部门】如果说,在商人逐渐变成工业主的这一表象里,我们认识到了商业渗透进劳动过程的第一种方法,那么除此之外,还存在着另一种形式,即商业原则从独立的手工业者经营的手工工场(Werkstätte)那里发展而来。普遍地讲,如果这种形式指的是手工业者遵照顾客的订购需求、根据顾客的现实需要生产物品,与此同时,顾客们环绕着手工工场居住,无须任何中介人,便可同手工工场产生直接的关联,那么手工工场就可开始为着贮存货物的目的努力工作,并寻求打开遥远市场的销路。这样做越成功,它对工场主人的诱惑也就越大,学徒和帮工的数量不再受到自然或法律规定的限制,工场主人将尽可能多的劳动力集结在自己的家里,让他们为了主人的利益制造商品,他自己则在一旁发布命令,确定各自的责任和运作商业的办法。另一方面,独立的手工业者越贫穷、越弱小,他们就越适合那些外来商人的目的。因此,乡村劳动者与城市劳动者之间的对立形成了。城市劳动者——正如我们首先假定的那样——是他的工场的主人,或者说他想要成为并可能成为工场的主人。他应当继承或拥有可继承的家庭工场（Heimstätte）与劳动工具；他同样要有熟练的技艺和充足的顾客；他需要一年到头有规律地劳动，或者至少在一切有生产需要的时期里工作。对所有的这些方面来说，一个紧密团结的合作社（Genossenschaft）支持着他、保护着他，合作社阻止手工工场内部产生资本主义的分离倾向。在这样的条件下，外部因素就很难对他产生影响了。

因此，最不受上述条件①制约的乡村劳动者是商人的猎物，只要城市的手工行业不因为持续增长的人口数量、不断改变的用具以及日益复杂的交通而解体，那么由商业唤起的工业的第一个阶段即乡村工业，尽管这一事实同工业的起源及其内在倾向相矛盾。在乡村地区占优势的工业是家庭工业（Heim-Industrie）。农民或短工依附于一位主人，服劳役的义务以及照料自己农田的责任并不妨碍他们在每年的冬季享受充足的自由时间。按照惯例，他们会同妻子和孩子们团聚在一起，共同从事一些古老的家庭手艺，其中，最常见的手艺即纺纱和织布，不过他们也会从事木匠活和雕刻业；做这些活都是为了满足他们自己的需求以及他们亲近之人的需求，但偶尔也是为了拿到城镇市场上出售，或者卖给那些走街串巷的商人。作为市场行家以及能同遥远的市场发生关联的商人，他们在此发现了价值得以形成（Wertbildung）的最丰富的源泉。如果说商人必须为家庭工业的劳动者提供材料、工具以及模板，最终也要向他们提供生活资料，那么对这些劳动者而言，除了他们的双手和技艺之外，只剩下家庭手工工场为他们自己所有，他们在其

---

① "上述条件"指的合作社。——中译者

第二章 社会的理论

中从事着生产活动。

然而在这里,居住地与手工工场统一的情形,无非是偶然的。在独立自主的手工行业中,两者的统一是自然的,即使并非必然如此。凡是手工行业的本性许可两者之统一的地方,劳动者皆将它视作于己有益的且令人适意的独立性,他们努力争取它、保持它。虽然这种统一依然如此值得向往,然而它不再取决于劳动者的意志,而越来越依赖商人的愿望。尽管在商人眼里,这种统一无疑是个累赘,但商人还是容忍了它,直到他将自己掌握的各个独立的劳动力以及劳动团体结合成大型企业(Etablissement),由此一来,他获得的收益似乎会超过花费时,他便会终止这样的统一。大企业的普遍优势在于:商人更容易、更能强制性地监督劳动者;他能更迅捷地、更有计划地使各个分离的(或可分离的)劳动工序彼此协作,让整个生产活动更能遵循最重要的市场的安排。

但在这里起决定性作用、并使各个专业的劳动工场必然统合到一起的首要因素是技术(Technik)的进步。1)它部分地意味着:通过简化的手段,工艺劳动被分解为各个环节,与此同时,这些彼此关联着的,却又被有意分割开的环节又被交托到诸位精通于此的专家手中;2)它部分地且特别地意味着用具的发明,新的用具超出了各个独立的劳动家庭的范围,超出了他们的房屋空间,它长成了庞然巨物,这个巨物就是机器(Maschinerie)。如果独立自主的工场主将自己的家庭工场扩展成工厂,用群众劳动的用具(Massenwerkzeuge)取代单人劳动的用具(Manneswerkzeuge),那么这一行动的结果便同机器工业的效果一致。因此,在商业支配劳动的整体发展过程中,或者说,在工业的整体发展过程中,我们区分出了三种形式(这里依据的是卡尔·马克思的卓越分析,与此同时,我对他的观点做了一点小小的修正),其中,相较于第一种形式,后两种形式关联得更紧密。这三种形式依次是:1)简单的协作;2)工场手工业;3)(真正的、巨大的)机器工业。① 工厂(Fabrik)——作为集中的工场手工业(der manufacture réunie)——的概念可能符合于后两种类型,所以它恰好同依赖于家的家庭工业——作为分散的工场手工业(der manufacture séparée)——相反。

就手工业生产而言,商业或资本的统治有其真正的、自然的领域,许多原因共同地决定了这一点,其中最重要的原因十分明显,不过,我们在此无须讨论它了。尽管如此,商业或资本对乡村经济的统治,也产生了类似的影响;乡村经济过去是一切日常劳动之母,然而现在,它却被贬低成国族工业或世界工业的一个分支。尽管我们已经讨论过的地主的统治形态,并非直接以商品生产为目的,但它还是促进了商品生产,因为求得货币地租的需要迫使生产者寻找最昂贵的市场。除了面对地主,农民还要面对谷物商人和放高利贷者,这些人希望最大可能地侵占农民们用汗水换来的货币,并运用知性,保证这一目的的实现。但是随着独立的商品生产的发展,地主庄园(Gutshof)逐渐凌驾于农民的家园。最初,作为地主的服务者,农民聚集于地主庄园内,因而农奴制可能首先表现为一种恰当的形式。然而最终,自由的资本主义的地主统治

---

① 关于这三种形式,具体可参见马克思的《资本论》第一卷第四编第 11 - 13 章。——中译者

(Gutsherrschaft)发展起来了,地主使用自己的工具和机器,通过雇用自由的、不断流动着的、每日结算工资的劳动者,他们自觉地开采土地并剥削劳动,以此获取最大的纯收益。"利润是商业唯一的结果"(Profit is the sole end of trade)这一原则也被用于改造最古老的、原本的"家政学"(Ökonomie)。

§32

【商人的变形—师傅的变形—领导—可排除的—企业主—变种—风险—临时的状态—同商业相对的资本主义生产】因此,在这些倾向①实现了的地方,富有成果的(或者从事生产活动的)人类劳动变成了一种纯粹的手段,它所服务的目的在于使每个高度特殊的产品转化成可再出售、进而能创造利润的商品。在这个过程里,商人或资本家伪装成一位劳动者或发起劳动的人,伪装成一位农民或手工业者、甚至一位艺术家,总之,他变成了支配劳动过程的企业主。作为一个历史的过程,上述转变同样可以颠倒过来,比如说,一处庄园的所有者、一个行业的师傅都可以成为工厂主,也可以成为商人。对于"商业"这一概念而言,它们都是无差别的。我们已经预先假定了商业行当的存在,不过问题在于:商业是如何变成一门占统治地位的行业的?同从事企业经营的商人相比,那些变成工厂主的师傅并非本质上更少地是资本家或抽象的富有者("抽象的、富有的人格"同时是定义商人本身的普遍概念),然而,

---

① "这些倾向"指的是商品和资本的统治倾向。——中译者

他可以后天地（a posteriori）用表面上的师傅外壳来遮蔽他的赤裸的商人面目。不过现实地说，工厂主或企业主可能会在生产过程中一同参与劳作、行动与服务，因此他们的活动将对生产的结果造成影响，并且这些活动将为产品之实在价值的构成做出贡献。就此而言，最有可能出现的情形便是工厂主或企业主领导、命令、安排现有劳动力，并站在最高处监督他们。简言之：在真实的劳动情形中，一种统治或领导各个运作与活动过程的复杂体系凸显出来。无论从概念的层面、还是从实际的层面来说，"统治"与"劳动"①这两种功能很容易地便会结合在一起，但这种结合只是偶然的，就像所有真正的劳动那样，它可能会同企业的运作过程分离开，而且它们必然会分离，只有这样，企业才能遵照其纯粹的概念来运作。

相反，商人无须经历这样的演进（Evolution）②，或者说，仅仅在不平常的状况下，他才需要经历如此的演进。因为就其本质来说，商人同生产性劳动毫无关联。毋宁说，手工业师傅或那些我们平常理解的从事生产活动的劳动者需要演进。在此过程里，他们似乎渐渐从劳动的内部脱离出来，进而将劳动视作一个外在的、纯粹的手段。相反，商人根本上只需将自己置于同劳动的（因果）关系③当中；这种关系不太可能成为一种内在的关系。因此，上述两种形态交会于他们的道路中心。他们发现，他们被囊括在企业资本家（unternehmenden Kapitalisten）这个广泛概念里。根据高利贷与商业之间的原始差异，同企业资本家相对的另一面是贷款资

---

① Harris 英译本译作"心灵领域"与"实践领域"。——中译者
② "演进"指的是上述"统治与劳动的分离"。——中译者
③ Harris 英译本译作"工具性的关系"。——中译者

本家(leihenden Kapitalisten)。然而,正如一个人可以从事这两种职业,它们代表的两种品质也可以结合在同一个人身上。

一个变种(*Spielart*)从以上两种类型那里发展出来,并且与它们并立。这个变种就是打赌的、冒险的、游戏着的(*spielende*)资本家①。因为商业的本质便类似于游戏(就像法文谚语讲的:"经商是一场赌博"〔*le commerce est un jeu*〕),"冒险地购入"与"售出便获利"并行的情景虽然常常可能发生,但毕竟不是确定的事情。同样,高利贷也是一场游戏,因为人们并不确定是否能将支出的本金收回,更不用说获得盈余和利润了。交易首先建立在经商者的期望(Hoffnung)的基础上,其次以他们计算并推断出的盈亏概率(Wahrscheinlichkeit)为依据;只有当坏的情况被好的情况平衡,并且好的情况占优势时,人们才能实现最终的目的。可是,如果在纯粹的游戏中,经商者要为各种不可预测的(偶然的)总体经济状况的影响保留余地,并且要担当最大程度受损的可能性,那么就此而言,人们自然要去努力排除不确定的因素,使盈利成为确定的、合乎常规的事。在这个方面,对贷款资本的各种使用方法之中,最重要的莫过于接受抵押品。无论资本家如何经营商业,他们关心的仅仅是那种能控制整个生产活动、并使盈利成为生产过程本身之内在环节的方法。将制造出来的商品销售出去,这一行为就像将购入的东西卖出去那样,可能同样面临不确定的情形,甚至可能

---

① 这句话存在着一个双关语,"Spiel"在德语里主要有"运动"、"游戏"等含义。"Spielart"指的是生物种类的"变化"(词根是 Spiel,即"运动"),"游戏着的资本家"("der spielende Kapitalist")一方面指"玩弄"市场的资本家,另一方面又是资本家的一种变化了的类型。——中译者

会遭遇失败。尽管如此,这却是一个暂时的状态。这个状态源于社会系统艰难摆脱共同体系统的过程,在共同体中,物品似乎都是为了供共同体自身使用,故而共同体将统一地生产、分配物品。但是,在充分发展了的社会里,每一个商品都通过唯一的、由独立个体结合在一起的资本主义人格(Person)生产出来,他对现实的、正常的需要拥有完善的认识,他将产出适量的商品,并按照商品的价格出售出去。尽管这一理念可能无法实现,但是现实却可以趋近于它,因此,资本主义生产的稳固性(Solidität)同一般商业的稳固性之间的区别便凸显出来。

§ 33

【对立的观点 制成的商品——正在产出的商品——劳动与让他人劳动——按照志愿增加产品的数量】我们按照下述方法探究这里的问题。所有卖出和买入的物品都被称作商品。我们或许将它们预设为制成品;在这个意义上,所有处于任何一人的意志领域之内、并因而可被转移到另一人的意志领域内的东西,皆能采纳商品的形式,比如土地的有限部分、罕见的书籍和绘画,以及那些不可被替代的物品都是如此。这样一来,一个人自身的行动也可以采取商品的形式,他的劳动或他提供的服务皆囊括其中。对于那些尽力出售此前所购入的商品的商人而言,只要他不向商品的生产流程施加压力,那么所有商品都是被拿来售卖的;因此,一切商品都是一样的。举例来说,商人可以是出租雇工的人或戏院的代理人,这样,他出售的商品便是他此前购入的劳动力或声音;就像一个服

第二章　社会的理论

装商人销出旧衣一样。同样,当谷物商人同一个特定区域里的农民做交易时,他也会如此行为:农民每一次的收获总会产生一定数量的可供人支配的谷物,它们成了商业的对象。如果我们想象各个从事商品交易的主体集中到一个唯一的人格身上,那么这个人格便可以使用各式各样的手段,处置他的物品,以此使社会的其他部分获益或受损;比如说,他可能烧尽一部分谷物,这样做是为了抬高剩余谷物的交换价值,甚至使它超过先前所有谷物的总价值。或者——这一方式似乎更友好——,他可以将谷物的一部分囤积起来,过了一段时间后再把它们卖出去。总之,这样的操纵行为对他来说是善的,因为他似乎可期待这一行为将带给他最大的利润。

除此之外,我们需要讨论人们为了出售商品而生产商品的情形。这一情形只有以人自己的劳动或让他人劳动为前提,才可能实现。此定理不证自明,因为它的结论就包含在前提之中。我们应当认识到:生产商品或增加商品数量——普遍地说,即"设法取得"(Beschaffung)商品——取决于人的志愿(Willkür)。虽然就一个特定区域而言,商人即便不靠自己或他人的劳动,也能取得一定数量的商品,因为他可以从其他地区购买、然后取过来。但是,让我们想象一下:如果这个特定区域超出了一切可能的限制,或者(对于一个更窄小且封闭的区域来说,结局同样如此①)我们完全不考虑此区域扩大的可能性,那么结果会如何呢?很明显,无论怎样,我们必从上述两个情形中选出一种。关键的问题在于:"按照

---

① 这句话的意思是:我们想象一个范围绝对小且封闭的区域,在它之中,人们只有靠着自己的劳动或让别人劳动,才能获得物品。——中译者

志愿,设法取得商品"这一规则不大适合自己从事劳动的情形,相反,它更适合让他人劳动的情形。通过让他人劳动,商人实现着自己的目标,一旦他不仅表现为每一件制成品的创作者以及这些东西的天然所有者,而且制造物品的数量仅仅由他的志愿、他的手段限定时,也就是说,一旦商人获得劳动手段,并促使他购买的劳动力使用这些劳动手段时,他就可以随意地扩大他的生产规模。

§34

【商业的利润与工业生产的利润—劳动力的价值与劳动的价值】在这个意义上,所有剩余的商业利润都是非自然的。在一个普遍的社会系统里,作为商人阶级的利润(无论这种利润是否被分配到了各个经营者的手中),商业利润最终都必然被归结为**价值量**(Betrag des Wertes),也就是说,由于社会发展本身的诸条件发挥的作用,商业利润具有被归结为价值量的倾向。价值量通过商品的转让(或商品的暂时保存)实现,这个过程可以表现为社会服务〔Dienstleistungen〕(当然,价值量得以成立的前提不仅涉及服务,还涉及所有的商品。因为根据时间和地点的变化,现实的价格围绕着理想的价值、不断在自身缩小着的弧形幅度内波动;而理想的价值仅仅随着时间变化)。

与基于交换的商业相对,基于工业生产的商业处于一个更安全的位置。通过劳动,它为一个既定的价值填充了新的价值,正如那些独立的工人、农民或手工业者所做的那样,他们将自己制成的产品带到市场上售卖,或者根据订货来制造并销售商品。在一个遵照价值进行交换的社会系统里，劳动必然需要由一个等价物衡量，这个等价物即存在于劳动的结果之中，按照劳动的各种条件之境况，劳动的结果被转化成一个由相同数量的劳动单位组成的总体。同样，对于处在社会系统之内且让别人劳动的资本家而言，他占有了为他所用的劳动者的劳动总量，进而占有了可转化成商品的劳动量，它们的价值相当可观。因为通过雇佣劳动力的方式，资本家购买了劳动；所以，下面的问题便出现了：一方面，劳动力是资本家所购买的商品，另一方面，劳动是所售卖的商品的构成要素，两者的价值之间的差额是如何形成的呢？换言之，资本家何以能获取一种合乎规律的利润呢？（在此，我们预设商品皆按它们自身的价值被卖出）。

§35

【劳动力的价值与价格 出于使用的意愿而购买商品】人们像供应并出售商品那样对待劳动与服务。如同一只圆面包和一根缝衣针，劳动与服务皆要受制于自身的价格。但是它们又不同于那些由自然材料与劳动结合起来的商品。它们是纯粹的自然材料，而非劳动的产物。就这一点来说，它们类似于土地本身。在一个既定的区域里，人们根本不能人为地、志愿地增加土地的供给量。尽管如此，通过引进外部劳动力，人们却能提高劳动力的供应量。在此，我们实际上设定了这样一个前提，即劳动和服务已经成为了商业的对象。如果它们不是商业的对象，而是意味着每个人"披着他自己的皮来到市场"①，那么在这种情形下，劳动力的数量就像土地的数量一样受到限制。这两类商品都不是被制作出来的，它们也不能由工业生产出来。它们的价值与价格因而仅受其现存的、实际的数量制约，而不受其可能的、未来的数量制约；除此之外，它们的价值与价格要受制于供应的数量同需求的程度、需求者的购买力之间的关系。但实际上，人们需要并提供的东西，不单单指普遍的、不确定的劳动或服务，而且也指特殊的、确定的劳动或服务。这就使供应的限度变得愈加明显。在一般情形下，有限供应对于商品的提供者而言是有利的。而它的不利之处在于：当商品提供者为自己获取其他的商品（金钱或用于享用的物品）时，他可能会遭遇困境与窘迫。因为他对外部商品的（主观的）需求越大，那么他要付出的价值就越高，他自己手上持有的商品的（主观的）价值也必然变得越低，这样一来，他就越具有激奋的、强烈的意愿和意志，要将商品销售出去。

一方面，在任何一个不拥有货币或生活资料、并且不能从自己的共同体那里获取它们（在此，我们不讨论共同体）的人的心中，追求货币和生活资料的愿望是无限的。他只有选择：1）或通过暴力侵占得到他渴望的东西（这样的做法违背了社会的自然法）；2）或通过出卖自己的劳动力，在同他人往来的过程中获得这些东西。另一方面，一件商品究竟被希望使用它的人需求和购买——也就

---

① 这是一句德国谚语，德语原文是：sein eigene Haut zu Markte trägt．它通常有三个意思：1．一个人冒险去做某事；2．投身于劳动和商业；3．卖淫。这里指的是第二个意思，即商人和劳动者到市场上谋生。——中译者

是说，商品作为目的、实物与使用价值——还是被任何仅仅想再把它卖出去的人需求和购买，这两者间有着巨大的差别。

从前一种情况来看，一件商品被占有，即意味着它成为了一个人自身的意志的客体（ein Objekt des eigenen Willens）以及他的力量的补充物。人既需要（bedurft）商品，也在渴求（beghrt）得到它。即使人并非迫切地需要它，但他心中肯定包含着一种确定的喜好，甚至激情，无论如何，这一愿望具备了实在的力量。以上结论同样支持了提供服务的情形。如此一来，尤其当人们将服务视作一件被特殊规定了的商品时，这种交换的非社会性特征就十分明显。假设卖者的迫切需要并非绝对，或者说，他们根本就不存在迫切的需要，那么这种非社会的特征就更显而易见了。因为尽管上述这些对外部商品的强烈要求不是商业性的，但迫切出售自己的商品的愿望却是商业性的。与此相反，降低渴望外部商品的强度，仍不能使这种需要成为商业性的；伴随着对外部商品的渴望程度的降低，出售自己的商品的欲望也降低了。因而，对于商业交往而言，最有利的情形是交换的双方都具有一种适度的交换欲望，双方的喜好或需要都聚焦于所交换的对象或对方具备的能力上。事实上，就其形式而言，这样的交换无非是以共同体标准为分配原则的外在表现。

§36

【由于出售的意愿而购买商品—劳动力的可能价格及其界限—劳动力价值的可疑性】如果一件商品被一个仅仅为了将它变

卖出去的人需要和购买，那么情况就完全不同了。① 这个人同售卖的对象之间根本就没有任何内在联系，他完全以冷漠的态度面对事物。他既不会受到劳动者或艺术家的作品里的温柔、友好或者愉悦色调的感染，也不会根据自己的鉴赏力、遵照馈赠的倾向，付予他们报酬。相反地，商人的唯一任务就是尽可能少地付出，以此尽可能大地拉开当前的花费同他的未来定价之间的差额；赚取差额就是因为商人的目的，是他努力的目标。在商人的手中，商品无非是交换价值，也就是说，商品无非是用来获得外部物品的手段和机械力。只要货币掌握在任何人的手中，情形便是如此。其他人通过货币（即天然的交换价值）购买物品、生活资料以及用于享受的物品（即天然的使用价值），商人则与之相反，他们用生活资料等物品（这些物品作为人为设定的交换价值）换取天然的交换价值的使用价值（即货币的使用价值）。对商人而言，人为的"使用价值"②与其说表现为他使用自己购入的商品，不如说他在反复的职业实践中购入商品、再将它售出。作为购买者，商人绝不会处于紧迫的境地，因为我们已经预设了：他掌握着自己的货币，并因此拥有使用货币、换取用于享受的物品的自由。他是完全自由的、漠视一切的人，无须匆匆忙忙地让货币脱手。故而，我们考虑将商人置于同出卖劳动力者对立的位置上。

---

① 第一版（1887年）有所不同："一开始，我指出了这样的区别，即一件商品是否被希望使用它的人要求。在此，我要补充下面一个情形：即它是否被那些想要把它再次卖出去的人要求。"——中译者

② "人为的'交换价值'"（*Künstliche* "Gebrauchswert"）是在本书第二版（1912年）里加入的内容。——中译者

如此一来，下述情形非常有可能产生：为了使用并消耗劳动力，商人为此付出的价格等于劳动者的生活资料的总额。根据出卖劳动力者的判断，他的生活资料的数额意味着：在其工作期间，为了维持自己必要的生活和享受，他花费的最低限度的金额。这个数额是一个消极的限度，出卖劳动力者必须要确保它的有效性，尽管他们渴望着并努力地商议着一个更高的价格。不过，这个数额同时也是一个积极的限度，因为购买劳动力的人必须要承认它是一个必要的界限，然而，购买者也不愿意付出比它更高的金额，从而造成自己的损失。

尽管如此，这个限度的内容却是丰富多彩的；它的底线在于维持劳动者纯粹的现实存在（至于现实存在的具体样貌如何，这一点通过个体的意志表象出来）。一旦逾越了这个底线，劳动者就要遭遇彻底的困顿，由此一来，个体的意志便将这个困顿的表象归结为最低的生存标准。这完全是劳动力的天然成本价，也是使劳动力更新的条件与质料。就这点而言，我们无论如何都可以将劳动力的更新类比成一种生产，因此，它也构成了现实的社会价值。可是仅仅对作为个体的劳动者来说，劳动力的更新才有最切近的意义，通过维持自己的生命，他才可以——比如从新的一周开始——产生新的劳动力。与之相反，只要"持存的最低限度"的表象包含着养育妻子和子女，那么我们便要进一步地推演"劳动力更新"的标准；因为妻子和成长起来的孩子们自身就能够发展成劳动力，她们的劳动力都可以被出售。

§ 37

【社会必要劳动时间的实现—垄断者之间的价格竞争—法则的概念意义—可追溯到同一原则】确定"平均社会必要劳动时间"的概念(正如政治经济学里的一切恰当概念)的含义,同时在具体生活中运用它,两者是同样困难的。我们必须将这个概念限定在经商企业生产真正的实物性商品的过程之内。因为一旦同他人竞争着的商品供应者能通过其实践活动、生产无限数量的产品,并因此能在最有利的条件下——至少从表面上看来,情形如此——满足所有人的需求;那么其余商品供应者为了至少保住其岌岌可危的销路,必须使自己的商品的价格接近前者的价格,或者与前者的价格相等。此后,为了不使自己的利润持续降低,他们试图为自己创造同样有利的条件。

这就是商业竞争的真正原则。只要商人能以最低廉的价格购入商品,也能以最低廉的价格出售它们,与此同时,只要他拥有大量的商品和持续不断的购入商品的机会,那么他便成为了其他商人的合作者和竞争者。然而,与之相对的趋势也存在着:现实里的商品供应的情形,同任何商品生产者的能力大小无关;这些商品都是一样的,它们具有同等的被出售的可能性(商人们试图为商品议定一个价格,它与商品的价值对应);除此之外,商人按照自己的志愿、将不利的生产条件变为有利的生产条件,这种做法即使不是不可能的,但至少也是困难重重的。

研究商人互相交换商品时，我们必须撇开商业的中介[①]不谈。每一商品类型都以一定量的方式进入市场，(我们说)它们是相同的样品，而且它们被用来尽可能多地从市场里换取其他商品。就此而言，所有同类商品的内部竞争都略去了。一种平衡实现了，仿佛一个类型的全部商品都落到同一个人的手里，商品的力量集中到了一起，每一个独立的商品(继而每一组或每一类商品)的力量都由整体的力量决定。因此，价格的斗争在垄断者(Monopolisten)之间发生。每一类商品的代表都会以同样的努力彼此攻击。这样一来，每一特定类型的商品数量要受到其他类型的商品数量的制约。在现实中，我们只有将这些商品同它们的交换价值(即由市场衡量的品质)关联在一起时，它们才是相同的。我们也可以透过自然，解读这个过程：根据力学理论，每一类确定数量的能(Energie)都会变化成另一类相同数量的能，或者说，前者被后者取代。如此一来，在市场之内，所有偶然的、抽象的利润都被排除了，现实中存在着的情形，只是人们根据抽象的交换价值的标准、彼此交换具体的使用价值。如果要实现这一情形，以下理念就应该被满足：生产所有商品种类(Waren-Gattungen)的条件都要相同(尽管各个商品种类之间的型号和具体样本可能存在差别)，因此最有利的(最轻松的)生产条件对各种商品种类都发挥了相同的作用，它们从总体的生产条件中分得了相同的比例[②]；因为相同的份额

[①] Harris英译本将"中介"(Vermittlung)意译为主动的商业的经营者(active agency of commerce)。——中译者

[②] 这里的"比例"指生产每一个商品类型的条件与总体生产条件之间的数量比。——中译者

就是"相等"(Gleichheit)的普遍概念,不过,真正的"相等"只不过是现实里的特殊情况。最有利的条件存在于:1)自然力的"无交换价值"这一属性、也即自然力的天然价格之中;2)人与人通过相互合作产生的最大效用之中;3)人运用最适宜的工具(器具、机械)产生的最大效用之中。如果这些条件都实现了,并且除此之外,人类劳动中的一切区别都被化约成唯一的尺度——劳动时间(实际上,由于现实里的关系极其复杂,我们或多或少地简化了它们),那么对任何商品种类皆有效的"价值构成法则"、继而"产量的法则",皆由生产这种商品的平均社会必要劳动时间决定。社会的发展乃至作为社会中心的世界市场的发展,不断在使自己接近相对平衡点(Ruhepunkte)。

价值规则首先具有一种纯粹概念性的意义,因此它可以被归结为计算的综合规则,或者说同一原则(identische Sätze)。这仅仅意味着:我们一定量的人类劳动添加到自然力与物体(我们预设自然力与物体都是存在着的东西)里,由此,我们塑造了当前事物的诸形式。自然力——根据我们的预设来说——没有交换价值;其他对生产而言必要的物品(材料与工具)的交换价值自身便可溶解成纯粹的劳动量(Arbeitsmenge);因而新的交换价值可被分解为它的各个份额,进一步地,它可被视作增加的劳动、甚至被溶解为纯粹的劳动量。劳动体现在事物之中,它仿佛渗入凝合成的盈余物(Überschuß)里,所谓的"盈余物",即它表现为超出毫无拘束的自然力的东西。无论如何,商品的所有者不能必然要求从市场中获得比自己付出的东西更多的交换价值。在正常的情形里,通过交换得来的价值(由于货币的介入,价值的本质被遮蔽了;当货币自身不再同商品紧密地结合,并且——正如信用那样——只展现它作为纯粹商品指令的功能及其非感觉的本性时,价值才更清晰可辨地呈现出来。)必须只包括:a)(卖出去的)商品的材料的价值以及包含在商品中的使用工具的价值;b)添加到商品生产过程中的劳动的价值。[1]

§ 38

【商品市场中的服务—劳动市场中的服务—资本主义主体作为表面上的创作者,劳动是价值的真正原因】我们看到:1)一方面是购入劳动力的价格;2)另一方面是出售包含在产品中的劳动力的价格,这一价格指的并非是产品的价格,而是劳动力的交换价值。两者的差额就是收益或剩余价值。在真正的市场,或者说商品市场上,劳动力通过将自己同劳动材料以及劳动工具结合起来,通过使用它们,最终表现为一种转变了的具体形态。不过,劳动力并不是劳动者的财产,而是资本家的财产。除了以实物商品的形态出现,劳动本身也能表现为服务的形态。在市场中,人们可以将它同实物商品交换。在这个意义上,劳动并非凝结在一个商品中,而仿佛保持着流动的形式,通过一方的给予与另一方的接受,劳动

---

[1] 第一版(1887年)此处还有以下内容:"人们的目标指向的是后一种价值,这个目标就是使商人变成工厂主,或者使劳动者变成企业家。伴随着节制享乐或避免摧毁生产资料而来的酬报、伴随忍耐而得的奖赏,商人变成了生产劳动的见证者。"——中译者

本身被人消费，从而随之消逝了。作为非物质的商品，劳动可能要受制于自身的价值。虽然它不可能具有包含在自身之中的、由可计量的劳动时间规定的价值；但是就像许多实物那样，它的价值的更准确提法是"标准价格"（Normalpreis）。标准价格的量同平均的需求强度成比例，也就是说，劳动的价值仅仅体现为价格，它由一定量的其他商品表现出来，因此劳动价值常常是一个分数，从来都不是一个整数。与此相对，我们不可能在服务市场中见到生产商品的劳动力。在这个意义上，劳动力不是商品，它既不像实物那样、就其本性而言即商品，也不像服务那样能够成为商品。我们不能如同对待实物和服务那样对待劳动力，换句话说，处置实物和服务时，人们每次完成了的交换仿佛就是一次循环的结束，在此之后，通过交换得来的物品即便不被人直接地消耗掉，也要被人进一步地使用，而我们则不能如此对待从事生产活动的劳动力。

只有将劳动力同产品关联到一起、让劳动力依附并从属于产品，我们才能理解物品生产的原则。由于仅在劳动力被购入的前提下，它才能同生产的各种基质结合到一起；故而购入劳动力的时间点必须先于出售制成品的时间点。劳动市场与商品市场完全区分开了，而且前者从属于后者。劳动市场也可以被称作隐蔽的市场，因为在公开的商品市场上，它的预先实存（Präexistenz）①没有

---

① "预先实存"指的是上述"购入劳动力的时间点必须先于出售制成品的时间点。"——中译者

留下一点痕迹,人们对此也没有一丝回忆。在劳动市场里,雇佣者购买劳动力、支付劳动力,仿佛劳动力能在未来提供纯粹的服务,因此伴随着劳动力的行动,他们的职责完成了。我们在此假定:工厂主(即某个资本主义的主体,例如股份公司)是真正的创作者和制造者,他们雇佣劳动者,只是将劳动者当成自己的帮手。只要企业、协作条件乃至生产工具(这些物品纯属工厂主的财产)似乎越富有生命,与此同时,一旦它们运作起来,人们越能合乎目标地操作它们、使它们自动地模仿人类的双手和技艺,那么这个假定就变得更真实了。如果它们为着所有者的目的服务,所有者的主动性、思想与意志就将凌驾于它们之上,并在既定的时刻启动和停止它们。

被置入生产程序内的劳动力没有自己的意志,而仅仅从事分派到自己手上的任务。就像授权(Mandat)一样,人们着眼于每个分派的任务同整体的关系,通过草拟稳定的计划、使用加工既定材料的方法,将授权的内容具体确定下来,其结果就是在手工制造业或工厂化农业内的劳动分工。作为结合进生产系统里的机器,生产用具尽管由劳动者操作着,或者说,劳动者让它们运动起来,然而它们却统治着劳动者。因此,与其说劳动者直接附属于一个当前存在着的、外在于并为他们制定规章的意志,毋宁说,他们依附于一个"无生命的巨魔"(toten Ungeheuers)的既定属性。劳动者集合成一个整体,共同反对着这个巨魔。这样一来,劳动者也作为一个集合的整体,同他们的雇佣者对立。

但是,从实在的、客观的观点看来,不论劳动者是否使用强有力的工具,只有人类劳动才总是且必然地是人类创造物(Werke)①的原因,也就是说,个体劳动是个体的创造物的原因,集体劳动是集体的创造物的原因。股份公司并没有生产出实物和价值,劳动团体(Arbeitergesellschaft)生产出了它们。因为只有创造物才有自然的价值,所以从这一观点来说,以下表述也是有效的:劳动是所有价值的源泉。在手工工场里,仅仅通过共同的最终目标以及一致的劳动操作方法,劳动者才被结合到一起;然而无论如何,最终目标和操作方法都可以被视作劳动产品(因为它们是纯粹思想的产物),因而被当成雇佣者和领导者的真实的财产。在真正的工厂里,劳动者本质上通过他们与机器的共同的、必然的联系统一起来,机器构成了工厂的可见躯体。无论任何情形,以下的事实是明显的:通过理性地规划材料、指定计划并使用工具,劳动实现了统一,只有劳动的统一才构成真正的生产原则。

在劳动市场上,作为出售劳动力的劳动者可自发联合起来,通过排除竞争、迫使工厂主以一个更高价格购买他们的劳动力。但是劳动力实际上只会被并入企业之中,进而附属于企业。作为企业的所有者,工厂主既合乎逻辑地是产品的天然创作者,然而,由于否定了感性经验,他同时是非天然的创作者;除此之外,他也是别人生产出的产品的所有者,为了保持这些产品的价值,他要在市场上出售它们。

---

① 根据 Harris 英译本的解释,在这里,滕尼斯区别了"劳动"(die Arbeit)与"创造物"(das Werk),前者指能量消耗意义上的工作或劳动,后者指创造性的劳动。——中译者

§ 39

【零售市场—对立的运动—商品销售者提供的剩余服务—按资本主义方式提供的服务】劳动市场不以商品市场为前提。资本家以何种方式获取用于支付劳动力的货币？或者说,这些货币所代表的产品来自哪里？对本研究而言,这些问题都是完全无关紧要的。产品们中的一部分可能源于先前的生产活动(或许来自资本家自己的劳动),产品们中的另一部分则仅仅依赖于当前的和未来的生产活动。"将货币转化为用于享用的物资"这一过程既不直接同商品市场有关,又不直接同劳动市场有关,它属于一个第三市场,我们可以称之为零售市场(*Krammarkt*),它表现为标准的商品分配的手段。当然,零售市场要以商品生产为前提,同时,它立足于商品市场内的合乎规则的商品流通。如此一来,零售市场就是衔接第一市场(商品市场)且派生自第二市场(劳动市场)的最终环节。它的运动方向是从中心到边缘:它将商品交给所有货币持有者,甚至强迫他们购买商品,它渴望占有货币。零售市场将无数小份额的货币吸收到一起,继而在商品市场里,这些货币重新以大额的方式被消耗掉。相反,商品市场的运动方向则是从边缘到中心。商品市场意味着商品纯粹地聚集到一起,至于商品如何生产出来,对它而言,这个问题是无关紧要的。它的运动如同心脏的"收缩"或"紧收",这样一来,"舒张"或"扩展"的运动就必然紧随其后。而劳动市场则是边缘内部的联系。

如果说，商品市场和劳动市场中的交换行为无须"交易"这一中介，那么与它们相反，零售市场和商品分配的市场自然地便是购买和销售之所，也即做生意的地方，它们是买卖人的真正的活动领域。在完全实现了的社会生产体系或资本主义生产体系里，买卖人的活动领域可以被理解社会服务，它自身必须要从商品市场里求得、获取它的价值和报酬。我们可以由此确定：所有其他的行动，不过表现为准商品生产（Quasi-Produktionen）或社会总生产的组成部分，也即有序的社会服务的组成部分，借此，它们实现了自身的价值。除此之外，我们可以将一切服务皆视作以资本主义方式生产出来、以资本主义方式被应用的东西，只要它们为了发挥效用而不得不受制于企业、材料和工具。因此，它们反过来以劳动市场的分工为前提，在劳动市场里，它们作为未加工的、赤裸裸的潜在物，被工厂主购入。

§ 40①

【资产阶级和劳动阶级—社会的各个构成部分—社会概念之总体构成的条件】如果零售市场仅仅被视作商品市场的必然结果，并且它包含在商品市场之中，那么社会的本质结构就可以通过三种行动表述出来，这三种行动的主体都是资产阶级，我们将他们想象成有能力配置劳动资料的阶级（劳动资料首先并非是从市场中取来的东西，而是被资本家占有的东西）。上述三种行动分别是：

---

① Harris 英译本将这一节与上一节合为一节。——中译者

1）购入劳动力；2）使用劳动力；3）出卖劳动力（劳动力作为产品的价值构成元素）。

　　劳动阶级同样参与到第一种行动里，并构成了其中的实质的组成部分，尽管他们在此只为了获取必要的东西、舍弃他们的多余的东西。[①] 就第二种行动而言，劳动阶级表面上不过是客体（作为被使用的客体），然而实际上，一切实在的东西都是由劳动阶级创造的，资产阶级仅仅是这些东西的形式上的原因。对第三种行动来说，只有资产阶级才是它的担当者，劳动阶级似乎只是被资产阶级压榨出的价值的具象形态。在劳动阶级行动的范围之内，它是自由的，然而它的劳动只是对契约、对交换的现实化，也就是说，劳动阶级完全由于它自己认识到的必然性，才付出了劳动。一切交换（亦即出售）只是志愿行动自身的形式，商业则是它在物质上的完成。因此，劳动阶级是半自由的——也就是说，直到它成为三个行动的中间环节（即使用劳动力的主体）时，它才有自由可言——而且形式上具备志愿能力。它与我们设想出的奴隶阶级不同，后者在劳动过程中完全只是用具和基底。

　　与劳动阶级相对，资产阶级是完全自由的，它具备志愿能力的物质基础。因此，作为资产阶级的成员，资本家即被视作社会的完全自主的、愉悦的和物质性的构成要素；同他们对立的大多数人是半自愿的、纯粹形式的主体。因为劳动者对上述三种行动及其彼

---

　　① 这里涉及马克思对"必要劳动"和"剩余劳动"的区分，"获取必要的东西"指劳动者生产他的劳动力的补偿价值，"舍弃多余的东西"指劳动者放弃了剩余价值。具体可参见马克思的《资本论》第七章："剩余价值率"。——中译者

此间完整关联的兴趣乃至他们的实际参与,皆同社会的规则一致,也同他们对社会之实存的一致同意、对构成社会之基础的协定的一致同意吻合。

然而"社会"概念的二元结构是否就是唯一可能的结构呢?这个问题并非我们现在必然要关切的内容。"社会"概念的二元结构源于商业预设的原则,即商业的内容被限制在这样一个对象上:只有它——我们排除它作为提供服务的情形,但是它不久便和提供服务关联到一起——使商业的最终目标与存在之原则(即利润)摆脱了一切偶然的条件,通过自身的本质,它确保利润成为商业的必然的、合乎规律的结果。这种对象就是纯粹虚构的东西,它是通过人的意志确定的、非自然的商品,它就是劳动力。因此,从个体性的人类意志理论出发,我们可以找到一切像"社会"这样的概念的答案,并进一步给这些概念分类。故而,我们的整个研究都指向了"意志"这一领域。

补充(1911年) 当我撰写这部著作时(1880—1887年),马克思的理论体系对本书的内容产生了一定影响,但那时,人们尚未全面地认识马克思的理论体系。在此后的若干年里,针对马克思提出的"平均利润率之谜"[①],来自德国和奥地利学界的批评者们纷纷做了解答。然而,我并没有发现哪位批评者以完全准确的论据、有效

---

① 直到马克思死后出版的《资本论》第三卷(1894年),这个问题才得到了充分的回答。——Harris 英译本

地回答了马克思的问题。有论者指责马克思的理论站不住脚,他指出,马克思将价值规律运用到所有商品的总价值上,故而价值规律就变成了无内容的东西,因为总价值并非是用来交换的对象,实际上,它只是相对于总产品的一个名称,更准确地说,它只是相对于新产出的总产品之组成要素的一个名称。在我看来,这种指责毫无根据。无论如何,价值规律都是有意义的,因为它构造了劳动的年产出(按照其价值)与生产它们的社会必要劳动时间的等同关系,凭借着价值的尺度,一切早先的年产出和未来的年产出都变成了类似的东西,它们可以被相互比较,通过将一件产品的价值与其他产品的价值做比较(即比较总产品中的一个部分与另一个部分的价值),人们用价值尺度确定了这件商品的原始交换价值。但是,由于资本主义经营的本性,劳动产出与社会必要劳动时间的这对关系裂解开来,因此,剩余价值转变成利润,根据投入资本的比例以及产品的价格,剩余利润在不同产品的持有者之间分配。虽然"价值规律"是一种强迫性的(gezwungene)乃至人为构造出来的东西,但无论如何,我们可以思考它。我从未承认"李嘉图—洛贝尔图斯—马克思的价值学说"的形态是正确的,但我完全同意它的核心与基本思想。在这部著作里,我表达了订正的观点。今时如同往日,我始终支持这样一个原则:只有劳动创造新的价值。然而,我要进一步补充说明:劳动并非在相同的社会必要劳动时间内创造了相同的价值,不仅高技能的劳动会创造出数倍于普通劳动的价值(马克思自己就承认这一点),而且通过合乎目的的共同协作(部分地是不同劳动类型的结合,部分地是劳动与最适宜的专业工具的配合),在相同的时间内,劳动会创造出完全不同的价值。通过这里的订正,我们挽救了这样一条原则:在自由的市场里,商品的价格围绕着它的价值关系,上下波动。

但是劳动力本身不再像土地那样拥有一个自然的价值。它的价格随着它自身的属性、供求量大小以及供求的紧迫性程度上下浮动,同时,它的价格也随着商品出售者——也就是劳动者自身——缔结的联盟力量的大小而摇摆。价格波动的上限由商品的可使用性决定,因为商品由企业主购入,它们是用来满足企业主的商业需求的东西;价格波动的下限则通过独立劳动者的纯粹生计需求确定。①

---

① 滕尼斯的补充于1912年被加到了这一章的末尾,它反映了第一版(1887年)和第二版(1912年)之间经济理论的发展。一方面,马克思死后,《资本论》第三卷出版,这本著作更加精细地阐述了劳动价值理论;另一方面,"边际效用"学派兴起(哲文斯〔Jevons〕,门格尔〔Menger〕,瓦尔拉斯〔Walras〕等人)。对于"边际效用"学派来说,所有的价值都由"最终的效用"决定。滕尼斯在1912年对"马克思的思想"做了研究,他认为应当将"剩余价值"与"边际效用"结合起来理解。可参见 Ferdinand Tönnies, *Karl Marx. His Life and Teachings*, trans. C. P. Lommis and I. Paulus. Ann Arbor: Michigan University Press, 1974, p.146 - p.148. ——Harris 英译本

第 二 卷

本质意志与抉择意志[①]

> 意志与理智是同一的。
> ——斯宾诺莎（Spinoza）[②]
>
> 意志是外在显像的根源，
> 虚假的意志使显像毁灭。
> ——波墨（Böhm）[③]

[①] 第一版（1887年）与第二版（1912）所使用的是"志愿"（或"任意选择"）〔Willkür〕的概念，第三版（1920）之后，滕尼斯替换成了"抉择意志"（Kürwille）的概念。——中译者

[②] 原文为拉丁文：Voluntas atque intellectus unum et idem sunt. 这句话出自斯宾诺莎《伦理学》第二部分（"论心灵的性质和起源"）命题49（Proposition 49），绎理（Corollary）。——中译者

[③] 原文为：Der Wille ist die Wurzel der Bildnis. Ein falscher Wille zerstört die Bildnis. 这段话的作者似是雅各布·波墨。雅各布·波墨（Jakob Böhm，1575 - 1624）：德意志神秘主义哲学家，黑格尔称他是"第一个德国哲学家"，他的主要著作包括《曙光》（*Aurora*，1612）、《论三原则》（*De Tribus Pricipiis*，1619）、《论人的三重生活》（*De triplici vita hominis*，1920）等。——中译者

第一章 人的意志的诸形式

§1

【概念界定】人的意志的概念,应当从两重意义来理解。这篇论文的整个内容就是要准确地把握这个概念。由于思维(Denkens)的参与,所有精神性的作用都表明为属人的,因此我将"包含了思维的意志"与"包含在思维之中的意志"区分开来。每一种意志都表现为一个内在诸要素相互关联的整体,多种多样的情感、本能和欲望都统一到这一整体当中。在第一个"意志"概念里,这样的统一体必然被理解为一种真实的(reale)或自然的(natürliche)统一体,而在第二个"意志"概念里,它必然被把握为一种想象的(ideelle)或人造的(gemachte)统一体。按照前一概念的含义,我称第一种人的意志为本质意志(*Wesenwillen*);按照后一概念的含义,我称第二种人的意志为抉择意志(*Kürwillen*)。①

---

① Lommis 英译本将这两种意志分别翻译为"自然意志"(natural will)与"理性意志"(rational will),Harris 英译本将前一种意志翻译为"自然的、有机的、本质的意志"(natural or organic or essential will),将后一种意志翻译为"包含了计算、任意的自由与理性的选择的意志"(will that involves calculation, arbitrary freedom and rational choice.)。——中译者

§ 2

【本质意志包含思维，抉择意志是思维的产物】本质意志是人的身体在心理层面上的等价物，或者说是生命的统一原则，只要设想生命处于这样一种现实的形式中：思维本身（quatenus sub attributo cogitationnis concipitur）从属于现实①。本质意志包含着思维，正如有机体包含着大脑细胞一样，与思维相对应的大脑细胞的兴奋必然被设想为生理的活动（在这一点上，语言神经中枢毫无疑问地参与其中）。

抉择意志是思维本身的一个产物，只有在同其创造者（思维主体）的关系中，它才能获得真正的现实性；即使这种现实可能被他人认识并由此而得到承认。

两种如此不同的意志概念却拥有一致之处，即它们都被看作行动的原因或倾向。因此，从它们的现实存在和它们的性质出发，可以推断一个主体的特定行为（Verhalten）是否可能；或者在确定的、受到各种条件影响的环境下，这种行为是否又是必然的。但是，本质意志建立在过去的基础上并且必须由此来解释，正如正在形成中的事物是源自于过去的；抉择意志则只能通过与自己相关联的未来本身来理解。本质意志将未来包含在胚胎里；而抉择意志将未来描绘在画面中。

---

① 这句话拉丁文的意思是：就思维被理解为隶属于思想的属性而言。滕尼斯在此采用了斯宾诺莎的观点，认为人的思想是实体的思想属性的一个样式。——中译者

§3

【**本质意志与行动—抉择意志与行动**】本质意志同关联着它的行动(Tätigkeit)之间的关系,正如一种力同其完成的工作之间的关系。由于在任何行动中,行动的主体都被理解为一种个体意义上的、作为人的有机体,因此在其中必然要设定某种本质意志形态的存在;它正好在心理的意义上构成了这样的个体性(Individualität)。本质意志内在于(immanent)物理性的运动当中。为了正确地把握这个概念①,我们应当②忽视所有外在客体的独立现实存在,只将各种感觉和经验放在它们主观现实性的意义上来理解。所以,在这里只存在着心理的(psychische)现实性和心理的因果关系;这也就是说:只有一种现实存在的、本能的以及行动之诸感受的共存与延续才应当③被思考,这些感受完全发源于个体性存在的原始胚胎结构,并且在它们所组成的总体里以及彼此的相互联系中发展而来。即便同时存在着这样一个事实:具体的发展受制于感觉的物质性材料、因此也会由于它而改变(与这种材料相对应的是我们通常称为"外在世界"的东西;当处于外在世界中,身体将受到生计与其他对象的规定,以此维持且改变自身)。

抉择意志先于它所联系着的行动,且外在于行动。尽管抉择

---

① 第一版(1887年)使用的是"本质"(Essentia)一词。——中译者
② 第一版(1887年)使用的是"必须"(muss)一词。——中译者
③ 第一版(1887年)使用的是"必须"(müssen)一词。——中译者

意志自身无非是思维中的一种现实存在,然而与之关联的行动却是它的外在现实化。无论是思维还是行动的主体,它们都通过外在的推动而使(一般被视为不动的^①)身体运动起来。主体是一种抽象的东西。它就是人所宣称的"我"(Ich),只要它将所有其他的性质都抽离出去、本质上被把握为正在思想着的东西:这意味着它可能想象一种由它自身作用所产生的(可能的或确定的)各种后果,并把一种最终结果的观念设定为"标准",以此衡量以上的诸结果。进一步地,它将这些可能的行动挑选并排列起来,将它们确定为一种向着未来现实的过渡。根据这样的概念,思维就像连同着机械性的压力那样作用在神经与肌肉上,并以此对身体的诸环节产生影响。因为这样的概念只有内在于一种物理或生理的观点中才是有效的,所以这里要求将思维自身当作一种运动,也就是当作大脑的功能。大脑在这里被理解为一种客观的、现实的东西,一个充满事物的空间。

§4

【**本质意志与有机生命—本质意志与有机生命的发展**】照以上的观点看来,作为本质意志的意志形式,它的问题是多种多样的,正如有机生命本身那样复杂。有机生命的特殊的本质意志是人类固有的,就像任何其他物种有其特有的身体与灵魂形态。个体的

---

① 第一版(1887年)使用的是拉丁词"inert",第二版(1912年)以来改成了德文词"bewegungslos"。——中译者

第一章 人的意志的诸形式

本质意志达到它完全的、成熟的现实存在,仿佛它所表现的有机体一样,从一个胚胎里、通过难以察觉的逐步成长而发展起来,胚胎在自身中就包含有(心理的和身体的)确定性,这些确定性由生育者细胞的结合创造出来。因此,本质意志按其起源而言就被理解为先天性的和遗传性的。然而,在父性素质与母性素质的混合中、在对其产生影响的特殊环境里,本质意志也有它自己的各种发展原则,根据这些原则,本质意志不断地更新与差异化,至少它有可能展开某些确定的变更(Modifikationen)过程。它的形成对应身体发展的每一阶段;在有机体里存在着多少力和统一体,在本质意志里就存在着同样多的力和统一体。由于有机体的生长过程必然被视作自发的,那么本质意志的形成也是如此。

根据我们的认识,这样的形成过程乃是通过各种力的作用、将自己展现为一种加速到难以名状之程度的运动。在世代的序列里,这些力在不断地增长、持续地多样化,它们可能将个体的存在与原始的有机物质形态联结起来。它们充当身体意志(Leibeswillens)本身的劳动力。身体意志越接近原始的状态,它就越是(相对于自己而言)不明显的,虽然在这样的状态下能够完成工作,那也是由于个体受所处环境之各种条件的影响。但是,环境越来越显现成区别于个体内在倾向的条件,只有此时,我们才能观察出各种变化,它们相对地独立于祖先的各种能力,而且它们似乎借助个体的本质意志自身而产生出来。在胚胎时期,这些变化近似于无,在儿童时期,它们则变得重要,一般说来,它们与年龄同步增长。如果说意志仿佛身体那样,在不同的时间里都是不一样的,那么,按照这里的观察,意志每一次的出现本身都被设想为一种意志行动（Willensakten）的序列，每一个意志行动都以所有先前的意志行动——它们在此一起构成了完整的有机力量——以及一种确定的外在刺激之特征为前提。所有上述的意志行动都可以追溯到最初的素质、即原始意志那里，原始意志以有限的方式包含着一切后来的意志行动，这里所说的"包含"不是在逻辑层面上，而是在真实可能性（reale Möglichkeiten）的层面上成立的，一旦极大的可能性处于特定条件里，它就会发展为必然性，甚至进一步变成现实。

在这个过程里，素质或倾向变成了能力（Fähigkeiten），但是在能力之中，这些素质和倾向自身依然作为本能（Triebe）发挥着作用。个体的能力不间断地与原始意志的核心交互关联，借此，它又与衍生于原始意志、从原始意志发展出的其他内容交缠在一起。这样一来，作为一个确定了的整体，意志——如果我们想象它的发展在一个终点那里完结——面对着外在世界的客观事物，接受着外部事物的影响，并反过来对它们也施加着影响；这两种行动①在宽泛的意义上都可以称作它的（这种意志的）行动，只要意志处于它的整全性中、通过它自己来决定是否接受一种变化。但是，所有那些在意志发展过程中引起"奇迹"的力依然持续地焕发生机，不断地产生作用，我们不仅应当将这一意愿的主体理解成一种产生这些力的更高秩序或本性（Art）②，而且应当将它视作产生了个体

---

① 即以上所指的意志接受外部事物的影响与对外部事物施加着影响。——中译者

② Harris版英译本将"Art"意译成"生物学的原则"（biological principle）。——中译者

本身(只要这个概念可以满足这里的要求)。因此,如果我们将个体的发展理解为他自己的意愿,我们同时也应该看到,一种"不可知的无限存在"(ein Unbekannt-Unendliches)似乎参与到了这个过程中,帮助其实现意愿;这样一来,即使这种意愿外在于个体的发展过程,我们依然要学会以发展和成长的方式去评价它[①],即:主体在这里被视作本质上典型的认知者,我们也可以这样说,事情在他的身上发生了,而不是他自己完成了事情。为了区分它们,应当强调一种总体的变化。但是,通过对行动的一般性感受,我们自己能够意识到意志的发展过程,严格说来,这种行动的一般性感受与我们主观上理解的整体状况(这就是我们根本上拥有并认识的,将一切囊括进来的、首要的和唯一的东西)是一致的。

§5

【植物性的生命和动物性的生命—植物性的意志和动物性的意志—心灵性的意志】对动物的(tierischer)器官以及功能的最普遍划分,正是将它们区分为植物性的(内在的)生命与动物性的(外在的)生命。同样,我们有充分的理由,假定存在着一种植物性的(vegetativen)意志和动物性的(animalischen)意志,它们(就像身

[①] 在这里,滕尼斯回应的是赫伯特·斯宾塞的构成所有自然现象之基础的"伟大的不可知物"(Great Unknowable)的观点,同时,滕尼斯回应了叔本华的"意志"观念,叔本华将个体意识仅仅视作一种保持种类的工具;但是滕尼斯最有可能回应的是斯宾诺莎的观点,在19世纪80年代早期,滕尼斯对斯宾诺莎的思想做过深入的研究。——Harris 英译本

体里的物理结构一样)结合在动物意志(Tierwillen)里,并在其中相互决定。但是,在人的特殊性格与特殊行动那里,这种结合是独特的、重要的。就心理学的观点而言,有必要以同样的方式将属人的或心灵性的意志(以及人的独特生命本性)从动物性的以及植物性的意志里区分出来,正如后两者之间相互区别。

同时,有必要设想这三种天性结合在人的自然之中,就像前两者统一在普遍动物的生命结构里。植物性意志的行动或有机意志的行动完全受制于接受到的或感觉到的外在刺激(物质性刺激),动物性意志的行动受制于知觉或可见的印象(感知的或运动的刺激),心灵性意志的行动则受制于思想或话语印象(即理智的或精神的刺激,它们无法通过物质或运动的价值来被衡量)。植物性的生命构成了所有生命形态的基础,而且它将自己确定为实质上的连续作用,一切特殊的行动都被看作它的演化与表现,它的存在完全在于维持、积累与再生产自身以及与自身相适应的力量,同样还有不断变化着的各部分之间关系的形式。植物性的生命是与自身相关的现实存在与作用:例如物质的同化、营养液的循环以及器官的维持与更新。因此,动物性的生命主要地是向外的运动,也就是,在与其他事物或生命的关联中使力量必要而且自然地发出:即通过肌肉组织的伸张与收缩,改变整个身体或者其组成部分的位置。心灵性的生命以交流信息(Mitteilung)的方式表现自身,也就是说,同类之间通过符号相互影响,尤其借助语言器官进行话语的交流;这样一来,因为大声地或沉默地与自身说话,信息交流本身也发展成了思维。事实上,由于信息交流的能力已经完全在动物性的生命那里准备就绪、安排妥当,那么所有从属于动物性的生

第一章 人的意志的诸形式

命的各种能力与行动就将通过说话与思维而多样化、特殊化以及强化。整个意志的第三种类型被视为第二种类型由于反向作用而造成的演化,第二种类型与第一种类型的关系亦是如此。但是,在人的本质意志里,这三种意志的类型被认为集中到了一起,只要人的本质意志表现为一个统一体。本质意志是有机体的意志,它通过一种动物性的—心灵性的意志来界定:一方面,它是动物性的意志,但它同时通过有机体的、心灵性的意志表现出来;另一方面,它是心灵性的意志,然而它自身同时受制于有机体的—动物性的意志。本质意志的所有动机最终都要以有机体的生命为依据;在心灵性的意志里,这些动机既找到了它们的方向与引导者,又获得了它们最特殊的形式;而这些动机的最重要、最日常的表现最大程度地显现在动物性的意志之中。①

与以上的论述相对应,我确定了若干心理学的概念组,用它们来描述人的本质意志的诸形态。在这些形态中,本质意志对自身的肯定是通过对其他事物的肯定或否定来达成的。本质意志诸形态的名称只表明肯定的(positive)意义;但它们同样使否定的意义为人所知——比如说"意"(Wille)这个词就会让人们认识"不满"(Unwillen)这个词或"厌恶"(Widerwillen)这个词。在每一个本质意志的形态里,本然的或生产性和驱动性行动的心理价值,都与接受、感受或智性这些心理价值结合在一起,它们表现为一种秩序与相互关联,正如动物神经系统的中枢器官在生理学的意义上

---

① 滕尼斯划分的"植物性的"、"动物性的"、"心灵性的"领域,很切近地对应于霍布斯关于世俗政府的三种官能的分类:"营养的"(nutritive)官能,"运动的"(motive)官能以及"理智的"(rational)官能。参见霍布斯:《利维坦》,第 29 章。——Harris 英译本

具有这种重要性。因此,确定的接受总是导向确定的给予的产生或产生的倾向(即拉丁词"驱动"〔conatus〕①的意思),给予跟随在接受之后,并且必然沿着阻力最小或推力最大的方向行动。由此可见,与来自外在确定对象的印象(或观念)相结合的,必然是作为自身本质之表现的确定反应倾向(或观念)。意志既可以被理解为同那些外在对象的关系——这就是说,同感知它们并由此带来的行动的关系——也可以被把握为同这种从内向外的行动的关系。就以上两种关系而言,只要它们是积极的或肯定的,意志就通过自身的本性和规则确定自己,使自己合乎准则:它与结合了对象本身,并倾向于或准备做出对应的行动。

§6

【本质意志的第一种形式:喜好—发展与成长—感觉器官】在人的本质中,存在着对某些确定对象与确定行动的先天兴趣,我将这种兴趣称为人的普遍动物式的本能或人的喜好(Gefallen)。我们用这个概念来解释这样一些东西,即所有只能通过由先赋的胚胎状况所决定的个体心理结构的发展及正常成长来说明的东西。由于这些东西渗透进人的全部生活,支配着人的活动、思想以及生活风格,那么"喜好"就是有机体诸本能的一种复合物。在这里,一切个别的观念或感觉(Empfindungen)都派生自这个原始的统一

---

① 滕尼斯在此使用的拉丁词 conatus,参照的是霍布斯在《利维坦》第6章里的用法,即所谓"最小运动的开端"之意。这个词通常对应的英文 endeavour,由于该处的语境偏物理因果关系的讲法,故而翻译成"驱动"。——中译者

第一章 人的意志的诸形式

体,而且它们处于必然的相互关联之中。这个统一体需要由三方面属性来把握:A)作为一种完全指向生命本身的意志,也就是说,它肯定那些促进生命的活动或感觉,否定那些阻碍生命的活动或感觉;B)作为一种谋求生计且与之相伴随的活动与感觉的意志;C)作为一种繁衍后代的意志——在这样的界定下,概念就完整了:因为再生产根本上就是生命本身;只有在特殊的感觉或行动必要地为它所需的程度上,再生产才变成了一种特殊意志的内容。

这些与身体机能相适应的需要和欲望是一切有机体共有的,它们在人的情感(Gefühl)的内在谐和中奠定了基调。所有不同类型的喜好和反感,作为个体的身体与心境状况,既表现了个体持续的特征,又表现了暂时的特征,而它们建立在个体器官的能力状况与个体获得满足之程度的前提下。需要与欲望一般被看作是纯粹身体的状态。事实上,所有那些为真正的精神、也就是为人的思想所喜好的东西,都可证明为依赖于且反作用于以上那些条件。但是,至少在一定程度上、对所有的动物而言,它们所共有的原始的、真正的沟通内在与外在世界的中介是感觉器官,也就是神经系统。就像身体的其他器官一样,感官部分地从它自身获得满足:在这一方面,它直接地取决于有活力的诸器官的特征以及状态,之后还要受制于自身的特征与状态。同样,感官部分地从它身处的环境,即从外在世界获得满足,它们以特殊而多样的方式经验着、意识着这个世界,从中感受到适意或厌恶的情绪。在这里,肯定性的情感或者说喜好,以及否定性的情感或者说反感,并不产生相应的运动,毋宁说:它们本身就是运动,作为运动,它们是真正的意志的外在表现,通过输出性的神经纤维,它们使肌肉收缩。

这样，进一步的研究就存在着两种可能性，第一种是追查运动之为运动的起源，这种研究预设了对生命本身的解释、预设了个体生命以及个体生命的发展从普遍生命那里派生出来。于是，就产生了一种有条件的神经兴奋理论，这种理论要解释神经兴奋是如何在神经系统与外力的相互作用下产生的；它又如何传播，促使神经部分地由内向外输出能量，部分地通过分子达成新的平衡、从而转向相对平静或舒张的状态。第二种是表现诸感觉的历史及其相互关系，不过事实上，它们只是那些生物的、客观的现象的主观现实。任何细胞，任何组织与器官都是在自身当中拥有统一意志的一种确定的复合体，它们同时处于与自身以及它们的外在环境的关联中。这样的情况也适用于整全的有机体。有机体的各种变化不仅来自于有机体内部的（神经中枢的）各种运动，以此来维持整个生命的运转，而且它同时还要受制于从外部感觉到的印象（Eindrücke）。就人而言，这些印象仅仅被当作动物性的—心灵性的印象来考察，如果表现（Ausdrücke）被视作从统摄整个有机生命的神经中枢那里发源出来：那么这些表现就是本能的运动或意志的表现，通过它们，一种被感觉到了的东西就受到了肯定或否定。借助感官，总体意志似乎向外在的对象提出了种种问题，检查与测验着它们的特性。但是，最终还是要由意志自身做出决定和判断：它们让人喜爱还是厌恶，它们是好的还是坏的。在这里，只有（脊髓的与大脑的）动物性的与心灵性的中枢及器官本身是植物性的生命的表现（即它们依赖于交感神经系统①的表现）时，它们

---

① "交感神经系统"（sympathischen Systems）对立于"脊髓—大脑系统"，它意味着脊椎柱里的纤维和神经中枢，这些纤维和神经中枢调节着血液与内脏。——Harris英译本

才被视作参与到了总体意志当中。这样一来,只要各个感觉器官的特征根据的是纯粹原始倾向的发展,在诸感觉器官的相互关联中,它们自身就意味着与肯定的(或否定的)意志一样多的喜好的(或厌恶的)类型。本质上主观性的感官,例如触觉、嗅觉与味觉,最清楚地表现了以上的特征;它们是最直接的享受性器官。

§7

【本质意志的第二种形式:习惯—经验与练习—发展与练习—动物与人的精神实质—习惯与知性】与以上那种本质意志的形式相区别的是另一种形式:本质意志的动物性形态,即习惯(Gewohnheit)。习惯是通过经验产生的意志或乐趣:最初的无聊或让人不快的观念通过与最初使人愉悦的观念相混杂和结合,会令人觉得适意一些,直到它们最终进入生命的循环之中,也就是说,仿佛进入血液的循环里。经验就是日常的练习(Übung)①。在这里,练习是形成习惯的活动,正如以上所提到的纯粹的自然发展是喜好的根源一样。最初,练习由纯粹的自然发展引起,由此必须要进一步解释它如何从自然发展中分离出来,它又如何作为特殊的因素保持着外在于且并立于自然发展的状态。由于个体现实存在的生存环境或条件更决定性地发挥着作用,以上的情形就出现了。就个体的生存环境或条件而言,他面对着一种协调诸印象的复杂

---

① "die Übung"指的是不断地完成同样的任务而进行的重复工作,这个概念一般被英译为"运用"(use)或"练习"(exercise)。根据词义,中译者将它翻译为"日常的练习",在后文中会简略地翻译为"练习"。——中译者

工作。自然的发展与成长（在正常的过程里）是简单的、确定的并且普遍的（包括所有的有机体）；而练习一开始则是困难的，但随着多次重复，它将使不可靠和不确定的运动变得可靠和确定，并发展出特殊的器官与力的储蓄所（Kraftvorräte）。不可计数的微小影响积累在一起，形成了这样的结果。就像有害的、敌对的东西导致痛苦一样，陌生的、不习惯的外力一开始会让人感到不安，使人产生恐惧感（本能的恐惧感），然而随着外力经常的反复作用，如果危险在消逝，不再引起痛苦的感觉，那么恐惧感也会慢慢减轻。所以，那些最初令人感到恐惧和厌恶的东西假设可以被忍受的话，最终它们甚至可能变成令人愉悦的东西。正如相反的变化也通过经验显现出来，一种习惯可能逐渐蜕化、转化成完全不同的类型。对一种平静和轻松的感觉（统觉）或对象的获得（同化）所遇到的阻力而言，它们可以通过个体日常练习中不断增长的力量来克服。但是，这种力量的增长有着确切的、规定了的界限。过度的练习就是过度的用力，它要么将导致其他器官的损耗（破坏），要么使练习过的肌肉遭受直接的疲劳，或使整个有机体产生间接的困乏，也就是说，没有足够的替代之力来弥补储存之力的枯竭。这样也就解释了：为什么时间一长，原初轻松与自然的活动就会变得困难，甚至最终变成不可能的事情；为什么之前令人愉悦的感觉与行动变得无聊，甚至让人感到痛苦；正如饥饿与口渴由于过度享受转变成胀饱，过度的性欲变为厌恶——总而言之，意志变成了反感。

尽管如此，首先需要指出的是，最初的倾向还是促进了习惯的形成，原先令人觉得适意的东西也因此更加让人喜爱。所以，那些建立在喜好基础上的特殊行动会更容易地变成习惯的行动，并以更独特的方式出现：一种确定的生活方式（因此也就是天然的环境）作为习惯，使动物感到适意，最终对它们而言不可或缺；同样不可或缺的是一种特定的营养方式和按照共同方式生活在一起的同伴。在这一点上，人完全就是动物（Tier），即使他拥有他自己的生活方式；人完全可以说，他是一种习惯的动物，一个服从于自身习惯的奴隶，如此等等，由此，我们获得了一种普遍而正确的认识。只要人作为动物的（animalische）一个种属，从而共同地对立于更大范围内的其他有机体类型，那么习惯就是他心灵的本质和实质要素。所有日常的练习，也就是说习惯，皆以感官把握的某些感性知觉为前提，故而人的习惯建立在对词语符号的理解上。首先，一个动物会习惯于特定的事物以及对它们的享受，这样一来，它们就与该动物的生命活动直接关联在一起；然后，这个动物将越来越习惯于某些对它而言必要的特殊运动和劳作，这些活动建立在它的特定知觉的基础上，而且它必须要熟练这些活动的操作；这些活动联系着对它们发生作用与因它们发生作用的知觉以及表象，最后，他要习惯于这些知觉以及表象的过程和相互关联，在这样的基础上，就高等动物而言，熟练的推理活动通过组合现有的事物，将之当作对一种既定事物的补充，而且当他从推理活动中抽绎出一种推理的能力时，这种能力就被我们称作知性（Verstand）。

  在人的本性里，这些习惯仅仅专门化与转变了的东西，我们可以将它们划分为人的生活习惯、劳动习惯以及表象习惯。当然，所有这些习惯都能通过数不胜数、互相交错的线索联结在一起。在这里，最值得注意的问题——正如每个人都知道的——在于：个体认识到的、能够做到的事情如何同个体可能有兴趣的东西达成一致？因为无论如何,"能够"(Können)本身即力量感(Kraftgefühl),它是一种趋向成就的渴望和意志。有机体生存的必然性决定了它至少要在现今既定的完善状态下保持自身,它一定要按照这样的方式生活;这是由于不被使用的器官将会随着肌肉的萎缩而逐渐退化,不再运用的力也会慢慢消失,相反,行动是它们获取养分的条件与现实性。这样一来,习惯,即"能够"的真正原则,在多大程度上同样也是主动的意志,这一点就可以理解了。因为人认识到的、有能力做的事情对他来说是简单的,因此他就喜欢、乐意去做,相反,越是对他来说陌生的事情,他就越痛苦、越厌倦,越不愿去做。就这一点而言,看看原初语言如何表达这些内容,是非常重要的:古希腊词 philein,换作我们的语言来说就是:某人喜欢某某 = 某人习惯于做某某;此外,特殊的术语 ethelein 有"意愿"(Wollen)与"乐意且准备去做某事"(Bereitwilligkeit)的意思,但同时也有"习惯于"(pflegen)这样的丰富含义。另外,可以想一想古罗马词 Consuetudo,它表达出来的意思是,精神创造出来并且结合在自身之中的东西构成了个体特质的组成部分:如果 suum(词根是 sva-)意味着呼吸与血液是个体继承来的所有物,那么 consuetudo 就表示个体新获得的、然而又变成与呼吸以及血液性质相同的所有物。最后,研究"习惯"本身的含义可以像考察与之相应的古希腊词 ethos 那样;两者仿佛都指向了观念或冲动的安定;它们找到了定居的地方,站立在家乡的土地上,它们自己与共同体的活动相联系,不断适应、顺服于共同体的生活,这样一来,它们越来越更紧密地结合在了一起。——作为特殊地发展而来的"共同的感受"(sensus communis),知性与"习惯"的关系就如同各个感官及其功能与"喜好"的关系。

§8

【本质意志的第三种形式:记忆—普遍的意义—新近心理学家的观点—"学会"相互关联—话语—幻想—记忆与理性】我把本质意志的第三种形式称作记忆(*Gedächtnis*)。记忆仅仅是第二种形式的一种特殊的进化,在涉及更高的、主要在人那里发展起来的大脑中枢时,它与第二种形式有着同样的内容,相比于整个脊髓柱,大脑中枢符合本质意志更普遍的概念。所以在这里,我们将记忆理解为心灵性的生命的原则,因而将它视作表现在人那里的本质意志的特殊标志。出于人和一切有机生命在原初时刻皆相同的观点,人们应当有理由说,在意志本身作为记忆或观念结合体(因为这样一来,感觉或经验才能成为一种相对而言独立的实存)时,它的真正本性才最明确地表现出来。事实上,人们常常将"记忆"定义为有机物的一种普遍的特性与能力(赫林①,海克尔②,S.布特勒③;尤其

---

① 爱华德·赫林(Ewald Hering,1834–1918):德国生理学家,研究人类神经系统的权威,他的研究甚至扩展到了光学与视觉理论。——中译者
② 恩斯特·海克尔(Ernst Haeckel,1834–1919):德国动物学家、生理学家、哲学家,达尔文与拉马克学说的追随者,他在把进化论运用到社会人类学方面起到过重要的影响。——中译者
③ 塞缪尔·布特勒(Samuel Butler,1835–1902):英国作家,他在1880年出版的畅销书《无意识的记忆》(*Unconscious Memory*,1880)中引介了赫林关于"种族记忆"的思想,流行于英国和美国。布特勒的著作在19世纪70年代与80年代经历了多次重版。——中译者

还有最近的塞蒙①)②,并尝试将动物(Tier)的本能解释为遗传下来的记忆。但是,可以将动物的本能同样普遍地理解成习惯,如果按照它们与类的关联而非与个体的关联来考察时,它们就不是别的,只能是习惯;因为有机体的原始本能——它们不能再被追溯得更远——已经将这些能力和倾向囊括到了自身当中,随着这些能力和倾向越来越强烈地、紧密地结合在原始胚胎上,它们倾向于不断地超越个体的生命。

习惯和记忆以相似的方式相互联系:一方面,后者从前者那里脱离出来;但另一方面,后者同时作为一种越来越强大的力量,复归于前者。在这个意义上,英国的心理学家(列维斯〔Lewes〕③,罗曼斯〔Romanes〕④)提出了"消逝的智性"(*lapsing intelligence*)理论,该理论采用一个公式来概括众所周知的现象:所谓志愿的(willkürliche)行动,就是在思想的共同作用下或者——在动物那里——由特定的感觉或表象所引起的行动,它将变成不自觉地或无意识的行动。⑤

---

① 理查德·沃尔夫冈·塞蒙(Richard Wolfgang Semon, 1859 – 1918):动物学家与人类学家,因为论述记忆的生理性传递而闻名。根据 Harris 英译本的注解,直到《共同体与社会》出版之后,塞蒙的第一部重要著作才出版,因此滕尼斯根据的可能是塞蒙在耶拿大学所撰写的教授资格论文。——中译者

② 第一版(1887年)没有提到塞蒙。——中译者

③ 乔治·亨利·列维斯(George Henry Lewes, 1817 – 1878):英国哲学家、文学批评家、心理学家。——中译者

④ 乔治·约翰·罗曼斯(George John Romanes, 1848 – 1894):加拿大出生的英国生理学家与心理学家,持进化论学说。他是比较心理学的奠基人,提出了人与动物之间的思维过程及机制相近的观点。——中译者

⑤ 参见列维斯(G. H. Lewes)的《心灵的物理性基础》(*The Physical Basis of Mind*)(London: Trubner and Co., 1877),第367 – 380页;罗曼斯(G.J. Romanes)的《动物的心灵演化》(*Mental Evolution in Animals*)(London: Kegen Paul, Trench and Co., 1883),第178 – 180页。——Harris 英译本

第一章 人的意志的诸形式

也就是说,只需要越来越微小的或越来越普通的刺激,就能使行动显现出来。这个过程在普遍的意义上表示了智性活动与动力学冲力的并存;然而就此而言,我们必须要想到,任何接受的抑或给予的行动,只有将它们追溯到共同的起源、即有机体的内在统一时,它们才是可解释的;因此,它们结合的可能性作为一种胚胎,必然包含在有机体当中。

根据日常的词义,记忆指的是再生产印象的能力。现在,在科学的概念里,记忆被普遍地理解成重复合乎目的之行动的能力。如果人们没有认识到,印象本身就是行动,不知道存在于有机生命概念里的二重性①,即有机生命作为供给营养与再生产的统一体,所有特殊的生命皆体现为它演化的结果,那么以上的含义就是不可理解的。如果说这个统一体部分地在有机生命的发展中维持自身,部分地通过日常练习进一步发展,那么它最终就是一种特殊的结合(Verknüpfung),为了保持这样的结合,就需要"学会"(Erlernens)。这样的结合存在于所有的活动当中,就其本质而言,它受制于人的固有天赋。"学会"部分地来自于个体自己的经验,部分地来自于模仿,特别是接受他人的指导与教化,这些教导告诉他,必须如何去做才能做得正确、才能做得好,除此之外,还有哪些事物与行为是有益的且有价值的。因此,这些就是记忆的真正财富:知道正确的和善的东西,这样就能去爱它以及做出相应的行动。因为像这样地知道某事物与肯定某事物,两者是同一的;正如

---

① Harris 英译本用"意图"(purpose)与"预定"(predetermination)来指代这儿的"二重性"。——中译者

习惯某事物就等于肯定某事物；喜好某事物与肯定某事物也是一致的。尽管如此，没有任何一个像这样的肯定态度将自为地、必然地导向相应的行动，只有当肯定的态度与行动共同克服重大的阻力时，它们的结合才是可能的。

心灵性的生命的普遍表现是话语（Rede）：一个人向另一个人讲述自己的感觉、愿望和所有可能的理性经验，或者在沉默的思索中与自己对话。语言本身作为对意义的认识，作为对词语符号之价值的认识，它就像结合、使用这些意义和符号的能力那样，必须通过学习才能被人掌握——在这一点上，无疑练习与习惯起到了最重要的作用——但是，即使学会了这门技艺，说出来的话也很少受到思维的决定，通常，它仅仅依赖于瞬间的喜好，依赖于突然产生的念头（Einfällen），这个念头的意义产生于说话者的处境和特定的环境，特别是说话者被称呼、被要求和被质问的方式。喜好总是被视为无意识的判断，正如在我们的语言里，喜好同样被界定为个人的判断（Gutdünken）①。在选择中，喜好支配着整个生命，这种状况同样适用于幻想出来的生命，其记忆的形式完全不受制于词语符号，相反，只要这种形式存在，它就会不断地再生产出各式各样的符号组，这些符号组就像其他的观念集合那样。但是同样，已经为人们习惯了的观念群（Ideen-Massen）有力地发挥着幻想或

---

① Harris 英译本在这句话后面添加了注解，指出了在德语里"我想做"（as I please）的含义十分近似于"跟随我的意愿去做"（at my discretion）的意义。德文词 Gutdünken 一般而言是放在"nach Gutdünken"这个短语里来表达。这个短语的意思就是"跟随某个人的意愿"（at one's discretion）。它在历史上的原型乃是封建领主在自己领地的法庭内行使自由决定。——中译者

第一章 人的意志的诸形式

记忆的功能。最后,存在着这样的一些观念,同它们的结合本身就是一种记忆式的结合。也就是说:为了区分以上那些观念,认识那些观念的价值,需要记忆或一种特定的突发念头与思想,并将它确定为衡量那些观念的标准或天平。类似于话语,所有其他本质上由幻想、记忆或理性共同规定的人类劳动,作为一种创造性的与艺术性的劳动,使人与大多数的动物,尤其是最近似于人的动物明显地区别开来。

因此,如同知性与习惯之间的关系、感性与喜好之间的关系,作为语言能力、思维与思维着的行动能力的理性在同样的意义上与记忆发生关联。如果记忆同时是心灵性的喜好与习惯,那么习惯就是一种更低程度的(动物性的)记忆,喜好就是初级的(普通有机体的)记忆。

(补充)斯宾诺莎(*Spinoza*)在人的意志里重新发现了记忆。请参看《伦理学》(*Ethik*)第三部分命题2之注解的结尾,它的论述是这样开始的:

> 在这里,我特别想强调的另外一点是:我们没有能力出于我们心灵的自由决定(freiem Beschlusse des Geistes)而做出什么,如果我们不能回忆起它们来的话。举个例子来说,如果我们无法想起一个词语,我们就无法说出它。我们不能在心灵的自由能力里想起或忘记一个事物。

在讨论了一个反对的意见之后,他这样总结道:

必须要承认的是，我们所信仰的心灵的自由决定不能同想象本身或记忆区分开来，它除了作为观念的观念所必定包含着的肯定以外，就什么也不是了。除此之外，这种在心灵中存在的心灵的自由决定，就像关于现实中存在的物的观念一样，都拥有着同样的必然性。那些相信自己说话、沉默抑或做某事全凭他们自己心灵的自由决定的人，无疑都是一些睁着眼睛的做梦者。

但是，我们相信，如果我们讨论一下抉择意志的形态的话，这个真理就能在更准确的表述中得到把握。

§9

【进一步的界定：A）从情感引申出的有意识的行动—大脑的活动；B）素质与环境—素质与练习—学习；C）人的自然—第二自然—第三自然—肯定与否定—个体的自然的内容—表达；D）作为激情的人的本质—作为勇气的人的本质—作为才华的人的本质—作为天性的本质意志—本质意志的所有形式；E）意志的品质—好的意志—德行：道德意义上的善—人的善—正直，善，忠诚—道德上冷淡的德行】在这里，我们将迄今为止所总结出的观点归纳成一些普遍的结论，并扩展它们的含义、以此来界定一些延伸性的概念。

A）所有特殊的人类行动，也就是有意识的、被称之为习惯性

第一章 人的意志的诸形式

的行动①,只要它们从属于人的本质意志,那么它们就源自本质意志的特征以及它每一次受到刺激的状态。后者就是那些我们必然理解成心境(Stimmung)、情绪(Affekt)或确定的表象、意见、幻想的状态。普遍说来,这些状态可以被称作情感(Gefühl),它似乎同样规定了这些状态展开的方向或它们的特征以及表现方式;一个人行动,因为他感受到什么东西、习惯了什么东西、最终觉得这个东西是好的。无论如何,大脑里都贮存着一定的神经能量,只要这些能量不能在大脑内部释放出来,它们就走向了通往肌肉的道路。就这一点来说,它们部分地通过既定的外部刺激,部分地通过有机体(神经系统)的内在关联而确定下来,它们熟练行进的道路就是需要最少能量花费的道路。所有这些需要付出、要求消耗能量的活动,都受制于先前的或同时的特定能量收入上,除了通过劳动,人们毫无其他获取能量的办法,即使人们的劳动似乎只能作用在先于他们自身的、通过遗传继承来的土地上。劳动培育了大脑,借助自己的心灵机能,大脑不断地发展,并持续地从植物性的系统中吸取养分。通过这些机能而经受历练、不断增加并同时从外部世界获得感知的力,就是智性的经验(intellektuelle Erfahrung)。智性的经验是这样产生的:部分地,它通过——单独的与结合的——感觉器官的生产活动而产生,这个过程的每一阶段都是在既存脑力的共同作用下实现的,既存脑力之中包含着过去的经验成分;部分地,它通过所有其他器官的工作而产生,尤其是那些在

---

① 第一版(1887年)与之不同:"所有特殊的人类行动,也就是有意识的、一般被称之为志愿的(willkürlich)行动……"——中译者

感觉器官和大脑指挥下工作的器官,就这些工作而言,言说(Sprechen)是它们所产生的效果中最重要的一个东西:言说既是高度复杂的大脑和肌肉活动的训练,又是借助个人自己的听觉而感知到的经验;部分地,智性的经验产生于大脑自身的特殊活动,它包含以下三种类型,1)保存和再生产直接的观念;也就是真正的"记忆"功能;2)形成诸观念并将它们结合成各种独立的图像,这些图像似乎拥有自己的生命且好像在"内在之眼"(inneren Auge)前活动,这是一个具有高度"主观性"(subjektive)的活动,也就是说,它是受到记忆的一种特有能量制约的劳动,即幻想的(Phantasie)劳动;①3)通过对诸表象命名、接受与拒斥,分解与组合着它们——这是有意识的回忆(Erinnerung),而且从这样的回忆里,才派生出一种特殊的分支,那就是比较性的、运用概念操作的思维或计算。

B)作为意志的基本倾向,喜好何以形成各种特定的类型,这一点最大程度地取决于内在的诸条件,即素质,最低程度地取决于外在的各种条件,即环境。在习惯的发展过程中,素质和环境可能发挥了同样大小的作用,但在记忆的演化过程里,环境被视作产生了决定性的效果。这就意味着,练习的结果以及与之相区别的、被称之为"学会"的特殊练习成果都要包括在我们的评价里。因为正如所有人都知道的那样,练习的可能结果受到素质的制约,成功的可能性也因人而迥异。但是,一个最初很弱,然而经过强有力练习的素质至少可以与一个原初较强、却练习得很差的素质并驾齐驱。

---

① 这一点可能引自威廉·华兹华斯(William Wordsworth)的《幻想之诗》(*Poems of the Imagination*)第 12 节,"它们闪现在内在之眼那里,这是孤独的狂喜。"(They flash upon that inward eye, Which is the bliss of solitude.)——Harris 英译本

第一章 人的意志的诸形式

这条规则既适用于完成某些特殊技艺或实现某些特殊成就的天资，也适用于举止、行动或思维本身的某些确定类型。人们已经熟悉了——在这一点上，叔本华的学说与传统的观点相一致——将灵魂的（就是身体特征之外的）素质与特征同智性的、道德的特征区别开来。就此而言，灵魂的素质与特征完全被理解为"能力"（Fähigkeiten），智性的、道德的特征仅仅被视作"好感"（Neigungen）或"厌恶"（Abneigungen）。为了当前的研究，我们设定只存在着几种意志的类型，它们一方面在整个身体的构造中具有客观现实性，另一方面，在如此状况下，它们同时是达到完善（Vollkommenheit）的能力。通过客观的事物与自身的能力，人们很清楚地将它们辨认出来，他们从这些事物与能力中发现了自己的喜好；进一步地，他们很容易地就习惯了这些东西；最终，人们拥有了对它们（轻松的，美好的）的记忆。

C) 所有从属于一个人的喜好（即人的本能）、习惯以及记忆的东西，都被理解为由这个人的自然把握与加工而来，借助这样的方式，这个东西与人的自然构成了一个整体，或者说，构成了统一体。也可以这样说：如果喜好被接受下来，与个体自然的原初特征完全一致，即像后者那样，喜好通过整个有机体的单纯生长、在有利的环境下发展了自身，那么习惯（即通过练习发展起来的东西）就是人的第二自然，记忆（通过模仿与"学会"）就是人的第三自然。然而，每一个动物性的生命本质都不可变更地体现为接受与排斥、攻击与防御、接近与逃遁；或者我们可以用心理学的、同时心灵性的方式表述它，即它处于喜悦与痛苦、需要与厌恶、希望与恐惧之中；最后，我们也可以用中立的和逻辑的概念将它表达出来，即它处在肯定或否定的状态中。一切的生命和意愿都是自我肯定，根据他者与自我（作为灵魂与身体的统一体）可能处于怎样的关系，它也因此就是对他者的肯定或否定；也就是说，对他者的肯定或否定建立在他者如何被自我感知甚至预先感知（即渴望或厌恶）；他者是否以及在多大程度上是好的或坏的，是友好的或敌对的。我们的特殊本性或我们固有的自我的整个内容，都可以被界定为：我们所能够做的事情，或我们有能力完成的东西，总之，即我们的真实力量。它包含了我们过去愿望着的并在现时拥有的东西，正是我们的本能、习惯与记忆构成的关联体。这个整体在个体的意愿（Wollen）里表现得尤为明显，其表现方式包括：a）各种情感的直接（本能的、植物性的）表达，这种表达无异于身体诸器官的收缩（挛缩）或膨胀（舒张），这样一来，个体发挥了最少的作用；b）借助（表达的）动作、表情以及语调，交流与传播各种情感；c）提升与澄清这些情感，形成判断（Urteilen），判断是说出来的句子，或者说，是根据说出来的方式而表象（设想）出的句子，以此，个体找到了最重要的表达手段。除此之外，一个人的力量和本性体现在他所做出的客观成就中，在真实的生活里，他的现实存在以及他的活动被视作他所作出的影响、行为以及事迹的原因。其中的一些成就越是难以实现，人们为了掌握技艺、就越要依赖于对伙伴与师傅的模仿（Nachahmung）；就这种通过模仿来实现成就而言，就像最类似于人的物种那样，人拥有一种特殊的素质或倾向，它们皆是可遗传的特征。

D）从所有以上的表现来看，人试图认识自己的内心或本质。如果在对他而言的必然行动里，人的本质无非就是盲目的欲望与

第一章 人的意志的诸形式

渴望，那么这种欲望与渴望在植物性生命中的表现就不同于在动物性生命与心灵性生命中的表现。假如它们显著而强烈地表现出来，那么在这里，我就将它们称为激情(*Leidenschaft*)。激情是一种趋向享受的渴望，一种普遍的"生命渴望"(Lebensdrang)，它最强大的能量是在生殖欲或者说性欲中表现出来的。此外，我们可以称它为"行动渴望"(Tatendrang)，或者把动物性的力的行动兴趣称为勇气(Mut)，最后，将心灵的"创作渴望"(Schaffensdrang)或整理、塑造和传播记忆及幻想中有生命的东西的兴趣定义为才华(*Genie*)。每个人都拥有一定程度的激情和勇气，每个人都拥有一定程度以及特定形式的才华。然而，我们必须将所有的这些特性与确定的成就结合起来考虑，因此，第一种特征最不具有可变性，而最后一种特征具有最大程度的可变性。于是，我们马上可以明显地看到，对于本质意志的简单形态而言，这些特征都只不过是一些特殊的概念，或者说，激情依据的是喜好，勇气依据的是习惯，而才华依据的是记忆。只要本质意志在这样的总形式(Gesamtformen)中——抉择意志的诸要素包含于其中且依赖于它——有其表现，那么我们就可以将本质意志的表现从总形式中区分出来，将之命名为天性(*Naturell*)。在一个人的天性里，激情、勇气和才华的倾向及力量，以不同的比例关系混合在一起。但是，激情与活泼(Lebhaftigkeit)是这个概念原初的特征，仿佛它们就是这个概念的基础。当激情运用在、表现在一个人对他者肯定或否定的态度上时，它就被称为信念(*Gesinnung*)，也就是爱与恨。进一步地，作为将这种信念实现为友好或敌对活动的意志，勇气因而被视为"道德"品质的典范，也就是性情(*Gemüt*)。最后，个体所具有的才能——作为考虑和评判自己与外人、友好与敌对的行为方式及品性的记忆与思维的意志(Gedankenwille),并因此作为表现道德倾向与意见、即意愿(Velleitäten)①的概念——通过普遍的同意,被确定为良知(Gewissen)。

E)意志的各种品质(Qualitäten)与这些形态紧密关联,它们被钦慕、称赞与尊敬,或者被蔑视、斥责与贬抑。一般而言,善的意志,毋宁强调为善的意志,与"能够"以及完全的成就之实现相对,它是现存各种力的强烈收缩,在某个行动或某个完成了的业绩里,这种力的收缩有其客观对象。尽管在此之前,作为行动之可能性状态的力与作为行动之现实性状态的意志,被我们理解成了同一个概念,但它们在这里分道扬镳了:前者作为一种凝结的、稳定的实质性意志;后者作为一种功能,因此即一种自身分解的、流动的力——前者与后者之间的关系就如同潜能和动能之间的关系一样。虽然一般说来,人的力量与能力似乎从命运或一位上帝那里接受而来,但是人本身(der Mensch selber)在其坚定的统一性与个体性中被理解为已做出的劳动的完成者,这里所说的劳动不仅指实现了的结果,而且指为了达到结果而做出的行动本身。这并不是说,在特殊的(即我们此后要加以观察的)意义上,个体(此前在思维里)就已经意愿或选择了这种活动,而且可以意愿其他的活动;而是指,单个的、特殊的意志似乎发源于总体的、普遍的意志,无论行动与意志是否被视作同一的东西。

---

① 德文词 Velleitäten 的含义是:意愿尚未实现为行动,当下仅仅保持纯粹的意志的激动状态。它源自拉丁词 velle,即"意志"(wille)或"意愿"(wollen)。——中译者

第一章 人的意志的诸形式

根据这里所作出的基本界定，在纯粹的发展与其对立面、即先赋的素质在现实中的不断练习（连同先赋的素质的训练与使用）之间，就存在着本质性的区别。整全的、已经成长起来的人参与到这样的练习之中，在这个过程里，他的特殊品质、即他的知性或理性，尤其发挥了作用，我们可以用生理学的方式将这个过程表述为：大脑的确定中心产生了效果。因此，关于行动或单个意志的判断都牵涉到人的全部本质（Wesen），它是这些判断的充分理由，也是包含着它们的一个整体：如果人的全部本质是另外一个样子，那么它发挥的影响或其组成部分就是另外的样子；因为它是这样，所以它的影响或其组成部分就必须是这样。在整个的本质意志那里，我们因此可以分辨出一些持续存在的特性，它们不仅将本质意志解释成力与实体（Substanz），而且在上述意义上将其理解为意志与行动：如果后者是重大的与显著的，那么它们就是本质意志独特的优越性（Vorzüge）、卓越性（Tüchtigkeiten）与德性（Tugenden）。也就是说：普遍的德行是能（Energie）——是行动力或意志力；在行动的领域里，它可以被称作勇敢（Tapferkeit），在事业的领域里，它可以被叫作勤劳〔Fleiß〕（或认真、勤奋、细致）。这些都是与激情、勇气和才华相关的概念。因为我们可以将这些德行限定在一种意义之内，就此而言，意志体现为自然力与天赋（虽然它们以不同的方式得到应用），因而它特别地被视为理性的意志（Vernünftiger Wille）[①]，被视作人的努力、练习与劳动的原则。

[①] 在这里，Harris 英译本用 "reasonable will" 来翻译 "vernünftiger Willer"，以此区别于"抉择意志"意义上的"理性的"（Rational）意涵。——中译者

89　　但是,在这些德性及其多种多样的变体里,我们无从找到意志的本然的、道德的善(*Güte*),因而人的善就无法被发现。正如一个人凭借他的能力与技艺是一个独特的、稀有的与有用的人一样,他可能被称作一个好的手艺人,好的士兵,好的作家,但不能被称为一个善人(*Mensch*):因此一个人通过这些德行,通过与某种被表象出的成就相关的善的、充满能量的意志,他可能是一个有才能的人,一个重要的人,但绝不是一个善人。人的善(就普遍的概念而言)仅仅在于一个人与其他人的关系,这样,它就只关联到本质意志的第二种表达类型。它是意志直接的、友好的、善意的倾向,是体谅(正如一位诗人所说,"高尚的心灵之花"①),是乐意分担共同的快乐和伤悲,是依恋和感激地回忆生活中的友好伴侣。因此我们可以将"信念"的纯洁和美丽定义为真诚(*Aufrichtigkeit*)与实在(*Wahrhaftigkeit*);将"性情"的深邃,尤其是性情的高尚定义为善(*Güte*);将"良知"的善与正直,包括那种柔弱的,甚至可能是诚惶诚恐的谨慎,定义为忠诚(*Treue*)。从以上的三种类型里,我们可以推导出所有自然的道德价值。相对而言,那些通常所谓的意志的精明,无论被看作多么重要的东西,它们在道德的领域内似乎都是无关紧要的。在关于道德的讨论里,将一种类型的判断同另一种类型的判断混淆在一起,导致了许多混乱。

---

①　这里所指的诗人是特奥多尔·施托姆(Theodor Storm,1817-1888),滕尼斯引的是施托姆的《示儿诗》(*Für meine Sohne*,1854)中的一句:"最高贵的心灵之花是体谅,可是有时,可贵的毫无顾忌,也会像雷雨后的清新的天气。"(*Blüte edelsten Gemütes ist die Rücksicht; doch zu Zeiten sind erfrischend wie Gewitter goldne Rücksichtslosigkeiten.*)——中译者

第一章 人的意志的诸形式

不过无论如何,只要那些无关紧要的德性使他人高兴,促进了别人的幸福,包含了有用的特性与能力,而且被视作不断向着这一趋势的努力,那么它们就获得了道德的意义。相反,道德意义的缺失,或道德意义的对立物不仅完全会被轻视与谴责,而且会体现为纯粹具有伤害性的、因而恶的意志(它会激起不满,正如善的意志激发好感)。德性受到赞赏,恶行遭到蔑视,恶行同样被视为敌人的特性,它会带给人畏惧,正如德性令人愉快、让人受益。

说明(1911):这里强调的伦理价值的区分,不仅对社群生活的理论而言非常重要,而且对共同体与社会之间的对立来说十分关键,它常常被那些不善于概念思考的作者轻视。与此相反,霍布斯已经尖锐地强调了这一区分的意义,他指出(《论人》〔*De Homine*〕第8章第9节):

> 三种基本的德性,即勇敢、智慧与节制,不是作为公民的公民德行,而是作为人的公民德行;只要它们不仅对集体(Gemeinwesen)有利,而且对那些拥有它们的独立个体本身有利。因为,正如一个集体无论如何只有通过好公民的勇敢、智慧和节制才能维持自身,同样,一个集体也只有通过敌人的勇敢、智慧和节制才会遭受毁灭。①

---

① Harris 英译本在这里注解说,滕尼斯直接从 Molesworth 编辑的霍布斯著作集的拉丁文版(Opera Latinae, Vol. II, p.117)译成德文。——中译者

§ 10

【对抉择意志的考察—通过目的而形成的统一体—思维的统治—思维的自由—以及因果关系】以下的研究朝向的是一个完全不同的方向,它把作为人类思维产物的意志、即抉择意志当作自己考察的对象。因为这种研究的可能性建立在人类有机体—意志的完全成熟了的形态的前提下;除此之外,不可胜数的征象(Ansätze),作为存在于记忆之中的未来行动的表象,只有通过确定的、不断更新和扩大的思维劳动,才能形成多种多样的具体形态。作为被思维着的东西,各种独立的倾向或力自身排列或被排列成一些体系,在这些体系当中,每一个倾向或力都拥有它自己的位置,都在同其他倾向与力的关系中发挥着自己的功能。这种将自身表象为同思维对应的统一体,是整个人类表达自己、影响自己的一种可能性。一个想象出来的目的,也就是说,一个需要得到的对象或一个期望能发生的事情,总会提供一种标准,根据这个标准,将要实施的行动就受到了引导,并被确定下来。在理想的情况下,向着某个目的的思维统治着所有其他的思想与考虑,因此也就控制着所有可凭借志愿而选择的行动;它们都必须服务于指向目的的思想,必须导向(conducere)它或者至少不能阻碍它。这样一来,许多次级目标就组织起来、皆从属于这一个目的,或者许多有关目的的想法都积聚为一个共同的观念,这一观念的实现有利于总体目的的实现,因而它似乎变成了一种手段。由此,在同更高目的的关联中、通过这些关联,这些次级目的越来越被降低成手段。

第一章　人的意志的诸形式

　　思维对意愿的彻底统治因此表现为一种目的的等级结构，在此结构里，所有被意愿的东西必然最终被引导到一个最高的、最普遍的目的上来，或者被引导到许多这样的目的上来，只要这些目的相互独立，而且具有同样重要的意义。但是根据之前已经提出的概念，这个最高的目的同样要从思维中获得自己的力量，因为是思维肯定和确认了目的，借此，思维发挥了决定性的影响。就这种状况而言，思维可能存在于所有意愿的现象之上或它们之后，所有意愿的现象都必然源于思维，或用思维来解释。

　　趋于这种统治的倾向在每一个（被想象为自为的）理智的行动里都发挥着作用；因为任何现实的知觉都服务于指挥并引导源自本质意志的推动力。虽然知觉并不产生动机（Motive），但它们为现存的动机提供导向（Direktive）。为了将意志潜在的力量激发出来，表象和思想为其提供了必要的条件或有利的机会。然而，根据意志潜在力量的本质，它独立于表象和思想；正如自然力独立于运动的法则。但是，思维自命为统治者；思维成为了"机械造神"①，它从外部发挥作用，使不动的物质运动起来。因此，我们必然想象思维本身从原初意志那里脱离出来（尽管它是从原初意志中产生的），变成自由的了，它在自身之中表现着、维持着意志及意愿，而不是被意志与意愿表现并维持着。抉择意志的可能性以此为依据：与一种未来行动相关联的思维产物（die Werke des Denkens）可以持续下去，而且，虽然除了由它把握着、保持着的思维之

---

①　这里的德文词就是"Gott"，Harris 英译本将这个词翻译成"机械造神"（deus ex machina），确切地反映了原文的意思，故而在此采用英译本的译法。——中译者

外,它什么都不是,但它似乎仍然表现为一个独立的实存。思维作为一种意志状态,如同作为一种运动状态一样,在其他意志状态或运动状态之前就已经发生了,而且我们能够觉察到,思维正不断地产生着它们。就意志状态而言,我们或者只注意了思维过程的心理方面的特征,就运动状态而言,我们或者只注意了思维过程的身体方面的特征,这样一来,我们就得出了这样的结论:灵魂(或者意志)对身体产生作用。这个结论实际上不可接受,因为灵魂和身体是同一的。在这种情形下,真实的结论是:只要我们将任何思想的产物当作一种实存(它被恰当地理解成彻底偶然的东西),那么一种观念上的现实就对真正的现实发挥了作用:观念上的意志作用于真实的意志(因为被驱动的可能性,必须从心理的层面解释);观念上的物质作用于真实的物质。如果将这个过程表述成极端复杂的生理学过程的话,那么可以说,大脑中一定数量的能量通过神经与肌肉传到身体的各组成部分里。

§11

【抉择意志的形态—a)选择的方向—思虑,b)确定行动的方向—决定—c)思维本身的方向:概念】抉择意志首先应当被区分为三种简单形态,据此:

a)抉择意志与一种普遍意义上的自由行动相关联,或者说,与一种对象的选择(Wahl)相关联。换言之,抉择意志与关联着某个对象的行动联系在一起;这种抉择意志的形式被称为思虑(Bedacht)。在这里,我们设想两种本性上敌对的观念遭遇到一起,一

第一章 人的意志的诸形式

种是令人愉快的观念,另一种是令人厌恶的观念。在思想中,前者是希望获得某事物的理由;后者是希望获得一个与前者相反的事物,即另一个事物的理由。它们在思想里共存;甚至可以相互为对方服务。作为意志的思虑指向的是令人感到痛苦的事物,这种事物在本性上就是不被人们意愿的;然而,人们之所以这样做,只是为了通过这个过程、从中获得最终的乐趣,这种乐趣才是同时原本地、现实地为人所意愿或愿望的东西。但是在此期间,乐趣必须要退到次要的位置,保持屈从的地位,人们把它当作潜在的思想,而不是直接公开它。因此,反感的观念就从属于意志,同时,意志的观念也从属于反感;它们成为了统一的东西;它们共同的意义与目标,即无条件地追求乐趣的过剩,就变成十分清楚了。当一个人为了另一个意志而放弃一种乐趣,或者,当一个人为了避免未来的痛苦而承担现在的一种痛苦,同样的情形也发生了。本质性的东西是对立(Opposition)。因为通过同一种所要从事的工作相关联的思维活动,目的与手段之间产生了尖锐的分离,借着它们的对立,这种分离变得彻底而清晰,其中的一方是对另一方的否定,即目的是好的或有趣的东西,而手段则是坏的或让人痛苦的东西。两者中任何一个都不是可以感受的东西,因为它们是思维的对象;但是它们被设想成相互对立的东西,作为两种概念,它们不具有任何共同的东西,除了被一起放到同一衡量尺度之内。其中,一方设定自己是另一方的起因(Ursache),因为它联系着意愿的东西,只要意愿着的乐趣显得足够重大,这其中所遭受到的"牺牲"(Opfer)得到了补偿,那么这样的设定就是必要的。因此,起因和结果根据它们的"价值"(Werte)而被比较;它们必须是可比较的,这样,它们消解为构成了自己的各元素，并被还原成两种同等计量单位的集合。因此在这里，作为不真实的和幻想出来的东西，所有质的意义上的乐趣与反感都消失了：它们必然转变成纯粹量上的区别。这样一来，在正常的情况下，一定量的乐趣和一定量的痛苦就是一样的、相互对立的东西了。

抉择意志的另一种形式，在于 b) 它被导向了确定的、个别的各个行动，我称这一形式为愿望（*Beliebe*）[①]。它以一个成熟的、思考着自身种种可能性的"我"为出发点，在同对"我"而言的确定目的的关联中，"我"拥有着一种持续的现实存在，即使这个目的仅仅为了许多其他的目的而存在，但只要这些其他的目的结合到它那里，"我"就是持续的现实存在。因此毋宁说，在这个目的的范围里，所有其他目的都取决于它。原初的目的源自于大量共同的智性经验——即对各种适意的感觉及事物的回忆、认识，但在上述支配性目的里，所有这样的联系几乎完全消失了。因而，它仅仅支配着当前一定数量的可能性，这些可能性在是同质的、具有同样价值的。它有权决定每一次使多少可能性变成现实，而这又取决于为了实现一个表象出的结果、必须要唤起的诸可能性。在思维着的人看来，大量个别的、可能的行动呈现为真实的对象，它们似乎被结合、放置到一起，这样一来，思维者就不将它们称作自己的可能

[①] Harris 英译本用"任意选择"（arbitrary choice）来翻译德文词 Beliebe。Harris 同时在注解里指出，这里使用的"任意"（arbitrary）一词，指的并不是"反复无常"（capricious）的意思，而是"无束缚"（unfettered）的，不受制于任何更高的约束或权威，正如拉丁词 liberum arbitrium，即"自由意志"所指的那样。在这里 Beliebe 等同于"去选择你喜欢的东西"。——中译者

第一章 人的意志的诸形式

的意志,而称它们为现实的意志。现实的意志作为"决定"(Beschluß),正处于思维者和事物之间,但由于它是完全的、彻底的思维者的意志,因而相对于思维者,它全然是无力的、无本质的,以至于这些意志的发动者可以再次而同样轻易地消解、毁灭他的事业。但是,只要事业是存在的,他就有能力借助它来对事物和人施加影响,通过他的意志来处理这些东西,只要我们想象意志本身对事物起到了效果,或者说,只要我们设想主体(以身体的方式)作为直接的起因(Kausalität),那么主体就应当且必须完全按他的意志来行事,正如根据一个蓝本(Vor-Bild)或规章(Vor-Schrift)来行动,在这个方面,蓝本和规章包含了意志形态的普遍特征,通过个别的行动,意志形态获得了它的特有的轮廓。

愿望、决定与行动之间的关系,同样存在于 c)概念同思维本身之间:概念就是一种确定意义的、关于词语之使用的强制性判断,据此,思维者能够且愿意引导他的话语中的句子,除此之外,他还能够以概念为单位(Einheit),将之当作一种标准,用它来比较、恰当地标记现实的种种事物及其关系。因为概念本身就是一种纯粹的思想物,我们姑且用"圆"这个概念来举例子,对于平面内的图形来说,无论它是既定的还是被构造出来的,根据它与"圆"的相似程度,我们可以用"圆"来界定、处理这个图形。在这里,思维在其本然的成就中清晰可辨,这种成就就是:思维对立于经验的复杂和多变,它造就并把握了简单的、不变的图式(Schemata),由于更多的现象都可以与这个图式发生关联,因而可以更好地用图示表达它们。这同样适用于"正确"(Richtigen)、"有用"(Nützlichen)以及"合目的"(Zweckmäßigen)这些概念,思维者构造了,甚至进一步地确认了它们,这样做乃是为了据此做出判断、加以行动。在它们的帮助下,思维者评判哪些东西对他来说是有价值的,哪些事项是他必须要去做的,哪些意愿是他要完成的。因此,这些概念或者就组成它们的元素而言,暗暗地(implicite)包含在已经做出的决定里,或者被当成普遍的行为准则(Maximen)来使用。

在思虑中,不断实现着的(verwicklichende)行动与思维本身相一致。愿望正如一个普遍的东西,许多个别的东西都从属于它。最后,概念使行动意义上的自身实现变得不确定,而它只是在思维本身之中、不断实现自身的结果。为了理解思虑,人们必须追查意图或目的;为了理解愿望、也就是设定了目的的地方,人们必须追查各种理由(Gründe);为了理解概念,我们必须去追查构造它所依据的各种目的(Zweck)①。

§12

【抉择意志的总形式—器具—作为"努力追求"的普遍的表现—作为"计算"的特殊的表现—作为"自觉意识"的精神的表现】
于是,抉择意志的总形式——它们包含了本质意志的诸要素——应当被把握为思想体系,即由意图、目的与手段组成的体系,一个人将它当作一件器具(Apparat),置入自己的大脑中,借助它来理

---

① 滕尼斯对这个句子改动过多次。1887年和1912年版在这里使用的是"基本原则"(die Grundsätze)一词,1920年版使用的是"规则"(Regeln)一词,然而1935年的版本用的则是"目的"(der Zweck)一词。这里的变化可能反映出马克斯·韦伯著作中"目的合理性"(goal-driven rationality)概念被广泛地接受。——Harris英译本

第一章 人的意志的诸形式

解和掌握现实,由此,至少可以从中推导出他的志愿性行动的基本特征,只要它们不是产生于本质意志的总形式。我们在普遍的意义上将这个体系称作努力追求(Bestrebung)。努力追求支配着抉择意志,即使它的承担者可能已经想好了他的所有愿望和目标,并且感觉到这是通过他自由的选择而达成的。从努力追求中,尤其产生了承担者对待他人的友好或敌对的态度(Verhalten)①;因为态度服务于他的努力追求,所以对他来说,一件事或另一件事做起来都会变得容易。但如果他的信念(Gesinnung)并不确定,问题就会变得更加困难,因为他必须要克服各式各样的偏见。所以一个追求者应当毫无顾虑地接受任何外在显露出的样子(Schein),只要这些样子达到的结果和真实的结果没什么两样。由真实的言语所破坏的东西,谎言可以对它进行修补,使之变得更好。良知(Gewissen)教导追求者,要克制自己丑恶的、令人厌恶的情感。在暴露这些情感有害的地方,将它们掩藏起来,这样的做法就是一般生活智慧的概念和规则。然而,接受还是摆脱这些情感表现,皆取决于境况的要求,他们常常把与真实感受相反的迹象表露出来,特别是隐藏自己的意图(Absichten),或者甚至扩散对于这些意图的不确定:这些都是由计算(Berechnung)②引申来的一些固有的

---

① 德文词 Verhalten 既可以有举止、行动、行为的意思,又有态度的意思。Harris 英译本在此翻译成"态度"(attitude),符合原文表述的含义,故采纳 Harris 英译本的翻译。——中译者

② Harris 英译本将 Berechnung 翻译成 calculation。然而应当注意到,无论是德文词 Berechnung 还是英文词 calculation,既有简单的计算、估值的意思,又有出于自身利益的算计、盘算的意思。这里可能要结合两种意思,综合加以考虑。——中译者

行动方式。

计算是"器具"这一概念的另外一种规定形式。追求者绝不愿徒劳地做活,他做的所有事情,都应该给他带来收益;他付出的东西,都应该以另外一种形态返回到他的手里;他始终都在盘算着他的利益;他对此充满着兴趣。计算者关心的仅仅是最终的结果:他表面上似乎做了很多毫无报酬的劳动,但是他其实早就把利益纳入到他的计算中,并且根据利益的价值记录它们;对他的行动最终计算出的结果,应当不仅抵消他所有的损失,而且应当给他产生收益,这些收益与他的原始花费的任何部分都不相符——收益就是目的,任何多余的手段都不应被花费。相反,计算者根据时间和地点的特征,只通过对现存的手段做出正确的安排,通过计算、准备使用手段的过程,最终将获得利益。计算更多地显露在广泛行动的彼此关联中,而非表现在单独的小特征、小姿态、小谈话里。追求者寻找着他的道路,在这条道路上,他看到的只是面前简短的捷径。他知道自己依附于偶然的结果,并希望能有好的运气。然而,计算者同时认识到了自己的优越地位,并且知道自己是自由的;他了解自己的确切目标,确信自己是权力手段(Machtmittel)的支配者,他在思想中使这些权力手段依附于他,并根据自己的决定来控制它们,即使它们看起来运行于自己的道路。

一个人可能拥有、掌握并使用关于事物通常的或可能的过程的全部知识与观点,无论这些知识与观点是否通过他而确定。因此,不管一个人身上的以及来自外界的力对立于自己(因此需要克服),还是有益于自己(因此需要获得),对这些力(Kräften)或权力

(Mächten)的认识,我称作一个人的自觉意识(Bewußtheit)[①]。为了计算的准确,自觉意识必须把所有征象和估量当作基础。这既是可支配的、适于按计划来应用的知识;也是支配自然与人类的理论及方法。有意识的个体蔑视所有模糊的情感、想法与偏见,认为它们在这方面毫无意义,一点可靠的价值都没有。他只愿意根据他的清楚而明晰的确切概念来制定计划、确定生活方式以及世界观。因此,自觉意识作为自我评价(Selbstbeurteilung),同样用它的谴责来对待自己的(实践的)愚行(Dummheiten),正如良知(Gewissen)反对它自己想象出的卑劣行径。前者是抉择意志最高的、最具精神性的表现,后者是本质意志最高的、最具精神性的表现。

§ 13

【作为一个外在物的最高目的—对幸福的追求】最高目的支配着一个人的思想体系,只有当人们对最高目的的意愿(Wollen)变成一种强烈的愿望(Wünschen)时,他们才会在思想中意愿着它。最高目的被想象为未来的、一步步达到的乐趣。它不是可被人们自由掌握的东西,人们不能根据自己的愿望抓住或舍弃它、把握并

[①] Harris 英译本在此注解说,"Bewußtheit"指"更高的意识"(heightened consciousness)或"自我意识"(self-consciousness)意义上的"意识",而非纯粹被动的意识(das Bewußtsein)。延续滕尼斯的定义,韦伯在谈到"工具理性"取向的行动时,使用的也是"Bewußtheit"的概念("这种类型有着清晰的自觉意识并且摆脱了主观顾及"),参见 Max Weber, *Economy and Society*, edited by Guenther Roth and Claus Wittich, University of California Press,1978,P.30。这里采用"自觉意识"的译法。——中译者

应用它,或将它闲置。它毋宁是外在的东西(Fremdes),即它可能是外在的意志,外在的自由,而且,它必然与人们自己的行动以及举止区别开来。因此,它是所有人都愿望着、期盼着的东西,它就是幸福(Glück)。

幸福首先无非是一些有益的、令人适意的情况,它使生活和行动变得轻松,使事业获得成功,使人安全地通过各种危险。人或许能预见或昭示这些情况,但他自己也许不能完全或根本地实现(bewirken)它们,比如说像"好天气"这样的情况。我们愿望着的东西,很少能够或可能变成我们要去实现的目的。尽管如此,无数人拼尽全力(Streben),向前奔跑,追逐着幸福,好像幸福就停留在他们必须努力达到的一个目标那里。人们希望迅速地得到它,因为他们的需要是那样的强烈,或者因为人们担心幸福会自己走开,又或者担心其他人会抢先一步地拿走它,——好像它会在他们面前逃走那样,因此他们必须要赶上它并把它紧紧地攥在手里,抑或从远方用箭或子弹击中它。

在这样的表象里,幸福就好像是一个外在对象,当人走运的时候,也就是说,当偶然的情况可能提供了有利条件时,他可以通过使用自己的力量来占有它。然而,人依然可以对幸福抱有希望,甚至计算获得幸福的概率,并尝试着做一些事情:他就像一个赌徒一样,冒着失败或亏损的危险而行动。不过在这里,不间断的和重复的尝试正如拼搏与努力争取,它们都意味着人似乎想要成为偶然本身的主人。事实上,对结果的正确预见是人支配偶然的一种方式:尽管人无法改变结果,但他可以根据预见来办事,以此来享用好的结果,避免坏的结果。这样一来,预见也就节省了人无谓的尝

第一章 人的意志的诸形式

试,并且激励他去尝试达到其他的、更有希望的目标。然而,这样的预见恰恰只在有限的领域内才是可能的。作为纯粹事实性的知识,它是最不确定的,作为从原因得到的知识,它又是最不完整的:在既确定又完整的地方,偶然概念就消解了。然而,作为不熟悉或不认识之情况的效果,偶然在一切事件的领域里都掌握了最广阔的活动空间:我们与确定性的距离越远,我们就越不能凭借自己的力量以及一种持续性意志所作出的决定来获得成功,尽管这一意志的特征时时刻刻都是人命运之中的一个确定因素。

但是,如果幸福被我们努力地争取(erstrebt)、热烈地追求,那么通过思维,未来的事件(Ereignis)就能变得像一个对象(Gegenstand)一样,对象的现实性是以它的起因为前提的,而且它的起因似乎为它自己的行为提供了可能性。于是,我们将抉择意志确定为对手段的支配,从而人就将他想象中的一部分自由转变为它的对立面——一开始,它纯粹是一种想象的自由,由于人运用他的抉择意志,想象的自由变成了真正的自由。以前,人是自己的主人,但现在,人自我约束,他就变成了自己的债务人与奴仆。确实,只有将所有这样的志愿行动都表象成一种牺牲(Opfer)时,以上的整个概念才能在它的纯粹形式中得到理解,因此,这些志愿的行动被视作人自己不情愿地、带着厌恶去做某事,以至于只有以(仅仅所愿望着的)目的为取向的思想,也就是说,只有以享受、利益与幸福为取向的思想,才能推动着自愿(freiwilliger)行动的产生:自愿正好是人自身的不自由,或者说,因为外来的强制和困境会摧毁自愿,所以自愿就是自我强制。所有抉择意志都包含着一些非自然的和虚假的东西。那种"无偏见的旁观者"①的感受就适合它,"无偏见的旁观者"常常将自愿行动称作"人为的""强制的""有倾向的"或"有意的"行动;这是一种令美学—道德趣味反感的感受,而美学—道德趣味常以强有力的方式在生活和文学创作里发挥着作用。

§ 14

【对幸福的追求—普通的幸福和更高的幸福—对手段的追求—对一个权力之上的另一个权力的追求—对货币的追求—现实中努力追求的诸方式】正如我们已充分了解的那样,人们以各种各样的方式努力追求着享受、利益和幸福。他们猜想最高的善寄居在许多不同的事物上。但是,根据这些对象与生命之三种形态的关系,它们进而能被区分开来。在每一个生命范畴(Kategorie)里,又进一步地产生了一种二元的形态。就此来说,当思维在自身之中保留了"享受",并且根本上从思维的行动中获得乐趣时,"目的"将呈现为一种形态;然而,当包含在思维当中、隶属于思维的是并不因此而缺少剧烈能量的本能和欲望,而且它们是人们本然地、从根本上就渴望的东西时,"目的"则呈现出另一种形态。因而,后者是"灵魂之低下部分"的乐趣,是群众的趣味;而前者则是"灵魂之高等部分"的乐趣,是少数人、上等人以及优越者的趣味。在心

---

① "无偏见的旁观者"(der unkefangene Zuschauer)这一提法源于亚当·斯密的《道德情感论》的"the impartial spectator"的概念。——中译者

灵的层面上，人可能是一种十分典型的志愿主体，但是他只知道普通的幸福，而不知道纯粹思维的享受。这样一来，这种乐趣也不会突然降临到人头上、使他想到要去追求这样的幸福，除非为了追求那些在他看来更加真实的其他目的。另一方面，有些人会认为普通的幸福是微不足道的，但是为了实现在他们看来值得向往的目的时，他们会诉诸所有可能的手段。所有人对此都达成了一致：他们希望拥有手段，或者说，拥有一种确保达到目的的权力。当使用这些手段或权力时，他们会获得他们随时想要的享受。因此，霍布斯的观点是对的，当他这样写道，"作为一种人性的普遍倾向，它表现为持久地、不间断地追求一个权力之上的另一个权力（Macht über Macht）①的欲望，至死方休"，"造成这种情形的原因"，霍布斯继续写道，"并不总是一个人希望取得比他已获得的快乐还要更大的快乐，也不总是一个人不满足于一种适度的权力；而是如果他不去获取更多的东西，他现在拥有的权力以及取得舒适生活的手段也将得不到保证"。（《利维坦》第十一章）②

就此而言，这种渴望与追求货币（Geld）的努力几乎具有同样的内容。因为在一个确定的社群状态里，货币是并且意味着凌驾于一切财富与享受之上的权力，货币有能力使它们转化成自己，也就是说：货币是普遍的财富，货币是抽象的享受。

尽管如此，现实的各种目标（Ziele）却是与之不同的东西。从

---

① Harris 英译本摘录的霍布斯《利维坦》原文是"power after power"，滕尼斯使用了"Macht über Macht"的译法，除了保留英文"一个权力接着一个权力"的原意，而且 über 一词的用法表明了"追求一个权力之上的另一个权力"之意。——中译者

② 中译依据滕尼斯的德文版译出，着重号由滕尼斯所加，霍布斯的《利维坦》原文在这里没有着重号。——中译者

现在起，真实的目标应当通过"努力追求"（Bestrebungen）的各种形式表现出来。普遍地说来，我首先将以下两个范畴并排地放在一起：

  a）自利（Eigennutz），aa）虚荣（Eitelkeit）

  从普遍的、粗糙的和"感官性的"（sinnlich）对象——它们本身经历了多方面的发展——到特殊的、精细的以及智性的表达，自利都分布其中。除了有机的—动物性的刺激外，为自利提供基础的思想动机，将通过刚才所提到的那位作者的话、被强有力地表达出来："所有心灵上的（geistige）享受都在于将自己与他人进行对比，能够得到一种自己比别人优越的观点"（霍布斯，《论公民》〔De Cive〕，第一章第5节）。这就是虚荣或卖弄（Gefallsucht）的根源所在，即奋力去表现、引起他人注意，努力寻求他人的赞赏，力求使自己发挥效力，对他人产生影响（让别人对他"留下深刻的印象"〔imponieren〕）。如果这种对自身权力以及对他人发挥影响的享受完全变成了一个人所追求的目的，那么对享受的追求（Genußsucht）就是普遍的特征，在这一点上，它与自利是同一的：因为寻找有用的东西只是为了最终的享受。即使自利者为自己能放弃享受而感到骄傲，然而作为一个思虑着未来的理性人，自利者也会宁愿优先选择对他有益的东西，而非令他愉快的东西。——自利正如虚荣那样，是社交（Geselligkeit）的动机。虚荣需要他人作为自己的镜子，自利需要他人作为自己的工具。

  自利呈现出它的独特形态，在其中，它将自己的视线定位于获得所有可能享受的手段，将这些手段作为自己的特殊目标——正如已经指出的那样——自利作为了b）货币欲（Geldgier）。因此，

第一章　人的意志的诸形式

在涉及外在财富的层面上，虚荣变成了一种对自身享受之追求的独特形式，即 bb) 获利欲（*Gewinnsucht*），它是货币欲的精致化了的形式：一种对货币和财富之增长的追求，而非对它们的一个绝对数量的追求，因此这种追求完全不受数量限制，毋宁说，它关心的是货币和财富之不断增长的比例关系，即货币欲达到饱和、进而退却、将自己的领地交给获利之思考的程度。货币欲和获利欲的共同之处，可以简单地通过贪婪（*Habsucht*）这个概念表达出来。

如果说自利将他人当成工具来使用，那么它就是对那些非物质的、只通过思维来把握的手段的追求，也就是说，它追求对既存的他人意志的支配以及他人对于自己强力的舆论，这可称为 c) 抱负（Ehrgeiz）。对物尤其对人的最完美的统治（*Herrschaft*），在一个确定意义上是通过"科学"（*Wissenschaft*）产生的。科学的优势在于：它是对各种关联以及已发生事件之普遍条件的认识，并因此对未来做出预见和昭示。因此，cc) 求知欲（*Wißbegierde*）能够为所有其他目的服务，但是无论如何，它可以自我更迭，并且完全以自己为根据。同样，在其最纯粹的形态里，求知欲仍然是虚荣的一种发展和类型。尽管思想家和学者自觉地意识到其洞见的深度与内容，而且对此感到满意与幸福（这里的意思由一行著名诗句表达出来：幸福就是人能够理解事物的原因[①]），所以高贵的求知欲凌驾于一般的虚荣之上[②]。另一方面，抱负和统治欲（*Herrschsucht*）会

[①] 原文为拉丁文：Felix qui potuit rerum cognoscere causas. 出自维吉尔的《农事诗》（Georgics，2，490）。——Harris 英译本

[②] 第一版（1887 年）没有"所以高贵的求知欲凌驾于一般的虚荣之上"这一句。——中译者

不知不觉地相互转化。统治者希望受到敬重,其外在的标志,就是他希望看到和感受到自己的权力被他人承认、恐惧以及热爱。有抱负的人希望去统治,即使他仅仅是为了让自己从别人的统治中获得自由,以及战胜他人的嫉妒。

§15

【思想中的愿望—从中产生的结果—并非善的意志—聪明—狡猾—启蒙—抉择意志的结果】根据以上的观察,所有这样的动机(Beweggründe)①都无非是思想中的空洞愿望,或者是非志愿性的本能以及喜好本身的诸类型,只要它们的对象被当作思维的客体和最终目标。因此,人们根据这些客体和最终目的来确定单个志愿行动的形态,此志愿行动的形态与它们共处于系统性的相互关联当中:这些动机不像作为本质意志的特征时所表现出的那样,即它们不是直接的乐趣与渴望,也不是一定程度上针对特定工作、行为或事业能力的才干(Tüchtigkeit),并以它们的价值和性质来衡量这种才干本身的价值。没有什么从这些动机当中产生出来,除非它们的主体使用许多现存的、可以为他使用的工具,仿佛以此能引出他所向往的结果。这里并不包含着一种表达且意味主体之个体性(Individualität)的独特行动,反之,手段越是契合一个抽象主体的意愿与行动,手段就越是适当的,主体认识到在他之外存在着无数适于达到一切目的的手段,而且他拥有着这些手段,但他仅仅

---

① 对应"动机",第一版(1887年)使用的德文词是"Motive"。——中译者

将他的任务限定在调节花费数量,以达到欲求的效果。就此而言,这是一种最简单、最轻松的操作,只需将工具"分离"(loszuwerden)出来,并把它们"配置"(anzubringen)到最合适的位置。

因此,在关系到一个人的任务,或者说一个要完成的事业时,我们就不会将这里所说的意志称赞为"善的"(guter)意志:"善的"意志表现为人们必然的尝试和尽力,以此使自己完全调动起来的能力具有创造性。抉择意志并不关心人的完善,也不关心人的能力,相反,它只关心事业的完成;这一实现过程清楚地表现在一个行动、一种事业里,行动或事业可能会受到赞扬、遭到指责,然而没有人会赞扬或指责同这些行动及事业相关联的意志,这既非无关道德(moralisch-indifferenten)的意义,又非道德(moralischen)的意义。之所以并非无关道德的意义,是因为抉择意志并不是任何隶属于人的本质的真实东西(Realität);之所以不是道德的意义,则是因为抉择意志绝对不包含对共同本质(Mitwesen)的一种直接肯定,而这样的肯定仅仅发源于信念(Gesinnung)、性情(Gemüte)与良知(Gewissen)。因为纯粹的、自由的思维必然总会一再追问这种肯定的基础或目的,它也仅在关联到自己的利益时才能发现这些基础或目的。只有在涉及自己利益的前提下,外在的事物才拥有一种意义(Sinn),因此,外在的事物必须从属于它,并依附于它。

人只会认可、赞赏聪明(Klugheit),将它视作思维固有的德性以及思想本身的灵活,凭借着聪明,人们为既定目标选择恰当的工具,并预见行动的结果,总之,它将所有已知的环境都变成可能对人有用的条件。聪明是大脑的德性,正如"迅捷"是双足的德性,

"敏锐"是视力或听觉的德性。聪明不是人的一种德性,因为它并不表现一个人的全部意志。聪明人考虑、斟酌着他的任务和热望。如果他的计算是为了找到非同一般的手段,并且在此基础上营造一些复杂的计划,那么他就是狡猾的(*schlau*)人。如果他切实而正确地认识各种人事的外在关联,而且不让自己为各种情感或偏见所迷惑,那么他就是启蒙了的(aufgeklärt)人,即他对他的各种观念有着清晰、准确的了解。从这些特征的结合与统一中,抉择意志及其现实化的结果(*Konsequenz*)就形成了,这样的结果因此重又被视作一种强力,它既作为非凡的和重要的特征被人赞美,但又因此被人恐惧。

§ 16

【从本质意志出发的评判—利己主义的评判—利己主义者的评判—性情与良知中的反抗】如果从本质意志的观点出发来评判"努力追求"的诸类型以及抉择意志本身,那么它们就会变成另一个样子。在本质意志那里,它们似乎不过是本质意志之高度发展的变更形态。也就是说:所有在直接与本然的意义上从属于本质意志的东西,只要表达了人类的相互关联与统一,就证明了自己是完全善的、美好的东西。事实上,这一点既通过人的身体形态,又通过人的灵魂或意志形态表明了,它们作为人类的类本质(Substanz seiner Art),在每个人出生的时候就被赋予他。与之相反,"利己的"思维由于将"个体化"(Individuation)的原则提升到最高程度,因而它被视作彻底敌对的和邪恶的。就这种思考的意义而言,尽管其判断并不正确,但是却具有深刻的依据,这样一来,性情或心灵、信念与良知,就同善(Güte)结合到一起,甚至它们完全等同于善,仿佛善是它们不可缺少的属性。相反,因为计算者和富于心机的人被看作"冷酷的"(herzlos)和"没有良知的"(gewissenlos)人,所以他们就被视为坏的、邪恶的人,利己主义(Egoismus)因而被当成与恶意的、怀有敌意的信念相同的东西。事实上,一个人越是彻底地显示为一个利己主义者,他就越对别人的幸福和悲伤漠不关心(gleichgültig)。无论是别人的不幸还是幸福,他都毫不挂在心上。但是,当别人的状况似乎有助于他的目的之实现时,他会抱着如此意图去增进别人的幸福或不幸。

相反,一种"心灵的"纯粹而普遍的恶,就像一种"心灵的"纯粹而普遍的善那样,是罕见的,甚至几乎是不可能的,而且前者是同后者相关联的概念。从本性上来说,每个人都对自己的朋友表示善意和友好,并且他也会认为别人对他也是如此(只要他们对他好);每一个人都对自己的敌人表示恶毒与敌意(作为敌人,他们虐待他,损害他或者威胁他)。任何抽象的人,或者人造人,既没有朋友,也没有敌人,他自己也既不是他人的朋友,也不是他人的敌人。而是说,在同他所追求的目标的关联中,他知道仅仅存在着盟友或对手。这两方对他而言只是力量或权力,以憎恨与愤怒的情感对待任何一方都是不得体的;同样,以爱与同情的情感对待任何一方亦是不恰当的。一旦这些情感在他的身上存在或在他那里出现,他的思维便将它们视作陌生的、阻碍性的以及无理性的东西,其任务因此正是去压制甚至消灭它们,而非保护与维持它们;因为它们包含了肯定的与否定的情感,这些情感不再以人自己的兴趣和计划为条件，不再受制于人自己的兴趣和计划，从而它们将诱使人做出不审慎的行动。诚然，当他以敌意的方式或者根本上像对待物品那样地将所有其他人当作他的手段和工具来处理时，他可能是邪恶的，而且这种做法似乎对立于他的性情与良知。无论如何，这里假定了性情与良知之力仍然在他身上生气勃勃，它们还要求他做出与上述做法相反的行动；正如它们至少习惯性地在他与亲戚或朋友的关系中发挥了现实作用。因此，当他面对着别人的情感与良知时，别人同样也会把自己放到他所处的位置上。从这一观点看来，恶的行动者仍切实地怀有一种劝诫自己的性情（也就是说，人具有一种自然的善），在他们自身之中，良知的声音并未完全"湮灭"和死亡，正如我们所知道，人们不愿意放弃这样的观点（需要指出的是，我们这里的讨论并不涉及这一现象背后的原因）。这样一来，一种"有罪的良知"（böse Gewissen）总还被看作对善与恰当之信念的剩余物的保证，因为它必然反对以邪恶的行为与计划来对待朋友，尽管如此，从其本性上来讲，它也拒绝用善良的行为或缺乏适当之恶的方式来对待敌人。

因为从朋友的角度对性情和良知做出评判时，它们获得了认可。只要朋友同时希望我们以敌意的方式对抗敌人，并将此行为视作光荣之举，那么就此而言，性情就完全是好的。除非一个人的性情步入歧途，希望对朋友报之以恶，对敌人待之以善。另一方面，从以上的观点出发，所有那些（根据它们的形式来说）最高的理性追求，即凭借理性，人们试图获得幸福、获取达到幸福的手段。这样的追求虽然不完全是邪恶的，但至少被看作放荡的激情（正如最高贵的激情通常也被称作病态）；无论我们在何种意义上理解

第一章 人的意志的诸形式

"德性"这一概念,如此放荡的激情至少处于德性的领域之外。此外,自我主义的—志愿性的行动与推力,完全被看作敌意的、具有伤害性的东西,只要它是人们有意识地装模作样:在所有为行动者之目的所需的情况下,行动者有意地促使他人做出一个判断,而他明明就知道他人所做的这个判断是错的。他能用毫无价值的材料做成一些似是而非的东西,同时把它们说成实在的东西。这样做的目的无非是将它们给出去。然而,谁要是接受了这些东西,就会认为自己确实地得到了它们,并据此给予回报。因此,正如我们十分清楚地表象出的情况那样,接受者将交付给予者一些东西。所以,对给予者而言,这些东西是通过他的这类技巧获得的,是被他窃取而来的。

正如这一志愿行动的类型同其普遍概念之间的关系,诈取与交换、欺骗与出售之间的关系亦是如此。对假货或假币以及一般性的谎言和伪装来说,如果它们产生了和真实情形同样的功效(在个别或平均的情况下),那么它们就和真正的货币、真实的话语以及天然的举止具有同等价值。如果它们产生的功效越大,它们的价值就越高,如果它们产生的功效越小,它们的价值也就越小。在关系到"可使用的力"这一普遍性范畴时,存在者与非存在者(或者真实物与仿造物、复制物以及伪装物)在质($qualitativ$)上是等同的。

§ 17

【头与心—情感与知性—思维的本性—记忆与倾向】在我们的语言里,纯粹从冷静的知性、即"头"(Kopfe)里产生出来的东西,有别于从"心"（Herzens）的温暖律动中产生出来的东西。当情感（Gefühl）作为心的律动且给予心的律动以方向的东西，而与知性（Verstand）区分开来时，一般我们就会遇到这里所涉及的一组对立。用最生动和最感性的方式，我们可以将这组对立称为：心与头的对立。从前的理论将情感理解成含糊不清的东西，而将知性的行动视为清楚的和明白的表象。直到今天，人们仍然没有放弃这样的尝试，即从理智中推导出情感。在他们看来，知性似乎是简单的，因而被视作原始的现象。

事实上，思维——尽管它可能显得如此理性（rational），通过自身又显得如此突出——是所有心理活动里最复杂的活动。特别地，为了独立于有机生命的律动而自我运转，它需要大量的练习与适应性训练，使自己能够使用一些简单范畴，比如相互关联着的"目的"与"手段"这样的范畴。理解和区分这些概念，并进一步对这些概念之间的关系做出规定，只能通过作为本然的、推理性的思维的"语词表象"（Wortvorstellungen）来达成。抉择意志的形式也是这样形成的，只要这个过程仅仅依据由思考得来的理由，即人自己问自己：我必须做什么？我想做什么？所有的动物（就一个广大的范围而言，人也包含在内），毋宁说都跟着它们的"情感"与"心"在走、在表达着自己，也就是说，它们按照"倾向"和"准备"来运动。在个体的胚胎时期，这些"倾向"和"意愿"就已经包含在他的素质之中，并且它们与个体共同发展起来。诚然，人们将它们想象为从属于理智的东西。但在生命的原始情形下，它们是关联着心理意义上的现实存在之整体结构的状态，到后来，它们才只依赖思维着的器官。因此，它们被带入到一个新的秩序当中；这个秩序

第一章 人的意志的诸形式

的确更简单,因为它(如果可能的话)由纯粹的相同或(在几何学的意义上)相似的元素构成,也就是说,它是通过自我塑造与组合而成的。

这样一来,当人回忆过去的经历,并通过思维保存着不可胜数的画面感觉时,由于这些感觉的内在关联以及外界带来的刺激,它们在人的回忆里不断交替显现。在这一过程里,"意志的优先性"('Priorität des Willens')之所以能被辨认出来,只是因为:我们发现,记忆的或幻想的活动依赖于喜好与厌恶的分支系统。在这件事上,我们很容易弄错,因为一切理智的过程似乎才会唤起(hervorzurufen)情感、欲望等等。但事实上,这里总重复着种种既定倾向(Tendenzen)之分化与结合的过程,它从一种平衡状态过渡到运动状态,在此过程里,运动被引向知觉到的或表象出的对象(或仅仅是地点)那里,或者受到排斥、被引向与该对象的位置相反的方向。与此相对,感官的紧张与专注状态,也即感官的敏锐,本质上取决于行动中的既定动力及其受到刺激的状态。表象与思想同样如此:"创作"(Dichten)是由奋力追求(Trachten)决定的;它取决于同我们的各种愿望、喜好、不满、希望以及担忧之间的关联。简单地说:我们经常想到的与梦到的,取决于所有我们遭遇到的快乐与痛苦的情形,一些是令人轻松和愉快的状况,一些则是少见且让人不悦的状况。对此,毋庸置疑的是:在我们的意识里,那些暗淡的、令人沮丧的表象至少与明朗的、让人愉快的表象占据了同样大小的空间;因为这些表象本身就可以被视作让人痛苦的感觉,而且一旦它们如此,有机体或全体意志就会抗拒它们,并竭力争取摆脱它们,无可阻止的是表象中包含着的那些被感受为乐趣的部分,

103

的确,"灵魂沉醉"①于此。

§18

【观念的结合—自己的事情—义务感—事业—思维与意愿—思维的挣脱—目的与手段—最好的手段】另外,正如我们都知道的,观念结合的法则形形色色,复杂多样。之所以如此,是因为观念可能的结合方式与相互关联的方式不可胜数。然而这种复杂性却被人们大大地低估了:个体的诸倾向以及从一个事物转向另一事物、用一个事物生产另一事物的能力极为不同。伴随着个体身体与精神整体结构的形成,它们成长起来,正如它们通过种种体验和经历而发展壮大,因为它们完全源于此。总的说来,一个人都在想着他自己的事情,当他开始思考的时候,其思想就是对他自身的关切和希望,倘若他不是怀疑和考虑要去做什么以及怎样按照正确的方式去做的话。这就是说:他通常习惯性的、富有义务的事务构成了其心灵活动的中心,因此也就构成了他的使命和义务;即他早先的、现在的和不久以后所要发挥的机能;也即他的事业和技艺。因此,记忆可以被视作本质意志的一种形式,因为它是义务感

---

① "灵魂沉醉"(die Seele schwelgt)可能出自于海涅的《德国,一个冬天的童话》(*Deutschland. Ein Wintermärchen*,1844)第一章中的一句:"她歌唱人间的苦海,歌唱瞬息即逝的欢乐,歌唱彼岸,解脱的灵魂,沉醉于永恒的喜悦。"("Sie sang vom irdischen Jammertal, von Freuden, die bald zerronnen, vom Jenseits, wo die Seele schwelgt, verklärt in ewigen Wonnen.")译文采用的是冯至先生的翻译,参见海涅,《德国,一个冬天的童话》,冯至译,人民文学出版社1978年版。——中译者

(*Pflichtgefühl*),或者说,是一种理性的声音①,这样的声音在个体的事业里指明了必然的与正确的东西。记忆是人们通过学习、体验与思考而得到的,而且人们将它当作一种财富,保存在自己那里,它本质上完全是一种实践理性、一种必然的判断(opinio necessitatis),一种绝对的命令②。因而,在它进一步所达到的完善形态那里,它就等同于我们所理解的良知或才华(Genius)。在这里,除非有机体的意愿本身是模糊的、非理性的并且是它自己的原因,没有任何神秘的东西参与其中。有机体的特殊能力——无疑,它一方面是先天赋予的,另一方面是后天成就的——就是将观念固定、结合起来,当它转变为行动时,它由此仅仅证明了它的倾向或意向(Conatus)的力量。因为许多像这样的"开始"(Anfänge)常常是相互之间的争吵与竞争,而当人已经在思考一些切实可行的事时,他就受到了鼓舞,并感受到一种去做这件事的动力;纯粹的知觉(Wahrnehmung)已足够使神经和肌肉处于兴奋状态,当我们由于喜好或习惯、感觉自己越来越被吸引到某物那里或与某物相排斥时,情况就越是如此。在这里,由思维得出的关于外在对象的观点反过来阻碍着知觉,由此,它在另一种意义上做出了决定。在所有这样的情况下,由情感以及作为情感的思想起作用甚至进行统治的地方,我们的举止、行为以及话语都只是我们的生命、力

---

① 德文原文是 eine Stimme und Vernunft,应当译作"一种声音与理性",不过 Harris 英译本译作"一种理性的声音"(voice of reason),似乎更为准确,故采用英译本的表述。——中译者

② Opinio necessitatis 是19世纪的法学家所使用的专门词汇,用来表述"对事物之自然的普遍同意"(common agreement about the nature of things),它事实上并不等同于康德主义的"绝对命令",后者被认为独立于纯粹的意见。——Harris 英译本

及本性的一种特殊表达,我们不仅感受到并且知道我们作为它们的主体,即作为自身有机机能、自身成长和衰败的主体,除此之外,我们还感受和了解到另一种感觉,这种感觉正是由"精神"(Geist)促使我们做出行为,也就是说,伴随着对特定环境的思维性直观,它包含并要求了这样的状态和渴望,或者说,它要求我们无条件地、在任何环境下都去做那些正确的事情:美好的、善的、高贵的事情。

尽管如此,由于知性的活动不受任何限制,而且似乎自由地支配着它的材料,也就是分离和结合着那些可操作的东西,那么,就这一点而言,以上所指的种种情况又会有程度上的不同。在此之前,知性的活动完全受制于事业(Werk),为事业的观念所支撑,但现在,思维从中挣脱出来,凌驾于事业之上,并将结果和成就设定为自己的目的,事业本身好像与它分离、区别开来,变成了手段和有利的动机。因此,事业不再是本质性的和必要的环节,只要有许多道路可以通向同一个目标,或许多起因都会产生一样的效果。现在所要做的,只是试图发现最好的手段,也就是说,手段与目的之间关系的构造,要最大可能地服务于目的。然而,一旦成就似乎现实地受到任何手段——无论作为唯一的手段还是作为最好的手段——的制约,那么这种手段就是必要的理由和必须被使用的东西。

补充(1911):观念的结合是人的结合的对应物。表现着本质意志的思想结合(Gedankenverbindungen)与共同体相一致,意味着抉择意志的思想结合则符合社会。人的个体性(Individualität)是虚构的,正如就一个目的以及从属于目的的手段而言,它们的个别的、孤立的现实存在是被想象出来的一样。在本书的第一版中,

第一章 人的意志的诸形式

我并没有明确地宣布这个观点,然而它能从整个思维的进程中凸显出来,因为它正包含于其中。因此,本书的作者有时会抓住机会,指出这个结论(比如说,在国际研究所年鉴〔Annales de l'Institut international〕中关于"纯粹社会学"的论文,第 6 卷,巴黎,1900)①,尤其是要指出这样的基本差别:目的与手段的观念是相互包容、息息相关而且相互肯定的,还是从自然上就相互敌对、相互排斥或否定的(就像霍布斯笔下的"人"以及起源于他的描述,并表现在我的"社会"概念下的个体)。没有认识到并肯定这种心理学上的对立,也就不可能在社会学的意义上理解这里所描述的概念。喜好、习惯以及记忆的意志形式,对共同体式的团体而言尤其是本质性的、典型性的;正如思虑、决定与概念对应于社会式的团体。然而在这里,它们都表现为联系(Bindungen)。

---

① 斐迪南·滕尼斯,《纯粹社会学的基本概念》(Notions fondamentales de sociogie pure),国际研究所年鉴(Annales de l'Institut International),第 4 卷,1900,第 63 - 67 页。这篇论文很可能是滕尼斯针对涂尔干在 Revue Philosophique(Vol. 27, 1889)中对《共同体与社会》的评论以及涂尔干的《社会分工论》(Paris:1893)所做出的回应。在此文里,滕尼斯为"共同体"与"社会"这两种类型进行了辩护,他指出这两种类型并不是对两种历史阶段的描述,而是"相互支撑着的"存在。——Harris 英译本

第二章　对二元对立的阐释

§19

【**作为自然器官的本质意志的形态—作为人为工具的抉择意志的形态**】正如为了一定目的而被制造出来的一种人为工具或机器同一个动物身体里的器官系统以及单个器官之间的关系，一种类型的意志集合体（抉择意志的形态）与另一种类型的意志集合体（本质意志的形态）之间的关系亦是如此。将我们需要比较的现象当成可知觉的客体来观察，这是一种更容易的做法，同时，通过这样的观察，我们能够认识这两个被展示出的心理学概念之间的对立。尽管如此，工具（Geräte）与器官（Organe）具有相同之处，即它们都包含并表现了积累在一起的劳动或力量（能量），这些劳动或力量既使它们所从属的整体存在①的总能量获得了确定性，又

---

① 德文原词为 Wesen，一般翻译成本质、实质、天性、有生命的存在等。Harris 英译本在这里将它译作"系统"（system），比较符合原文的意思，工具和器官的劳动或力量，都从属于它们所依附的那个"系统"的劳动或力量：对工具而言是人为制作的整体，对器官来说是有机体。中译保留德文词的"存在"的含义，将之翻译成"整体存在"。——中译者

第二章　对二元对立的阐释

使总能量增加，它们只有在与总能量的关联中、甚至从属于总能量时才能拥有自身的特殊力量。

工具与器官之间的不同在于它们的起源与特征。一个器官的形成是从自身出发的：通过经常性地努力做出同一个行动（由整个有机体或某一已然存在的器官做出），器官的完善状态得以实现，与此同时，在或多或少的完善形态中，一种日益增加的、特殊的力形成了。一个工具是被人的手制作出来的，它掌握了外在于自身而存在的材料（*Stoffes*），并将一种特殊的统一性与形式赋予这些材料，这一过程依据的是思维中固定存在着的、关于目标的表象或观念，这个新东西（根据创作者的意志）应当服务于这个目标，而且（根据创作者的意见或期待）它将服务于这个目标，所以，工具作为已完成了的东西，适合去完成某些特殊的工作类型。

从器官和工具的特性上来讲：一个器官只有在与一个有机整体相关联的前提下才作为一个统一体存在。而且，在不丧失自己的独特性质与力的条件下，它就不能与整个有机体相分离。因此，它的个体性只是派生的或次要的；它无非是整个身体的一种特殊表达或分化；整个有机体，同样还有建立在整个有机体基础上的器官，依据其物质性（*Materie*），它们是唯一的东西。就此而言，这种唯一的东西就是真实的个体，或者是不断趋向于个体性的东西，在我们的所有经验里，它们现实地出现了，或者说，它们可能会出现。相反，一个工具从其自身的物质性而言，和其他材料是一样的。它不过是由一定数量的材料组成的东西，并且可以被归结为由若干原子组成的、虚构的统一体，也就是说，我们能够将它想象成由原子共同聚合而成的东西。工具自身的统一仅仅依据形式，而形式纯粹通过思维来认识，通过思维，形式被引向了一个目的或一种应用。然而，像这样一个事物，可能从一个人的手中及掌控中转到另一个人的手中及掌控中，并且可能被任何人使用，只要这些人知道如何用它。工具完完全全就是个体性的、孤立性的实存。它是死的东西，因为它无法自我保存，也不能自我生产；而只能被用旧，和它一样的事物只能通过对它而言同样外在的劳动和精神而被制作出来；这些事物按照它的图像，或者按照在它之前就已经存在的图像被生产出来。

§ 20

【本质意志的质料作为自由与真正的可能性—抉择意志的材料作为自由与观念的可能性】对于那种从其中产生出人的本质意志诸形式的（心理）质料（Materie）而言，它就是人的意志本身或者说自由。在这里，自由无非是个体生命与活动的真正可能性，正如它为我们感受或认识到的那样。自由也无非是一种普遍的和不确定的倾向（或者说，行动与力），这些倾向在本质意志的那些形式里变成了特殊的和确定的东西，即可能性（Möglichkeit）变成了确定下来的更大可能性（Wahrscheinlichkeit）[①]。本质意志的主体一旦与意志的这种质料达成一致，那么他与意志的诸形式之间的关系，就如同一个有机体的总体（只要我们想象这个总体抽象于有机

[①] Harris 英译本分别用 possibility 与 probablity 翻译 Möglichkeit 与 Wahrscheinlichkeit，后者比前者的肯定性程度更大。——中译者

第二章 对二元对立的阐释

体的结构)与这个有机体的结构本身、与各独立器官之间的关系。这就是说,一旦脱离这些器官,主体就什么也不是了,主体是它们的统一体和实体。随着诸器官自身的运动与练习,意志的各种形式发展起来并自我分化。然而,对这个过程来说,只有很小的一个部分是通过个体特有的劳动实现的。在变更(Modifikation)之中,个体发展着自身。作为个体的特质(包括就质料而言的意志的诸形式),变更被传递给他的后代,如果条件有利的话,它就会在他的后代那里形成,而且后代会以同样的确定性进一步地练习,通过不断的练习和使用,变更不断地在他们身上加强着,或者通过特殊的运用,变更进一步地专门化;所有这些先辈的劳动都在个体的发展和成长中不断地重复;而整个过程却以一种特定的、简洁的和轻松的方式进行着。①

抉择意志的材料(Stoff)也是自由,只要这一自由在其主体的思维中存在;只要在思维里,自由作为意愿与非意愿的、行动与非行动的诸可能性或各种力的总体而存在。无论是观念上的各种可能性,还是观念上的各种材料,皆存在于思维的领域里。思维之手握着大量的这些材料,取出它们,赋予它们一种形式以及形式上的统一。这样一个东西即形成了的抉择意志,它处于其创作者的权力之下,只要这位创作者行动,他就会紧紧地掌控着抉择意志,把它当作自己的力来使用。由于他的行动,他所掌握的可能性数量就会减少,或者说他的力量就会用尽;直到这一时刻,他还可能(根

---

① 这里表达了滕尼斯对拉马克、斯宾塞以及海克尔(Haeckel)的理论的支持,即获得性的特征(acquired characteristics)可以传递给后代。——Harris 英译本

据他的表象)不做出任何行动(即停止行动)。然而一旦他行动,这种不做的可能性就会从他的行动范围里消失,同时消失的还有这种不做的可能性的反面,也就是做的可能性。因为一种(观念的)可能性或许由于变成了现实,或许由于变成了不可能,而被消灭掉。一个可能行动之前的意愿,可被视作一种双重取消的准备。这一意愿增加了一种可能性,减少了另一种可能性;而且当行动的实施和行动的结果越可能被归结到思想那里,或者当思想的纯粹现实存在越清楚地表现为行动必然的和绝对的原因(*Ursache*)时,这种情况就越可能成立。然而,正是由于思想成为了这样的原因,行动就仅仅是一种手段,一种工具。在现实里,主体借助这样的工具发挥着作用,就这一点而言,主体既是思想的思维者,又是行为的行动者。

§ 21

【抉择意志中的自由—对手段的消耗—作为购买的行动—作为否定的意志—乐趣的元素与痛苦的元素】然而另一方面:现实中的行动(当我们从主观的角度理解它时),意味着推动着它的意志在预先的[①]观念里就是完整的,即:它是对手段(*Mitteln*)的消耗,从这一点上来理解的话,这种对手段的消耗就完全依赖于思维。因此,(被想象出来的)抉择意志本身就无非是这些手段的现实存

---

① 对应"预先的"(vorwegnehmenden),第一版(1887年)使用的德文词是"antecipirenden"。

在，只要其中一定数量的手段被置入一个统一体以及形式之中，且这种统一体与形式显现为适应每一次的目标。然而，只要那些观念里的诸可能性被想象成获得乐趣的手段，它们就不再具有同等价值了，但是它们都是乐趣的元素。如果思维将这些元素具象化成物品时，它们就会变得更清楚了，因此，自由仿佛被分割成一些独立的部分。这样一来，即使一位行动者没有付出一个现实的物品，但他似乎将他自由当中的一部分交托了出去。

在这个意义上，每一个行动都是一次购买（Kauf），也就是说，通过给出自己的东西，来购进一个外在的东西。这个概念（即"购买"）或多或少地符合现实。通过行动，人获得了享受品或货物（也就是作为种种享受之可能性的物品）；同时，人付出了乐趣的元素、手段、自由的组成部分，或者货物。

然而，似乎当我们将以上所说的"具象化"（Verkörperung）撤销，并重置自由的纯粹主观的概念时，那么思维的绝对地位（"自我肯定"）就建立了起来。与之相反，就其同自然的关联而言，抉择意志的思想将一种确定的行动当成原因，并且因而对（实现一种结果、成就以及目的的）意愿与意志的需要、要求及愿望，它把确定的行动当成必然的东西，这也就是全然的否定。它是一个命令，是人给自己下达的一个指令，它又是一种约束，一种人（首先在观念意义上）加在自己身上的强制。在这里，"我意愿"（Ich will）等同于"你必须"（du mußt）或"你应当"（du sollst）。人亏欠于他的目的，这也就是说，人亏欠于他自己。通过行动，人使自己从亏欠状态中摆脱出来。

因此，无论在思想，还是在行动中，构成乐趣的因素或积极的因素(Plus-Elemente)与构成痛苦的因素或消极的因素(Minus-Elemente)既相互排斥,又相互抵消。

§ 22

【本质意志中的自由—从"可能"发展到"必须"与"现实的发生"—作品与劳动的关系—同化—通过爱的力量而形成的心理的、真实的器官—真正的属己之物】在现实的、本质意志的范围内,不存在双面的可能性,不存在同时意愿与不意愿的能力。相反,可能性(Möglichkeit)与或然性(Wahrscheinlichkeit)等同于力,它们以不完善的方式意味着行动本身,而且行动本身就是它们的内容与完成。那些能够从中分离开的独立部分,仅仅是一个持续且长久之物的显现与外化。通过如此机能,这样的持久之物不仅保持着自身,而且在确定条件下甚至使自己变得更强,使自己的力量变得更大,因为它从总库存(Gesamtvorrate)中获得了滋养,同时,通过与周围的诸毗邻物的联系及其相互影响,总库存滋养并维持了自身:我们不仅可以在心理的意义上、也可在身体的意义上理解这个过程。这种持久之物是当前存在的东西,同时也是过去的、曾经存在过的东西。与之相对,包含在抉择意志中的可能性意味着:当前存在着的东西被视作未来的、非现实的东西。前者可以通过所有感觉的类型被人们体验到、意识到,只要人们已认识与正在认识的东西是一模一样的,并且皆为真实的东西。然而,后者(未来的东西)仅仅通过思维被人们认识到、意识到,它作为一个客体,对立于思维,正如它不同于行动本身,且可以与行动本身相分离。客体就像一个被生产、被制造以及被虚构出来的物,但是,相对于将"客体"表述成能够通过思维、从这些想象的材料中制造出来的物,以上的说法是在一种更模糊、更普遍的意义上成立的。反过来,在本质意志那里所理解的"生产"(Produktion),不过是组织起来的质料自身的运动,哪怕主体的创造性活动参与到了这个过程里,这一运动的完成都已然包含在它的开端之内;这样一来,一个更确定的东西总是源自它的不确定状态。然而在抉择意志这里,所有东西首先必然要(尽可能地)被分解成种种相同的元素,以便将它们以任意的形式和任意的数量重新组合起来。

因此,适合本质意志概念的情况是:所有的"可能"都包含着一种(不是想象出来的,而是真实的)"必然",而且意味着(与"必然"没有不同的)"发生",这样的"必然"与"发生"也就是在既定条件下、"可能"的圆满实现(Entelechie)及其成长的结果。如此情况类似于果实从花那儿结成,动物产生于卵(animal ex ovo)。它们其实是一回事,不过处于不同状态而已。所有劳动的开始和中间环节都与它们的结果、即作品具有这样的关系。在这里,并不意味着付出的是一个东西,而收到的却是另一个东西,因此,并不是说除了一个东西是另一个东西的代价(Preis)以外,它们之间通常没有什么关联,——如同将纯粹的形式施加于一个外在的材料那样,我们将这一做法理解成:通过如此劳动来换取一个成品。而事实上,它们总在某种程度上被把握为有生命的质料,由于劳动的主体和这种质料之间的相互同化,劳动者自己的生命力传送到了这种质料里,并在其中变成有生命的东西且保持着生机;正如在生育活动以及所有艺术创作和艺术思维的行动里表现出的那样。以上观点依据的是这一普遍而重要的法则：每一个有机的变更（organische Modifikation）都是活动力①（der Kraft des Wirkens）的增加，通过活动②（das Wirken）本身，通过各种机能（任何收缩、退化甚至死亡的发生都是由于不使用这些机能，也就是说：不去生活与毫无意愿，都会使细胞和组织不再更新），它形成了自身并使自身成长。

　　进一步地，我们可以将这条法则扩展为这样的原理：通过关联着某一外物的行动，即通过将自身的意志指向该物，并利用自己的力量加工与培养它，这样一来，正如一个特殊的器官等于一种特殊的意志，（借助练习）独特的能力必然会发展出来。举例来说，视觉就是这样一种与光及发光对象相关联的（普遍的—动物性的）活动，由于视觉，眼睛形成了。同时，眼睛只不过是一个器官，它完全处于和中心器官的关联之中，从中心器官那里，它受到了刺激，而且它也和生命的发源地，即心发生着关联，从心那里，它获得了滋养——这种滋养本身受制于它的特有的活动——，因此，通过爱、关心以及照料（amplecti③）其他的生命和事物，我们也能够发展、获得以及滋养一些对我们来说特殊的器官，尽管它们只是心理的—真实的器官；或者更确切地说：通过特殊化的方式，我们发展出普遍的、有机的爱的力量（Liebeskraft）。除此之外，通过爱（Liebe）、通过我们向外传递生命的能量，这种力量发挥着作用，它

---

① 中译"活动力"，原文为拉丁词"agendi potentia"，后面括号里的德文为作者所加，是对应拉丁文的德文翻译。——中译者
② 中译"活动"，原文为拉丁词"agere"。——中译者
③ 拉丁词"amplecti"意为"拥抱"，"怀抱"。——中译者

第二章 对二元对立的阐释

与能量的强度①和能量的持续时间相协调,同时,它同我们感受并认识到的外物所接近我们的程度相一致,并通过我们的理智来维持,因此,我们不断地从生命之流中感受到一种形而上的成分——这样一来,这种行动成为并保持为一种有生命力的行动,它源自我并通过我而产生,就像一个器官一样,是有机的和真正属我的,它也不是作用一次就结束了,而是我的存在和本质的持续流溢(Emanation)。所有作为我的造物而呼吸及发挥作用的东西,都适用于以上的原则:包括我生产和孕育的东西,包括通过我的培育与照料、养育与保护而派生于我、由我引导的东西,最后也包括那些通过我的精神和力量,由我创造、获得、作用以及塑造的东西。然而在某种程度上,我从属于所有的这些东西,正如它们都从属于我。同样,就像眼睛从属于身体那样,身体也从属于眼睛——尽管后者是在更为微弱的意义上说的:因为没有眼睛,身体一样可以生存,但是没有身体,眼睛就不能存在了。

§23

【有机整体及其部分—快乐与痛苦——致—抉择意志的对立面】因此,我们必然总要在有机整体及其各部分的关联中观察与思考它,只要部分是彼此分离的、特殊性的现实存在。全体的、普遍的意愿或生活,同所有特殊的意愿或生活一样,既不是快乐,也不是痛苦,但只要它是完整的和统一的,它就会不断地趋向快乐;因

---

① 1979 年版似印刷有误,它将"强度"(Intensität)误印作"同一性"(Identität)。——中译者

为根据斯宾诺莎的定义,向更大的完满的过渡(*Übergang*)就是快乐,而向更小的完善的过渡就是痛苦。① 两者都仅是不稳定的平衡状态的过渡或变动,意志或生活正表现了这一不稳定的平衡状态。然而,两者都正是一种必然的一致(协调);对一个整体而言的快乐或痛苦,对部分来说也必然是快乐或痛苦,只要在其中整体的本质被表现出来;因此,只要整体的各个部分拥有一个共同的发源地,并且各个部分彼此相互参与(*Anteil*),那么适用于一个部分的情况同样将适用于另一个部分。

因而各种意志形式本身也处于这样的有机关联中。先于这些关联且凌驾于它们之上的,总是一个整体,整体在这些关联之中表现出来,并与它们发生关系;整体和部分的关系是原始的,一切其余的关系都必然派生于此。因此,所有各部分之间的统治关系(*Herrschaft*)与地位确定(*Bestimmung*),都只是整体统治所有部分这一状况的一种描摹;尽管如在同一整体之内又能出现新的相对的整体,它处于同它的部分或成员的关联中。如果各种意志形式在思想里产生,或者说仿佛在思想里确定下来,以上表达的情况就都适用;只要它们仅从内在生命里产生,并以上述方式被保存于其中。

抉择意志因此是对(主观)自由的否定,而且抉择意志的行动意味着主体自身能力的减少,但是它的外在成果却补偿了能力的损失。与抉择意志相反,本质意志是(客观)自由本身,存在于其个体的真实性之中;它的作品就像一颗果实那样挂在树上:不是通过

---

① 引自于斯宾诺莎的《伦理学》,第三部分,命题十一的附释。——中译者

克服外在的阻力而促成和做出的,而是自发地产生和形成的。通过劳动来获得和创造某物同借助交换(买)来获得某物之间的关系也是如此。除此之外,真正的、创造性的劳动从自身本质的无限中造就出自身等同的东西,它与纯粹对既定材料的元素进行综合的劳动之间的关系亦是如此。由后一种劳动所形成的整体是僵死的、无精神的,它仅仅相对于思维而存在,就像组成它的那些片段和部分本身那样;因此,也许可以把它理解成一种外在的目的,通过对手段进行运用的活动,这种目的将得以实现。

§24

【抉择意志的诸形式与孤立的人——人的辩证的对立方——人的关系和本质意志诸形式的关系】抉择意志的诸形式将孤立的人视作给予者和接受者,将之放在对立于全部自然(Natur)的位置上。这个人试图统治自然,并试图从自然那里获得比他所付出的更多的东西:也就是从自然那里获取快乐的元素,这些快乐的元素使人不会花费辛劳与汗水或者其他令人不快的东西。然而,在自然之内,也存在着一个与他一样努力追求着快乐、同他一样的抉择意志的主体,这个主体与他对立,这个主体即一个他者(andere),他者拥有他自己的目的和手段,对立于他,因此,他者因为对方的损失而获得收益,他者也在努力追求着收益。作为抉择意志的主体,为了维持双方的共存,他们必然要么不相互接触,要么相互达成一致;因为当其中一人从另一人那里拿走一些东西,或强迫另一人做一些事情时,只会激发另一个人的意志,促使他做出某种行动:这一点取决于强迫的程度，而强迫的程度又取决于其中一人运用的手段或工具的性质。如果手段或工具对他而言不是快乐的元素，如同对我而言（即只要它们本身是对我们双方而言的）不是快乐的元素那样，我就不是友善地（gütlich）对待他；我给他的东西就不是他自己渴望的东西。对此，他或者完全不行动，或者被强迫去行动，也就是说，这种行动并不基于他自己的意志；他的行动不是他的抉择意志的现实化。这正应当是我们预设的内容，也就是希望表明：抽象人格（Person）的纯粹概念从自身分离出一个辩证的对立方；在市场里，这种对立表现为商人与商人之间的对立，表现为个人与个人的对立：即竞争者之间和对手之间的对立。

另一方面：所有人之间的相互关联，正如诸意志形式之间的相互关联，只要每个人都是被他行动中的本质意志决定。在这里，尽管由于强迫与武力，被强迫者的自由及其固有的自我（Selbst）被否定，因为只有通过他的自由，一个自我才能存在。但是在这里，只有从一个整体出发，所有个体与其他人的关系才能被把握，整体在这些关系里是有生命的。现在可以理解，曾经统一体里的各成员如何通过持续的特殊发展，彼此之间相互分离，他们又如何可能忘记他们共同的起源。他们可能不再为了一个整体以及将他们联系在一起的机能（Funktionen）工作，而且他们似乎会（以间接的方式）共同参与到这些机能当中；但他们之所以会为了彼此做些什么，只是因为每个人都是为了他自己的好处，这样一来，他们大概只会偶然地（per accidens）为了别人的好处做些什么。与此相反：只要他们从他们所组成的整体出发来被理解，那么他们之间的交换也仅仅是整体机能的一个结果或现象；因此，他们的种种现实存在方式作为有机体的不同变更(Modifikation),只是自然统一体和共同生活的表现。

补充(根据原始手稿):抉择意志的诸形式意味着作为抉择意志主体的人的一种分裂,即使设定目的者和感受快乐者是同一个主体行动的两个半面。因为每一个半面都可以被概念性地人格化,因此,它们以对抗性的方式相互对立。我给出了(根据之前的思考)我的一部分自由或我的一些快乐的元素,但只是把它们给我自己;我感受到了我的快乐,但只是从我自己身上感受到这些快乐。当那个从前的本我(Ego)不再是本我,而变成了一个现实的他者,即一个你(Du),而这个他者又运用他的手段来排除、对抗着我的手段时,这种关系才获得了一种内容。因此,这个他者借助他的手段行动、同时在其中确定自己的目的,是为了从我这里获得一些东西,正如我也不得不考虑从他那里得到些东西。然而,当我从他那里夺到一些东西或强迫他做一些事时,我就在独自地意愿或行动着,如果角色对换,他人也在独自地意愿或行动着。①

§25

【经验的偏离—禀性—性格;思维方式—本质意志与抉择意志之间的争斗—禀性里的自然物或人造物等】意志的诸形式与诸形

---

① 在《共同体与社会》1887年的版本中,并没有这段补充文字,这段文字是在1912年的版本里加进来的。它可能反映出弗洛伊德对滕尼斯的影响,但更可能来自于犹太哲学的影响。马丁·布伯,即《我与你》的作者,就是受到滕尼斯赞赏的人,并且他们也是长期的合作者。——Harris英译本

态的概念，本身自在而自为地无非是思维的人工制品；它们是工具。通过使用它们，人们更容易地理解了现实。因此，人类意志的高度复杂多样的特征必然要依据二分式的研究，根据它们是真实的意志还是想象的意志，将它们与作为公分母的标准概念（*Normalbegriffe*）联系到一起。通过这样的方式，它们就变成可被比较的东西了。作为自由的和志愿的思想产物，这些概念彼此排斥：在本质意志的形式里就不应该同时设想（*mitgedacht*）抉择意志的形式；在抉择意志的形式里，就不应该同时设想本质意志的形式。然而，如果我们把这两个概念视为经验性的（*empirische*）概念，也就是说，它们无非是一些名称（*Namen*），通过这些名称，直观或表象的多样性就被囊括进来，保持在名称里。因此，概念越是囊括了它们的多样性，它在特征上就越是空洞。这样一来，我们可以容易地从观察和思考中得出：在经验里，不可能出现没有抉择意志的本质意志，在抉择意志里，本质意志表现着自身；也不可能出现没有本质意志的抉择意志，抉择意志以本质意志作为根基。但是，如果要严格区分这些标准概念的价值，我们只需觉察到，经验的倾向（*Tendenzen*）将通往这个概念的方向还是那个概念的方向。尽管它们彼此并存，相互影响，甚至可能彼此促进，相互增强，但只要每一个意志类型都指向权力（*Macht*）与统治（*Herrschaft*），那么它们必然彼此冲突、相互反对和相互竞争。

　　因为这些标准概念的内容，即表现在行动的规范和准则里的内容，具有类似的特征。① 故而，当抉择意志想根据目的或效用来

---

① 指两种标准概念内容之间的关系，如同概念本身之间的关系那样。——中译者

安排并确定一切时，它必然要排除既定的、流传的和根深蒂固的种种规则，只要它们不能适应这些目的的话；或者只要它们能够忍受，它们就会屈服于这些目的。这样一来，确定的抉择意志越发展，或者思维越使自己关注于目的以及对手段的认识、获取与应用，构成本质意志之特殊或个体性存在（Besondere oder Individuelle）的情感及思想的复合体，由于不使用，必然就越陷入萎缩的危险中。不仅如此，而且两种意志之间产生了一种直接的对抗，其中，情感与思想的复合体压制着抉择意志，反对抉择意志的自由与统治，但抉择意志力图首先使自己摆脱本质意志，之后瓦解本质意志，进而消灭它或统治它。当我们采纳和接受中立的经验性概念，以此在其中研究这些倾向时，这些关系将最容易地显现出来：此概念就是人的本性与心理状态（Beschaffenheit）①的概念，我们设想它对应于人们现实的熟练行动以及在特定环境下、人的符合规律的（regelmäßig）活动，它也被视为这些活动的基础。这些普遍的心理状态既可能有利于、适用于本质意志，也可能有利于、适用于抉择意志。其中一种意志类型的要素可能会在这种普遍的心理状态中与另一种类型的要素相遇并混合在一起，它或多或少地占据且决定着这个普遍的心理状态。

如果我们考虑这一心理状态主要出现在人的有机体的、动物性的生命中，还是出现在人的心灵性的生命中，普遍的心理状态又会被区分开来，据此，我们可以提出以下几个众所周知的概念：

---

① 德文词"Beschaffenheit"有"性质"、"特征"、"本性"、"情况"、"状态"等含义，Harris 英译本用"倾向"（disposition）一词来翻译。由于这里指的是"中立的经验性概念"，故翻译成"状态"似乎更加妥当。——中译者

1）禀性（Temperament）

2）性格（Charakter）

3）思维方式（Denkungsart）

然而，这些概念应当取消所有意味着与人的"本质"或本质意志相一致的内涵（Konnotation）①，它们被引回到各种"倾向"（Dispositionen）的纯粹逻辑的意义上来，这些倾向被设想为对应于一般现实，并且作为一般现实的前提。人们也可以如此来表述这样的关系：除了那些既定的、被设想为本质意志所固有的、对立于抉择意志且对抉择意志而言固有的特征，抉择意志可以生产出新的、特殊的特征，制出一些类似于人造物性格的东西。可是，这些人造的东西除了名称之外，与那些自然的或源自本质意志的特征毫无共同之处。而它们共同的名称都基于这样一个事实：无论是通过自然的性格还是人造的性格，变换着的现象都被关联到一个持久的或实质性的载体上。故而，这个载体，或者说一般理解上的性格，往往由双重源流交汇而成；或者换一种方式来说，标准的举止，行为与判断（言谈）一部分产生于信念（Gesinnung）、性情（Gemüt）与良知（Gewissen），另一部分在或大或小的程度上产生于努力追求（利益）、计算与自觉意识（Bewußtheit）。在这一点上，我们无论如何应当注意到，一个人是多么少地可以——特别是以直接的方式——按照他自己的意志与法则行事。

---

① 括号里的德文词"Konnotation"为作者本人所加，乃是逻辑学的专有词，意为"内涵"、"涵义"、"隐含意义"、"转义"等，括号前的德文词为"Mitbedeutung"，字面意思为"共同的含义"，结合这两个词的词义，译者用"内涵"一词来翻译。——中译者

§ 26

【通过本质意志和抉择意志形成的我们情感上的爱好—流动物与干燥物—柔软物与坚硬物—温暖物与冰冷物—有机的质料与僵死的材料—具体的东西与原初的东西—抽象的东西与人造的东西】当我们思考性地直观时,我们的情感将受到他人行为的刺激,正如受到外在对象的刺激那样。这一刺激不仅唤起了我们的肯定或否定的态度,而且促使我们去判断心理状态与事件本身,这样的感受仿佛触觉和对温度的感觉,也就是说,它类似于我们对外物不同知觉的最普遍的类型。因为流动物与干燥物之间的对立、柔软物与坚硬物之间的对立、温暖物与冰冷物之间的对立,都在大众的言谈中被习惯性地(即使不是均匀地)应用到形容人的性格及举止的种种区别上。流动的(涌流的)、软的与温暖的性质被归为"情感"(Gefühlen);质料(*Materie*)分享了这类性质,只要它富于内在运动:因此,它有个体化的及组织化了的结构,正如生命本身常常被比作河流与火焰;而且可塑性的柔软(*Weichheit*)是细胞质最普遍的特征。与之相反,材料(*Stoffes*)的最终组成粒子是机械效应的承载者,它们完全被视作固定的、坚硬的和冰冷的东西,而且它们不具有内在的运动。人的纯粹思维和知性也是被如此感受的;它们所使用的材料和由此产生的结果也是如此。

这样一来,我们可以很容易地理解,一种禀性(在其中,本质意志的形态占据着优势)如何被形容为流动的、柔软的与温暖的状态,而抉择意志的形态则如何被判定为相反的状态。因为包含在本质意志中的东西和从本质意志那里产生出来的东西,都必须与本质意志本身是一样的;而被想象出的行动就是组成抉择意志的元素。在本质意志那里,存在着的是个体具体的、原初的(本原的)东西:这些东西已经得到了一个普遍的名称,即自然物(Naturell)。在抉择意志这里,存在着的是抽象的、人为的东西,是仿造的和模式化的东西:这些就是我们愿意理解为器具(Apparat)的东西。禀性、性格与思维方式,只要它们符合自然物的本性,它们本身就是自然的;只要它们符合器具的特性,它们本身就是人造的;是假定的(做作的)和为了让人看的"特征",是一种表演出来的"角色"。

§ 27

【作为天职的生活—作为生意的生活—方法—理论—正确的目标—判断—行动】人的生活与意愿(也就是人的行为的总体)或者被视为一种本质上的有机过程,这个过程不断地扩展到人的智性生活的各个方面,此过程对所有人来说并不是一样的,除非他们内在的有机特征以及他们的现实存在与发展的种种外在条件都是相同的;只要这些内在特征与外在条件产生了分化,人们生活的过程就不相同了。因此,意愿就是不可教的;正如出自塞涅卡学派的一句古老的格言所描述的那样:意愿无法传授(Velle non discitur)[①];或者仅仅在像传授一种美好的艺术的意义上,它才是可教

---

① 出自塞涅卡的《道德论集》(*Epistulae Morales*)81,43。——中译者

的。艺术作品不是根据规则产生的,而必然是从特有的身体——灵魂的品质里产生的,特别是从艺术家特定的力量与心境、即艺术家的创造性幻想里产生出来的。在这里,学习无非是指通过练习和模仿,人的天赋(angeborenen)才能得到培育并发展起来。艺术家的活动是艺术家固有的生活、言谈与创作特征的一个组成部分。这些特征表现在他们真正的作品中,正如一个有机体的本性和力量以某种方式表现在所有组成它的部分那里。这些特征以最完美的方式包含在艺术家的世代交替当中,而且它们被传给那些同艺术家具有相同性格的新人身上。这就是作为天职(Beruf)的生活与作为天职的生活方式。

另一方面,人的生活或者被视作类似于经营生意(Geschäft):他有着确定的目标并把获得一种想象出来的幸福当作行动的结果。无论如何,人们构造了概念,树立了规则,它们以某种方式表现、证明以及传达着最好的方法(Methode),以此来达到目标,获得成就,每一个有能力运用逻辑思维操作的人都可以理解和使用这一方法,实际上,每个人在一切现实活动都执行着此操作。通过力学(Mechanik),所有这种理论(Theorie)的本性最清楚地表现了出来。力学本身无非是应用数学。数学无非是应用逻辑学。可以通过以下的方式将应用力学的原理概括为一条普遍法则:以尽可能少的力量或劳动的耗费来获得尽可能多的效果。但如果涉及任何一个针对特定目标的任务时,这条原则的内容可以如此概括:应当以尽可能完善的方式,用尽可能轻松与简单的手段来完成目标。或者当人们为了赚取金钱,将此原则应用到一桩生意上时,这条原则就被表述为:用尽可能少的耗费获得尽可能高的收益,甚至是尽可能高的纯利润!如果将此原则应用到作为一种生意的生活上时,那么它就被概括为:用最小数量的痛苦、紧张和辛劳以及(通过劳动)在财富与生命力上做出的最小牺牲,来换取最大数量的快乐或幸福。

因为凡是一个目标应当达成的地方,它必然要被眼睛敏锐地、坚定地注视着——就像射手用肉眼盯着一个可见的目标,思维也因此要聚焦于目标——,接下来,我们应当安定地、冷静地考虑,哪些是最好的、最可靠的、最简便的手段,借助这些手段,我们可以以完善的方式实现我们的意图;最后,这些手段必须被我们紧紧地把握在手中,并按照我们正确认识了的方式与形式发挥效用。也就是说,一个人必须 1)正确地瞄准目标,2)正确地判断,3)正确地行动。其中,第三点是决定性的,也是离终点最近的一点。由于第一点和第二点作为关联着它们的目的的手段,因此,它们又从属于第三点。但因为正确的行动只是手段,也就是达到所意愿的成就的手段,这样就产生了三种中介性的、为目的所要求的行动类型,它们彼此平等,这三个类型分别是:

1)精神的紧张,或者对所意愿之物的表象,或者凭借思维集中注意力、做出志愿性行动;这是一种作为所有其他志愿性行动之基础的形式:人仿佛用他的望远镜对准了事物;因此,同样重要的是:人对关联着他所希望努力获取的目标的自我认识,也即对自身利益的理解。每个人都会意识到这些,一个顾问将为他指出他本人没有看到的优势,"为他打开双眼","使他集中注意力"。

2)为了做出正确的判断,一个人必须对不同事物的相对价值拥有正确的概念,而且必须对人的行动之确切的或在一定程度上可能的效应拥有正确的概念。这些概念同样可以作为现成的东西流传下来。作为测量的工具,它们的使用方式一般而言是自明的。

3) 对手段的正确应用或正确的行动,在于对现存手段与力量之合乎目的的分配,它最不可能以直接的方式被掌握,但是也存在着一些特殊的、直接的方法来掌握它。

§ 28

【知识的重要性—意愿的技巧—思维自身的条件—科学的思维与计算—逻辑】由此可见,已获得的认识,即关于某物如何必然形成的"知识",是决定性的条件。它预设了这样的前提:即每个人都能轻易地和自主地采取行动(在这里,行动就是对这些知识的应用)——就这个方面而言,普遍人(allgemein-menschliche)的能力已经足够,这里所要求的,无非是只要一个人想做,他就能去做。虽然艺术(Kunst)与手艺(Handwerk)不能以这种方式来传授,但传授一些技巧(Kunst-Stücke)①还是可能的。这样的一种技巧就是意愿本身,只要它被看作抉择意志,并因此独立于且先于行动。但是在这个意义上,它不是一个人只要想做,就有能力去完成的事情,而是只要一个人已经认识到且知道一个在现实中"最好的东西",他就将(不仅可能地、或然地,毋宁说)必然地、一定会去完成的事情。

---

① 德文复合词"Kunst-Stücke",字面的意思是"艺术的一些片段",引申为"技巧"、"聪明的技艺"之意。Harris 英译本用"聪明的技术"(clever techniques)来翻译这个词。——中译者

就此而言,这种能力是普遍人的思维能力(正如感性知觉的能力一般而言适合于动物一样),只要它既能产生认识,又能产生愿望。但是,因为行动被设定为意愿的必然结果,那么也可以这样说:人总是会做一些他所知道的、对既定目标最有利的事情。在人接近一种纯粹(抽象的)抉择意志主体概念的程度上,我们必然承认这种说法是正确的。相反:人越是同这个概念疏远,他做出的判断就越符合他的整个本质及其整个状态,在此之中,当前的思想仅仅构成了一个突出的环节,而且他的每一次被观察到的行动都应当由此解释。在这里,思维本身也从属于这种行动,根据思维者的天赋、习惯与心境以及当前作用在他身上的刺激,思维能够构造观念之间多样且错杂的关联。尤其关系到预先确定的目标时,思维为他本人的未来行动设定了法则;这一工作与其说需要思维者对自己固有的方法有所认识,毋宁说,需要思维者对可使用的手段、有利的与不利的环境、有利的与不利的偶然事件的或然性有着完善的认识,也就是说,它需要思维者的诚实判断与清晰而明确的科学知识,至少就科学知识的普遍性而言,科学知识可以被应用于任何既定的事件,可以被视作一个为外界接受的现成的东西①。在科学知识产生作用的地方,思维者本人的劳动只在于应用它,也就是说,部分地在于得出结论,部分地在于指定并权衡既定的因素。前者适用于存在着各种指南(Maximen)或规则的情况,后者则适用于面对各种事实或事件时的情形,就此而言,不管这些事实或事

---

① Harris 英译本将这句话翻译为:(科学知识)可以被接受为具有完全的客观权威的东西。——中译者

件是已知的,还是仅仅被视作或然的、被猜测的与被希望的,人们都在"计算"着它们。因为这整个的思维都是一种计算,计算一种行动的机会,一旦计算进展到足够程度时,思想就为可能发生的不同情况做好了准备。

因此,这就是一种完全科学的(wissenschaftliches)思维,它必然摆脱了任何主观因素的掺杂,它对志愿限定的(定义了的)然而完全被想象成现实的因素进行了混合(综合)与区分(分析)。整个这一过程所运用的方法、技术或理论是一些必然要以"逻辑"的名义加以说明的东西:它是一套科学的工具论(Organon),它是关于人如何用概念对象(Entia rationis①)进行思维的学说,或者说,是人如何必然通过思维、计算来获得正确结果的学说。人们恰恰以有意识的方式、将这些规则最大程度地使用到真正的计算与应用数学学科当中,不仅如此,这些规则还能够被运用到一切科学思维之中,因此,它们也被任何利己的计算(Kalkül)形式所使用。然而,计算无非是对一种虚构的材料、数字或代数符号进行的"机械性"(外在的)联合与分离。

§ 29

【作为机械性劳动的思维—作为有机性与艺术性劳动的思维—教与学】在这里,我们尝试着将构成抉择意志诸形式的思维与

---

① 括号中的拉丁词"Entia rationis"为作者本人所加,意为"理性存在物"。在形而上学里,与"Entia rationis"相对的概念是"Entia realia",即"真实存在物"。——中译者

机械性的劳动相对照,将思维的完善形态同完全机智(*Klüglich*)从事的应用性的劳动相比较。我们会看到,上述对比符合我们语言的比喻力(Gleichniskraft)①,当我们表述以下几种说法的时候:炮制计划、策划阴谋、煽动诡计,发动一项影响广泛的行动,精心编织各种幻觉和谎言,如此等等。

与此相反,我们将本质意志诸形式的产生与现实存在同有机体的活动放在一起、进行比较,同时,正如我们几乎意外察觉到的那样,本质意志诸形式的理想状态和人的一种艺术性的活动相对应。因为事实上:说话和思维本身——通过说话和思维,人的本质与个体灵魂的性质最清楚地表现在它们最特殊、最本己的生成里——就是人的普遍的技艺(*Kunst*),正如昆虫织网,鸟儿筑巢和歌唱一样。在这里,总会浮现出来的问题是:人如何能做到这些事情的?答案总归相同,它包括三个方面的内容:1)通过天生的素质及其发展;2)通过(对尝试的)重复,因而还有练习;3)通过学会与模仿,也就是说,从那些善于理解人心、合作共事且富于同情的能者身上学习这些这些内容,从传授者那里获得它们。

不论是天生的素质(Anlage)还是后天的教育(Lehre),它们都从不同的方式回溯了一条无限的因果链条。素质完全通过生育者的一种纯粹有机的行动(Akt)传递下来,而且只能通过这样的行动传递。只有素质的发展才是活动(Tätigkeit),而且它自身本质上是一种有机体的活动,一种被赋予了这个本质的个体的活动

---

① Harris 英译本用"隐喻"(metaphors)来翻译"Gleichniskraft"这个词。——中译者

第二章　对二元对立的阐释

（就此而言，其他的环境必须对这种发展是有益的，而且满怀关切的养育也是极为有益的，如此的养育不仅是生育行为的补充，同时也促进了世代的心灵延续）。学习（*Lernen*）虽然只是属于个体的行动，而且本质上是心灵性的（*mentale*）活动，但是它依然需要个体通过内行、长者以及有经验者（不论是父母还是其他人）的帮助以及个体自己的努力才能达成，因此，"教"与"学"彼此需要、相互补充。与此相反，练习作为真正动物性的（*animalische*）活动与劳动——正如它也接受了人的精神的参与，接受了精神对它的提升——是最具个体性的，虽然外在的强迫、命令与激励对此也会产生推动作用，但它本质上受制于个体自己的意志力；学习者会去模仿榜样和模范，他们激发了学习者的热情，因此，传道授业减轻了学习者的辛劳，促进他们增长能力。

§ 30

【工具制造中的技艺—器械与方法的作用—对劳动的还原】人的技艺多种多样，具有各种不同的、特殊的形式。作为造型技艺，它最广泛地扩展到工具（*Geräten*）及用品（*Werkzeugen*）的制造领域。因此，所有技艺的种类、亚种以及变种，最终都需要能制作它的师傅与艺术家。这样一来，工具不再只是被使用的对象，因为它的身体和本质包含了赋予其形态的有机体的内在谐和、美与完善。但是在某些技艺甚至技艺的全部类型里，如果存在着一个发展的点，在这一点上，技艺自己的用品或者（具有同样结果的）劳动的方法发挥了作用，它们以这种方式赢得了优势（或者说，赢得了任何就本性而言最重要的东西)。因此，人只需掌握它与应用它，那么，这里所涉及的就仅仅是机械的或准机械的操作，在这个意义上，它就是能（Energie）的使用。尽管一个具有平均智力水平的人脑就能够导引与完成它，但它正是真正的、决定性的功能。为了将一定量的能传到既定的机器里，从而使机器有能力完成确定的工作、产生确定的价值，这种功能必须被实现。因此，一定量的人类劳动力可以被同样数量的其他机械力替代，而不会发生任何影响上的变化。

在生产一件物品时，越是纯粹着眼于它的效用、它的使用与消耗，上述人类劳动力被机械力取代的发展就越容易出现。然而在这里，存在着人类劳动力和机械力之间的一个界限，从这个界限起，那种普遍的人类理性的工作无须通过劳动工具的促进，其本身就是必要的和自然的过程。但是，工具发挥生产作用的这一过程，完全只有通过比喻的方式来理解：概念和方法是工具，正如它们存在于精神劳动尤其是科学的思维里；而如此的类比（Analogie）是容易理解的。为了完成一个工作，并不需要一种特殊的天赋、培育与练习，而只需要理性动物（animal rationale）平均的、抽象的品质；因为方法使一切工作变得容易，而且做着真正的工作。只有方法的使用是人们必须要学会的，而为了使用它，人们必须要认识方法的本质（Wesen）。就此而言，真正心灵性的生产，也就是记忆的或想象力的活动，成为了完全多余的、甚至有害的东西。抉择意志，即意图（专心）和逻辑操作，必须要进入到这一过程当中，这个简单的过程与那个心灵性的生产之间的关系，就像纯粹受到指挥的、人的肌肉力的支出同雕刻家或画家满怀爱恋的手工及精神工作之间的关系，后者根据的是他的鉴赏力与他的细心。

§31

【作为艺术精神的本质意志—幻想的生产力—从抉择意志培养的抉择意志—概念—概念的传授—教师与指导者的功绩—涉及艺术】本质意志本身就是艺术的精神。它形成了它自身(*Selber*)，这一过程伴随着新的内容在它自身之内的不断充实，并且它将新的形式赋予这些内容。因此，本质意志也产生了表象的复合体与思想的复合体、词语与句子，它们体现为判断、突然的想法与意图。这一切皆产生于幻想，发源于感觉的全体。但在这种生产性活动似乎凝结成纯粹逻辑思维的地方，抽象的、普遍的精神劳动就取代了所有特殊的、具体的、专业性的劳动。因此，从其本质上看，它已经具有了这样的特征，而且它自身不会因为用品的使用而稀释与简化。除此之外，只要人们完全按照用具的目标、效用与规定来引导它，那么它们[①]就符合抉择意志，并且从抉择意志那里产生，这样一来，"抽象人"的生产就取代了"具体人"的生产：一种抉择意志的自由体系(*System*)，或者说，一种对立于较低抉择意志形式的较高抉择意志形式出现了，就此而言，前者由后者确定，且依附于后者。

对概念(*Begriffe*)来说，情况尤其是如此，它们就像工具或用品那样是人造的，就像外界的事物那样从一个人的手中传到另一个人的手中。作为概念的接受者和应用者，所有人彼此等同。因

---

① 指上述的表象的复合体、思想的复合体、词语与句子。——中译者

为只要是在每个人面前被证明为正确的东西,他们都能理解(beg-reifen),随后能把"如何做这件事"保持在记忆里;证明(Beweis)就意味着运用普遍的、人的理性力(也就是逻辑思维的能力),这种力应当将已证明了的原理与判断"视作"正确的,换句话说,它应当将其中已断言了的众概念之间的关系"视作"现实的、存在着的关系。因此,对于理性而言,一个"真理"(Wahrheit)是客观的,正如对于感官来说,一个对象是客观的。

这无非是说,一种手段已经被指明去完成某个确定的目标,而且使用这一手段的"建议"(Rat)被采纳。没有任何一个结论会比如下结论更有道理:一个人坚定地注视着一个目标且清楚地知道实现这个目标的手段,只要这些手段处于他的权力范围内,他就会紧握并利用它们;如果这些手段不在他的权力范围内,他就会尝试获得它们。因此在这里,外来的领路人和教师可以做任何事情,但是教师除了告诉受教者正确的方法、或者说达成一个目的的手段以及通向它的道路(正如给予或指出一个现实的事物)之外,他什么都没有做;理解、掌握与使用它们是受教者自己的事情。当然,这里假定了受教者有做这些事情的一般能力,因为"帮助他本人形成如此能力"这件事,同向他演示如何去做的人无关。作为教师和给出建议的人,后者在这里只有一种有限的任务和工作;他可以摆脱它们,并把他的成果传给其他人,这样一来,其他人可以像使用他们自己的东西那样来使用这些成果。对于认识的效果、认识的概念化方法的效果以及被接受的建议(它是决定,因此又是行动)的效果而言,究竟是受教者自发完成与制定它们,还是将它们视作现成的东西加以接受和使用,这些都无关紧要。然而,这些成果的真实性与正确性,只有通过与之相应的行动现实地达到意愿的、表象的成就来证明;因为只有当它们是适宜的、合乎目的与可资利用的,它们才是真实的和正确的。在这里,知识与那种以目的为导向的行动(Zweckhandlung)、即做决定的行为之间的关系,同样存在于别的一些地方,在这些地方,知识关系到意志工具(Willensgeräte)本身的形成,它最大程度上是合乎目的与正确的。

如果这里涉及的既不是传授真理,又不是培植与养育获得某种确定成果的能力,而是关系到一种心灵的力量时,教师和建议者的情况就有所不同。教师本人必须是某一特定技艺领域的专家(Meister),或者至少是一个经验丰富、熟练掌握技艺的人;或者如果传授一种学说或智慧的形式是必要的,他就必须去激励他人,或者说唤起他们的信任与忠诚;这样,善良意志就取代了理性的位置:相比于理解和把握,这里更需要的是尝试与努力。

§ 32

【作为动机的本质意志的诸形式—规范—作为动机与规范的抉择意志的诸形式—意志的自由】本质意志的诸形式总是以较强或较弱的方式活动着并发挥作用,因为它们从属于生命。然而,当它们面对一些机会(Gelegenheiten),也就是说,在这儿,同本质意志的诸形式相关联的内容被人们考虑、供他们选择时,本质意志的诸形式就明确地成为了动机(Motive)。这些内容尤其是通过规范(Normen)或法则(Gesetze)构成的,规范和法则又可以将普遍的、不确定的东西完善为特殊的、确定的东西。

相反,抉择意志的诸形式只有被实现出来,才能得到运用。运用的过程是这样的:主体将它们固定在思维里,并通过适当的、确定的行动,仿佛模仿它们,将其转变成现实的存在。这些抉择意志的诸形式之任务与目的体现为提供行动理由(Beweggrund),这一过程或者是一次性的,也就是说,当事情做完,它们的价值或可用性就消失了;又或者是在某些情况下反复地作用。这些形式的内容通过不断地增加与汇集,就从个别的规范发展成广泛的、总体的规范。

只有在意志遵循并符合主体自身所设定的规范与法则的程度上,也就是说,在意志遵循并符合主体的自然的喜好、感觉和趣味(喜欢或厌恶某些东西),以及他的习惯、观念(观念在回忆里的结合)的程度上,或者普遍而言:在意志遵循并符合他的信念、性情、良知以及内在法则的程度上,意志是自由的与独立的;或者在意志服从外在规则的程度上,即他可能通过努力争取、计算以及自觉意识,将这些外在的规则加诸自身的程度上,意志是自由的,它能把握自己的力量。因为这些规则是对自由的限定,自由本身保持在这些限定之内,正如它本身保持在其必要的形式里(尽管抉择意志的形式同时是对自由的否定)。以上两种自由的关系,正是"现实"的成型了的、确定的自由同"可能"的粗糙的、尚且仍是材料的自由之间的关系。① 因为自由与意志是同一的东西。然而每一个意愿,就像每一次运动一样,只要它包含在事物的本性里,那么它就是必然的;只要一个独立的身体或一种个体的有机体的意志是它

---

① Harris英译本与德文版在这句话的表达上采取了不同顺序。——中译者

的主体，那么它就是自由的。我们可以拿水滴的运动来举例，水滴落在石头上，在这个过程里，水滴似乎往向下的方向寻找着自己的道路，而且它找到了一条受到最小阻力或最大牵引力的路线，水滴的运动就既是自由的、同时也是必然的运动：因为它的位置与运动方向通过它自己的力与动能确定，所以这种运动是自由的；因为它的位置与运动方向同时通过其他外来的力确定，所以这种运动又是必然的。

因此，人的最具精神性与理性的运动也必须通过这样的方式来解释，部分地，它应当通过人自身的意志来解释；但部分地，它又应当通过外在环境的压力来解释；就后者而言，只要运动遭受这样的外在压力，意志就是不自由或受到强迫的。在这个意义上，这里预设了一个已经得到理解的逻辑的—先验的真理：没有什么东西——既没有任何物及其特征，因此既没有任何本质意志或抉择意志的形式，又没有任何运动或意志行动——可以被称作自由的，仿佛它不是在任何时刻都以完美的方式受制于、决定于它的内在与外在诸条件的完善性。意志的真正自由在于它的现实存在（Dasein），它是一种样式（Modus），从心理学的属性来讲，它被理解成不可穷尽、不可把握与不受任何条件决定的实体（Substanz）。然而，这种形式并不被理解为模态（Modalität），而其自身就被视作实质性的（substantiell）。① 除此之外，对人的思维而言，存在着

---

① 无论对德语读者还是对英语读者来说，这句话都是滕尼斯文本理解上最为困难的句子之一。他所使用的"Modalität"一词反映了德文的"情态动词"（modal Verb）的意思，这个词包含了一些可能的做出命令的行为在一定程度上并不会现实地发生。因此，意志的自由与包含在语法中的偶然因素关联在一起（滕尼斯可能从阅读叔本华的经历中获得了这个观点）。——Harris 英译本

一种想象的自由,只要人可以将他的行动与不作为当作客体来思想,并可以在这两者之间选择做或不做;或者只要他自己做出并构造了他的意志,他就在事实上被设想成对立于其思想造物的主人与自由的创造者。

第三章　经验的意义

§33

【两性的对立—清醒的专注力—远见与判断—艺术中的科学程序】如果我们现在试图通过诸范畴来把握人的可认识的各种特征,那么初步看来,我们大致会形成以下几个观点。

首先,我们注意到两性的心理一般而言是对立着的。这是一条已经讲滥了的(verbrauchte)真理,然而更重要的,它表达了一种普遍的经验,即女性大多听任自己情感的摆布,男性则跟从他们的知性。男性更加精明(klüger),只有他们善于计算,善于平静地(抽象地)思考、权衡与推理,善于逻辑思维。女性则通常欠缺逻辑思维的能力,因此,她们缺乏抉择意志的本质性前提。有一种观点是不正确的,它认为只有通过(抽象的)思维与抉择意志,人才能获得真正的主动性(Aktivität),才能不受制于自然,甚至在某种程度上统治自然;正确的观点恰恰是:主动性使抉择意志成为必然的,并促使抉择意志发展,同时,在抉择意志的帮助下,人的主动性提高到了无限的境地。现在,不仅在人类这里,至少也在哺乳动物以及其他一些动物那里,雌性必须将她的时间与精力中的很大部分贡献给后代，正因如此，相对于雌性动物，雄性动物的生活更加活跃一些，因为寻觅食物与战争事业就落到了他的肩上，就此说来，攻击和劫掠是必要的，甚至为了获得雌性，他必须尽力杀死他的对手。作为一个捕猎者和一个强盗，他激发自己，用双眼眺望远方，用耳朵倾听周遭：他训练着这些最主动、最自立的感觉器官，使它们敏锐地感知远处的事物，因此，他更能按照自己的意志来运用这些感觉器官，也就是说，他如何使用感觉器官，这一点更多取决于他自身所处的总体状态（Gesamtzustande），更少取决于他所接受的印象（用习惯性的与生理学的语言来讲，我们一般将这种印象称作"任意的"〔Willkürlich〕）。（与听觉相比，视觉在高得多的程度上适合于这样的改进和精力的集中。）因此，一个男人更有可能拥有主动的、独立的知觉（Perception）与统觉（Apperception）能力，正如把持着捕捉事物的工具（Greiforganen）那样，它们抓住并整理这些印象的材料，将既定的印象片段与各种符号综合成一个整体。这就是清醒的专注力（wache Aufmerksamkeit），由此——正如已经提到的那样——知性与动物性的记忆就发展起来，而且一个器官形成了，这种器官所蕴含的素质随着每一代的更替而变得更加完善，而且它也倾向于传给女性。

如果说在这里，知性的活动虽然还不是思维，但只要它是一种智性的活动，它就是向着思维的一种准备。知性的活动独立于生命的直接冲动（没有伴随的运动），独立于恰好感受到的印象（也就是说，知性从自己的贮存中取出一部分，添加到感受到的、有效的刺激上，这样一来，就确实像希腊哲人所说的那样：知性看着和听着,其他的一切都是聋的与瞎的①)。因为知性的活动使人的清醒的专注力集中于对各种资料(Daten)不断地进行比较,而只有通过对文字符号(Wortzeichen)的回忆,它们才是可感知的。对资料进行分解与组合,这样一来就形成了真正的(或抽象的)思维,也形成了抉择意志,只要资料包含了可被意愿的行动以及这些行动的——或然的或确定的——结果②,并且对一个确定意愿的思想被挑选(掌握)出来、构造出来,它们都是思维的纯粹结果,思维考虑着将愿望的效果实现出来(因此,思维与被愿望的对象完全区别开来)。这样一个结果越是隐藏于未来之中,就越需要人们具有一种精神上的远见,在时间而非空间的意义上,它能衡量其他思想,进而引导它们。

男性必须要训练这样的远见力,因为他们有责任担负领导与指挥的任务,至少他们应当领导对外的共同活动:这些对他们来说是自然而然的,因为首先他们是较强者和战士,同时也是更灵活、更敏捷的人。相反,女性一般被称为恋居者(seßhaft)与笨拙的人(schwerfällig)③。但是,一个漫游者,尤其是那些先行的开拓者,需要远见(Fernsicht):他需要一切周到考虑(umsicht)和先见之明

---

① 柏拉图、亚里士多德以及其他希腊的哲人从西西里的喜剧诗人埃皮卡穆斯(Epicharmus)那里引用的话。——Harris 英译本

② 德文版原文的表述是:"只要资料是(sind)可被意愿的行动以及这些行动的——或然的或确定的——结果",Harris 英译本用"包含"(consist of)来翻译"sind",更清楚地表明了这句话的意思,即知性通过对资料的整理,包含了将意愿的行动付诸实际的可能性。——中译者

③ Harris 英译本指出,德文词 schwerfällig 在这里可能传递了妇女由于受孕而行动笨拙之意。——中译者

(Vorsicht);① 他必须最终学会习惯做判断：也就是考虑既定的环境，并决定去做正确的事情。人从临近恶事的预感(Vorgefühl)中发展出了猜测，他将各种迹象化作推理的证据，并根据认识到的危险，决定了明确的计划。同样，领导者必须思考，他应当如何维持他的团体、行列的内部秩序。对争端的裁决，既要求、又促进了一些突出表现为审判者(Richter)的特征：天平是正义的象征，它表明了行动与受动之间、占有与亏欠之间、权利与义务之间客观的、真正以及现实的关系。尤其是，如果每个人都有权利得到、享受并保持属于他的东西，那么在物的大小、轻重、效用、美观上进行比较、对单独的物或单独制成品进行衡量就是必要的，同样，在被捕获的动物或人之间、在田地或器具之间进行对比也是必要的。从普遍的比较中产生了各种特殊的形式性的活动：即所有类型的测量、权衡与计算；它们都关联着量的确定以及它们彼此之间的关系。

这样一来，只要从客观内容上——我们可以说，在它们的能(Energie)的数量方面——将一个先行的事件与一个紧随其后的事件相提并论，因果思维就产生了。任何科学程序都以因果思维为基础，根据它的原理，科学程序也包含在所有实践性的工艺和艺术里，尽管在这里，相比于对各种关系与规则的推理性认识及自觉意识，对正确事物的直观与情感(即"直觉"〔Intuition〕这个概念表达的意思)更为人所需。然而，人们习惯地认为，后者总是原初就

---

① 滕尼斯在这里采用了三个以"sicht"(视或见)为词根的构词，"Fern-"表示远，"um-"表示周遭的、周围的，"vor-"表示预先的。——中译者

存在着的,而前者逐渐产生于对彼此共生的事件进行结合的思维。在这里,此理论——正如从我们之前的讨论里呈现出的结果——仅仅在改进了的效果上成立。因为如果知识被一种先天的、准备好了的性情(Gemüt)以及自身形成的才能吸收,那么这种知识就已经是不一样的了;倘若没有这个前设,即人们完全通过外在的经验学会、掌握以及应用知识,那知识就是另一个样子。就第一种类型而言,知识就像一个被技艺高超的演奏家弹奏的里约琴(Leier),就第二种类型而言,知识仿佛一个手摇风琴(Leierkasten),任何人都能使它旋转起来。因此,对正义的知识,同以上两种情况相似:或者就其本性而言,正义是通过内在信念和有生命的信仰形成的共同生活;或者它是一个僵死的概念,为人掌握和使用。前者是高贵者才能做的事情,后者是所有人都能做的事情。①

§ 34

【女性的生产力—被动的统觉—直接性—鉴赏力—俗众里的有才能者—女人的本性—艺术家与人造人—禀性中的矛盾—性格—思维方式】回到同先前讨论相关的考察上来。尽管我们将"精明"(Klugheit)的优点归于男性,但精明绝不等同于"智性力"(intellektueller Kraft)。只要智性力是生产性的、综合性的(synthetisch),那么就这一点而言,女性的精神要重要得多。因为在男性

---

① 第一版(1887年)最后还有一句话:"然而就此而言,许多已经说出来的东西都变得多余。"——中译者

的体质里,肌肉系统占优势,相对应的,在女性的体质里,则是神经系统占优势。与她们较被动的、稳定的以及在紧密圈子里自发的活动相对应,她们一般对不期而遇的、出人意料的外来印象更易接受、更加敏感:也就是说,她们宁愿享受近旁的、当前的、不间断供应的财富,也不愿去追求遥远的、未来的乃至罕有的幸福。这样一来,无论自身处境发生了好的还是坏的变化,她们的意志都会更坚定、更热烈地做出反应:因此,感性力(Sinnlichkeit)一方面不断传达着肯定的与否定的情感,另一方面作为区分善与恶、美与丑的能力,它以一种方式发展起来并精致化,这种方式完全同认识对象与过程(即"客观认识")不一致。后者(作为已经形成的"知觉")主要通过眼睛、其次通过耳朵的紧张活动,并在触觉的帮助下获得;而前者(除了共同的情感之外)则首先从属于特殊的嗅觉与味觉器官,它需要的仅仅是被动的统觉(passiven Apperzeption)。前者就是女性的特征,其中,一切都与外物发生直接关系,这一特征也被称作本质意志。所有行动,不论原初的,抑或通过习惯与记忆产生,都以直接的方式体现为生命本身的结果与实质(Artung);因此,正如对任何方式下的自然人而言的那样,对于女性,一切由良知滋养的信念、性情活动以及思想的表达乃至爆发,都表现了她们特有的真诚与天真(Naivität)①、直接与激情。精神的、幻想的生产力就基于此,通过不断做出选择的情感、即"鉴赏力"(Geschmackes)的精致化,这种生产力变成了艺术家的

---

① Harris 英译本用"自发性"(spontaneity)来翻译德文词"Naivität",并指出,滕尼斯是在浪漫派的意义上使用这个词,表示自发的创造力。——中译者

生产力。

尽管为了能够完成伟大的作品,这种生产力大多需要男性的力量与精明,而且常常需要各种(利己的)动机来激励和提升男性的活力,但是其中最好的那一部分,即才华(Genies)的内在核心,往往源自母亲的遗传。而且,在俗众那里最普遍的艺术精神,例如在装饰物、歌谣以及故事那里表现出的艺术精神,是通过少女的感受、母亲的兴致、女性的记忆、迷信以及预见承担的。所以天才在许多方面也保留着一种女性的天性:他们天真而坦诚,他们柔软、敏感、热烈,他们的心境与情绪轻易地不断改变着,时常明朗,时常忧伤。此外,他们充满梦想,任凭幻觉东摇西荡,就像生活在一种持续的醉意之中;他们怀抱信任与信赖感(Vertrauen),献身于某物或某人;这样一来,无论从较轻还是较重的意义上来讲,他们往往毫无心眼,甚至常常是盲目和蠢笨的。由此可见,在那些真正的男人看来,即在那些干硬的、严格遵循实务原则的严肃男人看来,一个如此热情的人显得毫无理解力乃至愚蠢,或者说是幼稚可笑、疯疯癫癫、毫无意义的:他就像一群清醒者中的醉汉。而且当这些男人面对着一个真正女人的举止与行为时,如果他们保持着不受拘束的判断,那么结果也不会有什么不同:他们不会理解这些举止与行为,这些对他们而言是荒谬的。

事实上,天才身上具有的若干明显特征,也能在所有会说话的生物那里被隐约地发现。天才最为接近"完美之人"的类型,正如我们可能将他塑造成一个理想形象(Idealbild)。因为在动物(Tieren)那里,已经有许多种类以肌肉力与勇气见长;而脑力与才华只属于"人",它们也仅仅是存在于人身上的可能性。天才就是艺术家（künstlerische Mensch）；他们是自然（简单的、纯真的）人的发达形态（即"像花般绽放的人"〔Blüte〕）。与之相对，由于有意图、有意识的行动与活动，凌驾于艺术家之上的是人造人（künstliche Mensch），也就是说，在人造人那里，他似乎是其自然性的对立者：仿佛一个人从他自身之中造出了另一个人，并且认为把这个人带到自己面前于己是有利与有益的。① 如果说，女人看起来与自然人相似，男人看起来与人造人相似，每一个人都对应自身性别的理念，那么假如在一个男人那儿，本质意志占据统治地位，他就仍被女性精神环绕；但通过抉择意志，他能使自己从女性精神那里挣脱出来，以纯粹男性的姿态挺立。在这一次序里，具有抉择意志的女性是最后的现象；如此一来，自由的男性精神又再次完全地或近似地制造了自身。

诗人与思想家倾向于赞美女性的无意识，歌颂她们天性和性情的神秘的深邃，赞扬她们灵魂的虔诚般的天真②。我们有时会预感到，如果我们变成冷漠和精于算计的人，变成肤浅与完全启蒙了的人，那么我们已然丧失了一些东西。然而，这里也表明了，自然毁灭它自身，只是为了让有生命力的元素成长为新的生命。因此，在科学变成哲学的地方，人通过最纯粹、最高贵的知识，将重新

---

① 滕尼斯在这里借用的是霍布斯关于"人格"（person）的概念，正如霍布斯在《利维坦》第十六章所说，"person"这个词源自于拉丁词"persona"，对应的古希腊文的意思是"脸"（face），拉丁词表示的意思是人在舞台上装扮成另一个人（disguise）或显示另一个人的外貌，更具体地专指遮挡某人脸部的面具或面甲，也就是将另一个人的面孔提到前面来遮挡真正的自己。——中译者

② 第一版（1887 年）有所不同："对我们所有的人来说，女性的无意识，她们本质和性情的神秘的深邃，她们灵魂的虔诚般的天真都受到了赞美。"——中译者

第三章　经验的意义

获得直观与爱带来的欢乐,这些欢乐曾经被所有类型的反思与追求摧毁。

如果我们希望根据此前归纳的概念表述这里涉及的若干反题（Antinomien）,那么它们显著和突出的特征就体现为:

禀性

女性:	男性:
通过信念	通过努力追求

性格

女性:	男性:
通过性情	通过计算

思维方式

女性:	男性:
通过良知	通过自觉意识

然而,就涉及那些本质意志的总体表现的东西而言,它们被置于这些对立之外,所以我们可以想象激情（Leidenschaft）和勇气（Mut）之间的关系,类似于女人本性中的才华同男人本性中的才华之间的关系。可是,"激情"作为适应植物性生命与再生产力的品质,最强烈地存在于女性那里,而勇气从属于动物性生命与易怒的品性,最强烈地存在于男性那里。激情,就其概念而言是相对被动的意志,在男性那里却是一种相对主动的意志;相反,勇气,按其概念而言是相对主动的意志,但在女性身上（作为"忍耐"与"坚韧"的品质）,更多的是一种被动的意志。才华,也即精神性的意志,在

男性的性格与女性的性格里都具有同等的分量；它建立在女性之天性的基础上，在男性的本性里得到了完善：它既是内在的、深沉的、被动的生命与思维，又是外在的、清澈的、主动的生命与思维。

§35

【青年与老年—儿童的纯洁—通过良知获得的进步—激情的增加与减少—通过经验得到的财富—专注】在大多数方面，青年（Jugend）与老年（Alter）之间的关系就如同女性与男性之间的关系一样。青年女性是真正的女性；而老年女性将变得与男性类似。青年男性在其本性里尚且保有许多女性的特征；成熟的、年纪较大的男性是真正的男性。所以，女人和儿童归属到一起，她们有相同的精神，彼此容易理解。儿童天真而善良，它们生活在当下，通过自身的天性与家庭，通过爱护者与照料者的意志，它们的生活方式与简单的劳作确定下来。儿童的成长、或者说蕴含在它们身上的素质——倾向与能力——的绽放，构成了它们现实存在的真正内容。就这一点来说，儿童似乎真正的是天真无邪的（unschuldige）造物，也就是说，即使它们做了坏事，那也是由于一些外在于它们、却作用在它们身上的强大精神的结果。只有通过思维与知识，或者说通过学习了正确的东西、了解了义务，也即通过记忆与良知，人才会成为他自身、变得有责任感，即他知道他自己在做什么。然而，直到他能运用冷静的思维，经过慎重的考虑去做符合他利益的事，即他完全成为一个理性人，这个过程才算彻底地完成。这样一来，法律与规则不再凌驾于他之上，也不再存在于他的内心之中，而是在他的掌控之下且外在于他，当他认为自己能以其他方式更好地达到目标时，他就不再遵从法律与规则。而且他自己承担违背它们的后果，无论是确定的还是或然的后果。他可能会算错，可能会被责骂成一个愚蠢的人，因为他也许宁可要一种相对于别的结果而言更坏的结果，或者说宁可要一种相对于更好结果而言较次的结果；或许当他达成目标时，他自己会发现这个情况并且懊恼不已。

然而，（根据我们的假定），当一个人在考虑并做决定时，他只能使用他固有的思维力，支配那些他意识到的且在他控制之下的资料。他的真正的行动就是用思维对这些资料下判断：他本来有可能下不同的判断，不是因为他愿意如此，而是当他的认识更多、更丰富时，他就能够做出不一样的判断。这样一来，对"洞见"（Einsicht）加以修正与改善无论如何都成了一件值得期许的事：这样做可以促使人下一个更聪明的判断、激励他做于己更有利的行动。通过不受抑制而又精细的思维，人变得自由，也就是从那些似乎常常支配着他的冲动、情感、激情与先入之见中摆脱出来。

所以随着年岁的增长，爱和友谊的激情会衰退，同样衰退的还有仇恨、愤怒以及敌意。然而尽管如此，同样的情感在很大程度上只有通过年岁的增长才会变得生机勃勃：比如说性爱，以及它的相关物，嫉妒。此外，由于状态的延续，习惯以及对其价值持续的、增长着的情感才变成了一种强大的力量，将人与人结合在一起。如果我们把智性的进步与成熟也考虑进来，那么这样的状况就变得更加完善了。因此，对于一个充满激情的人而言，只要他的激情就是欲望（Begierden），而且他必然要去满足、平息他的欲望，那么这样一来，他往往很少考虑其他动机，这些动机在他身上尚且弱小，几乎不能阻止他能运用其现有的能力，调动机智的思维来制定精巧的计划；相比于老年人，这种情况更容易发生在青年人身上。为了达成他的目标，青年人更倾向于承担他的身体与生命将面临的危险，因为那些未经深思熟虑的青春的勇气将会帮助他。

然而，对于一个纯粹志愿性的工作方法（willkürliche Verfahren）而言，最重要的条件总是思维着的大脑的独立性以及它内在的丰富性（Reichtum），这样一来，大脑掌握着大量聚合的经验，由此也就支配着内在形成的或从外界获取的知识，人就会变得精明，他将认识到自己的利益，即对于他的身体和生活的各种利益，最终他甚至可能感悟到他灵魂的拯救。这是对老年人而言固有的特征，特别是当他将他的事务与思想都集中在那些似乎通过精明就可以达成的、确定而简单的目标上时：比如说，财产的增加或地位的上升、影响的扩大或荣誉的获得都是如此自然的目标，作为在所有环境里、对所有人来说都受到欢迎的事物和让人感到愉快的东西，它们独有的价值与魅力只有以下述条件为前提才能被人们实现：1）它们已经被人享受了，故而它们的价值与魅力被人认识到了；2）其他缺乏谨慎与理性的嗜好被平息下来，也就是那些青年人的"根深蒂固的"特征得到缓和，一切原初的和喷涌而出的愤怒现象的形式以及（正如人们通常所谓的）所有生活的、斗争的与游玩的快乐都发泄出来后的平静。所以，我们应当如此来理解一句重要的话语，这句话是人们在思考"青年与老年"这一问题时经常引述的、歌德当作格言(Motto)表达出来的东西:"一个人在青年时所愿望的,到老年时便得到丰收。"①也就是说,这句话解释了人获得幸福的手段与方法。与之相对,现实地(wirkliche)享受幸福,以及这一享受的内在条件,正是青春本身以及从属于青春本身的东西,这些是采用任何技艺都无法重新获得的东西。

§ 36

【心灵领域中的对立—俗众与有教养者—俗众中的良知—通过思维毁灭的东西—自觉意识】两性的对立是一种持续的、固定不变的对立,正因为此,人们只有在罕见的情况下才能完全清楚地发现这种对立。相反,年龄间的对立可能在现实中表现得更明显,但同时,它处于完全流动着的状态,而且只有在发展的过程中才能被观察到。前一种对立植根于植物性生命里,植物性生命的影响更强有力地保持在女性那里;后一种对立主要同动物性生命相关联,动物性生命对于男性而言更重要,因为在一般的生命历程中,走向衰落的后半部分往往比向上奋进的前半部分更占据着优势,因此这一点在男性的生命历程那里表现得更明显。这样,在两性对立

---

① 这句话是歌德的《诗与真》(*Dichtung und Wahrheit*)第二部的卷首语,在第二部第九卷的"对卷头格言的解释"一节里,歌德对"青年的成长与老年的收获"做了三种方向的解读:第一种是人藉着坚忍不拔的努力获得财富、显赫和名誉;第二种是人更踏实地努力寻求精神上的优越,获得对事物的明晰观念、心情的宁静以及现在与将来的保证;第三种是前两种的结合,也是歌德最看重的成就,即一个人从纯洁的心坎和时代的要求出发经营自己的事业,将人类全体的进步纳入到自己的成长过程中。参见歌德:《歌德文集 4:诗与真(上)》,刘思慕译,人民文学出版社 1999 年版,第 395-396 页。——中译者

上，占支配地位的是信念与努力追求之间的反题；在年龄对立上，占统治地位的是性情与计算之间的反题。

这里将讨论的第三种对立，主要活跃于心灵性领域：它涉及思维方式，也即涉及知识。它就是俗众(*Volkes*)与有教养者(*Gebildeten*)①之间的对立。如同两性之间的对立那样，俗众与有教养者之间的对立是固定不变的，因为这种对立区分开了全部的阶级(Klassen)，但它仍然是一种流动着的对立，只要这些阶级只能被人为地确定下来，存在着从一种阶级不断地转变成另一种阶级的运动，并且我们总能发现其中存在着许多中间阶层。对于肤浅的观察者而言，这一对立的有效性是明显的，但是从其概念的、真实的意义上理解是困难的。然而，我们必须要说：只有在俗众那里，良知(*Gewissen*)才是现实有生命的东西。良知是一种共同的财富(Gut)和官能(Organ)，但是它又被个体以特殊的方式拥有。它取决于普遍的意志与精神、取决于流传下来的思维方式，作为素质，良知被先天性地传递给新生儿，伴随着总体思维，良知成长起来；作为人的记忆的本质内容，良知关联着人的固有的本能和习惯，因此它是人对自己最亲近者不断感受着的、生发着的爱的证明与神圣化，是人对自身之中的善与恶的情感以及对外在的善与恶的鉴别：前者是那些自然的、合乎习惯且受到承认的东西；后者则是那些反自然的、特殊的和受到谴责的东西。这样，在良知的原初影响扩散所及的集体和圈子里，待人友好和服从规矩被视作善，而

---

① Harris英译本将这两个概念分别翻译成"普通大众"(Ordinary folk)和"有教养的人"(people of education)。——中译者

与规矩相抵触、愤怒和恶意则被视为恶；特别就对待老年人、较强者和权威者而言，服从和完全屈服于他们的意志就是善，与此相反，不服从、任性和欺骗就是恶。通过树立榜样与悉心教导、通过唤起人的恐惧和希望、通过教育他学会敬畏、信任和仰慕，所有以上的情感都会增长并得以促进。当人们将这些情感施加于更高的、更普遍的权威与权力，施加于那些在社团中受到尊敬的人、高贵者，还有这些高贵者所代表的传统的信条时，这些情感将进一步地扩展和精致化。尤其值得提及地，它们将被供奉给看不见的、神圣的神灵与鬼神。

然而，甚至在一个人的儿童时代，其性情中的虔诚的意志就既有可能退化，也有可能发展；既有可能萎缩，又有可能兴盛。如果所有各式各样的有利条件对他而言不起作用，特别是当他具有较弱的或不完善的素质时，这些情况就有可能发生。虔诚的意志越弱，它越容易在生活的斗争中屈服于敌对力量，故而它就逐渐被志愿性意志的担当者（Willkürlichen）当成障碍清逐出生活的道路，在志愿性意志的担当者看来，虔诚的意志不过是一种由许多偏见构成的集合体，而且志愿性的意志有意地将此集合体分解成各种元素。但是仅仅有教养者、有知识的人、被启蒙了的人——只要他们是高贵的人、受过教育的人、有思想的人，那么在他们当中，志愿性的意志发展到了最高水平，在他们那里开出了精致的花朵——才能完全地、以彻底的方式在其自身之中否定虔诚的意志，因为他们洞察到虔诚意志的各种基础，所以他们摆脱了父辈的以及俗众的信仰，并能尝试以建立在更坚实基础上的科学观点来取代过去的原则，这些科学观点在他们以及那些有理性的他人看来，是用来

132

判断什么是被允许的或正确的依据、什么是被禁止的或错误的依据;这样的人将对自己的意图深信不疑,并有根据地安排他的行动,他所根据的不是盲目的和愚蠢的情感,而仅仅是清晰的、已经理解了的缘由。这种抉择意志的、自主的生活观就是这里所谓的"自觉意识"(Bewußtheit)①。自觉意识就是抉择意志的自由在自身那里的最高表现。

§ 37

【作为羞耻的良知—与共同体的关系—荣誉—道德—社会的生活与表象】与此相反,良知最简单而又最深刻地表现为羞耻(Scham):羞耻是一个人对做某件特定事情或说某件特定事情的一种厌恶(Widerwille),或者说,在一件恶事发生后,一个人对自己产生的一种不满(Unwille),而且由于像看待自己的行为那样将看待别人的举止,他甚至可能产生一种对别人的不满。作为厌恶或羞怯时,羞耻就是恐惧(Frucht);作为不满或恼怒时,羞耻类似于愤怒(Zornesmut)。事实上,羞耻总是两种情绪的混合,无论哪种情绪排在前面或哪种排在后面。它最先意味着包裹、隐藏与掩饰;是暴露、公开在他人面前且为他人所知时的羞怯;因此羞耻特别地同两性、婚姻以及家庭生活有关联,它首先是女性,尤其是青

---

① 自觉意识(Bewußtheit)是滕尼斯取自叔本华《论意志的自由》的概念。这一章节也包含了尼采《善与恶的彼岸》的回音,《善与恶的彼岸》出版于1886年,正是滕尼斯写作《共同体与社会》的时期。滕尼斯早期受到叔本华与尼采很大的影响,但是后来越来越对他们的反理性主义与悲观主义采取批判态度。——Harris 英译本

年女性、儿童以及少年固有的性情,而且它作为她们的外在装饰物而得到人们的尊重;由此一来,只要她们生活在狭窄的圈子,并且同她们的配偶、或母亲、或父亲、或教师产生依附的关系,保持对他们的敬畏和谦卑的态度,那么羞耻对她们而言就变得习以为常。

但是,当一位领主(Herr)走出自己的圈子,进入大街与市场,踏向公共生活与更广阔的世界时,他在一定程度上必须克服羞耻,或者将羞耻转化成一种新的形式。羞耻始终是本质意志的一种力量,它想要遏制、阻止其他刺激对一个人产生的影响,作为被承认的统治者,作为无条件有效的权威,羞耻总是正确的,并且总保持它的正确。只能对一部分人公开的东西,一个人绝不能向所有人展示,绝不能在所有人面前说出来和做出来。除此之外,一个人乐于从一部分人那里接受东西,他将此视作自己钟爱的习惯,甚至是恰当的要求,但如果这个东西来自所有的人,他只会以忍受的态度来对待。羞耻从自然的厌恶、一般性的不快延伸到对完全禁止之物的感受:即人们真切地感受、想象和意识到的那些逾越自身自由与固有权利界限的事情、那些触犯原则与有违律法的事情;因此,它们也就是过分的、无节制的与无约束的言行。在这种关系里,它不是外在的意志,即不是对它的领域里的各种进攻和侵犯做出否定的反作用;它也不仅是一种共同体的意志(共同体的意志分派给每个人他们各自的东西,并且不会听任任何人去做它没有肯定和允许的事情,因为他没有这样的权利;共同体的意志将阻止所有违背它的东西,只要这些东西违反了它的规定)。然而,它至少同时是人自己的本质意志的一种形态,这种形态与共同体的意志相一

133

致,它反对同一本质意志的另一种形态①,或者反对努力朝着另一个方向的抉择意志。在这里,羞耻既是从自我或同伴那里获得的、让人感受到痛苦的不满,又是对此的恐惧,就像所有类型的恐惧那样,它是一种预先感受到的痛苦。作为痛苦,羞耻就是一个人自身力量的收缩,就是一个人感觉到的软弱和无力:因此谁若感到羞耻,谁就觉得自己受到了贬低、受到了伤害与玷污;他的精神性躯体(geistigen Leibes)及其荣誉的完善与美就不再整全了:因为人们感觉并想象荣誉就是实在的东西(Realität),原因在于荣誉正是本质意志本身,只要它参与到一个共同体信仰并承认的"善"的活动中,它就因此是善的,而且它通过它的存在也必然表现为善的。这样一来,谁要是做了可耻的事情,谁就是在反对他自己。这既是道德的天然理念,也是道德的完善了的理念,直到人被表象为个体(Individuum)及其抉择意志的纯粹主体,这样的理念才终结。

我们也可以如此表述羞耻的天然基础:没有人喜欢待在恶劣的氛围②当中,从而让自己也变得令人厌恶并且成为一个更恶劣的人。的确,"羞耻"这个词在感性的意义上揭示了生殖的机能③,羞耻感(Schamgefühl)不仅原初地就同这一机能有关,现在仍旧

---

① Harris 英译本将这句话翻译成:它反对同一本质意志的另一种产物。——中译者

② "氛围"的对应德文词是"Geruche",直译为"气味",这句话形象的意思就是:没有人喜欢处于一个臭气熏天的环境里,这样一来使自己沾染上臭气,令人厌恶。——中译者

③ 德文词"Scham"既有心理的惭愧与羞耻的含义,也有男女生殖器官的意思。——中译者

与它保持着关联。然而,这种意义也经历了翻转,在其中,道德的概念既变得传统,同时也日益僵化,它对人们这样说:"社会生活(gesellschaftlichen Leben)对你是有用的,甚至对你的目标而言,它是必然的,你必须考虑到别人的自由而限制自己的自由,但是你这么做特别是为了保护和扩大你自己的领地,这样你必须维持他人对你的尊敬与畏惧,必须让他人认为你是强大的,因此,你也必须表现出道德上的善与高贵、真诚与正义,倘若而且只要价值附着在这些品质的外表(Schein)上。"当每一个共同生活在一起的个体想着他自己,而且为了使这些品质发挥它们剩余的效用——部分地指向普遍的利益,部分地指向自己的利益——而尊敬它们,那么仅仅这些品质的外表才可能是有价值的。在这里,因为同一个效用可能完全源自不同的动机(来自于本质意志或抉择意志),所以实际的起因就是无关紧要的,在起初,仅仅那些习惯的、符合惯例的起因被设定为前提。因为无论如何,如果每一个人在市场上只根据"诚实是上策"①这句格言来行事,那么这个人是否真正怀有诚实的信念(Gesinnungen),这个问题也许就无关紧要,假设每一个人在沙龙(Salon)中都能以礼貌的、恭谦的与和蔼的方式来行为(benimmt),这就足够了。只有缺乏市场经验的乡巴佬(Unerfahrene)才拒绝使用纸币,尽管按照惯例,纸币已经现实地获得了与铸币同样的价值。

---

① "诚实是上策"(Honesty is the best policy)这句格言出自本杰明·富兰克林所著的《穷查理年鉴》("Poor Richard's Almanak",1732-1758)一书。——中译者

§ 38

【市场和沙龙—羞耻作为愚蠢的东西—良知与宗教—世界史的主题—反题的局限性】正如市场交往的法则仅仅建立起了一些外部限制来制约一个人发乎天性的无限追求，沙龙（Salon）即惯常的社交也要防止一个人肆无忌惮的狂热、突出自我的欲望以及超越特定限度的行为。社会的团体（gesellschaftlichen Zirkel）越根据它们固有的基础发展，越远离它们的共同体的渊源，就像我们在历史上看到的宫廷现象那样，以上那些既定规则的特征必然体现得更明显。抉择意志的主体就出现在这些社会团体里，事实上，除了对自己的目标以及达成目标的正确手段有或多或少的认识外，他们不具备任何品质。对客体的认识是努力达成目标的必要条件，对各种可支配、可把握的手段的认识是使用它们的前提。因此，知识的扩展就意味着欲望的增加和多样化，对某一既定手段能否达成目标的认识变得越清楚、越确定，主体就能越容易地克服思维中不断发挥作用的反抗和怀疑。对于那些知道自己在做什么的人，也就是那些不断权衡着自己的行动、用行动的确定或者或然的结果衡量行动价值的人而言，羞耻是愚蠢的东西。如果一个人料到自己将遭受别人的指责，那么他就会研究这件糟糕的事情对他来说有多严重，是否1）痛苦，2）遗憾（即已促成的未来的痛苦）将通过同时出现的更多好处得到弥补。对这种思维方式来说，除了作为抽象概念的"痛苦"（Schmerz）之外，不存在绝对的恶，除了作为抽象概念的"快乐"（Lust）之外，不存在绝对的善。

第三章 经验的意义

然而,羞耻是顽固的东西,它绝对地禁止和反对一些确定的倾向。我们也就理解了,为什么羞耻对那些有教养者、有自我意识的人是不合适的。如果人们回想一下这样的事实:作为罪(Sünde)与罪恶感(Sündhaftigkeit)的羞耻获得了最深刻的力量,良知就在宗教信仰里找到了它最具思想性的表达和最有力的支持。那么现在很清楚:这里提到的对立如何特别地延伸到了思维方式的层面,如何在表面上获得了一种纯粹理论的意义;为什么绝不能从"个体的无信仰"推出"他没有良知"这一结论。但是,作为客观的良知的信仰,其毁灭会削弱主观的良知的抵抗力。如果一个人把树砍倒了,他可能还是会被树根绊倒;但他绝对不会再把脑袋撞到树上。

信仰是俗众的特征,无信仰则是具有科学知识的人和有教养者的特征。因此,一位诗人与先知将信仰同无信仰之间的斗争称作真正的世界历史的主题(Thema der Welthistorie)①,如此一来,这个思想中的真理同样反映了俗众与有教养者之间的斗争的一种要素。女性与男性之间的对立也具有相同的意义。因为女性是有信仰的,男性是无信仰的。的确,我们也会在生命的不同年龄阶段那里重新发现这一对立。儿童是虔诚的,而且当他长成少年,虔诚依然完全寓于他的直观的、诗意的自然感受中;与之相反,一个年龄更大的长者会更倾向于持续的怀疑,而且更精于科学思维;尽管安静哲思的老人(Greis)有时会重获儿童般明朗欢快的心情和对他人尽心的信赖感,在孙辈身上感到心灵得到了更新。正如老人

---

① 这里的诗人和先知指的是歌德,"世界历史的主题"的说法出自歌德《西东诗集》(West-östliche Divan)中的"沙漠中的以色列"("Israel in der Wüste")一章。——中译者

对于青年的关系那样,在一种有机的共同生活里,男人对于女人的关系也是如此,因而有知识的人、智者对于俗众的关系同样是这样,只要这些得到尊敬的、有名望的知识人不以外人的姿态对立于广大俗众。对青年来说,智慧属于老人;对女人来说,男人是智慧的所有者;俗众们的教师、学者则像老者和有智慧的人那样,漫步于天真和虔诚的乡下人中间。不过,所有的这些反题都仅仅被理解为可能的对立,它们使生活保持协调,但是孕育了死亡。从共同体向社会演进的过程中,悲剧性的冲突作为不可避免的东西,总要或早或晚地爆发出来。

§ 39

【本质意志与共同体—抉择意志与社会—女人与共同体的生活—家事—农耕—艺术】总结以上讨论的所有内容,我们可以发现,本质意志如何在自身之中包含着发展出共同体的条件,而抉择意志又如何产生了社会。因此,共同体的生活和劳动的领域对女人而言是尤为适合的,甚至是必要的。对女人来说,她们工作的天然处所是家而不是市场,是自己的或朋友的居室,而不是大街①。在乡村里,家(Haushaltung)是自主和强大的,在城镇里,市民之家保持了下来并形成了它们独特的美(Schönheit)②;但是在大城市

---

① 第一版(1887年)使用的是"沙龙"(der Salon),而非"大街"(die Straße)一词。——中译者

② Harris英译本指出,德文词"Schönheit"既有"美"(beauty)的意思,也有"精致"(fitness)之意。——中译者

里，家是索然无味、狭窄和微不足道的，它退化成一个纯粹"居住之所"的概念，而且它可以在任何时限里被交换成货币；就此而言，它无非是人的世界之旅中的一个小小的落脚点。

所有对家的眷恋都是女性的特征，正如从传统的俗众感受来看，旅行就不是女性的特征。过去在手工业者那里流传着这样一句话："一个没有漫游过的满师学徒（Geselle）①并不好于一个四处游历过的少女（Jungfrau）②"。神秘主义者说："没有任何外出的理由同居留在家的理由一样好"③，这句话是真正女性般的见解。所有女性的行动与其说是向外的劳作，不如说是向内的创造。她们的目标存在于自身之内，而并非存在于外在于她们的结果那里。因此，个人的服务（die persönlichen Dienste）似乎是女性的使命，因为这种服务就是女人的现实存在（Dasein），她们在其中实现了自身，而且她们也不可能拥有一个作为其劳动结果的事物。所以，许多农耕的劳动也适合于女人。在最健全的文化状态里，农耕劳动加在了女人的肩膀上，甚至常常超出了她们可承受的分量；因为农耕是最基本的劳动形式，它是忘我的辛劳，在天空的气息中，女人激发起活跃的力量；农耕可以被理解为一种作用于自然的服务；它直接与家政贴近，在祖先的恩赐之下，它会结出丰硕

---

① 根据欧洲中世纪的手工业制度，成为一名真正的手工业者往往要经历三个时代：学习时代、漫游时代与为师时代。他们在第一个阶段里学习基本的知识和技能，学习期满后要漫游各处，增长见闻，最后自己的技术到达熟练的地步，才能独立开业、招收学徒。——中译者

② 德文词"Jungfrau"的意思是未结婚的少女，Harris 用"Virgin"（处女）来翻译这个词。——中译者

③ 原文为："Es ist kein ûsgên als guot, ein inneblîben wêr denn besser"，Harris 英译本认为这句话可能出自于雅各布·波墨。——中译者

的果实。

此外，在艺术的各门类中，相比于造型艺术，说话艺术更适合女性；或者应该这么说：发声的艺术更适合女性。因为音乐，尤其歌唱，是女性的天赋才能；她们的高度清澈、柔软和具备可塑性的声音是她们防御与进攻的器官。啼哭与尖叫，欢呼与悲叹，正如一切响亮的、最后倾注到言语中的笑声与哭声，从她们的灵魂里迸发出来，就像清泉从岩石那里流泻而出。音乐是可以听见的情感运动的表达，正如表情是无声的情感表达。所有的缪斯神都是女性，记忆之神则是她们的母亲。① 处于音乐和表情之间的是舞蹈（Tanz），它是一种没有目的、极富激情而又风姿优雅的活动，通过舞蹈，一位女性传授给她的女儿们如何发展她们自身的力量，如果总是让她们处于有计划的紧张状态，那么这么做一定会使她们疲惫不堪。尽管如此，她们可以很容易地学到所有荒唐却又可爱的东西、富有意义却又奇妙的东西。故而，她们善于操作各种礼仪、仪式，记住各式各样的古老的乐曲、谚语，掌握各种谜语和巫术、讲述悲剧与喜剧故事；她们爱好模仿，以各式各样讨人喜欢的装扮为乐，她们还喜欢一切带有游戏性质的、刺激而又简单的东西；但是另外一方面，她们也倾向于抱有最深沉的忧郁情致，保持虔诚的震颤、乐于祈祷以及面露各样充满预感的表情，正如之前所提到的，她们善于梦想、沉思与创作诗歌。

---

① 在希腊神话里，美内莫西涅（Mnemosyne）是记忆女神，她是九位缪斯女神的母亲。九位缪斯女神分别掌管历史、史诗、悲剧、喜剧、诗、歌、舞蹈等部门。——中译者

第三章 经验的意义

　　原初，歌与诗是一个东西；但是歌唱与说话渐渐彼此分离开来，各自经历着特殊的发展。不过在歌唱间歇和终止的地方，真正的演讲术（*Rednerische*）总是保留了歌唱剩余的许多东西。（我们已大胆猜测过，语言〔Sprache〕本身，作为对言语〔Worten〕内容天然的领会，是通过母爱创造出来的。但也许更正确的说法是，母爱最有力地促进了语言的发明，因为两性之爱对此也发挥了很大的作用，在动物世界里，事实就已然如此。两性之爱甚至对歌唱和话语的音乐性以及它们真切情绪的调动发挥了更大的作用。深刻激动着灵魂的东西，急切地由内而外表现出快乐和悲伤，它使人善于辞令并喜好交际，如果这些无形式的感受寻找着并最终找到了特定的形态，它就变成了艺术。女性的心灵更直接地产生了欢乐、忧愁与爱，这些是她们最深切关心的事情，它们作为激情填满了女人的思想，甚至驱使她们做出狡诈和欺骗的行为，因为狡诈和欺骗是较柔弱性别一方的工具。然而，她们完全直接的、天真的活动将逐渐变成反思性的活动，这些反思性的活动进一步发展成对工具的有意识地塑造，因而也就是敏锐地区分目标，最终甚至将目的与手段对立起来。）①

---

① 在第一版（1887年）里，原本括号里的内容是："我们已大胆猜测过，语言本身，作为对言语内容的天然的领会，是通过母爱创造出来的。但也许更正确说法是，母爱最有力地促进了语言的发明；因为两性之爱对此也发挥了很大的作用，在动物的世界里就已然如此〔人们可以回忆一下达尔文的作品〕，两性之爱甚至对歌唱和话语的音乐性和情绪的调动发挥了更大的作用。相比于努力追求着的青年男人，这样的爱对女人来说是更为重要、更为神圣的事情。同时，姐妹之爱也使人喜好交际、善于言谈、充满幻想。这就是为什么女性根本上擅长言说和谈话，即使也有许多深思熟虑者，她们具有敏捷的思维，并且将沉默视作她们的装饰物。"——中译者

就造型艺术而言——从一种广义的角度来界定的——众所周知,纺织术由于服务于家用这一特性,最大程度地合乎女性的性格。它是劳动的一种方式,这样的劳动需要近距离的注视、孜孜不倦的谨慎态度、对一种样式的准确重复以及有耐心地追随传统风格,但是同时也需要创造、表达优雅款式以及抽象装饰①的自由,以及鉴赏力充分集中于温暖、柔和、愉快事物,所有这些都符合女性灵魂的纯粹的德性和欢乐。因此,对女性来说,描摹那些现实的、令人喜爱的、让人惊叹的东西——特别是真正的爱与美的人格化形态,以及为了直观而保存纪念物——是一种真正怀着爱的劳动,正如那段关于"肖像画的发明"的优美的古希腊传说②为人熟知一样。然而,当把各种形态投射到平面时——这也是书写艺术的起源之处——女性的才华就发现了它自身的局限,因为无论是雕塑艺术,还是构型学(Tektonik),都需要一种更强大的、更有意识的想象力与对材料的阻碍更强有力的支配。

---

① 对应"抽象装饰"的德文原词是"bedeutungsloser Schnörkel",字面意思是"无意义的装饰",这里的"bedeutungslos"更有可能的意思是非表象性的、抽象的,故翻译成"抽象装饰"。——中译者

② 根据 Harris 英译本,这里可能指的拉俄达弥亚(Laodamia)的故事。在特洛伊战争中,她的丈夫普罗特西拉奥斯(Protesilaus)是特萨利亚人的首领,希腊联军中第一个被特洛伊人杀死的英雄。按照拉丁作家希吉努斯(Gaius Julius Hyginus)在《传说》(Fabulae)里的说法,在丈夫死去之后,拉俄达弥亚十分痛苦,偷偷地制作了一个模仿普洛特西拉奥斯的青铜塑像,将其置于屋内,时刻向它表达自己对丈夫的思念。直到有一天,拉俄达弥亚的父亲阿卡斯托斯(Acastus)发现了这个雕像,为了终结女儿的痛苦,他将这座雕像和供奉的祭品一起焚烧了,但是拉俄达弥亚已经无法忍受自己对于丈夫的思念,因此跟随雕像一起进入了火海;除此之外,还有可能是普林尼在《自然史》中描写的一位西锡安(Sikyon)少女追踪墙上爱人的影子的故事。——中译者

§ 40

【男人的劳动与商业—商业与欺骗—社会的基础①—女性与工厂劳动】以下类型的劳动都是男人的劳动：在这里，即使材料不是同他敌对的东西，对他而言也不过是外在的；虽然他并不必然要征服材料，但也总要改变它们。只要人们不是怀着纯粹厌恶的心情，而是（dennoch）通过思维、为了实现某一目标而劳动②，那么可以说，一切劳动皆从属于本质意志。因此，一切劳动就其本性而言都是共同体式的劳动。但是，有些劳动相比于另一些劳动，更适合被理解成纯粹的手段，只要其中更多地混合了劳累和痛苦的要素。因此，相较所有女性的、柔和的劳动，人们更多地将一切男性的、严酷的劳动视作纯粹的手段。这种辩证法的环节因而部分地包含在客体之内，部分地包含在人的精神之中。

然而从本性上来说，所有艺术皆类似于乡村的、家的经营

---

① 德文原版在这里使用的是："基础与社会"（Grundlage und Gesellschaft），按照本节的论述来看，似印刷错误，故翻译成"社会的基础"（Grundlage der Gesellschaft）。——中译者

② Harris 英译本对这句话的翻译并非严格对应德文原版，它翻译成："只要人们不是怀着厌恶的心情，也不是有意识地将劳动视作达成目标的手段，那么一切劳动就从属于本质意志。"姑且不论滕尼斯在条件句的下半句使用了转折词"dennoch"，而且根据这句话之后的论述，作者并不否认劳动由于具有目的性、因而非本质意志的产物，相反，劳动有"辩证法"的意涵，根据客观的劳动条件和劳动过程中人的主观精神状态，劳动区分出或偏重于本质意志、或偏重于抉择意志的诸类型。——中译者

（Betriebe），落在了温暖、柔软和潮湿的土地上①，它们是有机的—有生命的劳动、因而是女性的—自然的劳动，所以亦是共同体式的劳动。反过来，只要共同体有足够的力量，它就可以将令人厌恶的劳动变成一种艺术。在此过程中，共同体赋予这一劳动风格、尊严以及魅力，并以"天职"（Beruf）和荣誉的形式、为劳动分工赋予一种等级秩序。然而，如果人们习惯于将货币用作劳动报酬，同样，对已生产的货物进行支付，并进而通过劳动贮藏货币，那么，这个过程将不断倾向于转化为共同体劳动的对立面；即个体变成了唯一的主体，同主体并存的是思维的产物（Gedankendinge），即社会。正如之前探讨的那样，这种拥有完整自觉意识的主体就其全部特征而言，就是买卖人或商人。在这里，手段与目的之间的对立及其彼此的否定变得更清楚，因为手段并不是"劳动"，尽管它包含了不愉快的、贫乏的和单调的活动。但相比之下，更加严重的是商人财富自发缩减的风险，即使这种状况可能仅仅是想象出来的，然而就风险的本性而言，它让人感到不快，正如收益从其本性上说让人感到快乐。②

我们由此就可以理解，商业必然多么地同女性的性情相违背。虽然在早先的城市生活里，女人经商并不是一个罕见的现象，但是从权利上来讲，经商的女人已经超出她们的自然领域，她们是第一

---

① Harris 英译本指出，在德国19世纪80年代的语境里，"温暖"（warmen）、"柔软"（weichen）、"潮湿"（feuchten）这三个形容词，由于指向了娇弱的生活状态，因而都有贬低性的含义。然而滕尼斯在一种古老的意义上，创造性地恢复了它们的"富饶"（mellowness）、"丰硕"（fruitfulness）与"多产"（fertility）的肯定性意义。——中译者

② 第一版（1887年）在此处有一段加了括号的内容："同样，对于那些处于危险中的战士来说，他把自己的生命置于一场赌局之中，就是为了赢得一个月桂花环。事实上，他无疑是个疯狂的投机者。"在第二版（1912年）里，这段话被删去。——中译者

批成熟的或解放了的女性。① 无论如何,就像其他任何的行业一样,人们也能以诚实的、有良知的方式从事商业。但他们越按计划、因而越大规模地进行商业活动,商业就越会引导、诱惑人们去做狡诈和欺骗的勾当,这些行动被当成各种各样获取高额利润或抵消亏损的有效手段。获取财富的绝对意志使商人变得无所顾忌,使他成为自我主义—抉择意志的个体的典型。对他来说,所有周围的人——至少他最亲密的朋友圈子之外的人——都不过是实现他目的的手段和工具;商人是真正的社会人。在他的话语里,抉择意志最直接地表现了出来。他所选择的言辞皆经过了他仔细的谋划,这样做只是为了实现它们的特定效果。这样一来,如果真话对达成他的目的并不那么有效,那么他很容易就采用更有效的方法,即谎言(Lüge)。在商业活动里,谎言并不受到禁止,因为它并不被视为恶意欺骗(Betrug),它只是纯粹为了刺激人们的购买欲望,而不是为了以超出商品价值的价格将它们卖出去。尽管如此,那些在商业体系中经过仔细计算了的言辞,即使不是真正的谎言,但就其本质而言仍然是不真实的东西,因为这样的言辞已经丧失了它的品质(Qualitäten),而且它(等同于一切可能的事物)被贬

---

① 从此处开始直到这一段的结束,第一版(1887年)的表述有所不同:"在经验的通常现象里,商业与良知对立,而且商业首先最大程度地对立于女性的羞耻感。因为商业是放肆的(dreist)和狂妄的(frech)。而且它是好欺骗人的(lügenhaft)。商人对自己商品的称赞,通常都是谎言,这样做是为了达到和真话一样的结果。在商业中,这些谎言都不是禁忌,因为它并है恶意欺骗(Betrug),它完全只是为了刺激人们的购买欲望,而不是为了以超越商品价值的价格将它们卖出去。尽管如此,那些在商业系统里经过仔细计算了的言辞,即使不是真正的谎言,但从其本质而言依然是不真实的东西,因为这样的言辞已经丧失了它的品质,而且它(等同于一切可能的事物)被贬低成被使用的手段的一种纯粹的量。从这种理解上来讲,谎言是社会的基础。"——中译者

低成被使用的手段的一种纯粹的量（Quantität）。所以从其更宽泛的意义上讲，谎言是社会的一种独特的要素。

女性同一切形式上自由、实质上非自由的劳动和服务的关系，正如她同商业的关系一样，都不符合她的喜好和习惯，也并非源自她的义务感；因此对可买卖的劳动而言，劳动者并不能从他生产的产品中获得收益，他所服务的对象也不是人或自然，而是具有令人恐惧的、压倒一切力量却已僵死了的工具；这种劳动即工厂劳动（Fabrikaribeit）。然而，在资本主义生产的主体看来，女性劳动力似乎最适合操作机器，因为她们最符合简单的、中等的（平均的）人类劳动的概念，她们处于儿童劳动力的灵活性和可塑性与男性劳动力的力量性和确定性之间。

这种共同的工厂劳动是容易的：故而一些工作也可以由儿童完成，只要这些工作是机械性的并且劳动者不断重复着的每一次动作只需要少数肌肉能量。这种共同的工厂劳动也是艰难的：就此而言，它常常要求男性集中注意力、努力而镇静地操纵庞大且复杂的工具。这样一来，一切儿童无法完成而又不需要男人去做的劳动，就自然地落到了女人的肩上。在相同环境的地方，女性劳动力胜于儿童劳动力之处，在于它的可靠性；女性劳动力胜于男性劳动力之处，在于它的廉价性。由于一个家庭的平均维持水平通过劳动工资体现，女人与多少能用的儿童劳动力就必然要进入劳动市场，同她们的"赡养者"竞争，即同人类劳动力的最初代表竞争（因为从商业的角度上看，家庭无非是一个以消费生活资料和再生产劳动力为目的的协作团体〔eine kooperative Sozietät〕）。

进一步可以很明显地看到：起初是商业，随后就不仅是工业劳动，而且还有女性劳动者对自由与独立的要求，将作为契约签订人和货币所有者的她们卷入生存的角斗中,它们要求且促进了女性劳动者的自觉意识的发展。因此,她们的计算性的思维能力必然变得强大。女性将是启蒙了的、冷酷的、有意识的人。在这个意义上,对于她们原初的、尽管经历了许多变更的先天自然而言,没有什么是更奇特、甚至更糟糕的了。同样,或许也没有什么比共同体生活的瓦解过程与社会构造的建立过程更有特点、更加重要。① 通过这样的发展,"个体主义",即社会的前提,才变成了真实的东西。然而,在其中也存在着克服"个体主义"和重建共同体的生活形式的可能性。长久以来,我们已经认识到女性命运同无产阶级命运的同一性,并且我们也坚持这一点。就像一位孤独思想者的自觉意识那样,她们不断发展着的自觉意识演变并上升为伦理的—人道的意识。②

§41

【相应的对立—儿童与共同体—儿童的劳动—科学教育—成

---

① 从此处开始直到这一段的结束,第一版(1887年)的表述有所不同:"你们可能会悲叹这种巨大进步的反自然特征,也可能欢呼它的壮美!但是不要幻想这样的运动依赖于你们的感受、依赖于你们的意见与哀叹。它们是事实的简单而必然的结果,这些事实站在你们的强烈愿望与苍白意愿的对立面。的确,对这些一般变化的智性表达最不应被视作具有实际发生的因果关系的倾向。然而,这样的智性表达符合一种简单的、可解释的倾向,人们最经常使用这些表达,并且最偏爱于这样的表达。"这段话在第二版(1912年)中被删去。——中译者

② 根据 Harris 英译本的看法,在《共同体与社会》第一版的序言里,滕尼斯介绍了他继承的奥古斯特·孔德的理论遗产,尽管他认为孔德缺少了一种实在的历史感。滕尼斯描绘出妇女、儿童以及工业劳动者作为共产主义价值的承载者,这一理想的画面反映了滕尼斯对孔德思想的继承。——中译者

熟了的长者与社会】同样,从青年与老年、俗众与有教养者的对立可能推导出一系列的相应结论。显而易见,儿童多么地依赖家(Haus)和家庭(Familie),它的天性如此地从乡村和城镇的生活里发展起来。但是,儿童却在大城市和广大的社会世界里遭到了败坏。伴随着青年人的体力和智力的成长,不断游戏着、练习着、学习着的劳动是适合他的,甚至对他来说是必要的;相反,经商、制造利润、当资本家,这些都不是他的事务。在缺乏理智这一点上,青年人与女人是相似的。同样,青年人也不容易明白,他的劳动力不过只是他手中的一个商品,而劳动无非是商品流通必然采取的形式。

就资本主义生产而言,它对立于青年人的意志。因为后者关心的是他未来将成为怎样的人,以及通过脑和手的逐步发展,他将获得的才能;而前者关心的只是在一个特定时刻,劳动力的实际情况是怎样的,它是可用的还是不可用的?

"就机器使肌肉力成为多余的东西来说,机器成了一种使用没有肌肉力或身体发育不成熟而四肢比较灵活的工人的手段。因此,资本主义使用机器的第一个口号是妇女和儿童劳动!这样一来,这种代替劳动和工人的有力手段,就立即变成了这样一种手段,它使工人家庭全体成员不分老少都受资本的直接统治,从而使雇佣工人人数增加。为资本家进行强制劳动,不仅夺去了儿童游戏的时间,而且夺去了家庭本身通常需要的、在家庭范围内从事的自由劳动的时间"(卡尔·马克思,《资本论》第一卷,第 13 章,3a)。

第三章 经验的意义

儿童的性情，或从根本上来说，青年人的性情如何对待科学，这是显而易见的。科学需要幻想的枯竭，有力地收缩现有力量可以促进这个过程的实现，这样一来，人们就容易理解数学的图表和公式。数学是一切现实的科学的原型，就科学最内在的本质而言，它是志愿的—人为的产物；①因此，科学是思维的高级学校。资本主义社会的未来的主体们必然要被培养成能按计划正确思考的人。就其本身而言，这种教育不仅同共同体精神的提升协调一致，也就是说同社群信念的培养、性情的净化以及良知的培育相契合，而且如果不是社群的力量（sozialen Mächte）②与之对立的话，共同体精神必然会在这个方向上自然地发展。社群的力量毋宁说想要保持两方之间的对立，其中一方是伦理的力量，或者说精神性的直观，它从属于一种渐渐消逝的共同体文化，（因此它变得越来越没有效力）；其中的另一方是现实地、在最大程度上信仰科学认识的力量。同时，社群的力量认识到并希望用一个令人满意的做法

---

① 从此处直到"在所有的这些考察里……"，第一版（1887年）的内容有所不同："在一定程度上，青年人，尤其是更高贵的资产阶级，通过文明化，接受了'科学的'教育，尽管这样的教育在很大层面上根据的是空洞言词。就其自身而言，这样的教育也是一种强迫性的劳动，由此一来，它很容易使人们独特精神的最好胚胎遭受扭曲，使他们的性情变得冷酷，使他们的良知变得残忍。尽管就其真正的本性而言，这样的教育是音乐和体操的教育，即一种培养完整的人（灵魂与身体）的教育，然而它还是或者说变成了对记忆的特殊而片面的教育，也就是说，它将人们培育成根据自身的意志、有意识地运用记住的规则、并且按照机械的方式使用词语、句子甚至方法的人。但是事实上，这样训练有素的、冷漠而具有优越感的、老于世故的人却是现代的职业所需要的人，或者说，对现代的职业而言，他们是最有用的人。这样的青年人倾向于将自己奉献给社会或国家（国家作为社会的人格化）的事务，或者不得不这么做。"——中译者

② 在这里，"社群的力量"（sozialen Mächte）一方面指的是现实的集体生活的状态，另一方面具有辩证运动的意涵，囊括了共同体与社会之间复杂的过渡。——中译者

化解上述两方面的对立和冲突,然而它通过一种有计划培养起来的、部分是个体的、部分是社会的—惯例的**虚伪**(*Heuchelei*)解决这个问题。在所有的这些考察里,存在于成熟的男性意志及其素质中的阻力趋于消失,或者说变得越来越少,特别当它原初就是弱的,以及由于生命的历程、它的力量受到削弱时,这种状况就更容易发生。在这一方面,成熟的男性就是能干的社会人,无论他将自己视作能支配财产,还是仅仅能支配自身劳动力以及其他实际技能的自由的主人,他总是一个努力追求、细心计算的人,亦是一个批判地接受各种意见或将它们拿来为自己利益服务的人。当面对着他者时,他完全是一个售货人,然而只要有可能的话,他就将自己当成一个享乐者。如果不戴着面具,他便不习惯四处行走。①

§ 42

【俗众与共同体—教养与商业—俗众的终结—无产阶级与自觉意识—社会的终止】家庭生活对俗众而言就是生活本身,从这一点来讲,俗众如同女人和儿童;此外,邻人、朋友也直接地同他们保持着亲密的关系。在有教养者那里,只要他们脱离了俗众,并且完全依靠自己的力量安排事务(不过,一方面,这种状况无论如何都是难以实现的;另一方面,通过惯例的维持和古老理念的更新,它被掩饰了),那么,上述的那些亲密关系就越来越退到个体的志愿性自由之后。家庭变成了一种满足个体自然需求的偶然形式,邻

---

① 第一版(1887年)没有最后的这一句,最后这一句为第二版(1912年)加入的。——中译者

里关系、友谊被利益联合体与惯例性的社交取代。因此,在家庭、乡村和城镇中,俗众的生活就能得到满足;而有教养者的生活则是大城市的、国家的乃至国际性的生活。

为了进一步地论述"俗众与有教养者"这一对立,这里可能仅仅需要指出一点。在所有原始的本土—定居性(einheimisch-seßhaften)文化里,商业是一种外来的、很容易受人厌恶的现象。同时,商人是典型的有教养者:他没有家乡,四处漫游;他了解外地的习俗与技艺,但不会对任何一个特定地区的习俗与技艺抱有爱和虔诚的感受;他掌握了很多语言,能言善辩却又言行不一;他是一个精明能干者,适应能力很强,但总能将目光聚焦在他的目标上;他迅速而轻易地从一个地方迁移到另一个地方,像更换服装款式那样不断改变着自己的性格和思维方式(信仰或观点),就像他穿过一个地区的边界、来到另一个地区时会换上不同的衣服;他是一个调解者和干预者,根据自己的利益使用新的与旧的东西:所以他同紧贴乡土的农民处于完全对立的状态,也同从事手工业的殷实市民对立。同商人相比,农民和手工业者目光短浅、不成熟、粗野而无教养。我们被教导说:"如果一个民族(Volk)已经成熟到需要真正的商业,然而它却还没有成熟到自身拥有一个国族性的(national)商人阶级:那么如果另一个外来的、具有更高教养的民族通过向它深深地渗入具有活力的商业,暂时填补空隙,这就是符合它自身利益的事。"(罗雪尔,《德国国民经济学的历史》第三卷,第134页)①然而事实上,这绝不是一种民族之间的关系,而是各

---

① 威廉·罗雪尔(Wilhelm Roscher),《德国国民经济学的历史》(*Geschichte der National-Ökonomie in Deutschland*),第三卷:《商业流动与职业流动》(*Handels und Gewerbfleisses*)(Stuttgart,1881),第134页。——Harris 英译本

个孤立、分散的外来者(尽管就其自身而言,它们可能组成一个民族共同体)同一个真实的民族之间的关系。因为如果一个民族连落脚的(更不要说开垦出的)土地(Land)都没有,那么我们都无法想象这个民族是现实存在着的①。

即使在商人并不是外来者的地方,他也被视作一个外来者。"(在印度)谷物商人从来不是一个世袭的所有者,不是一个参与村庄共同体的经营者,同样,他也不属于一个或多个村庄发展起来的城镇中的市民阶层。商业企业外在于一切有机的群体,它们从遥远的市场获得财物。"(H.梅因爵士,《村庄共同体》,第126页)②

与此相反,如果俗众及其劳动越来越听从商业或资本主义的号令,那么这种情况实现之时,俗众就不再是俗众了;他们将适应外在于他们的各种力量与条件,他们将变得有教养。科学完全表现了有教养者的特征,它同样逐渐地以各种混合状态与多样形式、被传授给俗众,就像一副药剂那样治疗俗众的野蛮。然而,只要有教养者和资本主义的社会一致,那么同他们意志的相违背的事实就是:通过科学教育,转变成了"无产者"(Proletariat)的俗众获得了思维和自觉意识,他们学会去思考哪些条件使他们束缚在劳动市场之内。从这样的认识中,他们产生了挣脱枷锁的决心和努力。

---

① 这句话的意思是:一个民族必须落脚到特定的区域,不可能所有成员都是四处飘荡的商人,因此罗雪尔讲一个外来民族向另一个民族渗透商业,这样的说法在滕尼斯看来是有问题的,前者必定不是整个民族的行为,而是一些分散的外来者所为。——中译者

② 亨利·梅因爵士(Sir Henry Maine),《东方和西方的乡村共同体》(*Village Communities in the East and West*),第三版(London: John Murray, 1876),第126页。——中译者

如此一来,他们就团结在各式各样的行业联盟(Gewerkvereinen)乃至政党里,一起采取各种社会的(gesellschaflicher)、政治的行动。从规模和属性来讲,这样的联合体(Vereinigungen)通常首先出现在大城市,随后它们将扩大到国家的范围,最后它们将成为国际性的组织,就像作为这些联合体先导和榜样的、由有教养者组成的联合体,即资本家组成的联合体、也即(真正的)社会(Gesellschaft)那样①。只要俗众共享相同的思维和行动,他们就将同样愈发变成社会里的积极活动的主体,他们的目标是成为(国家的或国际的)资本的共同所有者(Miteigentümer),使这些资本作为他们劳动的材料或辅助手段:这就意味着(经济意义上的)社会的终结,因为它将商品生产和对外贸易取消了。

(说明1):因为本书的主题是从个体心理学开始的,所以缺少与之平行和与之对立的考察,比如(我没有论述)共同体如何发展并塑造了本质意志,又如何束缚和阻碍了抉择意志;还有,社会怎样不仅释放了抉择意志,而且怎样要求和促进它,使个体在竞争中肆无忌惮地应用抉择意志成为了自我保存的一种条件,因此,本质意志的花朵和果实渐渐变得枯萎、破碎,以致毁灭。因为顺应这种条件,模仿那些胜利者和有所成就者的所作所为,不仅是人的自然欲望,而且还是一种强制性的命令,即:不这样做的话就将遭受毁

---

① Harris英译本在此指出,这一句和上一句的"社会"(Gesellschaft)与"社会的"(gesellschaftlicher)的含义十分复杂,既包含了"雇用工人的行会组织"(journeymen's guild)、"工人的合作"(co-operative)或"工人的联合"(workers' association)之意,也包含了"不断竞争着的商业社会"(competitive market Society)之意。——中译者

灭的惩罚。共同体要求和培养的内容,总是作为榜样的统治者掌握一种统治与共同生活的艺术。共同体面对的危险无非是自然关系的分裂,因为任何一个敌对行为以及人们感受到的敌对行为都会唤起敌意;一方在力量上越具有优势,即越多地具有损害另一方的力量,这一事实就越刺激了被压迫的另一方将他的理性培养成抉择意志,以之作为斗争中使用的狡猾手段。因为一个对手会迫使另一个对手使用和他一样的武器,同样也会迫使他创造出其他的、更好的武器。因此在四分五裂的状况下,到处都存在着女人狡猾地反对男人,青年人反对老年人,下层等级反对上层等级的情景。练就抉择意志(正如武力)是为了反对敌人,这不仅是得到人们允许的,而且是被人们感到并视作值得称赞的行为。

然而,只有社会才使"抉择意志的使用"成为普遍和必然的情形,因为并且只要在它的基本关系里,至少其中一方确立起目标,且对于该目标而言,所有手段都是合法的:由此,社会里的诸关系就不仅是可能的敌对关系(Feindseligkeiten),而且是自然的和仅仅掩藏起来的(故而,它们是高度或然的、轻易就会爆出来的)敌对关系。

(说明 2)(社群的)诸生活形式与(个体的)诸意志形式之间的相互关系导向了它们在法的诸形式层面上的统一。法并非来源于对正义(Gerechtigkeit)的想法和观点,反之,生活则同时产生了其实在性的两重表现[①],这两重表现在许多方面互为因果。

---

① 这里的"两重表现"指的就是"社群的诸生活形式"与"个体的诸意志形式"。——中译者

第 三 卷

自然法的社会学基础[①]

[①] 第一版（1887年）原标题为"自然法的序幕"（Prooemien Des Naturrechts），此外，滕尼斯还引用了柏拉图的《理想国》里的一段希腊原文作为标题的后缀："难道你还没有意识到，所有的这一切无非都是我们不得不去认识的主曲的序幕？（Rep. 531d）"——中译者

第一章　定义与命题

§1

【作为有机统一体的自我—有机体—目的—生存能力—整体与部分—作为具体的普遍性的人—划分—类型—自然的集会】自我(*Selbst*)，或者说本质意志的主体，都是统一体(*Einheit*)[①]，它遵循着本质意志的形式：即，一个统一体包含在另一个更大的统一体中，与此同时，这个统一体也包含了许多更小的统一体。正如一个有机体及其各个有机的组成部分那样，只要它是统一体，它就是通过自身的内在确定性(Bestimmtheit)形成的统一体，也即"一本身"(unum per se)[②]，或者说，是通过它的各部分与它本身之间的

[①] Harri英译本认为，滕尼斯在这里的讨论继承了赫伯特·斯宾塞在《社会学原理》(*The Principles of Sociology*，Vol.Ⅰ，part Ⅱ)的观点，即统一体(Einheit)指的是任何可以自我维持的单位系统，在自然世界里，它包括从一个单一的细胞直到一个复杂有机体的全部系统，在社会世界里，它包括从一个独立个体到一整个社会的全部系统。——中译者

[②] 根据Harris英译本，unum per se可以理解成"一个结构化了的全体"(a structured whole)，与此对立的是"偶然的一"(unum per accidens)，即"一个单纯的聚合体"(a mere aggregate)。第一版(1887年)在此之后加入希腊文"εν καθ αὐτό,"意为"一本身"或"就自身而言的一"——中译者

关系构成的有生命的整体。在各部分的变化之中并借助它们的变化，统一体维持着自身，它把老化的部分排除出去，即剥夺这些老化部分的生命和它们的特殊的存在，它不断产生新的部分，或从无机物质中吸收养分并消化成自身的一个部分。因此，只要一个东西仅仅作为部分，它就绝不是统一体，只要一个东西是整体，它就是统一体。作为整体，我们不仅应当将它看作一个更大整体的部分，即把它置于同一个更大整体的依附关系之中考察它，同时，应当将它理解成其所代表的类型或属、或者说它代表的"实在概念"（realen Begriffs）①的一个样本，因为所有的有机生命（organischen Wesen）最终都包含在"有机体"这一观念里，只有将此观念视作"无限的能"或"普遍意志"的一种样式（Modus）时，它才是可理解的，在既定的条件下，它能够从中发展出来。

事实上，更进一步的研究结果指出，一切有机的个体同时都是由这些基础有机体（细胞）聚合而成的，这些基础有机体则通过它们的源起（Abstammung）以及彼此的关联确定下来，它们自身在持存着的关系里表现了其从属的整体的形式并构成了整体的统一②，整体在它的每一时刻的实存（Bestande）里都能够显现为其组成部分的作品或产物。尽管如此，人们还是将整体想象成（比基础有机体）更持久的、实质性的和形而上学意义上的本质（Es-

---

① "实在概念"（realen Begriffes）是滕尼斯对可使用的分析工具的称谓，同样的称谓还包括"标准概念"（参见本书的"第六版和第七版前言"）。——中译者

② 德文原版的表述是："它们在持存着的关系里表现并构成了其从属的整体的形式与统一。"Harris 英译本则将两个动词和两个名词分别对应起来理解，这样的表达似更为清楚、明确，故采用 Harris 的译法。——中译者

senz），也就是说，它被视作那些基础有机体之间持存着的关系的统一，更确切地说，我们将基础有机体理解为整体据有并生产的纯粹的偶然物，它们被整体消耗殆尽之后就毁灭了。

这种矛盾仅仅恰当地表明：结合在一起的各个整体之间存在着现实的相互联系、相互作用，它们在共同所属的整体中产生和消逝。只要作为部分，它们便似乎隶属于这一更大整体的生命和意志；尽管作为整体，它们是独立的，但是一个更大的整体只有通过它们的共同作用，并且作为它们的共同意志的观念才能表现出来：这是一个有机整体的固有特征，它的最基本的组成部分本身也是有机体。从这一点来讲，即使那些组成器官与器官系统的最复杂的组织，也与组成它们的部分具有同样的构造和结构；尽管它们拥有自己的生命，但仍然由整个系统的能量支撑，并受制于此；与此同时，它们反过来又制约着整个系统，为系统做贡献，总之，它们是使系统合为一体的各组成部分。

人们可以发现，如果将上述考察应用到目的（Zweckes）这一重要概念时，我们将遇到怎样的情况。因为每一个整体就其自身而言都是目的：目的只不过是对"整体之统一性"，也即"整体的现实存在（Dasein）作为持存者"的另一种表达。通过它自己的力量，整体的现实存在就可以让自身从一个时刻维持到另一个时刻，即使它同时仍需要各种汇聚到一起的有利条件、即其他推动性的力量，以此保存自身。生命就是不断地吸收这些能量、持续地同对立者进行斗争的劳作，它克服或适应着各种状况、清除着内在的障碍、压制着外在的反对力量。通过正在经历着的生命（lebend），有机体表明和证实了自己的生存能力（Lebens-Fähigkeit），也就是证明自己的力量或自身的各个部分皆具备合乎目的的（正确的、良好的）特征、功能和秩序。然而，生存的能力（Fähigkeit zum Leben）必须依靠一种确定的方式、借助一种特别的形态、因而最终在特定的轻松或艰难的条件下①，同生命本身、故而也即生存能力区别开来。在条件有利的地方，即使较弱者也可以生存，或者说他们可能比处于另一种状况时活得更长；在条件不利的地方，可能强者都无法保存自身。

在一些特定的关系里，如果一个人不能依靠其既定的个性确定目标，那么通过改变个性，也即适应当前的环境，他也可能继续生存下去。上述情况不仅适用于个体（individuo），也适用于任何凭借着共同的起源结合到一起的群体（Gruppe），只要我们将它们理解成统一体。当关系到群体时，一个个体及其独特的个性，可能多多少少是合乎目的的，也就是说，个体有能力表现、保持和继续促进群体的存在。因为假使撇开环境的差异不谈，仅设定一种平均的、处处相同的有利条件，那么就一个生命体与其自身的关系以及它同一个更大整体的关系而言，除了它持续的时间，没有其他标准可以衡量它的合目的性。然而，持续着的东西并不是物质，而是形式（Form）。在这个方面，整体结构（Struktur）的形式与本质意志的形式完全对应；两者都不能通过感觉来把握，也就是说，通过感觉的范畴理解它们，这一点是不可想象的。

---

① 德文原版在此表述的是"轻松与艰难"，Harris英译本翻译成"轻松或艰难"，英译本似表达的更明确，故采纳英译本的翻译。——中译者

第一章 定义与命题

作为整体,形式总归由它的元素构成;同形式的关联中,元素都是物质性的,并且通过与形式的关联维持并繁衍自身。对整体(作为一直存活着的形式)来说,它的部分总是整体自身的一种相对更容易消逝的变更(Modifikation),这样的变更以多少完善的方式表现着整体的本性;与此同时,部分可以被看作是实现整体的生存、达成整体目的的一种纯粹手段,只要部分在自己存在的时间里既非整体的生命也非整体目的本身。一旦各个部分参与到整体之中,它们就皆相同;倘若每一个部分只表现自身,只从事其固有的活动,那么它们就是彼此分离、多种多样的。"整体与部分"的这种关系以类似的方式存在于"实在概念"、即属的概念与包含在其中的群体和个体之间,除此之外,也存在于个体与包含着他们的现实的群体之间。我们能够将群体视作正在成长、正在消亡以及正在向一个更高的构造演进的存在者,也就是说,我们总将它们理解成一个主动的、有生命的、可变的东西。

因而,我们的研究要从人的本质(Essentia)①出发,也就是说,不能从一种抽象的东西出发,而要将全部人类的"一切具体的样态"(dem konkreten Inbegriff)②视作他们最普遍的、现实的特征,并从这一具体的样态出发,进一步向前推进,经过种族、民族、部族

---

① Essentia 为拉丁词,通常翻译为"本质"。Harris 英译本在这里意译成"人的基本特征"(the basic characteristics of mankind),贴合下文的论述,便于我们具体地理解。——中译者

② 德文词 Inbegriff 既有全体、总体的意思,又有化身、体现、概况、缩影之意,Harris 英译本用"embodiment"来翻译这个词,择取了化身、体现的含义,即全体人类的生活、行动等特征的具体体现。译者在此兼取"全体"和"体现"之意,翻译为"一切具体的样态"。——中译者

以及各个更紧密的结合体的本质,最终推到单独的个体,仿佛他是这样多同心圆的中心。圆周线越紧密地向着圆心收缩,作为中心个体就越能得到完善的解释。对于整体每一次直觉性的、完全透过心灵得到的认识,人们有充分的理由表象出一些类型(*Typen*)、借此使认识简化和感性化,在一个群体分化之前,人们可以想象这些类型包含了一切从属于此群体之样本的特征。这样一来,类型相比于样本更完善(vollkommener):因为这些样本的素质和力量由于缺乏使用而渐渐萎缩;同时,它相比于样本也更不完善(unvollkommener):因为样本可以在现实中运用自己的素质和力量,从而特别地发展起来。① 对理论的思考来说,上述典型样本的一幅感性的或者说构想出的画面以及对它们的描述,代替了超经验整体之实在本质的理性观念。然而在现实生活里,对关联着部分的整体而言,它的精神与力量的充盈,原初性地、实在地通过现实生存着的许多身体的每一次天然会聚(*natürlichen Kongreß*)表现出来;除此之外,通过从领导者里挑选出一组人,或通过仅仅一个在自身之中就能把握他人之共同本质与意志的人,整体亦能实现其精神与力量的充实。

§2

【作为机械的统一体的个人—虚构—多样和统一—"个人"的体

---

① 根据 Harris 英译本的看法,"更完善"(vollkommener)相对于"更不完善"(unvollkommener)而言,指的是一个更不发展的阶段。事实上,"更不完善"指的恰恰是一个不断进步的过程。——中译者

第一章 定义与命题

现—决定—集会,自然人的平等】个人(Person)①,或者说抉择意志的主体,正如一种由抉择意志形塑的产物(Kürwillensbildung)那样,是通过它们外在的规定形成的统一体,是"偶然的一"(unum per accidens),是机械的统一体。也就是说:就像抉择意志只相对于它的主体、凭借着它与可能的效果之间的关系才获得了实在性和统一性;"个人"这一概念只是一种虚构(Fiktion),或者说(被想象成实现了的)一种科学思维的构造物。确立"个人"概念,是为了表明这一造物之原初创作者的统一性,从而表明一个支配着由武力、权势和手段组成的复合物的统一体②。人仅仅运用思维,将许多单独的、可能的行动——不论这些行动多么可能被看作拥有自身的统一性——拼合在一起,便造就了这个统一体。

因此,这个统一体的现实存在,完全是思想性的,它既取决于、外在于"多样"(Vielheit)③的现实存在,又似乎超越了后者。倘若我们表象这样一个事实,即在"多样"里包含着一些元素,它们像努力攀登高峰那样奋力追求统一,渴望成为它们实在的榜样或

---

① 滕尼斯在这一节关于"个人"或"人格"(Person)概念的讨论,源于霍布斯的界定,可参照霍布斯的《利维坦》第十六章"论人、授权人和人代表的事物"(Of Persons, Authors, And Things personated)。——中译者

② 德文原词是 Einheit,即"统一体"或"统一性"。Harris 英译本采用意译的方式,将此翻译为"一致性的基础"(coherent foundation),便于我们的理解。这里包含了两个层面的意思:首先,"个人"或"人格"是由一个原初的人创造出来的人为虚构之物,作为这个虚构物基础的"原初之人"是统一的;进一步地,这个基础同样为作为虚构之物的"个人"和"人格"提供了统一性,使得"个人"能够支配各种武力、权势以及手段,将它们复合到一起。——中译者

③ Harris 英译本将德文词"Vielheit"意译成"许多分离的行动"(many separate acts),便于我们的理解。即多种多样的具体观念、行为等。——中译者

对立面①,也就是说,它们对通向共同目的的方向达成了一致(因为符合我们自然想象力的事实是:纯粹想象出来的东西似乎漂浮在现实事物之上,萦绕于空中),那么与之相反,有机生命的统一不仅内含于多样之中,而且必然要被视作多样的基础,这样一来,它就好像潜在于后者的底部(然而,它又不能同后者分离、区别开来)。在想象的统一体这边,假设我们从大量这类经验的一观念的统一体中抽象出它们的概念,那么概念层次上的共同性(Gemein-same)与具体事物层次上的(quasi-dinglichen)繁杂性之间的关系,就同样地体现为由许多单独的事物组成的统一体同它们的多样性之间的关系:普遍者(universale)是"最后之物"(*post rem*)和"特别之物"(*extra res*);因此,它们的概念的或属的(等级的)统一体只是名义上的、观念的、虚构的统一体。

如果个人处于思想的体系里,他将意欲并做出一切可能的事情,也就是说,个人被想象成现实的抉择意志行动的主体,因此他就在不断地追逐着现实的目标、支配着现实的手段。这样一来,只要我们想象一个实实在在的人拥有了如此人格,那么无论是他还是同样如此的一批人都必然会这样地思考、意愿与行动,即追求他们的目标,支配他们的手段。一个单独的人或一批人皆是如此;因为一批人也可以像一个独立的人那样共同地思考、一起"形成"他们的抉择意志:

1)他们能一同商议(beraten),当任何一个人提出了他的想

---

① 这句话的意思是:"统一性"既是各种各样的要素需要实现的榜样(Vorbild),又是它们的对立者(Gegenbild),它们要努力地走向它们的对立面,即成为统一的东西。——中译者

第一章 定义与命题

法,表达了他希望的并认为是好的方案,如果所有人都希求它,那么它就促使、激发了所有人思考这件事;因而有人会提出相同或相似的建议,或指出相对的意见。

2)它们将共同做决定(beschließen),当所有人或至少许多人(就此而言,那些不作决定的其他人使自己的意志和权力失效,以此展现中立的姿态)借助确定的言语或符号,表达他们对某个方案的愿意或不愿意、肯定或否定的态度,又因为我们将每个人投的票或每个人的抉择意志视作同样强大的东西,并且它们同其他人的票或抉择意志具有同等的效力,这样一来,或者一种的平衡状态产生了,就此而言,他们达不成任何决议、做不出任何决断;又或者,肯定的一方或否定的一方会取得多数票,获得相对于对方的优势,这意味着每一次的投票都达成了积极的结果,无论最终接受一项建议或提议、还是否定一项建议或提议。

一个独立的人必须总被视作有能力做决定的人:这至少意味着,当他被自己或其他人询问、征求建议时,他总有可能给出一个肯定的或否定的答案、做出一番决断。这也即是说:如果他愿意并尝试"自己做决定",开始"发动做某件事的意愿"(conatus),那么他就一定要完成这件事、必须实现最后的结果;这种状况不仅纯粹是可能的,而且当一个人将某件事当作一场事业(Werk)来对待时,它就非常容易发生。一个人虽然会说:他不能做决定,或:对此事做决定太难;但是,这不过因为外界环境对他产生的影响还不够强大,尚且不能促成他行动的意志与企图:即对他来说,问题似乎还不够紧迫。当一个人看到,他必须要做决定(比方说,如果不做决定就会饿死),那么如此一来,他定会克服内在的阻碍,面对一个确定了的、计划好了的行动的表象，它的结果永远不是空无的东西，只会要么是肯定，要么是否定。

与此相对，如果存在着一群人（Menge），只要他们的数目是奇数，他们就有不间断地形成决议的能力，在这个意义上，倘若使一群人应当像一个独立的人那样做决定，我们就必须就"数目"这个概念提出必要的要求。固然，通过默认或公开的一致，最终达成的票数相等可以被我们视作一个否决，这就意味着人们将优先权赋予了否定的愿望。除此之外，人们还有一种做决定的办法，就是凭着运气（Lose）①决断。我们将一群有意志、有能力做决定的人视作一个统一体，并称之为一个集会（Versammlung）。就像一个独立的人那样，这个统一体也可以拥有一种持续的现实存在（Dasein）：只要 1）它的成员在观念上时刻保持共处，然而在现实中，他们只依据确定的（以及众所周知的）规则聚集或被召唤到一起，共同商议；2）有需要的时候，它的成员自觉地召集起来或被填充进去②。

于是，每一个独立的人都是其自身人格（Person）的天然代表。"人格"这一概念除了从独立的人那儿抽象出来之外，不能从任何其他的经验主体那里得出，只要每一个独立的人都被理解成一个思维着的并在思想中不断怀抱意愿的人；那么这样一来，就存在着

---

① 德文词 Los 有签、阄、奖券、彩票的意思，故而统一地翻作"运气"。——中译者

② 这里的"召集"和"填充"对应的德文词是 ergänzen。根据 Harris 英译本的解释，ergänzen 这个词除了在字面上有补充、填满之意，还特别地有军事上的"征召预备役"（call up reserves）的含义，滕尼斯在这里暗示：遇到紧急情况时，"集会"召集的就是那些能够拿上武器上战场的人。——中译者

现实的、自然的人格,只要它们由如下的人承担:这些人将自己表象成担负并表演着他们的"角色"(Rolle)的人,或者将其个人的"性格"像一个面具一样戴在他们的脸前。① 作为自然人,所有的人都是相互平等的。每个人都被赋予了无限的自由,他们可以设定任意的目标,使用任意的手段。每个人都是他自己的主人。没有人是其他人的主人。他们彼此独立。

§3

【自为的集会—人造的人格—承认—理论的人格化—代表—人造人—聚集的手段—虚构的抉择意志的主体】同样,一个集会也代表着它自身的人格。但是,它的现实存在绝不是一种经验上的既定事实,即我们不能像谈论独立的、能够由感官知觉到的人的人格那样来表述集会的人格。集会的现实性以它所表现的人格的现实性为前提,与之相反,人格的表象则是从人的现实生活里提取出来的。对一个集会来说,只要它自己代表自己,那么它就是一个人造的(künstliche)人格。它之所以能作为一个抉择意志的统一主体、进而据此做出行动,只是因为包含在它之内的自然人将其中的多数达成的一致肯定或一致否定设想、虚构为此主体的抉择意志。事实上,这一意志既不是那些一致同意者们的意志,也不是所有人的意志,因为在这两种情况里,我们能够得到的无非是许多抉择意

---

① 滕尼斯在这里重复了霍布斯在《利维坦》第十六章对"Person"的拉丁词源"persona"的解释,即舞台上装扮脸部的面具或面甲,关于这个问题,也可参见本书第二卷§34的相关讲法。——中译者

志而已，相反，这一意志是外在于且凌驾于自然人之上的、被人们表象出来的统一体的意志，也就是具有人格之生命的（集会的）意志。由于这样的行动，集会无论如何都被视作同自然人一样了；它为了独立的人们存在，正如后者是为了彼此才存在，即通过相互认识与承认（Anerkennung），他们将各自理解为平等的个人。

从理论上讲，我们仍可以依据许多理由，对"集会"施以其他形式的人格化（Personifikation），人格化的造物将通过一个自然人格或一个构造出来的人造人格表现出来。但是在其中，任何一个人的存在都是为了其他人，任何一个人从属于他所在的系统（System）里，除此之外，他的存在还意味着其人格的个性（Personen-Eigenschaft），因而其平等的身份皆经过了人为的"承认"。事实上，包含在个人自身规定内的"承认"必然只是次要的因素。① 相反：普遍的承认涵盖着对一个既定代表（Vertretung）之正当性的特殊认可，尽管这一点并非不言而喻（就像我们承认一个独立的理性人以及一个构造出来的集会那样），但它被想象成基于充足理由成立的。这一理由就是：在一个现实的个人被另一个现实的个人代表了的地方，前者的所有权力（权威）都转让到了后者那里。然而，我们无法想象一个"虚构的个人"被代表时，转让的情形如何实现，因为没有代表的话，它就无能力做出转让的行动，不过从形式上讲，我们能将"代表"表象成满足上述充足理由的正当模式（Schema），因为事实等同于从正常的、清楚的原因中产生的一种结果。

---

① 这句话的意思是：在"集会"的生活里，一个人对自己的承认只是次要的，别人对自己的承认或者滕尼斯所说的"普遍的承认"才是最关键的问题。——中译者

第一章　定义与命题

　　从诸位现实的独立个人组成的一个系统里，我们可以想象一个正在出现着的、虚构的个人（无论它由一个个体还是由一个集会代表），它仅仅凭借所有人的承认才存在。与此同时，它只能通过现存主体中一个人或若干者的抉择意志产生，他们将自己掌握的内容（如他们的自由、他们的手段）中的一些部分聚集起来，通过既定或人为的代表，构造了一个独立的个人；如此的构造行动必须同"指明一个代表者"这一活动结合在一起——如果这是一个集会，集会"成员"正当地表达出他们各自的意志，那么我们就将他们意志的统一视作集会的前提。然而由理性的主体创造出的这个虚构人格，仅仅是达成一个确定目的的手段，这个目的必然为大多数人共有，并且肯定将他们联系到一起。现在，这个虚构人格就是目的（或一个由许多目的组成的总体），它被视作统一的、自在而自为的存在者。然而在此之前，它仅仅是许多相互分离的手段的聚集点与结合处。实际上，它的（即人格的）现实存在本身无非为着这些相互结合的目的、从而将手段聚合到一起。但是，通过（在创造者的脑海中实现）将它转化成一个人格的现实存在、即一个人格的概念，上述的手段变成了一个目的，也就是这个人自己的目的，然而，这一目的又不能同手段分离。因为事实上，此虚构的个人并不会思考，也没有任何目的；根据原初的设想，除了我们对它做出的规定以及给它赋予的概念之外，它本身没有任何目的。

　　然而：因为"人格"的概念自在而自为地是一种人为的产物、是一种虚构，因此相对于自然的本质意志主体，虚构的抉择意志主体更完美地符合它。没有人被设想成只如此纯粹地考虑他自己的利益，只如此纯粹地谋求他的好处，只如此根据他表象出的目的确定行动,就像一个思维着的和行动着的物(Ding)①那样,只纯粹地在人们的想象里存在。因此,不论是一个个体还是一个集会,他们以一种思维构造之物的"名义"行动,这样做要比任何一个人以他自己的名义行动更容易。

§ 4

【作为自我的共同体—作为个人的社会—法与法的体系—家庭法与债法—财产法】就其自身的素质,或者根据其本质的核心而言,任何共同体的关系皆是一个更高的和更普遍的自我(Selbst),它类似于一种方式或理念,各个独立的自我(或者说"头脑"〔Häupter〕这一类我们可使用的更形象的表达)从中推导出他自身以及他的自由。与之相反,任何社会的关系都表现了一个先于它的人造人格的起源与可能性,这个人造人控制着一定数额的力量与手段;因而社会本身被想象成一个有能力发挥效用的整体。因此一般说来,共同体是结合在一起的本质意志的主体,社会是结合在一起的抉择意志的主体。

然而,为了能被当作自为存在的持存着的统一体,同样,为了能被视为同其组成部分保持着种种可能关系的统一体,共同体必须要超越一个阶段:在这个阶段里,共同体不能同结合在它之中、逻辑地构成着它的意志的大多数分离。相反,它必须从中生长出

---

① 根据 Harris 英译本,滕尼斯在这里做了一个语言游戏,德文词"Ding"在古条顿语里指的正是"议会"(parliament)或"集会"(assembly),即上述的"虚构人格"之意。——中译者

来，清楚地将自己表现为一个独特的、持续着的意志，无论这种意志反映着所有人的一致意愿还是一部分人的意愿。这是一个发展的过程，观察者有辨认其完成状态的职责。与此相对，人们通过一个特别的行动①，将分离的抉择意志收缩到一起，借助这样的方式，他们希望着并且真正建立了一个独立的、现实存在着的人造人，这样做都是为了实现一个特殊的、被表象出来的目的。就此而言，最简单的目的就是保证其他悬而未决的契约的实现。因此在过去，契约的完成必须以各方的意志为前提，但现在，契约的完成则取决于这个统一的人造人的意志。继而，这个人造人的任务就是用他所掌握的手段去追求其目的。

这样一来，如果我们将任何通过诸意志形成的、关联着各组成部分的结合（Verbindung）的意志内容定义为（客观的）法（Recht），那么社会完全有它自己的法。通过法，社会确保了它的各成员的诸权利与义务；但是，法必然从他们原初的、完满的自由（即作为他们的抉择意志的材料的自由）中派生出来，并由此组成。与之相反，共同体被彻底地理解成身体或血缘的先验的结合，它在本性上就有求生的意志和力量，因此，它自己的法就关联着其成员的意志。甚至于，只要一个人是共同体的成员，那么他就应当仅仅表现为这种有机的完整实体的变更物与流溢物。

按照这里的区分，这样一来就存在着两种原则上彼此对立的法的体系（Rechtsystem）：在第一种体系里，人作为一个整体中的自然成员，相互关联到一起；相反，在第二种体系里，人作为个体，

---

① Harris 英译本将这个"特别的行动"直接翻译成"签署自由的契约"。——中译者

彼此之间完全独立，个体只有通过自己的抉择意志才能进入相互的关系之中。在经验法学那里，特别就罗马—现代法学派而言，它是一种既定的、有效的法的科学，表现为社会式的理解（gesellschaftlichen Verstande），其中，第一种法的体系以家庭法（*Familienrechtes*）的名义存活了下来，然而，它却缺少了一种完全以家庭关系为基础的法的特征，这一法的特征如此明显并在最大程度上同债法（*Obligationenrechtes*）①的立场相对。因为在债法这里，一种真正的法的数学与法的理性力学是可能的，它可以被追溯到纯粹的"同一性定理"那儿，因为它仅仅关联着不断变更的交换行为以及由此建立起来的一个人对另一个人的支配，即一个人有权利要求另一个人做出特定的行动。在这个意义上，行动和要求就像商品和货币那样，从一人的手里转到另一个人的手里，如此一来，一方减少了的东西正好等于另一方增加了的东西，这个关系如同简单等式呈现的那样。但是，这两种法在它们的中间领域即财产法（*Eigentumsrechtes*）的领域里才显示了各自的本质，同样在这里，它们也将必然地彼此遭遇。因此，我们接下来首先要界定这个对象。

---

① Harris 英译本将"债法"翻译为"有关商业债务的法律"（the law which relates to *commericial obligation*）。在罗马法里，债法是直接调节商品流转的法，债（obligatio）这个词既指债权、债务，也指债权债务关系，有时被称作"法锁"（juris Vinculum），即指特定的当事人间的法律关系，一方依法负责履行给付的义务，他方依法有权接受债务人应履行的给付，从而获得一定的利益。债权同亲属权不同，它是经济性质的，不以特定身份为前提；债权也不同于物权，物权是人对物直接支配的权利，而债权的标的即使是物的给付，债权人亦不能对该物直接行使权利，必须由债务人介乎其间，所以物权为对事权，而债权为对人权。参见周枏，《罗马法原论》，商务印书馆 2014 年版，第 696-697 页。——中译者

§5

【本质意志的领域—抉择意志的领域—财产—有机的财产与机械的财产—占有物与财富—内部的财产与外部的财产—统一与多样】就人类本质意志的领域(*Sphäre*)来说,我将它理解成:一个人或一个人群的复合体所拥有的一切事物,并且这些事物都被视作依附于这个人或这个复合体的各种力[①];只要这些力表现了一个统一体,而且它们的主体发自记忆和良知、感到要将这些力的向内和向外产生作用的状况以及它们的变化都同自身关联起来、皆同自身结合到一起。

就人类抉择意志的领域来说,我将它理解成:一个人(einer)所是的一切以及他所拥有的一切;只要他认为这些东西的状态和变化都通过他的思维确定下来、皆依附于他的思维,并且都处于他的自觉意识之中。

本质意志的领域——或者人们可能干脆地将它称作意志领域(Willensphäre)[②]——等于本质意志的质料,只要我们想象后者扩展到了外部的生命和事物那里。如果意志的普遍概念通过自由

[①] 这句话德文原版表述得比较复杂,Harris 英译本采取了意译的方式,将这句话译成:"我将自然意志(本质意志)的领域理解为,同一切从属于一个人或一个人类群体的富于生机的力(the vital forces)相关的东西。"参照这一译法,我们能够清楚地理解滕尼斯的意思。——中译者

[②] 按照 Harris 英译本的看法,"意志领域"(Willenssphäre)是滕尼斯创造出来的一个词,他仅仅将这个词用在本质意志那里。最有可能的解释是:由于抉择意志的领域只适用于个体的思维,而本质意志的领域就像"大气"(atmosphere)那样囊括着整体。——中译者

(*Freiheit*)界定的话,那么意志的特殊概念因此就通过财产(*Eigentum*)定义。同时,抉择意志的领域与抉择意志的材料之间的关系亦是如此。对于现实的财产而言,只要它对应意志领域,我就称它为占有物(*Besitz*),只要它对应抉择意志的领域,我就称它为财富(*Vermögen*)。① 这样一来,占有物与本质意志的形式之间的关系,等同于财富与抉择意志的形式之间的关系。在这里,外在的对象之所以能被考察,其前提在于:一个主体的意志包含于其中、同它有关联并与之结合在一起。正如意志的形式根本上是决定行动的力以及行动的可能性,占有物与财富是决定人们享受或使用物品这一行动的力及其可能性。

与此同时,器官与用品这对二分范畴有助于我们进一步地认识上述对立。占有物被理解为有机的和内部的财产,财富被理解为机械的和外部的财产。从一种纯粹心理学的观点来看,占有物是个体自身实在本质的一种延伸,因此,它必然本身就是一种实在物,而且倘若它是一种个体的、有生命的东西或由这些有生命的东西构成的事物,那么它就是最完善的实在物。相反,财富背后的心理学价值在于:个体思维着的客体扩展并增长着,以及他有权行动的可能性扩展和增长着,财富自在而自为具有一种观念的本性,它最完美地通过物品展现出它的实在的特征,这里所说的"物品"指

---

① Harris 英译本将德文词 Besitz 翻译为 possession,将 Vermögen 翻译为 wealth 或 riches。在 Harris 看来,Besitz 与 Vermögen 这两个德文词的原意并不像滕尼斯所表述的那样,彼此完全矛盾。滕尼斯在这里有意地将两者对立起来,无非想要指出,符合意志领域的 Besitz 意味着出于自然目的使用的资源,就像 Harris 举的"一匹马在草地上吃草"的例子,相反,符合抉择意志的 Vermögen 指的是为着将来交换的目的使用的资源,同时,Vermögen 还有能力与权力(power)的意思。——中译者

第一章　定义与命题

的是那些纯粹表现着、意味着合乎目的地使用它的主观可能性，即作为主观现实化（Realisierung）的物。这就是作为财富之表现的享受①和使用。

因此，根据占有物的理念或它的标准概念，它完全与其主体、与其主体的生命是同一的，并且它们完全连生在一起。但是同时，占有物有它自己的生命和特征，这些特征以多样的方式表现这同一个生命。因而占有物是一个自然的统一体，它既不可被分割，又不可由它的主体通过其意志转让与分离出去；除非由于强制和困苦，主体才会厌恶地、痛苦地转让和分离它。

相反，根据财富的概念，我们将它想象成由一定数量、一定总数的独立的物品组成的集合，每一个物都表现为一定数量的力，这些力可以将自身转化和实现为具体的享受；这样一来，个人可以按照愿望和目的、将这些数量以任意的方式分割与组合，此外，财富不仅完全是可被转让的物品，而且它必然要被转让。

§6

【同身体和生命的关系—同他者的可能行动的关系，对牲畜的占有—对土地的占有—对自己的创造物的占有—内化—转让—商品—货币—债务】如果不考虑"自由"的问题（即一个人占有自己的身体和器官，或他自己能做出可能的行动），那么"占有物"这一理念就最纯粹地体现为同其他人的身体以及生命的关系；"财富"的

---

① 对应"享受"，第一版（1887年）使用的是"目的"（Zweck）一词。——中译者

理念则最纯粹地表现为同其他人的可能行动的关系。因此,财产的概念完全在这两个极限点之间运动。前者符合家庭法的本质,后者则隶属于债法。在前者那里,家庭法无非是共同体对其成员之自然权利的一种表现:这就是共同体的自由。在后者这里,债法则不过是社会关系的恰当表达,它存在于一部分自由从一个抉择意志领域向另一个抉择意志领域的过渡之中。

在这两个概念里,现实的财产、即对物的权利就是自由的延伸。这种自由像扩张到物那儿一样伸展到另一自由那里,它是对作为"本质"或作为"人格"的人的权利。这样一来,共同体对其成员之身体的权利,必然延伸到对其成员之所属物的权利,因为其成员本身就从属于共同体。因此,无论共同体成员通过为他人服务的行动交出自己的一部分自由,还是以出让某些特定的物的方式交出自己的一部分自由,这两者都是一回事。故而,可以按照衡量一件物品之价值的方式、即一种更容易理解的方式评价服务的意义或价值。

但是,对所有被视作一个共同体的有机财产的事物而言,最亲近于人本身的是活着的牲畜。作为劳动的帮手,它们必然要被人饲养、被人保护和照料;它们从属于家(*Hause*),家又是单纯的共同体的身体。然而更准确地说,人类共同体完全占有的原初之物(*Ur-Sache*)是土地和耕地。一些部分与一定份额的土地归属于每个独立的、自由的家庭,只要它们自身从更高的共同体那里引申出来,并且将共同体看作它们的本质意志及其劳作的自然领域。正如俗众(*Volk*)分属不同的区域、并以如此方式培养自己,他们对田地(*Land*)的划分与耕作同上述过程平行地发展,尽管如此,土

第一章 定义与命题

地仍然保持为一个统一体,仍旧是大家共同的财产,不管最终的收成与成果是多还是少。人们在土地上投入了多少的劳动,他们就在多大程度上仅改善了农作物自由生长的条件、维持并促进了土地自身的生产力;从而,他们准备好享用已经成熟的果实。

当劳动创造出新事物时,就完全是另外一种不同的情况了。在这里,就使用这件事物而言,形式(Form)①与材料一样重要,或者甚至比材料更重要。个体、艺术家以及手工业者的精神和双手将形式赋予他们的劳动。但是通过他,整个家也就在为着自己劳动和创造,因为他是家里的成员,是父亲、儿子或仆人;如果他是一位市民(Bürger)的话,上述情形就同样适用于社团(Gemeinde);同样,只要他是行会(Zunft)的成员甚至师傅,以上状况亦适用于行会。共同体对他的作品拥有一种更高的所有权,尽管由于他是作品的原创者,故而理所当然地对如何使用作品拥有天然的决定权。然而,就自然的、合乎规律的进程而言,人们或者通过共同体的方式,或者通过单个人的方式现实地使用事物。自然的使用直接同对象关联到一起,它抑或意味着即时地消耗掉对象,抑或意味着出于将来使用它或进一步地生产的目的、将它维持下来。无论如何,自然的使用是一种更完全的占据(Aneignung),是一种内化(*Verinnerung*)或同化(Assimilation)②:即使诸如昂贵的金属如

---

① Harris 英译本将这里的"形式"一词,意译为"最终的形状"(the final shape)。——中译者

② Harris 英译本仅用 appropriated 一词就翻译 Aneignung、Verinnerung 以及 Assimilation 这三个德文概念,的确,上述三个德文词具有同样的意思,即将事物据为己有、将事物内化为自身的组成部分。——中译者

同珍宝那样深埋于地球的怀抱里,然而只要地球本身都是共同体的有机的财产,这一点就必然是真实的。

相反,通过转让(*Veräußerung*)[①]使用事物,事实上就等于不使用。一位古典作家曾写过一段非常有名的文字,对"转让"和"使用"做出区分:"用鞋来举例子,鞋的真正用途是用来穿的,它的另一个用途是用来转让。因为谁要是从需要鞋的人那里换来钱或粮食,他也是把鞋当作鞋来使用,但这种使用不是原本意义上的使用;因为不是由于交换,鞋才成为鞋的"[②]。然而从另一方面来说,交换是唯一的、完全志愿式的使用。它本身就是单纯抉择意志行动的恰当表现,即凭借着思虑的行动。因此,它以不断在权衡着、计算着的个体为前提,这一个体并非同另一个体结合,而是与之对立,除此前提,"交换"概念不预设任何东西。在一群人聚集到一起并形成了一方主体的地方[③],他们必然被想象成一个能做决定的集会,并因此等同于一位自然的个人。作为要被转让出去的对象,或者说作为交换价值(Tauschwert),一个这样的物就是一件商品。商品对于它们的所有者来说,无非是获得其他商品的手段。由于这一本质特征,所有商品以其作为"商品"而论皆是一样的,它们的区别仅仅取决于数量。货币就是这种相同性的表现。所有的

---

① 从德文构词来说,Veräußerung 和上面的 Verinnerung 正好是一对相反的概念,后者可以直接被理解为内化、向内运动,与之相对,前者意味着外化、向外运动,其引申的意即"转让"。Harris 英译本用 sale 和 alienation 翻译 Veräußerung,指出售或让渡。——中译者

② 这段话来自亚里士多德的《政治学》,卷(A)一、章九——中译者

③ 这里所说的"一方主体"(das Subjekt auf einer Seite),指的是一群人聚集到一起、形成了参与交换活动一方主体。Harris 英译本直接翻译成"交换的一方"(one side of an exchange)。——中译者

商品都是潜在的货币——它们都是获得货币的力。货币是所有商品的潜能——它是获得一切商品的力。这样一来,我们就将货币理解成抉择意志的领域本身作为物的体现。甚至一个从自由中分离出来的、能够变成契约对象并因此成为债务对象的独立行动,也拥有了交换价值且能同一定量的货币相提并论。"只有这样的行动适应于债法,即它们能够呈现出这样一种外在的特征,并因此能够像物那样从属于一个外在的意志。但是这里设定的前提是:这些行动具有一种财富的价值或者一种能以货币的方式衡量的性质。"(萨维尼,《债法》,第一卷,第9页)①

反过来看,关于一个具有交换价值的物的承诺(Versprechen),尤其对货币的承诺(也即债务)本身就可以作为货币使用和流通。作为一种抉择意志之形式(即决定)的表现,承诺只要被广泛接受,它本身就是获得商品或货币的权力,就是财富。普遍的接受本身必须被想象成一种(沉默的)协定②的对象、即社会惯例的对象。一个人在多大程度上能够确认如此"信用",总归取决于可靠的概率(Wahrscheinlichkeit):即维持一个这样的承诺、履行债务以及支付并实现"兑换"的可能性程度。这些信用符号(Kreditzeichen)因而就像货币一样,其实现的概率越接近确定和

---

① 根据 Harris 英译本,这段话选自弗里德里希·卡尔·冯·萨维尼(Friedrich Karl von Savigny)的《作为当代罗马法组成部分的债法》(*Das Obligationenrecht als Teil des heutigen romanischen Recht*),2卷本(Berlin: Veit and Co., 1851 – 1853)。——中译者

② "协定"对应的德文词是 Verabredung,即约定、商定之意。Harris 英译本将这个词翻译为 agreement,强调达成一致的特征,对应接下来的"Konvention"一词。——中译者

可靠，它们就越能完善地发挥作用。这样一来，作为债务的货币和作为货币的债务就是社会的财产或财富之完美的、抽象的表现，它们是支配他者的、就其本性而言自由的，然而受到它们束缚的抉择意志的确定权力。

§7

【群体与对立—身份与契约】这样一来，从以上章节的讨论里，我们得出了一组由既相互关联又彼此对立的概念构成的表格：

共同体	社会
本质意志	抉择意志
自我	个人
占有物	财富
土地与耕地	货币
家庭法	债法

此外，还有一组对立从属于上述对立并包含在所有这些既定概念之内，人们最近时常将这组对立表述为"身份（Status）之法的诸形式"与"契约（Contracts）之法的诸形式"之间的对立。一位学识渊博、富有洞见的英国作家[①]的一段话有力地促进了这种观点的传播，在这里，我们理应引述它（尽管直到现在，它还没有被翻译

[①] 即亨利·梅因爵士。——中译者

成德文)。亨利·梅因爵士在总结部分写道(《古代法》,第168页,第7版):

> 所有进步社会(progressiven Gesellschaften)的运动就一个方面来说是一致的。在运动的整个进程中,这一方面体现为家庭联系的逐步消解和个体义务①的渐次增长,后者取代前者的位置。个体不断地替代了家庭,成为民法赖以为基础的单位(Einheit)。实现这一进步的速度是不同的,有些文化体②(从表面上看是停止不前的,但它们)并不是绝对静止的,只要缜密地研究它们呈现出的各种现象,我们就可以发现其中的原始的组织已衰落……然而我们不难看到,过去根源于"家庭"的诸权利与义务形成了各种交互关系的形式,那些逐渐取代它们的东西、也就是现在的人与人之间的纽带,无非是契约(Kontrakt)。倘若我们站在历史的一个端点上,从一种社群的状态出发,在这儿,所有的个人关系都结合在家庭的关系里,那么我们似乎就不断向着一种社群秩序的阶段运动,在此阶段里,所有的个人关系都源自个体自由地一致同意(Übereinstimmung)。

在西欧,向这个方向实现了的进步是明显的。奴隶的身

---

① "义务"对应的德文词是 Obligation,即前几节所谓的"债"的概念。——中译者

② 对应《古代法》的英文原版,梅因在这里使用的概念是"社会"(societies),滕尼斯翻译成了"文化体"(Kulturen)。参见 Sir Henry Sumner Maine, *Ancient Law*, New York:Henry Holt And Company, p.168。——中译者

份消失了——它被主仆之间、劳动者和雇主之间的①契约关系排除出去。处于监护之内的妇女身份,除了仍然受到婚姻的监护之外,也都不复存在了;从成年直到结婚,一个女人凡是可能缔结的关系皆是契约关系。父权支配下的儿子的身份也是如此,在现代欧洲社会的法律里,它不再占据现实的位置。如果有任何民事义务约束着父亲和成年之子,那么它就是一个仅仅通过契约才可赋予法律有效性的义务。有些表面上的例外,不过,这些例外恰恰足以阐明这个规则……大多数法学家一致认为,上述各类人之所以应受到外界的支配,唯一的理由在于:他们无法对自己的利益下判断;换言之,他们缺少通过定约(Verträge)承担义务这一首要的本质性前提。

因此,我们可以将"身份"②这个词巧妙地应用并构建一个公式,不论其价值如何,在我看来,这个进步的法则完全得到了保证。在"人法"(Personenrechte)③里提及的一切身份的形式,都源自从前家庭所有的权力与特权,并且在某种程度上,它至今仍然保留了这种色彩。因而,如果我们同最优秀的著述家的用法保持一致,把"身份"这个词限制在指称个人的关系这一点上,并避免将此应用于表达那些以直接或间接的方式达成一致结果的关系,那么我们就可以说,迄今为止,不

---

① "劳动者与雇主之间的"系滕尼斯自己添加的内容。——中译者
② 第一版(1887年)"身份"下加了着重号。——中译者
③ 在罗马法里,"人法"界定了人与人之间权利义务的关系,包含了对家长权、夫权、家主权和恩主权、买主权、监护和保佐关系的一系列法律规定。——中译者

断进步着的社会的运动是一种从身份到契约的运动。

这一明确观点①的有效性,应当通过我们这里阐明的原理部分地得到扩展、部分地被进一步解释。我们可以首先将它视作接下来要讨论的主题。

§8

【统治与财产—共同体中的统治与财产,社会中的统治与财产—占有劳动力—占有作为商品的人的财产—统治者的职责—双面特征】在这里,我们需要区分"人统治人"的不同情况,并且将它们同"财产"这一概念紧密地结合起来,对此进行考察。家庭法的统治就其本质而言是整体对组成它的各个部分的统治,或者说,是家庭中的一部分对其他部分的统治,比如父亲统治儿子、家主统治奴仆,只要发挥统治作用的这一部分明显地在其自我中表现了这个不可见整体的全部。上述情况首先适用于一切共同体的财产,尤其关系着对土地和耕地的占有。与此相反,社会的统治就像财产那样,先天地从属于个体意义上的个人。尽管如此,当涉及债务(Obligation)②时,一旦我们在这个人以外仍然现实地预设了一个他者,那么这个他者就是参与他们的转让行动的共同主体(Mit-

---

① 即"进步社会的运动是一种从身份到契约的运动"这个观点。——中译者
② Harris英译本将这里的 Obligation 意译为"契约法"(the law of contract)。——中译者

subjekt），只要此行动尚处于他们的自由之中，并且在此时，转让的一方和接受的一方对债务涉及的对象及其货币价值拥有共同的所有权，直到他们履行完债务或者直到债务到期，转让的一方继续占有财物成了不合法的事情（从法权上说，就是财产不再被想象成存在着的）；尽管在实际的法律里，作为事实上的占有〔possessio〕①或持有，转让方对财物继续占有的情况可能仍旧维持，且这一情况可能被特殊规则〔Regeln〕规定）。因此，在法权世界里，转让者要付出的行动、活动和劳动②一旦被人们商议好并确定下来，就同样变成了接受者的行动、活动和劳动。

无论如何，自然法理论教导的东西是正确的，即一个人（Person）不能出卖自身③，因为一切交换的前提在于：交换双方共同接受一个（想象的）等价物、因而等价物应当进入并保持在他们的志愿领域（Willkürsphäre）之内。与之相反，我们完全可以设想的事实是：一个人为了维持生命而出卖他的劳动力，然而在其他方面保持着自由和占有财产的能力。此外，为什么人本身不能被看作他人财产中的一件商品呢？为什么人本身不能作为一件可使用的对

---

① 拉丁词 possessio 是由"posse"（权力、掌握）和"sedere"（设立、保持）二字合成，即对物件设有权力，乃指对物件的事实上的支配、管辖。罗马法一般认为，占有是事实而不是权利。无论物的所有权和其他物权归属谁，也不论是善意或恶意，只要对物实际控制就构成占有。参见周枏，《罗马法原论》，商务印书馆 2014 年版，第 456 页。——中译者
② "行动"、"活动"、"劳动"分别对应的德文词是 Handlung、Tätigkeit、Arbeit。Harris 英译本将这三个词意译为"事业"（enterprise）、"专业服务"（professional services）以及"劳动"（labour）。——中译者
③ 这里的自然法，特指理性主义的自然法，可参见霍布斯《利维坦》第十四章关于"自然法"的界定："自然法是理性发现的诫条或一般法则。这种诫条或一般法则禁止人们去做损毁自己的生命或剥夺保全自己的生命的手段的事情，并禁止人们不去做自己认为最有利于生命保全的事情。"——中译者

第一章 定义与命题

象被消耗掉呢？恐怕没有什么概念上的障碍会阻止我们这样想。毋宁说，绝对地肯定人格之品质（Personenqualität）与绝对地否定它，是一体两面的（reziprok）①态度。这样一来，纯粹的奴役制度无论如何都不在法权的意义上同社会的体系矛盾（尽管后者完全是一个人造的、实在的设置〔Einrichtung〕），因为"社会的体系"已经预设：任何（成年的或现实存在着的）人都有志愿能力（Willkürfähigkeit），因此他们是相同的。这个前提由自然赋予，因而是最简单、最基本的科学原理。② 在社会里，一切有价值的以及有确定价值的东西，甚至毫无价值的事物（例如一些纸片），都可以通过惯例被制作成（gemacht）财富的对象、在市场上可卖出去的对象。事实上，人的身体相比于人的劳动力来说是更天然的商品：尽管只有后者而非前者才是被它的自然所有者持有、出卖的特殊商品。与之相反，这种完全的奴役同个人彻底的自由一样，都不符合一个共同体的本质。确切地说，共同体的法施加于人的"奴役"首先意味着个体依附于整体的一种方式，比如说一个人依恋着家，即使这种方式毋宁说是消极的（仿佛个体是被占有的物品那样），而非积极的（正如个体是他的生命的自主承载者）。在现实里，共同体的"奴役"处于上述两种状况之间，它至少有可能让个体同享共同体的和平与法律，使他们能凭借着习惯以及专注的忠诚

---

① 德文原词是 reziprok，意思是交互的、共同的、彼此共存的，意思是上述两种态度并行不悖。Harris 英译本引申地翻译成"一体两面"（two sides of the same coin），既与后文的解释一致，意思也更清楚，故采纳英译本的译法。——中译者

② 关于这一点，可参见霍布斯《利维坦》第十三章："自然使人在身心两方面的能力都十分相等。"——中译者

获得一些特殊权利。"共同体"这一具体概念是一个文化的概念，在此文化中，农耕与劳动（而非商业与高利贷）占据着统治地位。一切形式的依附和顺从皆是根据"家内关系"的原型被塑造、被想象出来的。同依附和顺从对立着的，正是源自父权制的威严和武力。

统治者的职责具有一种双面特征：(1)对他而言，首先需要做的是照料他的臣属，即保护、领导并教育他们。面对着统治者，臣属完全是卑微之人（即拉丁语所说的"低下者"〔Inferiores〕），尽管他们的幸福、他们的愿望与意志肯定也是统治者的幸福、愿望和意志，然而统治者使用命令这一方式，仍然是恰当的，借此，他调动起臣属的意志，似乎是为着他的好处行事，因为臣属不过被视作他的一个部分或一个躯干。(2)或者，统治者完全地、最优先地投身于他自己的事情；就此而言，他是一项事业的首要发起者和领导者，为此他需要帮助。于是，如果可能的话，他就把他的同伴召集到自己身边，尽管与此同时，他正是将同伴置于自己的保护之下，使他们依附于自己；在这种情况下，请求（例如对优越者的邀请、对平等者的召唤以及对从属者的委托）是一种形式，这种形式就其本质来说最符合相互制约的关系。第一种统治类型建立在一种完善的共同体基础上，它最纯粹地体现为父亲对他的孩子们的支配，即拉丁词"权力"(potestas)的意思①；另一种类型最纯粹地表现为丈夫在

---

① 拉丁词 potestas 是"权力"的意思。滕尼斯在这里的讲法，特别对应罗马法里的 patria potestas，即"家长权"，广义的家长权是指家长对对家属、奴隶、牲畜和其他财产的支配权，狭义的则仅以家属为对象，也就是男性市民中的自治人对其家属所享有的支配权。——中译者

第一章 定义与命题

婚姻中的权力,即拉丁词"夫权"(manus)的意思①。一切相对而言缺少深厚根基、无力约束人心的威严者与服务者之间的关系,都可以归结为这两种类型中的一种或两者的混合。"从属"(Hörigkeit)这一概念就显示出这样的特征,它看起来或者更像一个儿子对父亲、一个奴仆对主人的隶属关系,或者更像一个助手、附庸、扈从以及朋友对领导者的隶属关系。上述两种形态都或多或少地接近"奴役",当然,"奴役"意味着完全依附的关系。尽管如此,根据这两种类型揭示的不同"奴役"程度,"奴役"本身可以被区别开来,尤其在仆役关系现实地发展成人们亲切体会到的家庭成员关系的地方。在这里,仆役更接近儿童的地位,甚至接近婚姻中的同伴或伙伴的地位。两种统治类型的区别更明显地体现在下面的现象里:(手工业或从事某种技艺)的师傅(Meister)面对学徒或学生时,他对待他们的方式不像对待那些"已经出师了的"伙计一样,后者毋宁是他的劳动帮手、他的思想的执行者。

§9

【报酬—功劳与结果—时间上双方的、同时的行动,分配的正义与交换的正义】在最近的一部著作里,完全成熟了的社会关系被

---

① 拉丁词 manus 是"夫权"的意思。在罗马法里,"夫权"指的是罗马的男性市民对其妻子的支配权。夫权与上述的家长权虽同属罗马的家族权,但二者的区别是明显的,夫权产生于婚姻行为,家长权则取决于出生的事实或收养。古代家长对子女有生杀职权,而丈夫惩罚妻子或休妻,一般都要经过亲属会议的讨论,通知妻子血亲参加。故而滕尼斯认为"家长权"对应共同体的"命令式"的统治类型,而"夫权"对应共同体的"请求式"的统治类型。——中译者

视作"利己主义的关系"。这样一来,它就将衡量一切如此关系和交往的杠杆定义为报酬(*Lohn*)①(鲁道夫·冯·耶林:《法中的目的》,第1卷)②。

"报酬"这一概念不会遭受任何异议,但是耶林的表述却使人迷惑。因为只要任何一个人——包括耶林本人——努力去探求这些词语的深刻含义,他就会注意到:如果将一件出售的商品定义成"为支付钱币提供的报酬",或将价格定义成"为转让商品付出的报酬",那么,这样的说法是不恰当的。即使在一个没有人会怀疑劳动力是商品、劳动契约是交易的时代,用类似于"报酬"这样的名称来美化既定的货币总量,这无疑是人们习以为常的做法。然而,报酬的真正含义毋宁是一种善行(Wohltat)之意,它由人们自由地提供,就此而言,在这样的状况下,它源自人的本质意志。很显然,人常常会考虑别人为他提供的优质服务,正如他也总会思量他人举止和性格里种种值得称赞的品质,如谨慎、勤奋、忠诚。然而,这个过程总取决于单方面的看法、喜好与尊重,因此"报酬"必然被理解为赠送、恩惠与赐予。总而言之,这个过程是地位较高者(Superior)赏赐东西的特征与方式,它的分配同功劳(*Verdienste*)对应;因此,我们将"报酬"理解成:人在享受了好处、接受了帮助等等之

---

① 根据Harris英译本,德文词Lohn可以翻译成工资、报偿、赏金、补偿、报酬、酬谢。故而,这里很难用一个词囊括原词的意思。——中译者

② 这句话出自鲁道夫·冯·耶林(Rudolf von Jhering):《法中的目的》(*Der Zweck im Recht*),两卷本(Leipzig: Breitkopf und Hartel, 1877),第7章。实际上,耶林认为不是只有一种杠杆,而是有四种杠杆来保证社会的运转机制,这四种杠杆分别是报酬(reward)、强制(coercion)、义务感(feelings of duty)以及爱(love)。参见 Rudolf von Jhering, *Law as a Means to an End*, trans. Isaac Husik, Boston: The Boston Book Company, 1993, p.73。——中译者

后实现的结果。① 当然，怀着对报酬的希望和期待，服务者会努力集中精神去做任何在他能力范围之内的事情，这样一来，仿佛服务者试图用劳动来换取(erkaufen)一个更高的报酬；就像在赛跑中，每个人都努力超过其他人；另外，正如我们所知，商业竞争同样也是如此，所有参与其中的人都满怀抱负地争取耀眼的奖赏。

但是在这里，我们混淆了本来必须区分开的东西。在现实地涉及奖赏(Preise)②的地方，虽然那些努力追求着这些奖赏的人可能被视为买者或卖者，但他们绝对不能被看作提供报酬者(Belohnende)。按照道理来说，提供报酬者的承诺不是缔约者的承诺：前者只有道德意义上的责任，也就是说，当各种条件似乎都满足时，承诺者不应背弃他的诺言。但是，提供报酬者自己就是判定功劳的人，正如一位领主（正因为如此，他也可以"转让"奖赏评判者的职责）那样；他在自己接受了好处之后，根据这些好处给予报酬。与此相反，交易(Tausch)本质上是一种双方的(doppelter)、同时的(gleichzeitiger)行动，既没有行动本身在时间上的前后之分，也没有行动者身份的高低之别（也就是说，没有等级的差别，因为等级的表象总是一种空间的表象，比如从自然上讲，父母的体格一般比孩子的体格更高大，男人的体格往往比女人的体格更高大）。交易没有先后之分；因为如果从时间上说，回报应当跟随在付出之后，那么现实的交易就等同于（人们接受了的、相信了的）用承诺换取物品。报酬是一种分配的(distributiven)正义的行动，

---

① Harris 英译本指出，德文词 Lohn 的古高地德语对应词 Lehn 或 Lehen 的意思就是地位较高者给地位较低者的礼物或奖赏。——中译者

② 德文词 Preise 既有奖赏、奖励的意思，又有价格、价钱的意思。——中译者

交易是一种交换的(kommutativen)正义的行动。从根本上讲,如此显著的对立同共同体与社会之间的对立一致,它以全新的、重要的表述进一步地展开了我们的考察视野。

然而,让我们返回当前的讨论,商业的或其他方面的竞争(在这里,每一个参与其中的人都力求变得富有、有权势、有声望)无非是隐喻性的(metaphorische)的竞争;参与其中的,根本不是任何主体,即既不是出售任何事物的主体①,也不是馈赠任何事物的主体。竞争之中存在着的毋宁是命运(Schicksals)的种种可预见或不可预见的状况、毋宁是运气(Glück),由于各式各样可知的或不可知的原因,运气使一个人的勤奋或傲慢得到酬报,使其他人徒劳无功。此外,对一件奖赏的承诺无非等同于在观念里给出了奖赏,只有当被要求实现的工作在客观上真的完成了时,即一个事物可以从劳动者的志愿范围内脱离出来时,上述承诺才是可实现的。这样一来,一旦事物从一方转移到了另一方,交易就完成了,其中产生了对奖赏的要求和奖赏者的责任。

§ 10

【服务关系与契约关系,普遍的能力、观念与概念,抽象的劳动与简单的劳动,劳动的价格,领取报酬的工人与雇主】通过经验,我们得知:任何服务关系(Dienstverhältnis)皆可能以这样或那样的方式变成纯粹的契约关系(Kontraktverhältnis)。但另一方面,我

---

① 1979年版印刷有误,原词应是"verkaufendes",误作"verlaufendes"。——中译者

第一章 定义与命题

们也认识到：那些仅仅由自由的天性以及同天性协调一致的人的本质意志产生出来的东西，无法通过人们的努力与志愿被制作出来，本质意志的种种品性以及它特有的各种作品就是这样的东西。对一切如此类型东西，人们皆可以提供报酬（belohnt），但不能支付货币（bezahlt）。那些能通过货币偿付之物的品性，仅仅体现在下述确定行动里，其中，任何一个人皆可被表象成（即使此人事实上不具有如此品性）：只要他仅仅愿望某事，也就是说，只要一个表象出来的目标仿佛动机那样、有足够的力量刺激他做出行动，那么他就能够行动。这种表象当然是虚构出来的：因为在人的天性中，并不存在这种外在于他的身体的—心理的力量。

然而，每个人在自身之中都有一定的、可测量的普遍①人类能力，它们供人支配，只要大脑产生了兴奋作用，肌肉紧接着就会收缩。在这个方面，这种能力同外在事物一样，因为每个人都可以掌握它并将它使用于特殊的方面，因此，每个人都是平等的，也就是说，每个人都是人本身。反过来看，在使用的过程中，所有事物也都是相同的，只要人们将一切事物都规定为商品，那么使用商品就成了对物的最简单的利用。在这里，原初对物的真正使用变成了虚假的使用，使用就变成了不使用。尽管如此，由于人对物的使用只要求其普遍肌肉力的紧张，它们也就都成了一样的了。在这个地方，如同通常的情形那样，具体的普遍物（Konkret-Allgemeine）与抽象的普遍物（Abstrakt-Allgemeine）会聚在了一起。对前者说来，它本身包含了一切特殊的素质；就后者而言，通过一个个体

---

① Harris 英译本将"普遍人类能力"（*allgemein*-menschlichen Fähigkeiten）翻译成"基本人类能力"（basic human capacities）。——中译者

的或社会的思维活动,所有特殊性都被人为地消灭了:同样,观念的普遍物与概念的普遍物①也融到一起。

然而事实上,当我们谈论一种行动由人提供或被人出售时,我们绝不能就此认为每个人都有提供或出售行动的能力。只有那些为了自己、向外做出行动的单独的个人才有这样的能力,同时,这些单独的个人接受了所有人皆可能承认的事物的形式(Form)。这些行动是否并且在多大程度上接近平均的、普遍的劳动,这就完全是另一个领域的问题了。无论如何,关联着同一个工作的劳动、因此也即手工工场内的劳动越分割开(geteilt),它们就变得越简单,到了最后,人们完全借助机器就可以完成劳动。在这个劳动分化的过程里,机器越来越自发运转,最终,人们只需照料机器即可。就这一点而言,劳动方法和机器的道理是一样的:人们一开始都倾向于训练技巧和技艺,使它们变得更完善,但是随后却使它们变得多余。劳动越变得抽象和简单,它就越明确地制约着自己的价格;与此同时,作为人使用和消耗一个客体(如同商人将它购入一样)的方式,劳动的价格更清楚地被还原成它的价值。或者说,平均价格最开始是一个想象出来的、介于高价格和低价格之间的中间数,但是由于同更专业的劳动对应的高价格减少了吸引购买者的诱惑力,平均价格越来越下降到低价格的层次。这个过程是在社会生产的体系之内实现的,社会生产的体系又建立在劳动者同他们的生产资料以及生产工具分离的基础之上。

我们可以据此推断,"领取报酬的工人"(Lohn-Arbeiters)这

---

① Harris英译本将这句话翻译成:"在这一点上,上述普遍的趋势与我们思考这一趋势的方式一致。"便于我们理解这句话的意思。——中译者

个名称多么的不适用于社会体系里的无产者。事实上,"雇主"(Brotherrn)①或"师傅"(Meisters)的名称同样如此,它们不适用于经营企业的商人、工厂主或非家长制的股份公司(Aktiengesellschaft),最后,它们甚至不适用于国家财政(Fiskus)②,尽管国家财政应当维护所有人的共同利益,但实际上,这种利益通常被我们理解成赤裸裸的资本利益或者说由赚取利润带来利益。

§ 11

【捐税—习惯与义务—请求与恩宠—感谢—捐税的废除—报酬的废除—强者的反抗—施舍与小费—礼物与信念—表象的维持—捐钱—税收】报酬是地位较高者给地位较低者的馈赠,与之对应的是捐税(Abgabe),后者是地位较低者为地位较高者的生活与家政做的贡献。通过实实在在的练习(或重复),提供报酬和交纳捐税都发展为习惯(Gewohnheit),而且,在它们共同发挥作用的环境下(尤其当它们成为普遍的习惯时),两者无论从类型还是程度上讲,都进一步发展成了义务(Pflicht)。如果它们完全是人们自由意志的行动,那么我们可以说,报酬是地位较高者对地位较低

---

① 德文词 Brotherr 通常被翻译成"一个小企业的主人"或现代意义上的"雇佣主"。不过,需要注意的是,Brotherr 的词根是 Herr,从字面上翻译,这个词指"提供面包的领主"。根据 Harris 英译本的解释,古英语中 hlaford 与这个词一致,指的正是"领主"(lord)。滕尼斯是从"共同体"的脉络理解这个概念的。——中译者

② 德文词 Fiskus 通常指"国库"、"国家资产"、"财政机关"。Harris 英译本指出,滕尼斯在这里应该指的是"税务官员"(Steuerbeamte)或"国家的掌舵者"(Steuermann)。不过,意思是一致的,即国家支配的经济组织和经济行动。——中译者

者之请求〔Bitte〕的满足,捐税是地位较低者对地位较高者之承诺了的(尽管尚且还没兑现的)恩宠〔Gunst〕的回报。如果我们用义务规定它们,那么它们或者意味着履行义务的要求(即拉丁文postulatum所指的"一种形式上的宣称"[①])或者意味着特权之名号。然而,它们最终都转变成由契约规定的东西,进一步地,它们还会变成由法律规定的东西(尽管在此,我们尚不会考察这一点)。就此而言,它们无非是被人们规定了的、得到了大家承认的等价物,人们用它们交换已接受的或预期的其他物品或服务。因为就它们的起源来说,无论捐税还是报酬,它们都涉及对一个共同体关系的记忆与认识(即拉丁文 recognitio 之意),因此,它们无非是人们享受完好处、表达感谢时所使用的一种看得见的方式。这样一来,我们可以把捐税理解成地位较低者向地位较高者表达敬意时,向上提供的报酬;将报酬理解为地位较高者向地位较低者显示仁慈时,向下交纳的捐税。在前一种意义上,哪怕不考虑馈赠物的价值和效用,接受馈赠总是令人愉快的事情;相反,在后一种意义上,交纳捐税则令人厌恶。这也就回答了为什么捐税的废除、捐税的瓦解和捐税转换成税收(Steuern)是共同体关系分解的一个环节,同时毁灭了通过共同体关系确定的上层等级。另外,如此转变也首先使税收的社会意义成为可能。也就是说,通过一种固定的、从

---

① 在德文原版中,拉丁文 postulatum 用小括号括了起来,指称前面的"要求"(das Verlangen)概念。Harris 英译本用"一种形式上的宣称"(a formal claim)翻译 postulatum。从全句来看,滕尼斯的意思是:如果将上述的"报酬"和"捐税"视作义务,那么它们一方面意味着一种预设或形式上的规定,即地位较高者提供报酬,地位较低者交纳捐税,另一方面意味着地位较高者拥有特权这一名号。——中译者

第一章　定义与命题

商业或高利贷经营那里得来的货币收入,使彻底的财产权利的独立成为可能。经营完全自由的地产即使不全然等同于经营生意(Geschäft),但是,通过租佃契约的形式和由此产生的流动的地租收入,它已经变成了类似于此的一种生意形式。

因此,对收税人来说,"捐税转变成税收"有两方面的影响,这对他们的荣誉是完全有害的,对他们的财富却是有利的。同样,"废除报酬"对交税人而言,影响也是双方面的,不过情况正好相反。当所有连接着地位较高者与从众的现实纽带断裂之后,地位较高者怀着强烈的兴趣、试图阻止一切具有抉择意志能力的人实现彼此完全平等的结果,只要这一结果包含着对地位较高者之权势的否定。事实上,通过将此转换成一种社会的权势,地位较高者不仅维持了他的权势(Superiorität),而且让它变得更牢固、更显著。在这里,权势根本不存在于主体(即赤裸裸的个人)之内,而毋宁说存在于客体之中,即存在于主体的抉择意志的范围,因而特别是他们的财富范围之内。这样一来,他们就乐于使用"报酬"这一假象和名称。即使地位较高者不使用"报酬"这个名称,单纯用一个类似于此的假象,也会让地位较低者视为臣属关系的标志,使他们感到耻辱。与此相反,如果按照经济的价值衡量,上述情况(Sache)在某些关系中对地位较低者是有利的,这些关系即有能力通过自身还原为纯粹交换和契约的关系。因为谁如果鄙夷(即认为这样做便有损他的威严)为了一件商品或一项服务讨价还价,那么谁就因而放弃了他作为买者的首要优势。

假设一项服务已经完成,也就是说,一份沉默的契约已经按照社会的模式(Schema)被履行,买者为了避免卖者进一步向他提要求（Nachforderung）的危险，不得不向卖者支付可观的（reichhaltige）报偿，这笔报偿通常被想象成一种超出实际服务之价值和价格的自由馈赠；而且，我们无论如何都将它视作对一些品质和行动的偿付以及真实的报酬，就这些品质和行动来说，它们的价值未曾或者此后也无法被标示出来。在另一种情形下，这笔报偿有施舍（Almosens）的特征：地位较高者出乎自由意志、将它馈赠给地位较低者；前者脑海里表象出后者的贫困，这一点成为了施舍行动的唯一理由。

然而，由于共同体的背景或社会的背景之差异，上述报偿具有不同的含义，或者更准确地说，就其源于个体的本质意志还是抉择意志而言，它包含了不同的意义。因为首先，施舍来自人们特殊的或普遍的同情，出于他们特殊的或普遍的义务感以及帮助他人、鼓励他人的信念，这其中包含着一种必然的（源于自身内的动力）或责任的（源于一种亲属的、邻里的、身份的或职业合作的关系，最终甚至源于一种宗教的和普遍的人类兄弟情谊）观念。但是，倘若施舍意味着一个人出于一个外在的目的、完全冷漠地给予时（比如为了避免目睹行乞者令人厌恶的外貌），情况就不同了：这个人这样做，或者为了显示其慷慨的品质、以维持别人关于"他有权力和财富（信贷能力）"的舆论；或者最后（这也是最常见的且与其他情况密切关联的一点）在社会的惯例和礼节的压力下做施舍，依据社会的惯例和礼节，人们有良好的理由去制定和实施"施舍"规则。这常常是富人和重要人物的行善方式，它是一种惯例性的行动，故而是冷酷的和无感情的。

从这一观点出发，我们可以评判那个为最近时期的作者们热

第一章 定义与命题

烈讨论的、有趣的小费(*Trinkgeldes*)现象：小费是由价格、报酬和施舍组成的一种奇特的混合体，无论如何，它既不适合维持人类共同体，也不利于促进人类共同体。小费既是一切上述形态的最终剩余物，也是它们最极端的退化物。与此相反，这些形态的最初的和最普遍的形式是爱人之间、亲属之间、朋友之间互相赠送的礼物(*Geschenk*)，正如完美的款待和一切真诚的帮助那样，赠送礼物既是为着给予者本人、又是为着接受者：事实上，他们感觉自己就是一个自然的统一体。就像同一类型的所有事物那样，礼物也能变成由志愿和惯例支配的东西。然而，相应信念的表象(*Schein*)却伴随着人们更强大的忧虑感保持了下来：因为如果人们交换自然物时不经历比较和衡量的环节，那么如此的交换行为必然显得不合情理、荒唐可笑。此外，只要我们将"回报"视作对馈赠完全的或部分的废除，故而只有当我们不考虑回报时，向他人馈赠货币才因此不会侵犯任何逻辑或审美意义上的道理，才是为大家承认的。因此，馈赠的货币就是地位较高者友爱地赠予的东西，他们按照自己的意志、凭借着自己的权力增加了地位较低者的抽象的财富；尤其当地位较低者及其全部意志领域都起源于地位较高者①、就像儿子源自他的父亲那样，上述状况就表现得格外明显。相反，"较穷者向较富者馈赠货币"这种说法由于它内在的矛盾，其本身就是荒谬的。正是由于同样的(而非仅仅表面上的)原因，尽管报酬转变成货币时尚能保持自己的本质；然而，当捐税转变成货币，它就

---

① Harris英译本将这句话意译为：地位较低者在某种意义上依附于地位较高者的统治。——中译者

很难再保持自己的本质。因为以货币形式确定的税收(Steuer)不论被人们呈献给国家、还是呈献给国家的一个下属部门,它涉及的完全是一个公共的、由诸个体意义上的个人在其自身之外建立的金库(Kasse)。这个金库完全是一个社会的概念,我们应当将它同国家的概念以及所有像这样的联合体(Vereine)的概念合到一起解释。

§ 12

【生活与法—质料与形式—身体的结合—物的交换—单独的与普遍的契约—法人】从身份向着契约转变的运动里,我们认识到生活与法之间的平行关系。在任何意义上,法都无非是共同的意志;在特定意义上,作为自然法的法完全是以下这些关系的形式和精神:它们的"质料"(Materie)就是共同生活,或者用最普遍的表述来讲,它们就是不同意志领域的纽结(der Konnex von Willenssphären)。尽管如此,就"形式"而言,1)一方面,我们将它想象成不同意志以及不同意志领域组成的必然统一体,或者想象成此统一体的流溢物。因此,这个形式像质料那样实在,它是质料的主观的(心理的或形而上学的)现象——即使质料被视作统一的或谐和的记忆的纯粹产物,即社群幻想(Phantasie)的纯粹产物(在这个意义上,人们也常常科学地谈论诗意的、不断从事创造的民族灵魂)。2)另一方面,我们将它视作不同的抉择意志领域为处处相同的、仅凭借着思维才存在的质料添加的形式,这一形式是质料的一种确定组合样态(Zusammensetzung)的纯粹现象。

第一章 定义与命题

从第一个方面来说，普遍的、简单的事实是身体的结合，我们将此结合想象成持久而稳定的结合，正如人们所说："男人和女人是同一个身体"。这一结合因此自在而自为地意味着结合的本质意志，结合的本质意志又等同于自然法：自然法涵盖了婚姻以及所有这类事实的形式，这些事实被想象为有机构成的质料。

对第二个方面而言，简单的、基本的事实是财产的转移或物品的交换，在多数情况下，这些事实完全是中性的（indifferent），它们不过是一种纯粹机械的过程而已，是业已存在的事物的运动。个人执行并思考着这个过程，唯有通过他的意图和计算，这个过程才有意义。个人的确定的抉择意志使这一过程成了法的过程，也就是说，他为此设定了法的形式，此形式应当被称作"自然的"，因为在其本性里，它表现出最简单、最完全的理性结构。然而，任何像这样的共同的抉择意志皆通过契约建立起来，因此，如此的法自在而自为地被想象成仅仅为了它的主体们存在，主体们将契约和法共同地当作他们自己的思想或概念。为了获得一种准客观的（quasi-objektiven）实存，法本身就要求被普遍的抉择意志承认并确证，并且需要社会作为这种普遍的抉择意志的主体。社会的意志在其自然的、简单的形式里表现为惯例，在此准客观的意义上，社会的意志就是自然法。但是，这样的意志与法的主体既非通过特殊的契约，也非通过普遍的契约成为了统一体（它外在于全部的多样性①，并同全部的多样性分离），除非它通过各种特殊的规定

---

① "全体的多样性"对应的德文词是 Gesamtvielheit，Harris 英译本采用了意译的方式，将此翻译为"许多分离的意志的总和"（the sum of many separate wills）。——中译者

落实下来。① 这样一来，构成它的各个特殊的统一体才能凭着契约确定彼此的关系，也就是说，通过普遍的统一体，诸特殊的统一体才变成客观而实在的东西；它们需要双重规定。然而，如果普遍的统一体自身有统一的人格（例如国家），而且它自己就能任用、命名那些依附于它的统一体，那么，尽管这些附属的统一体完全不是根据它们个体间的契约成为自身，但是它们是普遍统一体的抉择意志领域各组成部分的主体，它们持续地或暂时地处于普遍的统一体之中。

这样一来，我们就得出了法人（*juristischen Personen*）和机构（Anstalten）的理论。用中性的表述来说，社群的现实存在的两种基本形式是"结合"〔Verbindung〕（封闭的统一体）和"联盟"〔Bündnis〕（松散的关系）②。在共同体中，作为身份的结合是首要的（früher），统一性先于多样性，尽管在经验的现象中，我们尚无法区分这两者；联盟则是次要的（später），我们将它想象成一种特殊的情况，其中，特殊的统一性一直保持着不发达状况。正如从观

---

① 这句话的意思是：由于作为统一体的抉择意志主体是我们思维的构造物，它既外在于又凌驾于一切组成它的部分，因此，如果不在规定部分之前首先设定总体，那么便无法保证它是纯粹的统一体。——中译者

② Lommis 英译本和 Harris 英译本都将"Verbindung"翻译成"联合"（Union），将"Bündnis"翻译成"结盟"（association），不过 Harris 英译本同时用"confederation"（同盟）来翻译"Bündnis"。与本书"主题"部分的§1中定义的 Verbindung 不同，这里的 Verbindung 专指共同体里的关系，而 Bündnis 对应社会里的关系。在中文里，"结合"这个说法带有更强的自然或血缘的色彩，比如我们通常讲"婚姻"就是夫妇的结合，而中文的"结盟"或"联盟"中的"盟"这个字，常常具有平等的个体或群体相互之间缔结契约的含义。因此，我们将 Verbindung 翻译成"结合"，将"Bündnis"翻译成"联盟"。——中译者

念的秩序上说,"男人"先于"男孩",因为男孩既可以被看作正在成长着的、未来的男人,又可以被看作尚处于他的不发达阶段的男孩。在社会里,联盟是更首要的,它是简单的情况,相反,结合则是双重的或多重的联盟。共同体从结合下降到联盟,在这里,联盟仅仅被视作内在于一个客观的普遍秩序之中,因为在联盟里,各种意志最大程度地类似于抉择意志。相反,社会则从联盟上升为结合。对于一切由独立个体实现的意志的联合(Willenseinigungen)而言,联盟是更恰当的形式,尤其对简单的合作(Kombination)来说,它是唯一可能的形式。相反,对许多人的联合、即包括了所有人与所有人的联合而言,结合是更适合的形式。反过来,当结合发展到其最高阶段,它将变得更像共同体,它越在其范围与其针对的目的上具有普遍性,为它定调的抉择意志看起来就更像本质意志。因为这样一来,以结合为基础的契约就越难证明,而且从其内容上讲,它们就越是复杂的。

§13

【结合与联盟—契约的增加—身份的适应—共同体的结合与联盟—婚姻—契约里的关系—商业交往—信任—通过计算替代—劳动契约】我们必然想象得到:在一个发展着的、内部逐渐划分成许多群体的民族共同体(Volksgemeinschaft)之内,商品之间的交换正不断地增长,因而契约的形式也在逐渐地变多。尽管如此,巨大的阻碍依旧存在着,人们靠着它们阻止商品交换和契约变成占统治地位的、甚至唯一的事实和形式。对共同体而言,总体的发展首先仍然意味着共同体的事实以及共同领会（Verständnis）之形式的丰富和扩展。或者，正如我们希望在自然法的意义上表达出来的，总体的发展意味着"身份"的多样化并不断地向外延伸，它总会让自己适应各种新的形态①。从任何"身份"那里都能产生对个体的自我而言的各种权利与义务，同样，从每个"契约"之中都能生发出对个体的人格而言的诸权利和义务。身份并不以个体为前提，而是存在于个体之内、同个体并存；身份预设的，是它自己的观念和形式；其观念与形式或者通过它们自身就能被人理解，或者从另一种观念与形式那里引申出来。只有当我们将契约理解成由诸个体制作出来的东西，并且它是外在于个体的个人思想的产物，那么，契约才能完全是它自己本身。

生活与法之间的并行因此首先呈现出从共同体的结合向共同体的联盟关系的发展；随后，共同体的联盟关系将被社会的联盟关系取代；最终，从社会的联盟关系中将产生出社会的结合。第一个层级的关系②本质上是家庭法的、所有权的关系；其他层级的关系则从属于财产法和债法。一切共同体结合的原型是家庭本身，它表现在所有家庭的形态里。人生于家庭之中；尽管他能留居在家里，但我们绝不能在任何意义上想象这些关系的根据源自其抉择意志的自由。假设我们追溯一切共同体的三个不同要素，即血缘、地缘与精神，或者说亲属、邻里与友谊，那么我们可以说，它们都同时存在于家庭之内，但是第一个要素构成了家庭的本质。最完善

---

① Harris 英译本译作"它适应任何新的文化发展的阶段。"——中译者
② "第一个层级的关系"指的是从"共同体的结合"到"共同体的联盟"的一切中间状态。——中译者

第一章 定义与命题

的共同体"联盟"依据的是友谊,也就是说,精神的共同体建立在共同的事业或天职的基础上,因而也就建立在共同的信仰的基础上。170 当然,也存在着另外一些结合,就其内容而言,它们主要地是精神的共同体,其中,个体不仅完全凭着自由意志维持它们,而且依靠自由意志缔结它们;这种类型的结合首先包括了艺术的、手工业的团体或合作社,除此之外,还包括了诸社团或同业工会、行会、教会与兄弟会①;在所有的这些结合中,合乎家庭的样式和观念保存了下来。在我们的考察里,领主与仆役之间的关系,更准确地说,师傅与学徒之间的关系,构成了共同体的联盟的原型;尤其当上述联盟关系如同结合关系那样,即关系中的双方共处于同一屋檐之下(无论这一屋檐是现实的还是理想的)时,情况正是如此。②

在结合和联盟之间,存在着许多重要的关系,其中最重要的就是婚姻关系:一方面,婚姻是新家庭的基础;另一方面,通过男人和女人自由达成的一致,我们看到,婚姻被建立了起来,然而,我们只能通过"家庭"的观念与精神③理解婚姻。道德意义上的婚姻,也就是简单的婚姻(一夫一妻制),可以被界定成最完善的邻里关系,这即意味着夫妻共同的居住、身体的持续接近;他们日夜处于共同的场所、一同使用桌子和床,这些皆构成了婚姻的完整本质。夫与妻的意志领域、意志范围不仅彼此毗邻,而且它们在本质上是一体

---

① 德文词 Orden 通常被翻译成"骑士团"。——中译者
② Harris 英译本指出,"师傅和学徒之间的关系"正如下述"夫妻关系"那样,在性质上都既有"结合"的特征,又有"联盟"的特征。——中译者
③ 在这里,Harris 英译本将德文词 Geiste(精神)翻译成"精神气质"(ethos)。——中译者

的,就像村庄合作社共有的土地那样。因而夫妻组成的财产共同体(*Gütergemeinschaft*)最清楚地体现为他们占有同一块耕地。

一切这样的"身份"关系虽然皆可能在生活与法的领域里转变成"契约"关系,但并不会失去它们现实的、有机的特征。这些关系中的人的现实存在(Dasein)的境况,受制于他们的独特品格;因而,这些关系也就在自身之中排除了受其他品格制约的人。相反,契约不受任何人的品格制约,它只要求纯粹合乎"个人"(Person)概念的人,这样的人具有一定量的可计算的能力或财富。商业交往中的简单契约就是如此,其中,交换者们和生意人皆是具有平等权利之人,他们彼此对立,其内在的、相互间的冷漠无论如何都不会阻碍他们缔约的可能性与或然性,毋宁说,冷漠反而促进了缔约的可能性,甚至它本身就是"契约"这一纯粹概念要求的条件。只要人们一步一步地完成契约,它似乎就建立在信任和信赖的基础上,正如"信用"(Kredits)这一名称指明的那样;就此而言,从属于本质意志、同本质意志相关的要素,可能在不发达的交往中是现实有效的,并且保持着现实的有效性。但是,这种要素越来越被计算排挤出去,为后者所取代,在这个意义上,出于客观的根据,未来履行契约被视作确定的或者多多少少可能的行动;当缔约者考虑他自己的利益时,他就会计算;这样做的理由,或者在于他掌握了一件可估量的抵押品(*Pfand*),或者在于对他而言,进一步交易的可能性依赖于他的已证明了的支付能力。这样一来,债务人(Schuldner)不再是一个穷人、一个服务者和履行义务者,而是一个商人,正如反过来说,每个商人往往都是一个债务人。除此之外,服务契约(Dienstkontrakte),尤其是劳动契约(*Arbeitskontrakt*)发挥着作用,它们将社会的两大阶级联系在一起,而且它们是一种形式,通过这种形式的指示,大量的人被集中到共同的劳动上来,或者主动联合起来、从事共同的劳动:①劳动契约从一种个体之间的协定发展为群体②之间的协定,随着人们越来越加强了对利益对象的意识。劳动契约变成了自由的协定:它是不断更新的斗争对象,从它出发,人们艰难地探寻着通向"社群和平"(sozialen Frieden)③的道路。

§14

【社会的结合—目的—财富里的手段—特定的目的与特定的手段—资本的组合—单独的人与结合—股份公司—劳动作为股份】社会的结合能够关联所有类型的目的,人们将这些目的想象成可能的结果,或者说通过联合到一起的力或手段可能实现的结果。然而,一个人造人不能以其他方式支配人力,除非它们是他的财产的组成部分;因而通过其自身的货币价值,它们本质上同其他类型

---

① 从此处开始直到这一段的结束,第一版(1887年)的表述有所不同:"这既是衡量一种社会主义革命的可能的真正杠杆,又是衡量一种共同生活的社会主义之实在构造的真正杠杆。"——中译者

② 根据 Harris 英译本,"群体"(Gruppe)一词特指个体的聚集,而非一个紧密凝聚的结合体或有机体。——中译者

③ Harris 英译本指出,滕尼斯在这里可能参照了舒尔策—加埃尔尼茨(G. Schultze-Gaevernitz)的《通向社群和平——论 19 世纪英国人的社群政治教育》(*Zum sozialen Frieden. Eine Darstellung der socialpolitischen Erziehung des englischen Volkes im neunzehnten Jahrhundert*. 2 vols. Leipzig, 1890),滕尼斯基于的是舒尔策 1886 的教授资格论文,其中,舒尔策提出:英国的政府与志愿结合体之间的关系成为了德国的一个榜样。格哈特·舒尔策—加埃尔尼茨(1864 – 1943):德国经济学家。——中译者

的财富无异。人造人或者像一个自然的个人那样,可以购入劳动力(这一点以他的现实存在和他拥有的货币财富为前提);或者可以被它的创建者本身赋予确定的效用(Leistungen),就像用一定数量的货币来设定它一样,整个过程既可以发生在创建它的时候,又可以发生在创建它以后。对所有创建它的人来说,每个人造人之效用的价值可能是相同的,又可能是不同的,尽管如此,创建者们达成了一种可能的约定,即所有个体的总体力量是相等的,因此他们应当被视作彼此平等(Gleichheit)的人。① 于是,这就是一种不断重复着的生产或一直持续着的结合行动,人们愿望着的结果和确定下来的目标皆存在于其中。1)人们生产出的东西或者可以照他们的意愿被分割以及确定下来要被分割,他们就像对待一个货币数额(Geldertrag)那样对待他们的产品。这样一来,在总投入(也即,人们投入的人力与财富)相等这一条件下,产出就必须被分割成相等的部分,在总投入不相等的条件下,产出就必须按比例地被分割。2)人们生产出的东西又或者不可分割以及确定下来不被分割,那么,他们必须同等地或合乎比例地享用可能的、预见到了的产品。对待一种持续行动的效果时,方式也是如此。

  对所有上述情况而言,我们已经假定了的内容是:在最有利的条件下,人们消耗了力量与工具之后会获得与之相等的补偿,也就是说,不会有任何的力量没有发挥它的效用(即不会有任何力量被

---

① 滕尼斯对"平等"的界定,遵循了霍布斯的传统,可参见《利维坦》第十三章:"自然使人在身心两方面的能力都十分相等,以致有时某人的体力虽则显然比另一个人强,或是脑力比另一个人敏捷;但这一切总加在一起,也不会使人与人的差别大到使这个人能要求获得人家不能像他一样要求的任何利益。"——中译者

第一章 定义与命题

浪费)。因此,那些自发结合在一起的人们,希望的仅仅是转换并保存他们的能量,任何源于本质意志的行动也能或多或少地实现这样的结果。这样一来,一种社会的结合并没有在本身之中指明更高层次的志愿行动(纯粹从形式上讲,情况正如此)①,在这一点上,也不存在着社会的结合与共同体的结合之间的差别,因为共同体的结合亦可以通过它们的首领(或首领们)、使它们的意志作为抉择意志表达出来。然而,只要我们将具有彼此分离的抉择意志领域的独立个人设定为前提,那么,社会的结合就是唯一可能的结合方式。社会的结合明显地区别于共同体的结合,因为前者的所有行动都必须被限定在一个特定的目标和确定的手段上,只要社会的结合符合它的参与者们的意志,它就是合法的。(与之相反,共同体的结合在本质上是普遍的,如同"生命"本身一样,它的力量并不外在于它自己,而是存在于它自身之内)。

无论如何,许多像这样的"基于目的建立起来的团体"(Zweckgesellschaften)存在着,但是在它们那里,我们无法清楚地看到任何契约的基础,因为从它们中无法产生出任何法权意义上的责任(Obligation),也就是说,在普遍的法的秩序里,它们不会被承认为那种具有法权意义的责任。同样,还有一些其他的结合类型也属于这一范畴,尽管它们的外在呈现出纯粹的契约形态,但是它们并没有产生通常的结果,即似乎明显的、以货币衡量责任的方式。"可以设想很多人达成了一个协定,即他们在定期的集会

---

① 这里所说的"更高层次的志愿行动",是相对于共同体的结合而言的。——中译者

里相互指导科学或艺术。这样的协定可能就其自身而言便承担了一个契约(Vertrag)①的外在形态(而且可以进一步说,他们建立了一个协会),但是关于这些约定好了的行动的责任却不可能产生出来"(萨维尼,引前书②)。因此,同样有一种协会能出现,对于组成它的成员来说,它是一个完全实在的人格,然而它完全不存在于法的秩序里(即它不是法律意义上的人造人)。

与之相反,真正法权的、对社会来说最重要的联合体(Assoziation)是财富的联合体,它以获得财富为目的:即通过将各种手段集中到一起,实现自身财富的增长。因而,资本的结合尤其服务于高利贷的、商业的与生产的目的。如同独立经商的个人那样,这种结合渴望赚取利润。为了这个目的,它获取了房屋或船只,或者机器与材料。它的财富里的一切都属于其成员,然而并非属于作为独立个体的成员,相反,只有当这些成员构成了一个统一的个人时,这些东西才属于他们。所以就此来说,人们才有兴趣去保护、生产和增加这些工具。在这里,同获取整体财富区分开的情况,是独立的诸个体对获得的收入(*Einkommen*)纯粹地进行分配的兴趣,实际上,得到收入才是他们的最终目的,那些为着统一体利益的行动也必须服务于它,甚至正因为这种收入,整个统一体才能被制作出来。在一个现实的、个体意义上的人格那里,这种区分只能抽象地(in abstracto)实现。因此,联合体的形式以更清楚的

---

① Harris 英译本用 contract 翻译 Vertrag,也就是说,萨维尼用的 Vertrag 和滕尼斯上面讲的 Kontrakt 是一个意思,即由法权规定了责任的契约。——中译者
② 弗里德里希·卡尔·冯·萨维尼的《作为当代罗马法组成部分的债法》(*Das Obligationenrecht als Teil des heutigen romanischen Recht*),vol.1,S.9。——中译者

第一章 定义与命题

方式①表明动机之间、个体志愿行动之间纯粹的相互关联。

联合体的行动,部分地指向外部,部分地指向自身,并同自身以及组成自身的各部分关联。首先,这个联合体——也就是说,这个联合体代表的人格——对独立的个人负责,然而,这些独立的个人为了实现他们对联合体的控制,可以建立一个特殊的统一体与代表机构,最简单地,就是建立一个具有自主决议能力的"全体大会"(Generalversammlung)②。"全体大会"要对独立的个人负责;也就是说,它要像联合体的"人格"那样受到约束,要按照授权契约里的确定规则行事③。但是,联合体针对内部的行动——对它(在某些特定时期)掌握的(作为其行动结果的)收益、在作为"一"与作为"多"的自身之间分配——同样要受到这些特殊的或得到承认的普遍法规的约束,而且只要这一行动涉及独立的个人,那么它就完全类似于一种外在的行动。然而,它本身并不是联合体承担的履行责任的行动,而仅仅是"履行普遍责任"这一行动的可能结果,"履行普遍责任"一部分意味着完全以合乎目的的方式管理社会财富,另一部分意味着特别地让各个成员获得最大可能的收益。在现实里,任何一个成员享有的份额只是他自身财富的一种映射,是处于他的特殊管理之下、纯粹从属于他自身财富的一部分;这样一来,一个人经营他的生意(Geschäfte)或从事商业活动,就好像在

---

① 这里说的"更清楚的方式"是"财富的结合体"相对于上述"基于目的建立起来的联合体"而言的。——中译者

② Harris 英译本将 Generalversammlung 翻译为"年度全体大会"annual general meeting。——中译者

③ 根据 Harris 英译本在此处的注释,这条规定是德国1880年立法草案的核心内容,最终在1896年的《德国民法典》第662段具体表现出来。——中译者

对待外在的事物一样,尽管这个外在的事物是他自己虚构出来的人格。他将其私人的、用于享受的财富当作真正自己的东西保持下来。

然而,尽管"经营生意"(在商业法里)可以描述成若干特殊人格的外在活动,但是他们绝不能公开地同他们的主体对立,更不用说他们彼此之间对立了(因为用特殊的、所有人皆承认的方式来说,主体就是他们自身;因此事实上,对他们而言最重要的关系,就是他们必须被视作一个人格,而且是同一个人格)。从这一点上看,联合体就不同于财富公司(Vermögensgesellschaften)①,至少就法的可能性而言如此②。因为虽然联合体是一个为了确定目标建立起来的统一体,但是它不过等同于主体们的统一,也就是说,作为一个真正的团体(Sozietät)或开放的协会,它仅仅为着它的主体们存在,不与他们对立,因此它不表现为一个统一的法人(它不可能是共体〔universitas〕③,正如那些独立于经营者的"生意"也不

---

① Harris 英译本将 Vermögensgesellschaft 翻译成"公司/企业"(corporation)。——中译者

② Harris 英译本采用了意译的方式,即"至少它们在法的地位上是不同的。"——中译者

③ universitas 是罗马法概念,指的是团体,比如宗教团体、士兵团体、丧葬团体等等,在一开始,它们都不享有人格,直到罗马共和国末期,罗马法始承认国家和地方政府具有独立的人格,与其成员相分立,是为社团的起源。公元 3 世纪以后,法律上承认神庙也可享受财产权,可以自己的名义订立契约、取得债权、承担债务,其构成的基础为财产而非人,是为财团的萌芽。罗马帝制后期,受基督教的影响,教堂、寺院和慈善团体也都可享有人格。在罗马法里,法人因其构成的基础不同,可分为两大类:社团(包括国家、地方政府和一般社团)与财团(包括寺院、慈善团体以及待继承的遗产)。参见周枏,《罗马法原论》,商务印书馆 2014 年版,第 305-309 页。滕尼斯在这里强调的是 universitas 的"法律人格"之意。——中译者

第一章 定义与命题

可能是共体,即使作为"公司"〔Firma〕,它能永久保持自己的人格),而只体现出作为"多"的参与者们在某些结果里被视作"一"。

相对于联合体,如果财富公司本身被表象成一个需要代表的主体,那么它就是自由的、独立的。虽然我们无法想象它对股东(Aktionäre)没有责任(之所以这样说,是因为股东可以对公司做出控诉,即法语所谓的"诉讼"〔action〕),然而与此同时,财富公司对集中起来的财富拥有完全的所有权,它就像其他任何一个人格一样,对自己承担的义务负有责任,直至其财产的最高额度。其他财富联合体的形式,例如已经注册了的合作社①,对社员负有无限的责任,或者说超出其份额的责任。这些联合体的形式虽然从特殊的契约那里引申出来,但是在现实中,联合体为了能够生存(就像那些开放的协会那样),毋宁说必须以成员的共同体式的关系为基础,那么这样一来,它就不再符合社会的法,这一点已由经验证实了。联合体1)或者像一个自由人那样保持它的性格:然而对其成员来说,这样的性格无法忍受;2)或者抛弃这些性格,使自己降低为一个纯粹的团体(Sozietät),这一点已在前文讨论过。

与之相对,股份公司(Aktiegesellschaft)只对自己负责,尤其他自然地、完全排他地将自己的目标限制在创造利润上,股份公司是所有通过抉择意志建立起来的社群法权构造中最完善的类型。因为这是丝毫没掺杂任何共同体要素的社会的结合,甚至就其起源而言(不过,这一点常常迷惑了关于事物之真实特征的判断),情

---

① Harris 英译本将"已经注册了的合作社"(eingetragene Genossenschaft)翻译成"合作的公司"(co-operative company)。——中译者

况也是如此。①

补充(1912)：在合作社(Genossenschaft)——德语区内称作"合作社"，在其他地区则有另外的名称——的名义下，许多无产者在最近几十年结成的社团(Vereinigung)赢得了不少力量，发挥了很大的影响。首先，这些联合在一起的个体购入共同的商品，随后，他们将"自己生产"需要的物品，也就是生产出"使用价值"。很多像这样类型的小团体都结合到了一个大规模的采购合作社里，同样，也都结合到了一个大规模的生产合作社里。这些合作社的法权形式是以"有限责任"为原则，因此它类似于股份公司的法权形式。尽管如此，我们可以看到：在这样一个适应社会生活条件的形态里，共同体的经济原则获得了新的生命，而且此生命具有最重要的发展能力。对于纯粹的关于社群生活的理论而言，这种对立运动(施陶丁格②如此称呼)具有显著意义。家庭生活和其他共同体形式的更新，以及伴随着的对它们的本质和生存规律的更深刻的认识，如果说可能成为现实的话，那就一定植根于此。自从写作本文以来，革新共同体的伦理必然性越来越渗透到一些人的意识

---

① 从此处开始，第一版(1887年)还有一句话："然而在股份公司中，劳动量的份额将会取代资本量的份额。股份公司形式的普遍性必然会推翻资本主义的生产方式，因而完全消解商品的生产。"——中译者

② 弗兰茨·施陶丁格(Franz Staudinger，1849－1921)：德国哲学家、社会活动家，一生主要致力于消费合作社运动(Konsumgenossenschaftsbewegung)。他是滕尼斯亲密的朋友，在他逝世之后，滕尼斯曾在本书第三版(1922年)序言里提及两人学术上的彼此影响，并且将1921年出版的《卡尔·马克思：生平与学说》(*Karl Marx, Leben und Lehre*, 1921)题献给施陶丁格。——中译者

里，他们有能力证明自己可以清楚地、毫无偏见地判断现代社会的趋势。

补充(1922)：如果说资本主义的一社会的世界体系经历了灾难性的毁灭①之后，现在仍肆无忌惮地宣泄着自己的瓦解力；如果说面对着这样的现象，人们对"共同体"的呼声变得越来越大——不少作品明确地或（正如在英国的"基尔特社会主义"②那里）隐秘地提及了我的这部著作——那么，这样的呼声越少地表露出一种基于纯粹"精神"的弥赛亚式的希望，它就会越来越收获人们的信赖。因为作为特殊本质的精神，只在神灵信仰里才是现实的。为了具有生命，精神必然要与一个遵循生命力及发展力原则的身体结合在一起。这种原则的表现之一就是合作社之自我供给的理念，倘若并且只要这种理念知道要保护自己，防止自身重新堕入到纯粹商业经营的境地。

---

① "灾难性的毁灭"指的是第一次世界大战。——中译者
② 基尔特社会主义(Gildensozialismus)又称"行会社会主义"，是20世纪初英国兴起的社会主义运动中的一支，主要代表人物包括科尔(G. D. H. Cole)、霍布森(J. A. Hobson)等人，他们主张国家与基尔特(行会或公会)应各有各的权力。国家代表消费者的利益，作为生产工具的所有者，而劳动者所组成的自治团体的基尔特则代表生产者的利益，负责生产工具的管理。各项工业之外，凡宗教、教育等非经济性活动，也应组织基尔特来自行管理事务。国家虽然是必要的政治组织和管制工具，但国家与其他团体在职能上实立于平等的地位。基尔特社会主义者一方面不满现代大规模的工业生产，另一方面排斥不断扩张的国家控制，因此致力于恢复中古时代的经济组织形态，以重建工人的工作兴趣及养成工人的自尊心，并且企图透过政治与经济的分权分责，同时获致政治的自由与经济的自由。——中译者

第二章　法中的自然物

§15

【古代法哲学的问题—解答—双重意义上的自然物】古代的法哲学曾提出了一个问题：法是一个自然产物（physei）还是一个人工造物（thesei 或 nomô）①？当前的理论对这个问题做出了这样的回答：所有从人的意志中产生、由人的意志塑造的东西既是自然的，也是人为的。然而，在其发展过程中，人为部分会越来越对立于自然部分，特殊的属人之物——尤其他意志中的心灵力量——将变得越来越重要，在其意志中占据越来越多的份额；直到人为部分最终从其自然基础那里获得一种（相对的）自由，同时能成为后者的对立物。

因此，我们将一切共同体的法理解为一种人的、思维着的精神的产物（Erzeugnis）：它是一个思想的、法则的和原理的体系，我们

---

① Thesei 与 nomô 就字面意思来说分别是"被采用的"与"习俗"。——中译者

第二章 法中的自然物

可将它同一个器官或作品①比较。通过多方面相互适应的活动本身以及通过练习,也就是说,就像一个已经存在的同质物在不断变更着、即从普遍物发展为特殊物那样,共同体的法产生了出来。这样一来,共同体的法本身就是目的,即使它必然地关联着它从属的、它所由产生的以及它本身以特有方式表现的"共同体"这一全体。所以,法的前提是结合在一起的人类,后者是自然的且必然的现实存在(Dasein),我们甚至设想法的原生质(Protoplasma des Rechtes)②是人们共同生活和共同思维之原始的、必然的产物,它的进一步发展本质上源于法自身的活动,即立法者理性地运用它。如此一来,我们就可以理解这样一个学说,它指出:有一种法存在着,按照规定,自然教导着所有的动物(tierischen Wesen),而且自然法是所有作为动物的人类共有的。③

尽管此处,我们在一个不确定的意义上想象法,然而从这样的不确定者之中,我们可以引申出更确定的东西。无论如何,自然本能(Naturtrieb)指引着男性和女性结合到一起,这是他们双方都具备的意志的胚胎、它约束着他们,促使他们建立起了家庭。从这

---

① 这里对应的德文原词是"Werke",即著作、作品之意,Harris 英译本将此意译成"一个生产的过程"(a productive process)。——中译者

② Protoplasma 是一个生物学概念,一般翻译成"原生质",它指的是细胞内生命物质的总和。滕尼斯在这里借用了这个概念,用"法的原生质"来指法的最基本的要素。这些要素皆植根于共同体的生活,它们将进一步地被结合成一个法的体系。——中译者

③ 这是罗马法的一条中心原则,可参见查士丁尼的《法学阶梯》第一卷第二编"自然法、万民法和市民法"。按照 Harris 英译本的说法,滕尼斯采用的《法学汇编》(Digest)是特奥多尔·蒙森(Theodore Mommsen)的译本。——中译者

一观念出发,通过分析每一个实在的习惯法,我们就可以发现那些准则(Norm)的基础。在家庭内部,它们确定并调节着夫妇之间、父母与子女之间以及主人与仆役之间的关系。总的来说,这些关系独立于财产观念,只有到了农业文化时期,财产观念才有了更深刻的意义。因此,财产作为可见的意志领域,构成了真正的法的核心,与其说这样的法涉及作为个体的家庭成员间的关系,不如说涉及不同的家之间的关系。这样一来,一个彼此交错的中间区域产生了,它是各自的家的成员代表之间的关系,尤其是不同的家主之间的关系。只要他们共同地从属于一个更高的团体(Verband),那么无论这个团体暗哑抑或高声道出的意志,还是它的观念,都支配着他们。随着法的范围的扩展,他们越来越丧失这样的联系,反而逐渐彼此分离;最终,儿子与父亲、女人与男人、仆役与主人都成了平等的个体,各自对立。与此相反,相距最遥远而又彼此最冷漠,甚至就其本质意志而言正是互为敌人的商品出售者,反而表现出了友善的面貌,他们相互交换、缔结契约。因此,集会的自由、经营生意的便利以及理性人之间的平等,这些对于商品出售者来说似乎都是自然物,甚至就是自然之物。

§16

【古代文化的进程—普通法—普遍性与原初的—源自经验的虚构与抽象】这样来理解的自然法,既超越了罗马人的公民法,也

第二章 法中的自然物

超越了古代文化里的所有政治社团的公民法。众所周知,自然法可以被定义成适用于一切人的法;作为由一切人的自然理性确定的东西,因此在所有的民族那里,人们皆完全以同样的方式观察它,故而它也被称为"普通法"(即拉丁文 *jus gentium* 所指的"万民法")①。如果从正确的观点出发,即认为"发展"意味着从普遍到特殊的进程②,那么,我们将得出这样一个结论:普通法在时间上要早于城市的特殊法。

然而,现实并不同这个进程一致(普通法满足的是一种交往的需要,这样的交往既非意味着城市与城市的交往,也不意味着一个城市的市民与另一个城市的市民的交往,而是所有人与所有人的交往,它发生在已经脱掉了各种不同市民服装之后的那些赤裸裸的个体之间),这样一来,现实就将普通法当作一种试剂,投入到一个搅拌的容器里,它必然会将一切不同物质溶解成相同的元素。所以,普通法就在时间上晚于特殊法,前者并不是后者的基础和前提,而是后者的结果和否定。因为普通法对于

---

① 在接下来的论述里,滕尼斯主要采纳了梅因关于"公民法"(*jus civile*)与"万民法"(*jus gentium*)的观点,他可能使用的是梅因《古代法》的第十版(1884 年)。滕尼斯用德文的"普通法"(das gemeine Recht)翻译拉丁词 *jus gentium*(梅因在《古代法》里讲它译作"各国之法"〔the law of Nations〕或"所有国家的法"〔Law of the Nations〕),不过,在用英文处理滕尼斯的概念时,我们很容易将这个词直译成"普通法"(common law)。事实上,在英文语境里,万民法或梅因所说的"各国共同的法"同"普通法"意思不同,后者一般指的是"普通法体系"(common law system),即法官的判例累计形成的法,它广泛地适用于英美地区。在本章§20 里,滕尼斯将英国的普通法视作"万民法"的一个形式,可能造成了意义的混淆。——Harris 英译本

② Harris 英译本认为,这里遵循的是斯宾塞的"不断增长的异质性法则"(law of increasing heterogenity)。——中译者

特殊法来说就是阻碍；普遍的事物是如此自然和简单，仿佛它必然永远存在，它没有任何前提；然而，人为的、实定的发明和规章使它变得晦暗不明，消除这些发明和规章因而意味着恢复原初的状态。

我们需要在这个地方解决此矛盾，因为在这里，混淆几乎不可避免。事实上，我们根本不将此原初性理解成时间意义上的原初性，而是理解成永恒的真理（aeterna vertitas），即作为一种思想或理想，它既可以被置于无限遥远的过去，也可以被置于永无穷尽的未来。如果认为普通法确实在过去某个时间里存在过，那么此想法并非指向一个确定的历史事实，而是指一种合目的、虚构出来的图式。借助它，我们能把握未来的现实。无论如何，只要我们具备这样的表象，即在所有特殊的习俗和形式里皆包含着作为核心的、属于普遍人性的东西，与此同时，只要我们有意识地理解这个核心，即通过剥离一切经验，用理性来思考和把握事物，那么以上所讲的"虚构"就会变得容易理解了。

> 万民法实际上是古代意大利各部落各种习惯的共同要素的总和，因为古代意大利各部落是罗马人当时所能观察的'一切民族'，而且他们时不时会把移民群送到罗马的土地上。因此，如果总可以看到许多分离的民族里共同地实践某一特殊习俗，那么人们将会把这个习俗当作法的组成部分记载下来，这种法就是所有民族共有的，它就是万民法。由此可见，虽然在环绕着罗马的无数共和国里，人们一定采取了不同的转让

第二章　法中的自然物

(übertragen)财产的形式,但是,真正地移交应当转让的物品这一传统,在一切共和国里都是仪式的一个部分(我〔指滕尼斯——中译者〕要补充说,似乎只有这样的移交才表现了物的本质)……因此,这种转让被理解为普通法的制度。(亨利·梅因:《古代法》第 49 页)①

当然,如果对经验的概括进展地更加深入,并且扩展到高度发达的希腊法体系时,我们就可以发现多种多样的契约的事实,比如购买、租赁(Miete)、储蓄(Depositum)与授权(Mandat),除此之外,还有婚姻和监护的制度等等,即使扮成五彩斑斓的样子,我们也可以认出它们来。这样,相应的法的形式的架构就被视作普遍的、必要的。

§ 17

【普遍的自由—普通法与自然法—普遍的事物与特殊的事物—推论】因此,人们可以得出这样的结论:只要人们愿意,他们就可以彼此交易并且建立关系;也就是说,除了一切通过自己的志愿(Willkür)承担起的义务、缔结了的契约和确立下来的关系,每个

---

① 根据 Harris 英译本,滕尼斯在引用梅因《古代法》的这段原文时做了修改。首先,括号里的句子是滕尼斯本人的评论;除此之外,最后一句话是滕尼斯对梅因原话的概括和移置,梅因的原话是:"因此,转让既然很可能是被法学家有机会观察到的各种让与方式的唯一共同要素,它就被定做万民法中的一种制度。"参见 Sir Henry Sumner Maine, *Ancient Law*, New York: Henry Holt and Company, p.47。梅因,《古代法》,沈景一译,商务印书馆 1996 年版,第 29 页。——中译者

人都具有并保持着完全的自由;对任何人来说,这一点都是实质性的内容。然而,这样的自由不仅完全对立于诸如奴役这类制度,而且对立于父亲的权力(对儿童和精神错乱者的权力除外),同时,它还反对所有类似于以下规定的法律:在一个既定的城市(例如罗马城)里,本地出生的公民及其财产被授予了等级意义上的优先权(Standesvorrechte),凌驾于外来者及其财产之上。只要概念层次的存在被转化成时间中的序列①,那么似乎由立法者任意设置的一切界限都是违背自然的。尽管如此,这一观点的基本原则——即人似乎自然且原初地(根据"人"这个概念)就是理性、自由而平等的——却遭到了反对,反对者的看法被视作更深刻的、以历史为依据的观点,乌尔比安(Ulpian)与其他法学家就是这样说的。②

乌尔比安等人区分了自然法与普通法;他们甚至坚持认为,两者之间最根本的对立是这两个层面的对立;因为尽管他们将普通法描述为处于自然法与民法(Zivilem Rechte)中间位置的法,然而与此同时,他们也将民法看作比它更早的自然法的附属物及其更特殊的形态。在这里,自然法是我们在动物那里发现的所有惯例(Einrichtungen)的总和,普通法却是仅仅属人的惯例的总和。后者依据的基础,并非是自然理性建立起来的东西,而是通过共同

---

① 这句话简单地表述就是:只要我们用观念或概念评判现实。——中译者
② 滕尼斯在这里引用的是查士丁尼《法学汇编》第一节。按照 Harris 英译本的看法,滕尼斯关于乌尔比安的胜利这一看法是有问题的。梅因在《古代法》里指出,乌尔比安以一个法学家的所特有的辨别癖好区分了"自然法"和"万民法",不过他并没有成功,根据比他更有权威的法学家盖乌斯(Gaius)的言论,以及后来其他权威的观点,乌尔比安的看法并非罗马法理论中的典型。参见梅因,《古代法》,沈景一译,商务印书馆1996年版,第31页。——中译者

生活塑造出的一种更具普遍性的必然事物。因此,我们必定可以很容易地推断,普通法或民法的各种特殊的、关于人的规定也包含着必然的要素。一些人认为,正是普遍的事物,而且只有它才明显是必然的东西,所以人必须尊重、保存或恢复普遍的事物;面对如此的认识和论断,人们首先可能会提出这样的质疑:究竟什么是普遍的事物?我们可以回答说:世界上存在着分离开的民族与帝国,存在着奴隶制、财产、商业交易与各种责任。因为民法只不过是对这些制度的若干增添以及变更。

很明显,我们在这里得出了一个关于普遍事物的完全不同的观点,从这个观点中又可以推导出若干不同的结论。在"人作为动物"的观念里,已经存在着某些特定类型的结合(Verbundenheit)与共属关系(Zusammengehörigkeit)。它们并不通过某种意志、更谈不上通过某种人的意志缔结而成。我们也不能从中推断出:它们已经存在于动物那里,甚至人可能乃至必然可能同动物结成这些关系。同样,我们不能推断说:由于这些关系是所有人共有的,那么只要任何一个人仅仅愿意,就可以与其他人结合到一起。除此之外,我们也不能由此推论出人的特殊的制度。准确地说:如同"人"这一观念与"动物"(或者一个特定种类的"动物")这一观念间的关系,"希腊人"这一观念与"人"这一观念间的关系亦如此。比方说,尽管配对也是动物的习惯,但人只能和人配对;同样,虽然婚姻普遍地存在于人们中间,但希腊男人只能与希腊女人缔结有效的结合关系,在此结合里生活;尽管可能发生希腊男人与其他任何女人交配的情形,甚至(让我们羞于启齿的是〔*turpe dictu*〕),他与动物交配的这一生理活动也是可能的。

§18

【婚姻的普遍性—双重含义—良知的秩序—神圣的法—作为世界之法的市民法—偶然的秩序与必然的秩序—抽象的人】人之间的婚姻的普遍性具有双重含义：一方面，基于"性"的共同生活只能完全在男性与女性之间产生；另一方面，每一个民族，甚至每一个城市都会以各自的独特方式表明普遍的观念，也就是说，由他们的意志与法确定下来的有效婚姻的可能性，同某些确定的条件联系在一起。这样一来，作为一个"人"，他注定要去适应一个特定的法；因而作为一个"罗马人"，他就要去适应一个更确定的法（罗马法）。

就这一点而言，我们无法解释为什么普遍的事物更正确、更有理性。前一种意义上的普遍事物以一种法权秩序为前提，它统治着所有的人，就像罗马法权秩序统治着罗马公民。但是在后一种意义上，普通法可以被理解为一种秩序，人们不仅像对待一个客体那样，凭借着志愿选择它、认识它，而且它还意味着人心目中对必然事物、对善的情感，以及对恶行的反感，也就是说，它是良知之法。正如西塞罗雄辩地说道：

> 这样的法不是被我们写出来的，而是从一开始就有的，我们从来没有学习、获取和阅读它，而是通过自然的本性感受到并得到了它，自然的本性将它印在我们心里；就此而言，我们并非受到它的教导，而是被创造出来去适应它，我们并非受到

第二章 法中的自然物

它的教育，而是天赋地秉持着它。（Pro Milone, c. X）①

因此，动物和人都有母爱的本能；然而，人可以将本能培育成义务感。所以，母权（Mutterrecht）就是普通法。② 未经过婚姻生下的孩子属于母亲，并且继承了她的身份。如果这种秩序通过了命令和禁令的确保，那么它就变得更让人尊敬、更重要，具有了更大的道德意义。因而按照普通法，乱伦就是一种恶行，是被禁止的；其他类型的非婚结合之所以在神圣法里被视作"恶"，主要是因为它们的不良后果。因为自然法同时是神圣的法和神法，并且处于教士的控制之下。

如果将市民法（bürgerlichen Rechtes）进一步类推到一个没有界限的领域，以至于它变成了世界法，那么情况就不一样了。它是有可能发生的，只要人们从根本上切断之前联结着这种法与本性上更原初的、如同母权的普通法之间的纽带即可（或者说，只要一个进程引出另一个进程）。③ 因为在此，市民法只是一种偶然的限制，它被确立起来，就是为了限制人们所保有的经验的、现实的

---

① 引自西塞罗为保民官提多·安尼乌斯·米诺辩护的一段演说词，拉丁文标题是"Pro T. Annio Milone Oratio"。米罗是公元前57年罗马的一位保民官，他代表元老院的利益纠集一批城市平民与克劳狄乌斯（Clodius）为首的匪帮进行了战斗，他个人负债累累，因此把竞选执政官与行省总督当作谋取幸福的捷径，依靠了某些势力集团。公元前53年，米诺试图竞选执政官，而克劳狄乌斯试图竞选执法官，双方的争斗使得选举推迟，直至次年一月，两人在阿庇安大道巧遇，米诺处于自保杀死了克劳狄乌斯。西塞罗的这篇演说词原本打算在公元前52年的一个特别调查法庭上发表，但实际上并未发表，而是后来经过修改当作宣传品散发。——中译者
② 滕尼斯在此处遵循了巴霍芬的"母权"观点。——中译者
③ 这里谈的是"共同体"意义上的普通法向"社会"意义上的世界法转变的过程。——中译者

自由，与此同时，人们能不断地确立这些限制甚至摧毁它们，就像两个缔约者将联系着他们的契约撕毁后，限制就被消解了。任何特殊的秩序都是偶然的；只有一种秩序从根本上来说是必然的，它即世界秩序（Weltordnung），然而这一秩序并不是作为"现实"的必然，而是实现理性生活的手段，此手段必然是正在思维着的人确立下来并予以肯定的。

因此，当人越来越作为"人本身"（Menschen Schleichthin）聚集到一起时，或者说，当各式各样的人越来越集中并彼此承认为"理性人"或"平等者"时，一种普适的社会与秩序就越可能最终必然地在他们中间体现或建立起来。在现实里，人与人通过商业与贸易相互混合；罗马对地球（Orbis Terrarum）的统治本身也是在商业与贸易那里打下物质基础的，罗马的统治使所有的城市接近一个城市，使一切自觉的①、讨价还价的、富裕的个人以及广袤帝国里的全体统治者阶层的成员都集中到广场上，它磨掉了人们之间的区别与差异，赋予所有人相同的表情、语言与发音，让他们使用同样的货币、享受同等的教育、具有相同的贪欲与好奇心。这样一来，"抽象的人"被设计和发明了出来，他是所有机器里最具人为性、最合乎规则、最精巧的机器，我们可以直视他，就像在清明、透彻的日光中直视一个幽灵。

---

① 德文词 bewußten 意思是"有意识地"、"自觉的"，Harris 英译本译作 shrewd（狡猾的、机灵的）。——中译者

§ 19

【社会的秩序—流通法或商业法—罗马帝国里的生活与法】在这种新的、消解性的、革命性的、拉平一切的意义上,普遍的自然法彻彻底底地就是社会的秩序,它最纯粹地表现为流通法或商业法。它一开始出现时完全无害,无非等同于"进步""精致化""纯净化"以及"简易化",也即意味着"公正"、"理性"与"启蒙"。在帝国完全衰败(Marasmus)①的时期,这种法在形式上保留了下来。②

在这里,存在着两种法的发展情况:其一,法逐渐地形成,变得灵活与普适,最终实现了系统化,成为法典;另一方面,在辉煌的国家组织与伟大而和平的行政治理之中,伴随着迅疾的、确定的、自由的司法,人们的生活与习俗衰落了。这两种发展情况常常被人描述出来,充分地启迪了我们。但是似乎只有少数人才认识到了这些运动之间的必然关联、它们的统一性与交互影响。当然,即使学识渊博的作者们也难以摆脱基于各自好恶的判断,从而无法完全无偏见地、严格客观地把握"社群之生命"的生理学和病理学。他们赞赏罗马帝国和罗马法,却厌恶家庭和习俗的毁灭。他们的

---

① 德文词 Marasmus 本是个医学词汇,意思是消瘦或消耗,Harris 英译本翻译成"道德萎缩"(the moral atrophy)。——中译者

② 根据上下文,这里说的帝国应指的"罗马帝国"。按照 Harris 英译本的解释,滕尼斯的这句话是一般现在时,故而暗示的是 19 世纪 80 年代的德意志帝国。——中译者

视力未经训练,还不能看到这两种现象之间的因果关系。诚然,在一切现实的、有机的世界里,原因与结果是不能区分开的,正如不能分开撞击的球体与被撞击的球体。

182　　事实上,只有当个体现实地摆脱一切家庭、乡村与城镇的纽带,摆脱迷信和信仰,摆脱世袭并流传下来的传统、习惯和义务时,一种合理的、科学的、自由的法才能产生出来。"个体的解放"意味着乡村和城镇里不断劳作和享受着的共同体式的家户毁灭了,意味着耕作农田的社团瓦解了,通过城镇手工业、合作社与宗教——爱国主义维持的艺术丧失了;同样,"个体的解放"等同于利己主义的胜利,等同于放肆、欺骗、造作、贪财、享乐以及虚荣的胜利;然而,它也意味着平静的、清楚的、冷静的自觉意识的胜利,借此,无论神圣的事物,还是人间的事物,有教养者和学者们都敢于面对。

不过,"个体的解放"进程从来不被看作一个已经完成了的过程。在相当程度上,我们在皇帝的声明里找到了它最终的、确认的表达,皇帝的声明将帝国里的所有自由民升格为罗马公民,赋予他们一切控告的权利,解除他们的赋税义务。但是,没有一个宣告所有奴仆都升格成自由民的宪法随之而来,这可能是皇帝们与法学家们的最后的诚实,或者说最后的愚蠢。因为人们可能已然知道,这样做丝毫不会将现实扭转成幸福而和平的社群生活。古老之家的依附关系早就消失和毁坏了。形式上的奴役不过是一件无关紧要的、毫无结果的事情,形式上的自由也是这样,至少从私法的意义上讲,情况正是如此。(个体的)任意的自由与(一个独裁者或国家的)任意的专制并非彼此对立。它们不过是同一状况的两种不同现象。它们之间可能或多或少地会互相争斗。然而从本质上来讲,它们是同盟。

§ 20

【基督教文化与罗马的世界法—各种影响之间的关系—共同体的消解—家庭与婚姻—新自然法—公法与立法中的新自然法】在基督教文化之内,一种同古代文化之趋势类似的过程重复着:它即生活与法的消解(尽管如此,法保持了它的系统的完善性)。我们看到,这个过程的影响不断扩及更广阔的地域,人们混合到一起,每个人都成了普遍者,他们的生活变得均一,人自由地在广泛的地域里流动;伴随着人类活动地区的扩大,相较地中海贸易,越洋贸易的内容更多样,与此同时,他们的工业技术更复杂,科学越来越强大。就控制外在的手段而言,整个基督教文化似乎根本上就是古代文化的延续,借助古代文化的遗产,基督教文化能将它的大厦通到群星之际,即使这样的做法使它丧失了谐和的风格。因此,在基督教—日耳曼世界的大部分地区,对已经完成了的罗马世界法的接纳,过去曾服务甚至现在继续服务于促进社会的发展。作为经过了科学探究的体系,罗马法非常明晰、简单,具备很强的逻辑一致性,它似乎就是"书写的理性"本身。这种理性对一切拥有财富和权力的人有益,因为它可以使他们的财富和权力成为绝对的东西。它对商人而言是必要的,同样,对所有显贵者而言亦是如此,他们努力地使实物地租与劳务地租转化成不断增长的货币收入,除此之外,王侯也感到了这样做的必要性,他们试图引入新的财政,以此弥补扩大了的常备军的消耗,就像以此满足日益增长的宫廷开支一样。无论如何,假如我们把罗马法看作整个发展的原因和动力的话,那就错了。事实上,它只是一个业已完备、可供使用的工具,在一般情况下,我们并非通过自觉意识把握它,而是基于对其正义性与合理性的善的信仰使用它。在英国,对直到今日已实现了的同样的发展而言,其过程并没有借助罗马法(或者说只受到罗马法的相对少的影响)。英国的普通法(即共同体的法)正逐渐被成文法(即社会的法)取代,也可以说,个人的原则战胜了不动产的原则[①]。

　　普遍的、以契约为依据的私法不过是普遍的、按照契约交换并流通的另一种表现,前者随着后者的发展变得更完善,直到人们在已编纂好的商业法、兑换法、海洋法那儿最恰当地表达它。很显然,这样表述出来的内容仅仅是偶然的,甚至它完全受制于暂时的国族(nationale)特征。就此而言,普遍的、以契约为依据的私法反过来又完全独立于罗马法,因为前者关涉的事实与情况要超出作为其基础的后者。更准确地说,前者在很大程度上源于主体们惯例性的日常实践(商业往来的习惯〔Usancen〕[②])。相反,罗马法以坚定姿态不断地瓦解着一切共同体,由具备行动能力的个体构

---

　　① 根据 Harris 英译本的说法,滕尼斯在此可能呼应了梅因《古代法》里的下述判断:"在欧洲大陆上的财产史是罗马化的动产法消灭封建化的土地法的历史,虽然在英国所有权的历史还没有接近完成,但已可以看出,动产法是在威胁着要吞并和毁灭不动产法。"参见梅因,《古代法》,沈景一译,商务印书馆1996年版,第155页。——中译者

　　② 德文词 Usancen 的意思包括:a)贷款业务;b)票据或兑换的期限;c)单纯"习俗"或"实践"之意。Harris 英译本翻译成"货币借贷与交换票据的兑现"。——中译者

成的私法体系与共同体对立。对合乎理性的理论(die rationale Theorie)而言,共同体的、广泛受到约束的财产是不合理的,是一种反常现象。"没有人会违背意志地留在共同体之中"(*Nemo in communione postest invitus detineri*)①这一规则切断了共同体之法的根基。只有当我们将家庭想象成由法定未成年人组成的时候,家庭以及家庭的法才能维持下来,这样一来,妇女就下降到与儿童同样的境地,而儿童则下降到与仆役同样的境地。作为可被自由买卖的奴隶,"仆役"〔Knechtes〕的概念(在罗马,一旦将要式交易物〔*res mancipi*〕分离出去,那么仆役也就不是奴隶了)是基本的、社会的概念。② 最终,当妇女在社会中获得了独立地位、实现了民事的解放时,婚姻与神圣财产共同体的本质必将溶解成公民的一纸契约,尽管契约并没规定时限,然而只要夫妻双方达成一致,它随时都可以被要求解除,因此,"一夫一妻制"本身的限制就成了偶然的东西。这样一来,在社会日益进步的背后,我们可以看到不可阻挡的分解趋势中若干最重要的线索。

除了罗马法,作为其真正同胞兄弟的新时代哲学的自然法,或者说理性的自然法发挥了巨大的作用。从一开始,哲学的、理性的

---

① 根据 Harris 英译本的解释,这样的说法并不是罗马法中的一个标准表述,它可能指的是乌尔比安提出的一个观点,即个体不能他人强迫居留于商业的伙伴关系之中。——中译者

② 这里涉及古代罗马法里两种不同的财产出售的程序:第一种是"要式交易物"(*res mancipi*),它包括土地、奴隶以及负重的牲畜(例如牛和马),"要式交易物"的转移需要在复杂和严肃的仪式中开展;第二种是"非要式交易物"(*res nec manicipi*),人们秩序采用简单的手续就可以实现它的转移。两者的区分到了查士丁尼时代就终结了,"要式交易物"中的财产权可通过简单的物件送达而立即转移。参见梅因,《古代法》,沈景一译,商务印书馆1996年版,第 155-158 页。——中译者

自然法就发现自己本可以站在最重要的发挥作用的位置,不过,这个位置部分地被复兴的罗马法运动占据,部分地被个案的(kasuale)①立法占据。哲学的、理性的自然法将公法体系(Konstruktion des öffentlichen Rechtes)视作自己涉足的真正领域;在这里,它发挥着作用(即使这样的影响是隐秘的),但是,罗马法学的历史观点被视作给了自然法致命的一击。作为公法对私法施加的影响,或者说国家对社会施加的影响,人们过去诚然将自然法的原则应用于法典编撰与有计划的立法活动,从这个意义上来讲,自然法还没有充分发挥它所扮演之角色的功能。② 在服务于统治阶级的发展之后,它改换成新的面貌,表现为被压迫阶级为了从自身劳动获得收益而制定的纲领;由于它反对不劳而获(即通过机巧或运气获得的收入),③就这一点而言,古代教会对高利贷的谴责在现代重生。这一斗争以最普遍、最直接的方式针对着私人对耕地与土地自由的绝对占有,因为土地私人占有的弊端在"土地高利贷"那里最清楚地表现了出来,除此之外,尽管"与我们同生"的关于共同体之法的原初回忆像一具木乃伊之内的麦粒一样沉睡在俗众的

---

① Lommis 在这里译作"具有因果关系的"(causal),自然没有表达出任何意义。他将德文词"kausal"翻译成"causal"并不完全正确,因为"kausal"指的应当是"根据不同的情况而立法"或"临时性立法"。——1979 年德文本

② 根据 Harris 英译本的说法,这里涉及到的是 1870 年以来围绕制定德意志帝国民法典的争论,最终的民法典弃绝了 1880 的草案。在这一争论中,受到罗马法和自然法影响的理性主义法学家遭到了基尔克为首历史法学家的批评,后者认为,1888 年制定的草案牺牲了习俗的、共同体的权利,将此让位给绝对的自由财产权。最终,帝国议会在 1896 年通过了修订版的《民法典》,它对共同体权利的辩护者做了让步。——中译者

③ 在第一版(1887 年)里,这一节到此处为止。——中译者

灵魂之中,但是它依然还能发展起来。因为作为"正义"的观念,我们将自然法理解为人类精神中永恒而不可转让的占有物。

第三章　相互关联的意志的诸形式
——公社与国家

§21

【喜好与共同领会—信念与默认一致—习惯与风俗—性情与习俗—风俗的意义与内容】如果当前的理论想要在一种双重的意义上把握"自然法"概念，那么它必然包含着如下观点，即"法"不仅被理解成共同的本质意志，而且被理解成共同的抉择意志。我们在个体的植物性的生命里发现了他的本质意志之根基，而他的抉择意志之根基在于将两种内含相似或对立价值的思想结合到一起的普遍可能性。所以共同体意志的根基也就蕴藏于植物性的生命里；因为从社会学的意义上讲，亲属和家庭的本质就是植物性的生命；它们从根本上构成了人类共同生活的实质基础。社会的意志之根基是个体的抉择意志的会聚，它们在交换的点上彼此相交，这个点对交换双方来说都是理性的或恰当的。

然而，正如任何"共同领会"（Verständnis）都源于一个更普遍的东西，我们将这个东西描述成"默认一致"（Eintracht）；继而我们会认识到，个体的抉择意志需要引入"社群的抉择意志本身"这一概念，以此将自身填补完整。在本质意志那里，实在的、客观的精神皆从客观精神的实体中产生出来，它正是客观精神的实体的表现与变更。在抉择意志那里，指向客观对象的观念原子出现了，它们必须适应于一个绝对的全体，这样一来，我们能够如此想象这些原子：即在其客观的实存里，它们独立于主体。

进一步地，我们要阐述共同体意志与社会意志的其他形式。在这里，我们必须要记住：只有当这些形式对内发挥约束力或者能决定个体意志时，它们才是可被探究的东西。从这个意义上讲，整体的"共同领会"对应个体的"喜好"，整体的"默认一致"对应个体的"信念"，我们可以交互地解释它们。类似地，我拿个体的"习惯"对应整体的"风俗"(Brauch)，把个体的"性情"同整体的"习俗"(Sitte)对照。① 风俗与习俗因而就意味着人类共同体的动物性的意志。它们以人们经常重复的共同行动为前提，只要通过持续地实践和传统的不断延续，不论此行动的原初意义是什么，它都会变成简单的、自然的甚至理所当然的东西，因此在既定的环境中，我们将它看作必然的行动。

对整个民族而言，最重要的风俗同家庭生活里的各种大事件联系在一起：即出生、结婚与死亡。它们有规律地重复着，尽管这些事件最直接地关乎每个家庭，但是与各个家庭毗邻地共同生活着的邻人也不自觉地参与其中。在氏族(Klan)与社团(Gemeinde)

---

① 关于 Brauch 与 Sitte 这两个德文词，Harris 英译本分别翻译成 Custom 与 manners(或 mores)。我们只需注意到，在本书第二卷第一章 §7 与 §9 里，滕尼斯指出了区分两者的标准。同"习惯"与"性情"的关系一致，"风俗"与"习俗"分别对应内在生命状态与外在生命状态，前者指的是共同体内部的生活风貌，后者指的是由共同的"激情"(Leidenschaft)导向的外部行动。——中译者

恰好相合的地方,社团本身就是一个大家庭。之后,社团将各个家庭视作它的成员,如果其中一个成员对它来说越重要、越高贵、越崇高,那么这个成员一般就会更乐意、更积极参与社团事务(只要其中没有掺杂着敌对的动机)。这总是风俗的内在意义;风俗的原初内容部分地意味着人们简单而自然的行动,部分地是一种思想的象征性表达或它的感性符号,然而,随着时间流逝,它们可能会变成一个空洞的形式乃至(正如所有属于记忆的东西那样)被人遗忘。所谓风俗象征着的思想,一方面,它建立、认可或维持着一个共同体,因此它也就维持着共同体的意志,并将其神圣化,对待与之相关的情感(比如爱、敬畏以及对记忆的虔诚态度)时,它采取了同样的做法;另一方面,它是扬善抑恶的尝试,就此而言,它采纳的是一种合乎当前统治的、对于某种因果关联的信仰形式,因此,在原始的、充满幻想的民族那里,这种思想大多被视作在同善的或恶的精灵交流。

§ 22

【习俗—家乡—居住的、耕作的、占有的大地—对祖先的纪念—婚姻的缔结与习俗】对一个定居的民族而言,共同体意志的真正实体是它的习俗,共同体中的各种各样的风俗因此以习俗作为它们的基础①。我们已经指出,除了血缘共同体,还存在着地

---

① 在德语里,Sitte 这个词既有习俗之意,也有伦理、社会风气与社会道德的意思。这里同时包含了这两层意思,Harris 英译本在此翻译成"道德预设"(moral assumptions)。——中译者

缘共同体，或者说家乡的共同体，地缘共同体对人们的性情会产生新的影响①，因此它部分地成为了血缘共同体的替代者，部分地成为了血缘共同体的补充。土地有它自己的意志，这样一来，游牧家庭的野蛮就受到了约束。如同分娩的妇女为人类的生命之链添加了一个新节点，因而她们具象地表现了人类生命体在时间上的关联；土地意味着一群共同生活的人们之间的相互从属（Zusammengehörigkeit），在此，他们必须遵守仿佛是铭刻于土地上的各种规则。

人们居住的（bewohnte）大地环绕着他们，就像母亲的形体保护着她的孩子一样；甘甜的乳汁是她的胸膛里涌流出来的自由的馈赠；因此，大地似乎在万物初生时就已经从自己的怀里生产出了人类，正如大地生育了树木、野草和动物，人类感觉到自己就是大地的产儿，是土地上的原初居住者。土地承载着人们的帐篷和房屋；这些建筑物越是牢固与持久，人们就越同这个局部的土地连生在一起。然而到了耕作（bebauten）农田的时代，人与土地之间更强有力、更深刻的关系才形成了：当铁器插入土地之中，切割着土地的肉体，翻转着土块的时候，野性的自然就被战胜和征服了，如同森林里的野兽被驯服、继而被转化成家禽那样。但是，无论耕作土地，抑或驯养动物，它们都是由数不清的世代逐步从事并不断更新的工作，而且它们就像一个已经成型的器官，父亲将此遗传给儿子，它们既是儿子继承了的素质，也是进一步对他们提出的获取外

---

① 这里所谓的"新的影响"，是相对于"血缘共同体"而言的。——中译者

物、培育自我的要求。这样一来,人们占有的(besessene)①,或者说宣称占领了的地区就是一块共有土地,是父亲和祖先的土地,所有同这块土地关联的人们都感受到自己是同一祖先的真正后代,他们觉得彼此是血肉兄弟,同样,他们会据此行动。就此而言,共有的土地就表现为一个有生命的实体,根据这一实体的精神价值,或者说心理学价值,它在人事的变换里既保持为人们的附属之物,又构成了他们自身的要素。

作为共同的意志领域,这一实体不仅体现为并存于同一土地上的人们的相互联系,而且表现了相继居住并劳作于同一土地的不同世代之间的联系,正如除了血缘的本能,共同生活的人们之间的习惯是联结他们的最强有力的纽带,记忆甚至将生者与死者聚到一起,而且使生者去认识、畏惧和崇敬死者。如果说家乡根本上是承载着人们爱的记忆的地方,它攥住了人们的心灵,使分离变成了痛苦的事情,并且牵引着满怀思乡之情的远方游子重返故里,那么家乡就是祖先曾经生活过、而现在被埋葬的地方,在这里,已故者的灵魂还在漫步和居留,它们高居屋顶之上并环绕着四周的围墙,保护和照料着后人,但与此同时,它们又强有力地要求后人纪念并缅怀它们。

对单纯而虔诚的人们来说,这个地方还有一种特殊的、崇高的意义。这一意义对家(或家庭)而言是直接存在的。即使在游牧时代,情况亦是如此,牧民将帐篷从一个驻地转移到另一个驻地,他

---

① "besessen"为动词"besitzen"的过去分词,它既具有法律意义上"占有"含义,又可以指物理意义上的"坐下",除此之外,它还可以指心理上的"入迷"。——中译者

们仅仅将土地视作自由的、丰富的且无须定居生活的馈赠,也就是说,土地只被看成树木和野草结成的果实的承载者、野生动物的藏身处,最终是已被驯服了的家畜的饲养地。尽管如此,一旦房屋和庄园越固守一地,越仿佛与土地连生在一起,那么人们对土地的情感必然会变得更强烈;只要土地被先人开垦,它在自身之中就承载着先人付出的生命力,就像承载着他们的血液与汗水那样,同时,土地也要求享用它们的人对此怀有虔诚的感激之情。我们可以这样说:宗族的、部族的形而上学本质,或者村庄合作社、市场合作社、城镇合作社的形而上学本质,同土地结成了婚姻,它们在合法的时间段内生活,就像夫妇的婚姻生活那样。不过在婚姻里作为"习惯"的东西,在这里就是"习俗"。

§ 23

【作为习惯法的习俗—习俗的范围—习俗与默认一致—共同的方向】在古老的信仰与神话里,丈夫为真正的结合体(Bundes)履行义务,就像耕耘者和播种者付出劳动;出生在此结合体中的孩子,仿佛是从人们日常维护的田地里结出的果实,而纯粹仅由母亲生育的孩子[①]仿佛芦苇秆一样,他们似乎无须种子、就能从沼泽里生长起来。因此,就习俗的内容以及建立在习俗基础上的习惯法而言,它们所发挥的最重要的影响既关系着真正婚姻的秩序、稳固

---

① 这里指的并非从夫妇结合的婚姻生活里的孩子,而是无父之子。Harris 英译本翻译作"私生子"(illegitimate children)。——中译者

乃至神圣（尤其是在一夫一妻制建立起来的地方），也明确地涉及对田地的划分、保护与利用；同样在这个地方，我们应当将"婚姻"与"土地"这两方面结合起来，它们共同地体现为各个家庭及其成员的占有物与特权，以及关于嫁妆与继承秩序的种种规定。

我们的习俗，我们父亲的习俗，地区甚至民族的习俗，其实都是同一回事。与其说习俗存在于感觉和意见之内，不如说存在于练习中。当它受到伤害、遭受损失时，它就会强烈地表露出痛苦和不满之感，因而在行动和判断上做出相应反应；习俗越发生了显著的改变，意见就越将捍卫它，相比于青年人，年长者更热烈地支持习俗。

首先，在村庄共同体以及包含着若干村庄的地区之内，习俗与习惯法占据着统治地位；它们是普遍的、共同的、有效的意志，结合在一起的人们皆按照它们的规定、在自己既定的生活范围内行事。无论作为统治者的领主，还是提供服务的仆役，他们都坚信自己必须要这么做，因为所有人都是这样做的，他们的父亲曾经也是这样做的；不仅如此，他们相信这么做一定就是正确的，因为这样的规则一直都存在着。

默认一致与习俗彼此制约、相互促进，但是它们也可能会遭遇互相冲突的状况，两者之间的界限也可能发生多方面的改变。① 然而不论怎样，它们皆具备了一个必然的内容，即两者都完全意味

---

① 整体意义上的"默认一致"与"习俗"之间的关系，等同于个体意义上的"信念"与"性情"之间的关系，关系里的前者是整体或个体内在的激情和态度，它即滕尼斯所谓的"消极地"、或者说没发出来的状态，后者则是表现出来的激情和态度，即"积极的"、发出来的状态。关于这两者的区别，可参见本书第二卷第一章§9。——中译者

着和平,并且要求和平。也就是说,它们首先会(消极地)抵抗大量的引起争端的东西,其次,它们会尝试平息并弥补当前的争端。对于这两个任务来说,第一个任务更多地落到作为家庭精神、团体精神的默认一致上,第二个任务则更多地适宜于习俗。因为在比较紧密的家的圈子里,由于成员间持续而切近的接触,故而所有类型的争吵、摩擦与阻碍在一定程度上都有可能发生,特别当竞争者的年龄、力量与要求彼此等同的时候;然而,在人们的心情与情绪的不断变换中,这些争吵很快都消逝了,很容易地就变作悔恨和谅解;而且,他们常常屈服于占据优势者[①],占据优势者本身就是自然的权威,他以人们可感受到的、不言而喻的方式将各种不同的威严形象集中到自己一人身上。

然而,如果这样的威严变得越来越不自然(uneigentlich)、越来越完全惯例性地以"思维"为中介表现出来,也就是说,如果圈子越扩越大,纯粹的邻里关系越取代亲属关系,那么人们之间的不和(Unfrieden)可能会减少,但它却会变得更深刻,爆发时也更激烈:不和可能产生于傲慢、权势欲以及贪婪,也可能产生于仇恨、嫉妒和复仇心,因而在共同体里,传统规范的权力就必须是有效的。传统规范既确定了古老的、已经为人们承认的实在物,也确认了根据以前的判决积累下来的经验,这样一来,它就要去化解那些由于侵犯他人的自由、财产和名誉所导致的纷争。但是,默认一致与习俗共同地指引了积极的和平的方向;它们肯定各种自然的、建立在习

[①] Harris 英译本在此指称"家中的首领"(the head of the household)。——中译者

惯基础上的关系,并且使得人们友好的行动和相互帮助成为义务;它们直接地表现了家庭精神(即那个原初的、观念的统一体,以及由人们的性情自然融合成的谐和状态)。同样,它们让习俗形象地、象征性地呈现出来,使习俗保留在人们的记忆里,并使之不断更新。这些正是节日与仪式的意义或价值之所在,它们以适当的、谐和的形式表现了人们共同分享欢乐与悲伤、共同献身于一个更高的神圣存在者的情形。①

§24

【分离的方向——作为自然法的默认一致,作为实在法的习俗——公社的类型】通过默认一致产生、进而构成了共同生活之内容和形式的东西,就是自然的、包含在共同生活之胚胎中的秩序与谐和。每一个成员都依照整体的秩序与谐和做自己的事情,而且他们必须或应当这样做;他们照此享受自己的东西,而且他们应当或被允许做这样的事。也就是说:"秩序"与"谐和"通过人类有机的——动物性的本性形成,因而,它们先于一切人类文化或历史;伴随着人的自然成长(Wachstum),它们发展起来,自然的成长要求的无非是对它来说有利的外部条件;尽管这些条件同时也可能依赖于历史的(historischen)环境。

与此相对,我们也可以从人的内在素质入手,仅仅从他的已经

---

① 第一版(1887年)有所不同:"它们表现了人们共同分享欢乐与悲伤,共同献身于一个更高的神圣存在。"——中译者

成熟了的心灵能力以及他的劳动出发理解习俗。习俗伴随着如此的劳动（尤其我们此前已经提到的农耕活动）一同发展起来，人们越熟练而灵巧地掌握了农耕或其他技艺，习俗也就越发展。因此，在俗众的共同体生活（Volksgemeinde）①之内，义务、特权以及所有如此类型的东西都必然从一个普遍的、共同的本质意志或力量那里引申出来，人们凭借着自己的素质和行动塑造了它们。这样一来，只要俗众的共同体完整地从自身之中实现了这一活动，在自身的本性和状态之中展现了完成这一活动的力量与意志，同时将各式各样的义务与特权同这个统一体联系到一起，那么上述的意志就是习俗与（实在的）法。

由此，社团与单独的个体或群体的关系，等同于有机体与它的组织和器官的关系。这样一来，"职位"（Ämtern）与"身份"（Ständen）的概念就产生了，由于它们意味着延续性的东西，甚至在家庭里变成了可世袭的东西，因而它们实际上巩固并促进了它们同整体的关联，同时还有它们自己的特权（Freiheit）②。只要一个人获得收益而不以另一个人遭受损失为代价时，这样的情况才可能发生，因为事实上总存在着一种持续的可能性与危险，即共同体中的提供服务者、下层成员变得越来越彼此关联③，而实质上的统治者会得到越来越多的特权。事实上，就"职位"与"身份"这两

---

① Harris 英译本在这里译作"日常的共同体生活"（an ordinary community），因而这里的 Volk 指的应当只是俗众、宽泛的人类之意。——中译者
② 德文词 Freiheit 除了有"自由"的意思，还有"特权"、"优先权"之意。这里指的是伴随着"职位"或"身份"的特权、豁免权或特殊的权利。——中译者
③ Harris 英译本将此句意译为：服务者、下层的成员变得越来越"独立"。——中译者

个概念的本质而言,提供服务者必然会施加于全体某些确定的影响,与此同时,我们将统治者定义成从属于共同体的一个成员或部分,他要为全体服务,根据全体安排他的行为。

所有的身份关系以及与此相关的设置(无论它们在哪里产生,它们如何出现)都是实在法(*positiven Rechtes*),都是习惯法。换句话说,只要它们体现为风俗与习俗,那么它们就从属于普遍的意志。一个地区里的人们,就是这一实在法的主体和承担者,我将他们构成的整体称作一个公社(*Gemeinwesen*)①。公社是一群有机地组织起来的人,我们将它想象成一个特殊的、个体的自我,因此公社同它的成员或器官处于各种各样的可能的关系里。就其现实存在(Dasein)而言,一个公社表现为自然法的制度。但是,恰恰由于它的创造活动,自然法被想象成是在逐渐地向实在法转变。因为每一个自为存在着的结合,都建立在内部共同领会的基础上,就此而言,结合存在于共同的记忆与语言之中,共同的记忆与语言对大多数人来说就是客观的、心理的现实,所以,在某一确定程度上,或者说,在某些确定条件里,由默认一致承担起的人们之间原始的有机关联,将发展成一种公社的观念与本质。它不能通过习俗产生,因为习俗本身就预设公社已经存在了。

人们必须对一个公社的不同情形或状况做区分,即辨别哪些

---

① 德文词 Gemeinwesen 的字面意思是"共同的本质"、"共同的存在者"。Lommis 英译本和 Harris 英译本都将这个词翻译成了 Commonwealth。这种译法可能会受到误解,因为 Commonwealth 通常被理解成"共和国"或"公民全体",比如在霍布斯那里,Commonwealth 就是拉丁文 civitas 的对应词,指的是人们按照契约、人为建立的一个统一的人格。滕尼斯在这里讲的完全是相反的意思,即人们自然形成的整体。中译采用"公社"这一译法。——中译者

属性或特征对公社来说是本质性的,因而(在更确定的意义上)对它而言是必定的、自然的;相反,哪些属性或特征又纯粹是偶然的、人为规定的甚至可改变的。于是,我们可以很容易地得出下面几种公社类型:1)父权制的公社,其中,共同占有土地的基础已经存在了,但是这一基础还没完全成为根本的内容;2)乡村的公社,其中,共同占有土地的基础存在着而且是完全根本的内容;3)城镇的公社,其中,共同占有土地的基础依然存在,但其本身不再是根本的内容。

这些概念尝试着从一定程度上适应其对象流动的、极其多样的特征。家、村庄与城镇——只要它们中的任何一个可能是一个公社的话——同时是更大的复合体的原型,在更大的复合体中,它们可能富有生机地保留下来并发展起来。单独的家最难具备一个特殊的、独立的公社的特征,单独的城镇则与之相反。因而我们可以想象,一个最普遍、最广泛的圈子表现为父权制的、伦理上同质的公社,在其中存在着许多更紧密的乡村公社以及邻里和家乡的公社,最后,从它们中的任何一个都会产生出一些最紧密的城镇公社。我们由此可以想象一个帝国,它分解为许多乡村或部落地区,一个乡村或部落地区又可以再分解成诸领地、村庄与城镇。城镇内部不再包含着任何公社(除非它由若干乡村组成),而是分解成各式各样的团体与家,或者最终分解成个体。但是也存在着一些领地、村庄与城镇,它们直接从属于帝国以及帝国的法;同样,还有一些团体和家则直接从属于乡村以及乡村的法。

§ 25

【公社与共同体—作为军队的公社—军队集会与首领—王侯的威严】公社与共同体的关系完全如同动物(zoon)与植物(phyton)的关系一样。"有生命者"这一普遍观念,在植物那里体现得更纯粹,在动物那里则体现得更完善;所以,"社群之体"(sozialen Körpers)这一观念在共同体那里表现得更纯粹,在公社那里表现得更完善。

正如植物在它的现实存在(Dasein)、也即在它摄取营养和繁殖后代的活动里实现了自己的生命,家的共同体也完全指向自身,它的活动仅仅同自身关联。公社则类似于动物,在动物之内,为着特殊目的形成的器官指向着外部,这些器官为着防御、寻觅和征服,即为了争斗,然而在动物这里,植物性的功能仍然保持为基本功能,即使是争斗,也要服务于植物性的功能。对动物来说,神经系统与肌肉系统彼此关联,它们为动物提供了特殊的力量,使动物能获取统一的感觉、做出一致的活动。在同样的意义上,公社表现为军队(Heer)。我们从许多结合到一起的聚合体里看到,有一些聚合体明确地、习惯性地走在前面,同时它们能知觉友与敌,知觉到猎物与危险,因而它们成为了领导者,并将力量传给其他聚合体。就此而言,公爵的威严在任何圈子里都是有效的。在他们中间,最高的威严属于国王,国王的威严或多或少地明显区别于所有其他形式。只要一个民族或部落常常全体更换居住地并随时准备征战或劫掠,那么它就处于一个较低的发展层次。只有男人适合

第三章 相互关联的意志的诸形式

当战士,一支真正的军队也是由男人们组成的。它必须源源不断地从留下来的男孩们那儿得到补充,同时,军队在很大的程度上也依赖于女人们的才干,因为她们生养了健壮的男孩们。公社不仅仅是军队,而且是家庭、宗族、社团组成的体系;然而只要军队对外做出统一判断、释放一致的力量,那么它就会影响外界,并且受到外界影响。

作为领导者、指引方向者以及从原初的成年人群体中脱颖而出的理性者(在人们之中,这些理性者对立于儿童和老人,如同对立于外来者和仆役,他们构成了一个自然的统一体,因此其中也包含了妇女),这些男人们的有序集会只有作为军队的集会时,才具备了优先权和优越性,而且军队的集会可能会彻底地排挤并替代在此之前的其他类型的集会。每一个像这样的团体都围绕着它们的中心(即首领与公爵)聚集在一起,所有的团体都聚集在他们共同的首领、王侯或国王周围;他们的首领可能是通过选举产生的,也可能是由传统与信仰直接给定的;通过我们可感受到的亲属结合内的诸相互关联,既定的东西显现为必然的东西;选举无非意味着当传统消逝或关于"过去"的知识丢失以后,对它们的替代物之确认或寻找。我们越少地将选举想象成志愿的行动,它就似乎越需要神灵的帮助,祈求神灵赐予灵感,以此确保选举的有效性和真实性。正如投掷骰子就意味着将选举交托给命运或任何看不见的力量。这些表象如此地具有生命力,仿佛客观的统一体①竭力保

---

① 指上文所说的"命运"或"看不见的力量"。——中译者

护自己，以免被主体的自觉意识克服。客观的统一体之所以能完美地表现了出来，首先依靠的是群体的完全一致和彼此协调；其次依靠的是首领们的共同商议与决定；最后依靠唯一的王侯的决断意志。以上的三种力量必须相互结合，才能实现共同的行动。如果对他们有约束力的准则并非是他们习惯的、相信的东西，并非独立于它们可能的意志决断的话，那么实现共同行动就是不可能的、困难的。因此，任何一个这样的机构（Organe）以及它们组成的全体（无论它们是纯粹向内的联合，还是向外的联合），都不能人为地造出正义，而只能发现正义；它们都处于法的支配下，而非凌驾于法之上。①

§ 26

【军队与财产—军人阶层—贵族—贵族与平民】作为以防卫或占领土地为目的建立起来的一支军队，它必须由男人们组成，每个男人直接对土地财产掌握了一定份额；因为只有在他们身上，我们才能想象一种自然的、作为义务感的强大意志。但是，只有农耕才能使土地有价值；因此，无论处于严酷的战争之中，还是进行战争演练，抑或源于共同的信念或根据古老的狩猎习惯同野兽殊死斗争，一个战斗的社团都难于适应辛劳的家政工作，比如犁田、播种与收获。因此，在战争普遍地成为男人们必然的、习惯性的事业之

---

① 第一版（1887年）没有"它们都处于法的支配下，而非凌驾于法之上"这句话。——中译者

处,耕作田地与饲养家畜的劳动就落到女人和仆役的肩上。然而,如果在长久和平时期,一个完整民族的公社扩展到边远的区域,那么如此一来,它仅仅需要保护帝国边界,除此之外,当重装士兵和骑马的战士同时变成军队里日常的、然而更稀有的单位时,从前只在大大小小的团体里担当领导者的人们就形成了一个特殊的军人阶层(*Kriegerkaste*)①;只要在这个阶层之中,最古老的领主们同整个部落(或氏族)各分支的祖先的直属后代结合到一起,那么这个军人阶层就同贵族的等级恰好一致,因而我们也可以将它称作贵族阶层。

在更特殊、更高的意义上,也就是说,当涉及保护并扩张整个帝国的领地时,贵族阶层是自由的;或者,在更有限的意义上,当涉及保护并扩张一个统治区域时,他们也是自由的②。同贵族阶层相比,平民(*Gemeinen*)的自由是受限制的自由,除非他们有能力并且时刻准备从军,或成为有效的替补兵;又或者,除非他们属于一个更狭小的、不受外界环境影响的公社,他们只需通过向帝国的王侯们缴纳实物贡赋,证明自己对帝国的依附关系。贵族可能亲自管理自己的财产,就此而言,他类似于一位边区社员或村庄社员;贵族也可能让完全隶属于他们的仆役管理财产,这个仆役阶层也许源于过去被征服了的人民,也许由外来移民组成,最终也许由于自由民(尤其违法的自由民)的增加产生的;如果以上情况皆是

---

① 注意这里所讲的"阶层",对应的德文词是 Kaste,而非 Klasse,它指的是自然形成的权力等级。——中译者

② 前面已经提到,德文词 frei 既有自由之意,又有享受特权的意思,Harris 英译本在这里翻译为:贵族享受特权和自由。——中译者

不可能的或不充分的话，那么通过定居在贵族庄园周围的农民缴纳的费用、税款以及提供的服务，贵族阶层享受着供养与照料。只要我们想象，村庄社团根据人们信仰的、流传下来的传统，真正地占有乡村土地，那么赋税只能被理解成人们自愿缴纳的东西，尽管"缴纳赋税"这一行动要受到由习俗规定的义务的约束。如果说作为自由领主的男爵或骑士在政治的意义上、即在公社的意义上凌驾于村庄社团之上，那么他们同时在经济的意义上、也就是在原始父权制共同体的意义上依附于村庄社团，原始的父权制共同体必然总被看作公社的基础。自由的领主（一旦以上的情况成立）依赖共同体的恩惠与善意，他们靠着社团的供养维持自己，因此，他们也是为社团服务的机构。①

§27

【一个公社的各个部分—城镇作为理念的实现—城邦—公社的崇高—群众社团的双重含义】如果说任何公社都表现为一个由众多领地、村庄与城镇组成的地区，或者能够分解为若干联合的（konföderierte）地区，那么只要类似于这样地区的各组成部分牢牢地固着在自己的土地上且有能力保护自己时，它们具有一种确定的趋势和力量，使自己变成公社。倘若这一点成立，而且公社本身又不是由一些可能的、更小的公社聚合的产物的话，那么如此的公社就同时是"公社"理念最完美、最强有力的表现，即因为人们共

---

① 第一版（1887年）有所不同："……他们靠社团来维持，因此，他们是服务社团者。"——中译者

第三章 相互关联的意志的诸形式

同居住,彼此切近,他们不像各个独立的武装团体那样容易产生摩擦,相反,他们组成的公社既能体现为具备行动能力的军队集会,因而也能表现为具备判决能力的司法集会。在这个意义上,统治一个特定农业地区的城镇(*Stadt*)实现了公社的理念。一方面,它甚至可以像希腊文化中的城邦(Polis)那样,是现实中唯一的公社;这一公社仅仅作为一个联盟里的成员,又建立起一个凌驾于自身之上的公社,人们根据(神话里的)宗教性、创造性的幻想,可能将后者想象成一个原始的、不断从事生产活动的公社;另一方面,它也可以像日耳曼文化中的"自由市"那样,作为一个地区或帝国的组成部分以及产物,它凭借自己的权力和财富,从共有的土地上脱颖而出,甚至进一步地同与之类似的各个公社聚合到一起,由它们组成的、构合的联盟类似于希腊的城邦联盟。但就此而言,这样的公社可能通过它的真实的先天特征、也即为人们信仰的神圣本性,将自己从不断向着纯粹虚构或抽象的统一体转变的过程中拯救出来。[①]

正如城镇同城镇联盟之间的关系,作为自由的、有防御能力的男人,市民以同样的方式关联着他所从属的城镇。全体市民都将公社视为他们完成的艺术作品,视作他们的理念。他们将自己的自由、财产和荣誉归功于市民公社。然而,市民公社仅通过市民的结合的、理性的意志(vernünftigen Willen)才能现实地存在,尽管他可能是此意志的一个必然的、不自觉的结果。它不仅意味着市

[①] Harris 英译本指出,滕尼斯虽然在此谈到的是中世纪后期日耳曼的自由市,然而这里可能暗示了滕尼斯对 19 世纪末德意志帝国之民族认同的看法。——中译者

民们偶然地、在当前时刻达成的一致,而且意味着经过数代人的努力,人们最终实现的本质性的统一。

如果说一个公社的意志往往由公社集会里的一个人(王侯)、几个人(高贵的人、年长者)或许多人(群体、群众)达成的默认一致表现出来,那么在一个父权制的、地域范围最广大的公社里,君王的统治占据优势;在一个乡村的、地域范围较狭窄的公社里,贵族的统治占据优势;而在一个城镇的、地域范围相对而言最狭窄的公社里,群众的统治就占据优势。如果说在第一种公社里,我们将君王想象成头里的大脑,将贵族想象成脊髓神经,将群众想象成交感系统的中心,那么与此相反,在最后一种公社里,群众自己将掌握着自己,就像身体里正在从事知觉和意志活动的大脑一样,他们具有思考的能力,而且可以变得更完善,因为他们能很容易地经常聚集到一起,共同面对困难的问题;与此同时,通过经常练习和教育,他们变得更加敏锐,因而也就更有可能从自身之中培育出最崇高、最高贵的政治技艺的理性。

但是,公社完满的崇高在于以上三个机构①的协调一致,虽然在实际的经验现象里,有一个机构可能会占优势,另一个机构可能衰落下去。无疑在最近的时代里,群众社团(Volksgemeinde)可能获得了更新的、更独特的含义,即它成为了一个特殊的阶级②,

---

① 即上述的君王、贵族和群众。——中译者
② 德文原词是 ein koordinierter Faktor,字面的意思是"一个协调的因素"。根据 Harris 英译本的解释,这个短语指的是"由各个相同的部分组成的总体",尤其结合滕尼斯本人的表述来看,在这里特指近代的无产阶级。这里采纳了 Harris 英译本的意译。——中译者

然而它可能仍然保留了更古老的、普遍的含义,这一含义使公社的总体性与实质明白地显露出来。同时,也正是从公社的总体性与实质那里,所有的中心人物和权力承担者才产生出来,并且受到它们的限制。这样看来,我们最终应当这样理解群众:无论如何,他们由所有以某种方式共同生活在共同体中的人组成,这其中包括女人、孩子与老人,还有作为整体之组成部分的防卫者与仆役;然而,尽管现象变动不居,共同体却保持不变。

§28

【合作社与协会—公社、教会与世界帝国的相互关联—协会与强制手段—规章】从以上的讨论里,我们可以看出,由人组成的团体(Korporation)或结合既可被理解为一种有机体的类型或一件有机的艺术作品,正如它们同样也可以被看作一种工具或机械的类型。因为在现实里,这种东西的实体无非是持存着的、共同的本质意志,或者是构造出来的、共同的抉择意志,我们都不再从"多"而是从"一"的意义上理解和想象它们。如果我们将"合作社"这一名称用于第一个概念(即共同体的结合),将"协会"(Verein)这一名称用于另一个概念(即社会的结合),那么我们就可以得出以下结论:一个合作社仅仅被描述为自然产物,它是凭借着自身的起源、自身发展的诸条件就形成了的东西。合作社因而也就同"公社"这一概念密切关联。与此相反,协会意味着一个由思想制作或虚构出来的东西,它被用来服务于它的创造者们,他们借此表达共同的抉择意志:在这里,大家首先必然考虑的是目的,为此目的,协会才能被当作手段与动机。就此而言，这个概念也被用来理解"国家"(Staat)这一概念，国家概念也就是普遍社会意义上的协会概念。

一个合作社、因而也就是一个公社的心理学或形而上学本质，总是从"去存在"的意志(Wille zu sein)那儿产生的，也就是说，公社有它自己的生命，它的成员在无限的时间里共同生活。因此，这种公社的心理学或形而上学本质总是可以回溯到本质意志的原初统一，我曾将此称作"共同领会"，无论它如何从"共同领会"那里发展出来，这一本质的内容如此强大，以至于它无论如何都有力量维持公社在现实中的存在。以习俗与法的形式表现出来的这一内容，对公社的所有成员来说都有无条件的、永恒的有效性，成员们从它那里引申出他们自己的权利，此权利不仅涉及成员之间彼此谐和与彼此对立的关系，而且还涉及成员与合作社的"自我"之间彼此谐和与彼此对立的关系，只要合作社的"自我"不任意改变自己既定的意志。但是，我们必须将整体的意志领域想象成先于一切单独的意志领域存在，同时，整体的意志领域包含着所有单独的意志领域，以至于人的自由与财产仅仅是公社的自由与财产之变更。同理，在共同体的普遍相互关系里，每一个合作社的领域都受制于更早的、更高的合作社，前者由后者确定，前者作为后者的成员、同后者产生关联；直到最后，最高的合作社必然被想象为囊括了整个人类的公社，这就是教会的理念，也是精神的、世界性的普遍帝国(Universal-Reiches)的理念，这一理念是永恒的，在一个提高了的、通过认识纯净化了的意识之基础上，此理念可能再度复活并持久不变。①

与之相反,任何协会都建立主体与主体缔结契约之总和的基础上,此复合体被称作"协定"(Vereinbarung)。通过协定,一个虚构的人格仿佛被赋予了生命,规则(Statut)也就产生了。通过任命一个特定的代表,规则让协会具有了意志,并且使之掌握了一个目的;然而,这种目的可能仅仅意味着缔结契约者一致认可的东西,同时,规则会赋予他们追踪或达成此目的的手段;所谓"手段",必然是契约缔结者所掌握的既定手段会聚成的东西。这些手段部分地是同单个人的行动相关的各种权利,因此协会(在法的意义上)可以或者说应当以同样的方式支配个体的行动,正如每一个个体通过其抉择意志的领域都可以做出自己的行动、支配自己的行动。因此,它们既是个体之自由的组成部分,又是强制性权力。此前,我们已经研究了这些权利如何从每一个责任那儿产生出来。但是,就协会的本性而言,它无法像单个人那样实施强制力。它只能通过它的代表行动;代表可能是一个人,也可能是一个集会。如果代表是一个人,那么似乎他将尝试以他自己的名义强制他人;如果代表是一个集会,那么虽然它以一个全体的名义做决定,但是当它行动的时候,它自身就会分解成许多单独的个体,这些个体应当受它的意志鼓动或强制,因为它本身无论如何都没有行动的能力。

---

① 根据 Harris 英译本的说法,这里可能指的是奥古斯特·孔德的宗教观点,不过,如果参考滕尼斯的自传的话,这里也有可能指中世纪神秘主义神学家菲奥内的约阿希姆(Joachim of Fiore, 1135—1202)的"圣灵宗教"(Holy Spirit)观点。约阿希姆依据三位一体的思想,提出了"圣父时代"、"圣子时代"、"圣灵时代"的演进观,指出圣灵宗教最终要超越圣子宗教(教会)。——中译者

不管怎样，我们始终无法肯定：作为单独个体形成的总和，它是否有能力从"共同意志"的层面出发，实现共同的行动？为了能够强制每个个体，由协会构成的统一人格因而必须像任何其他的人格那样，能够通过不同于强制手段的其他方式掌握一种优势力，在社会的条件里，通过定约，协会的人格获得这种力量，就此而言，非强制的方式是可实现的。如此一来，它必须掌握足够数量的、作为普遍购买手段的货币。除此之外，实施强制力仍然受到一个大条件的约束，即至少从消极意义上讲的整个社会的协作。只有当没人准备着或想着去帮助被强制者抵抗压制时，或者说，当相较于强制者，被强制者的力量微不足道时，强制就能确实地、合乎规则地实现；此时，强制者成功地抵抗被强制者，其可靠性如同实现对第一个"犯罪者"的强制。

无论从任何契约（或交换）在经济方面有效这一意义上讲，还是从它在法权方面具有责任的有效性这一意义上讲，社会皆参与到"订立契约"或"交换"的行动之中。当有权利者（Berechtigten）①占优势时，社会就通过中立的方式，使反抗成为不可能的事。就平均状况而言，一个人发挥的瞬间性的而确实的作用，不具备对另一个人的优势，因为每一个人都有足够的力量抵抗另一个人。②有权利者因而必须去争取有助于自己的力量。这样一来，要是协会没有财富或收入、即（在发展了的社会里）没有货币的话，它就没有抵御实在的个人的力量。所以在此之前，协会必须要

---

① 在这里，"有权利者"指的是有权利提出要求的人。Harris 英译本译作 claimant，即原告、索赔人、提出要求者。——中译者

② 参见霍布斯的《利维坦》，第 13 章。——中译者

有货币,或者说,必须批准协会占有货币。同时,必须让它能够自由地支配货币。这样,协会也就支配着人的力量。除了向内与向外的强制之外,协会也需要完成其他目标,这里说的也许仅仅指从主要目标那儿引申出的其他目标,比如说经营一项商业。

通过普遍的原则,一个协会向它的下属表达其抉择意志,我将这一形式称作规章(Satzung)。对人们来说,规章意味着有约束力的规则,执行规章就是通常概念上所指的"提供服务"(Dienstleistung),由于提供了服务,人们会获得报酬。因此,执行规章本身不应被想象成义务劳动,而是类似于人们在瞬时交换时提供的等价物。个人也可以凭借这样的方式、通过普遍的命令表达并实现他们的意志。任何一个委托者对被委托者来说都是立法者。规章的正式形式适合于协会,因为即使协会表现为一个集会,它还是需要一种特定的(通过规则指定的)公式,这样一来,它才能从根本上形成它自己的意志,并且宣称这一意志是有效的决议。由于这个原因,对协会来说最普遍的表达也是最自然的表达,如果将这种最普遍的表达应用于一些特定情况以及某个单独情况,除此之外,如果协会将此任务交托给依附于它的个人,那么它就能在既定的时间里实现最大的效用。

§ 29

【国家与它的目的—社会与国家之上的法—作为法的解释者和创制者的国家—立法权—政治—作为社会的国家—没有任何法对抗国家的法—行政—社会主义—世界国家—国家的消亡】国家

(*Staat*)具有一种双重特征。它首先是普遍的社会的结合。它之所以能持存，人们之所以将它建立起来，似乎是为了保护他们的自由和财产，因此也就是为了表达、执行建立在契约有效性基础上的自然法。像任何其他构造出来的协会一样，国家是一个虚构的人格或者说人造人，在法的秩序里，它既等同于又对立于一切其他的人格。在国家与单独的个人之间存在着一种自然法，正如在一个被委托者与委托者之间存在着同样的自然法。那么，这样的法作为社会的意志，作为惯例意义上的自然法，凌驾于国家之上。国家的宪法从属于自然法，在宪法展现的秩序之内，国家应当有效地表达它的意志。

如同任何一种法那样，关于自然法的争议可能不绝于耳，因此为了对自然法做出裁决，契约的缔结者（一方是国家，另一方是独立的个人，也就是说，另一方是社会）可以指定一个特殊的人格或机构来做这件事，并认可它们的决议。对司法（*richterlich*）机构来说，没有任何其他的法可以规制它，它也不需要其他的法，因为它的意志应当无非就是与法有关的科学真理，它的行动无非是宣布它的意志。这样一来，它就既没有强制的权利，也没有强制的力量，相比于自然的人格，它拥有的权利与力量可能要少得多。它是纯粹的、最高程度上的社群理性，因而它也就摆脱了一切其他的力量。

与之相反，就其纯粹的法权规定而言，国家无非是武力（Gewalt），是一切自然强制权利的据有者和代表。为了将法强制作用于他人，国家本身需要认识法。它使自然法变成它的认识对象，将自然法吸收到它的意志里，如此一来，它自己也变成了自然法的解释者。国家可以改变它掌握的任何东西。这不仅意味着事实上的改变,而且,国家必然能以合法的方式改变它们。因为国家可以把它想解释的规则(Regeln)转变成对它的下属来说具有约束力的规章(Satzungen)。国家对"法是什么"这一问题的解释,其实就等同于对"法应当是什么"这一问题的解释,因此还包括对法的所有实践结果的解释。在此意义上,国家可以任其意愿地(beliebiges)制造出法来,就此而言,国家命令隶属于它的法官们按照此法做裁决,国家还命令隶属于它的执行官们执行此法。作为由单个个体组成的总体,同国家并存、仿佛处于国家控制之下的社会(Gesellschaft)抵抗着国家立法权力的无限扩大,或者说抵抗着国家对自然法或惯例法的压制,因为国家或者凭借国家法或者凭借政治(Politik)压制着自然法或惯例法,社会通过抵抗,申诉了自己的权利。因而在这里,合法的判决只有通过上述仲裁法庭(Schiedsgericht)的行动才是可能的。

但是,国家其次是社会本身,或者说社群理性(soziale Vernunft),社群理性伴随着"单独的、理性的社会式的主体"这一概念存在;就其作为统一体而言,社会并不被设定为外在于其他人格且同其他人格并存的特殊人格,而是被视作绝对的人格,其他人格只有在关联着这个绝对人格的前提下才是实存的;在这个意义上,不存在任何对立于国家法的法,政治之法就是自然之法。因此,在国家与社会之间,人们并不能想象一个更高的、宣布法的判决机构,因为这种机构就像国家本身一样,必然从社会产生;继而,整个的司法权变成依附于国家的东西,变成按照国家的法律来运作的东西。因为以下结论已经被否定,即社会将国家的意志认作它自己的意志,不依靠国家即可履行普遍意志。①

这样一来,一种建立在对个体积极的规定基础上的自然秩序产生了,它取代了对个体消极的规定;其中,一些个体由国家授予了统治的权力,然后,他们有能力进一步地将权力往下授予其他人,直到最后,通过对国家的间接附属,每个人都参与到了国家的意志之中。在国家的行政(Verwaltung)体系里,这一思想得到了有限的执行:行政体系变得越来越普遍化,其结果就是整个商品生产变成了国家行政的组成部分,而且就"行政"这一概念而言,它的普遍化意味着(表面上的)社会主义(Sozialismus)的一种可能的形式。无须取消社会各阶级的基本划分,我们就可以想象社会主义的可能形式。国家将变成一个排除了所有竞争的资本家联盟(Koalition),商品的生产都是为了进一步满足资本家们的利益。在由世界市场调节的国际劳动分工里,联合起来的资本家总是以创制和出售全部产品者的姿态出现。即使生产资料归国家所有,作为形式上的劳动主体和劳动的指挥者,资本家仍然将全部的剩余价值据为己有,而且他们不会要求剩余价值补偿生产资料。然而,一旦社会超出了一切界限,随后建立起世界国家,商品生产就会终结,一并终结的还有"企业家利润"、商业利润以及所有剩余价值形式的真正根源。由下层阶级(正如迄今为止的状况那样)生产出的商品只能被上层阶级占为己有,因为并且只要上层阶级以国家的名义代表着国家,同时以国家的名义占有那些似乎维持劳动

---

① 第一版(1887年)对这句话的表述有所不同:"因为以下结论已经被否定,即社会不依靠国家即可履行普遍意志。然而,或者可以这样说,在社会将国家的意志认作它自己的意志的程度上,社会不依靠国家即可履行普遍意志。"——中译者

第三章 相互关联的意志的诸形式

者之生计的必要产品以外的部分,自行地分配这些部分。

如果国家的和实定的法吞噬了一切社会的和契约的法,那么法立足的"志愿性"基础就表现得更明显。这一基础总是存在着的:但是直到自然法的主体变成有能力不断产生抉择意志的、完全虚构的(法律上的)人格时,人们才能理解上述基础。根据第一种观念(即国家纯粹作为社会的受委托者),我们仅从表面上看到:所有商品出售者的抉择意志首先确立了惯例的自然法,其次才确立了政治的自然法;似乎在同样的程度上,劳动力成了表面上的商品。不过,真实的情况是:所有现实商品(它们在生产活动中具象地表现为劳动力)的出售者的抉择意志直接地就确立了政治的自然法。

当国家宣告自己与社会一致时,国家就是资本主义制度,并且保持着资本主义制度。如果劳动阶级为了摧毁资本主义生产体系并将自己变成国家意志的主体,那么国家就不再保持资本主义制度。由此,我们可以得出这样的结论:就其目标而言,劳动阶级的政治追求在社会范围之外,社会包含着作为其意志之必要表现和必要形式的国家与政治。

然而,在以上已经提到的两种国家概念之间,最深刻的社群的、历史的对立产生了。我们可以说,它们之间的对立是"人民主权"与"统治者主权"之间的对立,也可以说是"社会主权"与"国家主权"之间的对立,但是在它们之间也存在着多种多样的结合与混淆的情况。

§ 30

【共同意志的最终形态—信仰与宗教—教义与公共舆论,它们与家庭生活以及习俗的相互关联—它们与公社的相互关联—宣誓—道德的主要部分】共同的且结合着的意志的第三种形态、即最终的形态,必然被我们理解成心灵性的东西。为了从理论上更清楚地说明它,我们可以为它预设一个主体,这个主体可被视作一个精神性的[①](宗教的)联合体或协会。如果我们将此主体想象成普遍的事物,那么我们进而就可以将它区分成精神性的(宗教的)公社与精神性的(宗教的)国家。在这里,我将意志形式本身分为:A)共同体的意志形式:它在个体那里表现为信仰,在全体那里表现为宗教;B)社会的意志形式:它个体那里是学说(Lehrmeinung),在整体那是公共舆论。

它们都是力,这样的力既非通过人力(身体的力)形成并贯彻,也非依靠作为用具(货币)的外物所发挥的效用形成并贯彻,而只由表象与思想确定,表象与思想是人的大脑活动,大脑确定地使它们发挥作用。它们对社群行动发挥的最重要功能就是"下判断"与"做指引",也就是说,它们通过自身或通过它们的原则、准则和规范来权衡种种事件、行动,乃至同它们有关的人的意志,与此同时,

---

① "精神性的"对应的德文原词是 geistig。Harris 英译本指出,geistig 在这里指的是心灵或理智层面的东西,可能并不必然地包括宗教的观念(所以滕尼斯在这个词之后做了补充),滕尼斯主要通过它强调观念是意志的表达。——中译者

它们尤其以这样的方式衡量公社的意志与国家的意志。这样一来，宗教就凌驾于公社之上，公共舆论就凌驾于国家之上。宗教评判习俗、即评判习俗或风俗是好的、正确的，还是坏的、错误的。公共舆论或者赞同政治与立法，视它们为正确的、智慧的东西，或者将它们谴责为错误的、愚蠢的东西。

信仰本质上是群众与下层民众的事业，在儿童与女人那里，信仰是最有生命力的。学说是一个只有少数人才能掌握的东西，相对来说，能够构想出学说的人就更少；这些人是有智慧的人，是高贵的、冷静的个体，或者说是男人与长者。信仰与学说之间的关系正如诗歌与散文之间的关系。就其根源来说，诗歌是歌唱、描述性叙事以及戏剧表现的基调，而散文则适用于数学推理或其他类型的概念组合思维。

宗教与家庭生活的关系，还有宗教与习俗的关系，我已在前文里简单地论述过。只要"宗教"的含义延伸到富于表象与幻想、彼此亲和而友好的人们参与的活动，那么宗教本身就是家庭生活。因此，一方面（在人这一方面），伴随着虔诚地向神灵供奉礼物、祭品与赠物，人们表达着敬畏神灵之情；另一方面（在神灵的这一方面），神灵向人们施加恩宠、护佑与帮助他们。父权制或母权制是神灵统治（或一切类似于神灵统治的其他统治形式）的基础和根源，而且它们作为神灵统治的内在真理，保持在其中。宗教因而就是习俗的一个部分，通过传统、传说以及长者的教诲，宗教现实地、必然地流传下来，孩子们就在宗教的氛围里出生，在其中接受教育，接受家乡的方言、生活方式以及穿衣和饮食的习惯。这些习惯都是让家乡人习以为常的东西，它们是父亲的信仰，是信仰和习俗,是流传下来的情感与义务。

反过来说,在宗教的最高发展阶段,它将对人的性情与良知发挥真正的影响,并且保持着这样的影响。通过对家庭生活中的各种事件神圣化,宗教实现了它的长久作用,这些事件包括:婚姻共同体的缔结、家人为新生儿出生感到的欢愉、对年长者的崇敬以及对往生者的哀悼。同样,宗教将公社神圣化了,并且提升、加强了法的影响:作为长者与祖先的意志,法已然是令人尊敬的、重要的事物;作为神灵的意志,它便成了更强大的、更确定的东西。因此,先前的观念需要并产生了后来的观念,反过来,后来的观念也对先前的观念发挥了作用。宗教公社特别表现了一个民族原始的统一和平等,其中,一个民族就是一个家庭,通过在共同地点举行共同的礼拜,人们保持着对亲属的回忆。这就是广泛意义上的宗教公社;作为城镇公社时,宗教公社掌握了最强大的力量。在这里,信仰的重要性、解释神灵意志的重要性以决定性的方式出现了,它们补充着习俗的内容,它们修正着乃至部分地取代了错综复杂的生活状况,这主要通过"宣誓"(*Eides*)这一风俗实现:宣誓时,人召唤神圣存在者降临;不过,与其说神圣存在者作为被爱的对象降临,不如说神圣存在者作为让人恐惧的对象降临,就此而言,它告诫着人们要做到"忠实"和"真诚",而且它有能力报复欺骗者与说谎言的人。如果人们在作为家庭生活重心的婚姻里、在男女精神的默认一致以及在誓言里认识到"忠实"和"真诚"这两大支柱,那么人就不会走上迷途。通过"忠实"和"真诚"这两大支柱,宗教支撑着公社的结构,提升了共同体的生活:"忠实"和"真诚"是道德的主要部分,从它们特殊的品质上看,它们是宗教的产物,正如法是习俗的产物。

§31

【公共舆论与科学—行动与意见—政治舆论—政党与政府—报纸业—新闻媒体的力量—通向世界共和国的趋势—普遍的限制】公共舆论要求自身确立起普遍有效的准则,这样的准则并非建立在盲目的信仰之上,而是建立在对它所承认并接受的学说之正确性(Richtigkeit)的清楚认识之上。从公共舆论的倾向与形式来看,它是科学的、启蒙的观点。如果说,当涉及到思维与认识可能会探究的一切可能问题时,公共舆论便会形成,那么它首先针对的便是社会与国家之中人们的生活与交往。一切有意识地参与到这样的生活与交往里的人,必然会对这类概念与看法产生兴趣,他们会想办法让舆论形成,并且将同错误的、有害的意见做斗争。

在商业实践里,什么被允许?什么又不被允许?对于各种各样的企业、商品、需求以及铸币或"证券"(Papieres)而言,它们的效力与价值如何?与此类似,如何衡量流通中的价值、人格以及它们在其他社交活动(比如市场与交易所里的交往)里的能力?以上这些问题都上升为一些普遍的原则,它们构成了一部道德法典。虽然人们根据想象出的更好的认识,可能会改变这部道德法典,而且它也可能也会遭到许多反对,但是没有什么比它的禁令、指责与刑罚更严格;因为它关心的并不是人们行动背后的信念(Gesinnung),而是他们的行动方式(Handlungsweise)的形式正确性。

因此，这里根本上只在于对违反其规则的行为做出反应；与此相反，它不可能根据行为的积极方面给予奖赏，因为除了让人遵守它的规则以外，它不再要求甚至期望其他东西。"赞赏"并不是公共舆论要做的事，毋宁说，公共舆论要努力地把一切现象提高到自己能够把握的水准上。它绝非仅仅把这一水准同正确的、好的行为联系在一起，而是首先要把它完全地同正确的、好的意见本身联系在一起。要做到这一点，公共舆论就必须要求个人的、私人的意见必须要同它自己一致，即同普遍的、公共的舆论一致，这样一来，（我们此前预设的）理性的、志愿的主体就更要根据公共舆论指引他的行动。

不过，在各种意见里，许多都是无关轻重的，然而没有什么意见比政治舆论更重要；因为国家颁布或维持什么法律，它将推行怎样的对内对外政策，似乎最终都取决于此。如果社会只是部分地就此达成一致，甚至在许多方面发生了最剧烈的争执，那么任何一个政党因此都要力争将他们的意见提升为公共舆论，或者至少保持公共舆论的假象，并且力争将它们的意志表现为普遍的、理性的意志，这样的意志以共同的利益为目标，借此，他们可以执掌国家的"船舵"，或者说把"立法的把手"抓在自己的手中。另一方面，国家本身或政府，也就是那个恰好表现主权人格或对主权人格施加强大影响的政党，同样有强烈的兴趣去"制作"并"加工"公共舆论，去为公共舆论定调、再定调。

作为公共舆论以及可能像公共舆论那样生效的东西，它总是像一个外在的、外来的力那样影响着每一个抱有某种意见的人。这一点尤其通过传播（Mitteilung）的方式实现，借助这样的方式，所有的言说者、教导者同倾听者、理解者之间的信任与信赖的关系都消逝了，或者说，基于书写的传播方式，上述关系将会消逝。在这里，各种判断与意见仿佛零售商的货物一样被包装起来，提供给人们享用。以报纸业（*Zeitungswesen*）为例：对我们这些当前活着的人来说，它是最快捷地生产、复制以及扩散事实与思想的方式，它就像世界上所有其他被人们享用的事物那样，以最完美的方式被准备出来并提供给人们：正如宾馆里的厨师将饮食材料以任意的形式和数量摆放在宾客面前。因此，"新闻媒体"（Presse）是公共舆论的真正手段（"器官"），在一切知道利用它以及必须利用它的人们手中，它是的一件武器和工具。它对社会里的各种事件以及社会状态的转变做了令人畏惧的批判，因而它具有普遍性的力量。与此同时，它完全可以同国家的物质力量相媲美，后者通过国家的军队、财政以及"组织化"的官僚体系衡量；在某些方面，它甚至超越了国家的物质力量；它不像国家的物质力量那样受到国家边界的限制，相反，从其趋势与可能性来讲，它完全是国际性的，因而毋宁说，即使许多国家组成了持久的或暂时的统一体以及联盟，它照样可以比拼这一统一体和联盟的力量。所以，我们可以将公共舆论的最终目标表述成：取消和替代国家的多样性，建立一个与世界市场具有相同范围的、唯一的世界共和国（*Weltrepublik*）；世界共和国由思想者、知识分子和作家指挥，不过，除了一种心理学性质的强制外，它可能不具备其他强制手段。向着世界共和国发展的趋势与意图可能永远都不会形成一种清晰的、纯粹的表现，更谈不上能够实现；但是，对这一趋势与意图的把握有助于我们理解许多现实存在的现象，而且有助于我们认识到一个重要的事实，即：民族国家（nationale Staaten）的形成只不过是对无限社会的一个暂时的限制。正如在最现代的、最具社会特征的国家那里，即在美利坚合众国那里，它最不能也最不愿地要求自己拥有一种国族的（nationalen）品质。

然而，我们无论如何都需要注意到：必须要持久地记住这些抽象概念中的人为要素、甚至暴力性的要素，同样，要记住所有这些社会力同其共同体基础之间的深刻关联，就此而言，社会力的共同体基础指的是共同生活与共同愿望之原始的、天然的、"历史的"（historischen）形态。因为仅仅在思想的意义上，个体的抉择意志才能同生命的、本质意志的冲动分离开，并且从客观的角度上来讲，个体的抉择意志似乎毋宁是回忆的产物：社群的抉择意志的情况与个体的情况彼此对应。一切社会力的规章与准则都在一定程度上类似于宗教禁令，因为就像后者那样，前者也起源于整体精神的理智表现或心灵表现，而且，即使我们现在预设了这一精神的孤立与自主，我们也可能完全无法在现实中遇到这一精神的完善而普遍的对应物。因此，宣誓是契约的原始保证，并且在人的自觉意识里，契约的"约束力"并不能轻易地与人的忠诚和信任分离。尽管就现实而言，以上这些要求完全必要的，相反，只要每个理性主体简单地反思一下自己的利益，他就能表象出实现社会生活之基本条件的必要性。

要澄清这些观点并不是件容易的事情，要理解它们也不容易。但是，通过认识并洞悉这些观点的意义，我们能够发现解决"人类文化之形成与衰亡"这一最重要问题的钥匙。因为文化的现实存在形态处于不断变化当中；这一点既适用于持存的文化形态的发展,也适用于它的消亡。一切"变化"只能被理解成:处于流动状态中的各种概念之间的相互转化。①

---

① 第一版(1887年)没有"因为文化的现实存在形态处于不断变化当中;这一点既适用于持存的文化形态的发展,也适用于它的消亡。一切'变化'只能被理解成:处于流动状态中的各种概念之间的相互转化。"这两句话。——中译者

附　录

结论与展望[①]

[①] 第一版(1887年)引用了古希腊历史学家波利比乌斯(Polybius)《历史》(VI, 51)中的一段古希腊原文,大意为:对任何的身体、国家或行为而言,它们都经历了自然的过程,首先是成长时期、接下来是全盛时期,最后是衰落时期。——中译者

结论与展望

§1

【秩序—法—道德】共同生活的秩序(*Ordnung*)呈现出一组对立的情况:从第一种情况来讲,共同生活的秩序本质上建立在默认一致(Eintracht)、即意志协调一致的基础上,它通过习俗与宗教产生,通过它们变得完善;就第二种情况而言,共同生活的秩序以会聚在一起的、联合的抉择意志为前提,它建立在协定的基础上、通过政治的立法确保公共舆论从观念和意识的层次上解释它、为它辩护。

此外,共同的、有约束力的实在法(*Rechte*)也呈现出一组对立的情况:从第一种情况来讲,这样的实在法是一个具有强制力的规范系统,它关系着个体意志之间的联系,而且它植根于家庭生活,从"土地占有"(Grundbesitz)这一事实那里衍生出它最重要的内容,它的形式本质上通过习俗(Sitte)确定,同时,宗教神圣化了习俗,并改变了习俗的面貌,如果宗教并非作为神的意志的话,那么它就作为有智慧的、在地上统治着的人的意志,他们解释着神的意志,尝试着教导人们改变并完善实在法的形式;就第二种情况而言，这样的实在法致力于从联结并缠绕在一起的抉择意志中区分出每一个体的抉择意志，它的自然前提在于商业和商业交往的协定秩序；然而，只有通过主权者的意志以及国家的权力，它才变得有效、才能发挥合乎规则的力量；作为政治的最重要的工具，它维持着社会的运转，阻碍或推动着社会的发展趋势，人们通过各种学说与舆论公开地维护它或反对它，因而最终会改变它、促进它或者减轻它的效力。

最后，还存在着道德（Moral）的一组对立的情况，"道德"指的是完全就观念或心灵而言的人类共同生活的规则体系：一方面，道德本质上是宗教表象与宗教力的表现和现实器官（Organ），在这里，道德必须同家庭精神的各种条件与现实状况结合到一起，也必须同习俗结合到一起；另一方面，道德完全是公共舆论的产物与器具，随之，它关系到的就是人们在以契约为基础的普遍社交活动与他们的政治抱负中产生的一切联系。

秩序就是自然法；一般而言，法 = 实在法，道德 = 观念法①。因为作为应当存在的、理应如此的内容，作为被人禁止或被人允许的内容，法根本上就是一种社群意志的对象。甚至对自然法来说，只要它应当发挥了真实的、实在的作用，那么我们必须将它理解成制定好了的、有效的法；但是，自然法是在一种更多普遍性而更少明确性意义上的法；同一切特殊的法相比，它是普遍的法；或者说，同复杂多样的、错综杂乱的法相比，它是简单的法。

---

① 1979 年的德文版中删去了"道德 = 观念的法"这句话。——中译者

§ 2

【社群意志的实体与抉择意志的自由—群众与国家】社群的生命与意志的实体(Substanz)①由默认一致、习俗与宗教组成。如果条件有利,许多极其多样的生活模式将会在社群的生命历程里形成,这样一来,任何团体、独立的个人都会在他们自身的意志和意志领域里,因而也在他们的信念、性情与良知里分享了确定份额的整体生活模式。同样,一定份额的整体生活模式也包含在他们所处的特定环境、他们的财产以及对他们而言自然的、习惯性的、义务性的行动里。任何团体、独立的个人都能从共同的发源地与中心那儿派生出来,他们的力量植根于此,而且他们最终从一种原初的法那里滋养出自己的权利,这样的原初之法作为一种神法和自然法围绕着他们,保护着他们,正如它曾使他们产生、也将使他们消亡一样。

但是,在某些确定的环境里,在一些对我们而言奇特的关系中,人通过其志愿性的活动和关系被理解成一个自由的人,并因此必然被理解成一个人格。在这个地方,共同精神的实体是那样脆弱,或者说,将一个人同其他人联结在一起的纽带变得如此松散,以至于我们的研究要排除这一情况。同任何家庭的、合作社式的联合(Bunde)相比,这一情况通常指的是没有联合到一起的人们之间的关系:在此关系里,或者最终从这种关系的本质来讲,既不

---

① Harris 英译本将 Substanz 意译成核心(core)。——中译者

存在着什么共同领会,也不存在着什么将人们结合在一起、使人们和解的风俗和信仰。它就是战争状态:一方面,每个人都有无限的自由,去消灭他人,而且每个人都可以任意地利用、掠夺以及奴役他人;另一方面,由于认识到缔结契约和相互结合的优势,人们联系到一起。如果说这样的战争状态可能存在于诸封闭的团体或共同体之间、可能存在于以此为生存条件的人们之间,又或者可能存在于共同体的成员与共同体之外的人之间,那么本研究就不会考察这样的状态。相反,我们理解的是一种共同生活的状态,或者说一种社群状态,其中,个体仍然保持孤立,他们在掩藏起来的敌意里保持着相互间的对抗关系,然而,他们仅仅出于恐惧(Furcht)或精明(Klugheit)才放弃了相互之间的攻击,所以,现实中的和平友好的关系和行动,必须被想象成建立在战争状态的基础上。正如我们在概念①里确定的那样,这就是社会的文明(Zivilisation)状态,在文明状态里,通过协定以及在协定中表达着的相互恐惧,人们维持着和平与交往的局面,同时,国家保护着社会的文明状态,用立法与政治促进它;科学与公共舆论部分地试图把文明状态理解成必然的、永恒的状态,部分地把它赞颂为不断向着完善迈进的进步状态。

尽管如此,群众(Volkstum)及其文化(Kultur)毋宁在共同体的生活方式与秩序里保持下来;这样,国家(Staatstum)——社会状态也可以被概括到这一概念里——则在一种常常掩藏了的、更经常的是伪装了的仇恨与轻蔑的意义上同群众对立。以此为标

---

① 这里所说的概念,指的是"社会"这个概念。——中译者

准,我们可以衡量国家在多大程度上同群众分离、同群众疏远。因此,在人类的社群生活与历史生活中,本质意志与抉择意志有时最深刻地关联到一起,有时相互并立,有时则相互对立。

§3

【秩序与禀性—法与性格—道德与思维方式—转变】只要个体的本质意志从自身之中发展出赤裸裸的思维与抉择意志,抉择意志就会倾向于瓦解本质意志,并倾向于使本质意志依附于它。因此,当我们观察历史上的诸民族时,就会发现它们从原始的、共同体的生活形式发展成社会的生活形式的整个过程,从共同体的意志形态向着社会的抉择意志形态过渡的过程,还会看到从群众的文化向国家的文明演化的过程。

就其基本特征而言,我们也可以按照如下方式描述这个过程。作为原始的、统治着的力量,群众的实体构成了家、村庄与一个地区里的城镇。群众的实体也产生出了有权力的、志愿的个体,他们体现为许多不同的形象:比如说王侯、封建领主以及骑士,还有教士、艺术家和学者。尽管如此,从社群的意义上讲,他们是受到限制、受到制约的,只要他们在经济上依赖于全体群众,正如他们自己也处于群众的层级之中,并且受到群众的意志与力量限制。他们在国族(nationale)意义上的统一本身受制于经济的诸条件,只有通过国族统一,他们才能变成一个整体,掌握压倒性的力量。对他们而言,真正的、本质上的统治就是经济统治,商人们先于他们并同他们一道赢得了经济统治权,甚至部分地凌驾于他们之上,支配着经济,就此而言,商人们以多种多样的形式使整个国族的劳动力都服从自己,其最高级的形式就是有计划的资本主义生产或者说大工业生产。为自由的、具备志愿能力的人们组成的国族统一体提供各种商业交往的条件、为资本主义生产制定各种条件与形式,这些都是商人阶级的任务;从商人阶级的天性与倾向尤其他们的起源来说,商人阶级既是国际性的,又是国族性的、大城市性的群体,也就是说,他们是社会性的群体。所有从前的上层阶级与显贵们跟随着商人阶级最终一步步地变成了社会性的群体,直到最后(至少从趋势来看),过去的群众也整个都变成社会性的群体了。①

随着日常生活的地点与条件的变化,人们不断改变着他们的秉性(Temperament);由于不安分的追求,他们的秉性匆忙且多变。与此同时,伴随着这种社群秩序的变革,同秩序平行发展的法也在逐步地演进,无论就法的内容还是形式而言,情况皆如此。纯粹的契约变成了整个社会体系的基础;社会的抉择意志由社会的利益决定,它一方面自在而自为地、另一方面作为执行国家意志的力量,成为了法的秩序的唯一创造者、维护者和推动者。因此,我们有理由想象它可以且应当根据自己的能力与愿望改变社会,但是,由于社会本身的缘故,"改变社会"应该做到有效或合乎目的。国家意志越来越摆脱习俗、传统以及过去对它们有权威作用的信仰的束缚。法的形式因而发生了改变,它从一种习俗形态或者说

---

① 按照 Harris 英译本的解释,这个过程指的是德国 19 世纪 60 年代的国族统一运动。当时,自由派知识分子出乎意料地同大商人携手,而且他们共同地与俾斯麦携手,实现了德意志的国族统一。——中译者

习惯法（Gewohnheitsrecht）最终变成排除了一切的实定法（Gesetzesrecht），变成了政治的产物。现在仍然具有行动能力的存在者只有两位，一位是国家以及它的各部门，另一位是个体。而自然成长起来的、无数的、丰富多彩的合作社、社团以及公社的位置被它们取代了。正如过去的合作社、社团以及公社曾共同决定了人们的性格（Charaktere），为了适应新的、志愿性的法的构造，人们的性格也将改变；它们失去了过去支撑着它们的习俗以及对习俗之有效性的确信。

在这个过程里，在这些变化产生的影响以及对它们的反作用的影响下，精神生活最终彻底颠倒过来了。原初的时候，精神生活完全植根于幻想，而现在，精神生活则依赖于思维。就前者而言，核心内容是对看不见的生命的信仰，即对精灵与神的信仰；就后者而言，核心的内容则变成了对可看见的自然的认识。宗教起源于群众的生活，或者说伴随着群众的生活发展起来，它的领导权必然会转让给科学，即转让给起源于有教养者、适应于有教养者的超越俗众的自觉意识。宗教直接地、就其本质而言正是道德性的东西，因为它最深刻地关联着连接数代人之肉体与精神的纽带。相反，只有通过研究人类共同生活的法之后，科学才能具备道德内容，因为它试图从中推导出一种对人类共同生活之志愿的、理性的秩序而言的规则。同时，个体的思维方式（Denkungsart）逐渐越来越少地被宗教占领，而越来越多地由科学主导。对于那些在历史或现实中表现出来的各种显著的对立与运动的关联，我们希望依靠各个时代积累起来的形形色色的研究，试图将来认识它们。然而，就这里做出的准备性描述而言，可能仅仅一些分散的说明就有助于澄清既定的原则。

§4

【社会与大城市—地区—世界—商业城市—首都—世界城市】由本质意志与共同体决定的共同生活的外在形态，可以被区分为家、村庄与城镇。它们都是真实的历史生活里的持存着的类型。即使在发达的社会里，人们也像在古典时期与中世纪那样，以多种多样的方式共同居住在一起。城镇或城市（Stadt）是人类共同生活的最高形态，也就是人类生活的最复杂的形态。在地方性的结构里，城镇与村庄有共同之处，它们都对立于家中的各个小家庭。但是，两者都保留了许多家庭的特征，村庄保留的相对多一些，城镇保留的相对少一些。只有当城镇发展成大城市（Großstadt）时，它才几乎完全失去了家庭的特征，单独的个人之间或单独的家庭之间相互对立，他们共同占据的地方，只不过是他们选择的偶然的居所。然而，正如"大城市中的城镇"这一名称即表明，共同体的生活方式作为唯一真实的（realen）方式持续地存在于社会生活的内部，尽管它日渐萎缩，甚至逐步地消亡。与之相对，社会状态越是在一个国族或一批国族那里变得更普遍，整个的"地区"（Land）乃至整个"世界"就越趋向于近似一个唯一的大城市。

然而在大城市里，因而即在完全的社会状态中，只有上层阶级、富人以及有教养者才能真正地发挥作用，他们才是有生命力的人；他们制定了较下层的阶级必须据此行事的标准（Maß）。较下层的阶级部分地想凭借自己的意志排挤他们，部分地想变成类似于他们的人,其行动必然是为了让自己赢得社会的、志愿的力量。无论对上层阶级还是下层阶级来说,因而无论对"国族"还是"世界"来说,大城市纯粹由自由的个人组成,他们在彼此交往中持续地相互接触、相互交换、共同协作,然而在他们中间并不会产生共同体和共同体的意志;除非共同体和共同体的意志作为零星的状态或作为更早些时候的、仍然占据基础地位之状态的遗存出现。更确切地说,通过很多外在的关系,契约与契约关系被掩盖了,同样,许多内在的敌意和敌对的利益都被掩盖了,尤其富人(或统治阶级)同穷人(或提供服务的阶级)之间的对立被掩藏起来,他们双方其实都力求阻碍对方、甚至使对方毁灭。根据柏拉图的说法,这种对立使"城市"变成了一种双重的城市①,虽然一个城市的身体分裂了,然而按照我们的概念,这一对立或分裂恰恰使"城市"变成了一个大城市;除此之外,在任何资本与劳动的大规模关系里,这一对立不断地再生产着自身。因此,在家庭生活的共同体与地区共同体之内,共同的城镇生活完全保持了下来,而且毫无疑问,城镇生活服务于农业耕作,尤其服务于那些建立在自然需要与自然观念基础上的艺术与手工业。尽管如此,如果城镇上升为大城市,那么大城市的生活就与共同体里的城镇生活产生了尖锐的对立,在大城市,人们将它的共同体基础仅仅视作达成其目标的手段或工具,而且他们也是这么使用它的。

对纯粹的社会来说,大城市是非常典型的。大城市因此本质上是商业城市(*Handelsstadt*),而且只要商业在其中支配着生产

---

① 参见柏拉图的《理想国》,422a – 423a,462b,551b。——中译者

性的劳动,那么大城市也是<u>工业城市</u>(*Fabrikstadt*)。大城市里的财富就是资本财富,资本以商业资本、高利贷资本或工业资本的形态出现,通过使用它,人们手中的货币量不断地增长;同时,资本是资本家侵占劳动产品或剥削劳动力的手段。大城市最终也是科学与知识(Bildung)[①]的中心,作为科学与知识的中心,它以各式各样的方式同商业和工业携手并行。在这里,艺术追逐着面包,人们按照资本主义的方式利用艺术。各种思想与意见迅速地产生出来,又迅速地改变了。各种言论与文章由于成批地传播,变成了大规模骚动的助力杠杆。

尽管如此,国族的首都(*Hauptstadt*)不同于一般的大城市,它首先意味着一个王侯宫廷的所在地以及一个国家政府的中心,同时,它在许多方面表现出大城市的各种特征。尽管从其人口数目以及其他情况衡量,它可能还不是一个大城市,然而只要将"大城市"与"首都"这两种形式综合在一起,大城市的最高形态马上就能发展起来,它就是<u>世界城市</u>(*Weltstadt*):世界城市不仅在自身中包含着国族社会的特征,而且还包含着所有的民族、即"世界"的品质。在世界城市里,货币与资本是无穷无尽、无所不能的,它有能力为整个地球生产商品与科学、为所有国家制定有效的法律与公共舆论。它代表着世界市场与世界的商业交往;世界的工业聚集于此,它的报纸是世界报纸,地球上各个地方的人怀着金钱欲与享

---

① 德文词 Bildung 有知识、学识、教养的意思,Harris 英译本将此翻译成"文化"(culture)似不妥,因为滕尼斯讲的"文化"(Kultur)对应群众和共同体,而非社会和大城市的状态,故中译采纳了"知识"这一译法。——中译者

受欲聚集于此,但是同样,他们也怀着求知欲与好奇心会聚在世界城市里。

§5

【家庭生活—维持与衰败—习俗的衰败—社会的反作用与国家的反作用】相反,家庭生活是共同体生活方式之普遍性的基础。在村庄生活与城镇生活之内,家庭生活保持着它自身的发展。村庄社团与城镇本身可被视作大家庭,此时,各个单独的宗族(Geschlechter)与家(Häuser)就被看作构成共同体之躯体的基础有机体;行会、同业公会、职务是城镇的组织与器官。在这里,对完全分有或享受共同财产以及特权的人而言,原始的血缘亲属关系与继承的地产总归是本质性的甚至最重要的条件。共同体成员可能暂时地或长期地将外来者当成提供服务的人员或宾客接纳进来,并保护他们。因此,他们只是作为从属于共同体的客体(Objekte)①,而并非被轻易地看作共同体的担当者和组成要素。尽管生活在家庭里的儿童最初仅被视作未成年的、依附于家庭的成员,但是恰恰因为这一点,古罗马的语言里的"儿童"也意味着"自由人"②,因为我们预先想象到:儿童是潜在的未来的主人;或者在正常情况下,他们将确定地成为未来的主人;也就是说,他们自己就是"自己的继承者"。无论家里的或社团里的宾客,还是家里的或

---

① Harris 将这句话意译成:他们作为从属于共同体的被动的成员(passive members)。——中译者

② "自由人"对应的拉丁词是 liberi,这个词也有儿童的意思。——中译者

社团里的奴仆,都没有儿童那样的地位。但是,受到欢迎与尊重的宾客可能会接近儿童的地位,即当他们被视作共同体收养的孩子或被赋予公民权,并且可以享受继承的权利时,他们就像儿童那样可能成为未来的主人。同时,共同体的主人或许会像评价或对待宾客那样对待奴仆,这一点是肯定的,因为由于奴仆提供了服务,他们的服务里包含了价值,他们便可像共同体里的成员那样一起支配和管理共同体。因而有时我们也会看到这样的现象:奴仆是自然的或被确立起来的继承人(Erben)。

在这里,现实呈现出无数的等级,包括低的等级与高的等级。不过,它们违背了法学概念的程式(Formeln)①。因为从另一个方面②来看,毋宁说,在特殊的条件下,所有的共同体关系都可能转变成由彼此独立的契约签订者所缔结的纯粹自利的、可解除的关系。在大城市里,至少涉及一切奴役的关系时,这样的转变都是自然而然的,而且随着大城市的发展,如此的变化越来越多地发生了。原住民与外来者之间的区别变得无关紧要。每一个人通过他人格的自由、通过他的财富以及他所签订的契约而成为了他所是的那个人;只要他把某些特定的劳务转让给另一个人,他就是奴仆;只要他接受了劳务,他就是主人。事实上,"拥有财富"在此就是唯一有效的、原始的区分人的标准。相反,在所有共同体式的有机体里,"财产"意味着成员一起享用共同的占有物,而且作为特殊

---

① 这里指的应当是罗马法的法条化和系统化,关于法的层面上的后果,可参见本书第三卷§19。——中译者
② 即"法学概念的程式"。——中译者

的法的领域，"财产"完全是自由或生来自由（Ingenuität）①的结果与产物，是原始的或创造出来的（同化了的）东西；这样一来，财产尽可能地适应于人的自由程度。

因而在大城市、首都，尤其在世界城市里，家庭生活衰落了。大城市越是更多地、更长久地发挥它的影响，家庭生活的剩余物就必然越多地表现为偶然的东西。因为在这里，很少有人会将自己的意志力局限在一个很小的圈子里。由于经营生意、私人利益以及娱乐消遣，所有人都向外迁移、彼此分离。有权势的大人物感到自己是志愿的、自由的人，因此他们总怀着强烈的兴趣去突破习俗的限制。他们知道可以去做自己想做的事情。他们有能力使各种变化都符合自己的利益，而且这一点才是对他们的志愿力的积极保证。一般来说，如果货币机制在足够大的压力下运作，那么它似乎能克服一切阻碍、促使一切希望的结果实现、消除各种危险并治愈所有弊病。然而，事实并非完全如此，尽管我们不再想象一切共同体的权力，但是社会的权力却凌驾于所有自由的人格之上。对真正的（范围更狭窄的）社会而言，"协定"在很大程度上占据了过去的习俗与宗教的位置；它禁止许多对共同利益有害的东西，这些东西也曾被习俗与宗教斥责为罪恶的事物。

在相对狭小的范围里，国家意志通过法院和警察也能发挥同样

---

① 德文词 Ingenuität 是拉丁词 ingenus 的对应者。在罗马法里，ingenus 指的是"生来自由人"，即出生时就获得自由权，而且未曾丧失过自由身份的人。从 ingenus 的字义来看，它的词根是 gens（宗族），即生来自由人必须是宗族中的一员。在罗马共和国早期，ingenus 只能是贵族，此后随着贵族与平民的融合，只要出生后没当过奴隶的人，都是生来自由人，即 ingenus。参见周枏，《罗马法原论》，商务印书馆 2014 年版，第 116 页。——中译者

的作用。由国家意志颁布的法律平等地适用于任何人,只有儿童和神经错乱者才不对法律负责任。"协定"至少试图维持美德的外表(Schein);它尚且同道德以及宗教的优美感(Schönheitssinn)[①]结合在一起,尽管道德与宗教的优美感已经变成了志愿的、形式化的东西。然而,美德几乎与国家没有任何直接的关系了,国家只需压制和惩罚那些敌对的、损害公共利益的以及似乎将对国家和社会造成危害的行动。它可以朝着这个方向,无限地扩展它的活动范围;它也可以试图改变人们的动机与信念,使之更完善。因为既然国家被赋予了管理公共利益的权力,那么它必然会根据自己的愿望界定公共利益,而且它最终也将认识到:仅仅扩充认识与知识,并不能使人变得更友爱、使人少一些利己主义而多一些满足感。与此同时,国家也认识到:已经消逝了的习俗与宗教,并不能通过某些强制或教导的方式被重新召唤入人们的生活之中;为了造就美德的力量、造就或培养具有美德的人,国家必须创造某些条件与基础,或者至少消除各种对立的力量。作为社会的理性,国家必须做出决定,要么毁灭社会,要么改造社会、使之更新。但是这种尝试几乎不可能成功。[②]

[①] 德文词 Schönheitssinn,从字面上看是美学意义上的美的感受。Harris 英译本认为滕尼斯在这里实际上讨论的是道德的善,故而意译为"正当的与适宜的"(right and fitting)。中译者并不赞成 Harris 纯粹从道德解释 Schönheitssinn,事实上,这个概念明显地源于德国古典哲学,尽管"美"或者"审美"无疑有道德的含义,但是它本身也具有独立的位置。中译者仍然坚持从字面来翻译这个概念。——中译者

[②] 第一版(1887年)没有"……要么改造社会、使之更新。但是这种尝试几乎不可能成功。"这两句话。——中译者

§6

【对民众的影响—民众与国家以及社会的关系—文化与文明】尽管如此,公共舆论将社会道德还原成一些措辞和程式,借此,它将凌驾于国家之上。公共舆论有着明确的倾向,它敦促国家使用自身的不可抗拒的权力,强制所有人去做有益之事、规避有害之事;对国家来说,扩展刑法法典、扩充警察力量似乎是对付民众的邪恶倾向的正确手段。公共舆论很容易从(为了上层阶级)要求自由转变为(为了反对下层阶级)要求专制。因为无论如何,作为习俗的替代物,"协定"只会对民众产生很小的影响。在这样一个资本家与商人的利益先于一切需求的世界,民众对娱乐和享受的追求是如此地普遍、如此地自然,他们被竞相鼓励以各种各样的方式使用货币,而只受到手段匮乏的限制(这里的"手段"是指资本家或商人给予劳动者的利益,而这一利益等同于劳动者付出的劳动力的价格)。其中存在着一批特殊的、数量上大大超过职业"犯罪者"的人,他们在渴求和困苦中设法获得操纵所有不可或缺与可有可无的享受的杠杆。事实上,只有揭露并惩罚他们,他们才会感到恐惧,也就是说,只有让他们在国家面前感到恐惧,他们的行为才能被制止。国家是他们的敌人。作为陌生的、冷酷的暴力,国家同他们对峙。从表面上看,国家是通过他们的授权产生的,然而它却同他们的需要和愿望对立,国家虽然是他们的财产的保护者,然而他们却并没有财产。国家强迫他们为祖国(Vaterland)服兵役,但是国家提供给他们的灶台与祭坛无非是高楼大厦里的一个可取暖的小房间,或者是人行道上的"甜美的家"(süße Heimat),在这里,他们被赋予的权利只是目不转睛地注视着那些对他们而言陌生的、不可企及的统治者。与此同时,他们的真正生活被切割成"劳动"与"狂欢"这两个极端,而且它们之间的对立将双方都扭曲了,工厂是苦难,而小酒馆则是快乐。

因此,大城市与社会状态从根本上说就是群众的腐化与死亡,群众徒劳地试图靠着他们的人数变得强大,而且似乎对他们来说,如果想摆脱自己的不幸,那么他们的力量就只用在暴动中。但是,通过学校与报纸提供的丰富多样的教育,群众获得了自觉意识(Bewußtheit)。他们将自己从阶级意识的层面提升到了阶级斗争的层面。阶级斗争摧毁了它所希望改造的社会与国家。由于全部的文化(Kultur)变成了社会或国家的文明(Zivilisation),那么在其变化了的形态里,文化本身终结了,除非文化的分散的胚芽能够保持生命力,除非共同体的本质与观念重新得到滋养,并且新的文化在衰亡着的文化之内隐秘地发展起来。①

§ 7

【总结—时代—关于意志形式与生活形式的总括】因此,为了总结出一个整体观点,我们指出:在宏伟的文化发展过程中存在着两个相互对立的时代(Zeitalter),即一个社会的时代跟随在一个

---

① 第一版(1887年)没有"除非文化的分散的胚芽能够保持生命力,除非共同体的本质与观念重新得到滋养,并且新的文化在衰亡着的文化之内隐秘地发展起来。"这句话。——中译者

共同体的时代之后。共同体的时代通过作为默认一致、习俗与宗教的社群意志表现出来，社会的时代则通过作为协定、政治与公共舆论的社群意志表现出来。这些概念适应于外在共同生活的不同方式，我希望总结性地做出下述区分：

A. 共同体

1）家庭的生活＝默认一致。人与其全部的信念（Gesinnung）包含在其中。默认一致的真正主体是群众（*Volk*）。

2）村庄的生活＝习俗。人与其全部的性情（Gemüte）包含在其中。习俗的真正主体是公社（*Gemeinwesen*）。

3）城镇的生活＝宗教。人与其全部的良知（Gewissen）包含在其中。宗教的真正主体是教会（*Kirche*）。

B. 社会

1）大城市的生活＝协定。人凭借其全部的努力来订立协议（Konvention）。协定的真正主体是绝对的社会（*Gesellschaft schlechthin*）。

2）民族的生活＝政治。人凭借其完整的计算确立政治（Politik）。政治的真正主体是国家（*Staat*）。

3）世界性的生活＝公共舆论。人凭借其全部的自觉意识确定公共舆论（Öffentlich Meinung）。公共舆论的真正主体是学者的共和国（*Gelehrten-Republik*）。

此外，每个这样的范畴都关联着一个占优势的活动，还关联着同此活动结合在一起的支配性的精神倾向，我将它们做了如下划分：

A. 1) 家的经济；它建立在喜好（Gefallen）的基础上：即建立在人们对生育、创造以及维持感到快乐与喜爱的基础上。它的准则依据的是共同领会（Verständnis）。

2) 农业耕作：它建立在习惯（Gewohnheiten）的基础上：即建立在人们合乎规律地重复劳动的基础上。风俗（Bräuchen）为共同劳动指明了标准和方向。

3) 艺术；它建立在记忆（Gedächtnissen）的基础上：即建立在人们所接受的教育、铭记的规则以及自己所怀有的观念的基础上。在信仰（Glauben）中，艺术家的意志和他的任务以及作品结合在一起。

B. 1) 商业；它建立在思虑（Bedachten）的基础上：即建立在专注和比较的基础上，计算是一切生意的基本条件；① 商业是纯粹的（志愿的）行动。契约（Kontrakt）是商业的风俗与信仰。

2) 工业；它建立在决定（Beschlüssen）的基础上：即建立理性地、有成效地利用资本和出售劳动力的基础上。规章（Satzungen）统治着工厂。

3) 科学；它建立在概念（Begriffen）的基础上：就科学自身而言，这一点是显而易见的。在各种学说里，科学规定了它自己的法

---

① Harris 英译本的翻译与此不同，它翻作："专注、比较和计算是一切生意的基本条件。"——中译者

则并表明了它的真理或观点,这些真理或观点进而逐渐转移到文学作品、新闻媒介那里,并因此转移到公共舆论那里。①

§8

【个体生命过程的类比—植物性的生命与动物性的生命—心灵性的生命与上述两种生命的关系】在较早的那个时代里,家庭生活与家的经济是基调;而在较晚的那个时代里,商业与大城市的生活是基调。尽管如此,当我们更切近地考察共同体的时代时,又可以看到其中的若干时期。一方面,共同体的时代的整个发展是逐渐向着社会过渡;而另一方面,共同体的力量尽管在日益减弱,但它还保留在社会的时代里,而且它依然是社群生活的实在品质。

通过共同生活之新基础发挥的影响,共同体的第一个时期被塑造出来,所谓"新基础"指的是:伴随着耕作土地与田地的活动,在过去作为共同体基础的古老的、占统治地位的血缘亲属关系之外,并行地产生了邻里关系;在宗族之外,并行地产生了村庄。当城镇从村庄那里发展出来,第二个时期就开始了。村庄与城镇的共同之处在于:共同生活的空间性原则取代了家庭的(部族的,民族的)时间性原则。因为家庭的根基是看不见的,是超越经验的(metaphysische),仿佛它在地下,发源于家庭共同的祖先。过去时代与将来时代的前后相续,将现在活着的人结合到自身之中。

---

① 第一版(1887年)有所不同:"……在各种学说(Doctrinen)里,科学规定了它自身的法则并表明了它的真理。"——中译者

与之相反,在村庄与城镇那里,天然的、现实的土地是持存着的地点,是可以看见的地区,它必然建立了最强大的关系和纽带。

然而在共同体的时代,这种空间性的、较为年轻的原则仍然受制于时间性的、较为古老的原则。在社会的时代,空间性原则挣脱了出来,它就表现为现实存在着的大城市。就像"大城市"这一名称显示的那样,它是作为空间性原则的城镇形式的突出而极端的表现;由于这一极端表现是可能的、现实的,那么上述形式就同本质上几乎必然受到束缚的村庄定居点即同一空间性原则下的村庄形式处于最尖锐的对立之中。因此,我们必须要了解:在何种意义上,发展的整个过程可被理解成城镇生活与城镇本质的不断进步的倾向。"人们可以说,社会(也就是指现代国家)的全部经济史皆被概括成城市与农村之间的对立运动"(卡尔·马克思:《资本论》第1卷,第364页)①。也就是说:从一个确定的时点开始,无论从普遍的效果还是意义来讲,一个完整民族之内的城镇的重要性超过了作为其基础的农业村庄组织的重要性;所以从这一时点开始,农业村庄组织就必须用自己的更多力量供养城镇,促进城镇发展。因而相对来说,它缺少自我补充的力量。这样一来,农业村庄组织逐渐瓦解,而它的瓦解必然导致以它为基础的各种机构与活动的进一步瓦解。

这就是有机的(或植物性的)生命与有感觉力的(或动物性的)生命之间关系的普遍法则,它不可改变地表现为一个动物标准的

---

① 参见卡尔·马克思,《资本论》第一卷,人民出版社2004年版,第408页。——中译者

生长过程、因而也即对它的生长而言最可能有利的过程。由于对人来说,动物性的生命与它的意志形成了一种特殊的形态,即心灵性的生命与意愿,因而在普遍的意义之外,这条法则就获得了一个特殊的意义。因为首先,人有能力通过理性毁灭自己,这不仅直接地源于理性,而且只要人追寻着既定的目标与意图,他就可以决定自己的命运,如此一来,他既能延长他的生命,也能缩短他的生命。此外,无论人的衰退还是他的生存,都能够在他的心灵领域内表现出来,它超越于一般的动物性的现实存在者,而且比动物性的现实存在者维持地更长久。因此,只要我们考虑这些现象,真正动物性的生命领域似乎处于心灵性的生命领域与植物性的生命领域中间,有时可以将动物性的生命归于前者,有时可以将它归于后者。所以,在一个标准的生命进程里,我们可以辨认出一个正在上升的阶段,在此阶段中,植物性的要素将超过动物性的要素,与此相反,在一个正在下降的阶段里,上述两者的关系颠倒过来了。这样一来,虽然这个过程普遍地有效①、因而对人而言也是有效的;但是对人来说,这个过程还具备了更特殊的内容:只要动物性的要素在心灵性的要素之中表现自身,那么它就会经历这个过程,而且这样来看,只要其他动物性的要素在植物性的要素内表现自身,那么它们就恰好一致,因而我们可以将它们放到一起来理解。

如此一来,在上升阶段里,也就是植物性—动物性的要素占据优势的那个阶段里,我们可以区分出 3 个范畴和层次:1)优势表现在植物性的要素本身里,2)优势表现在动物性的要素本身里,3)优

---

① Harris 英译本译作:"这个过程一般性地适用于自然……。"——中译者

势表现在心灵性的要素本身里。在下降的阶段里,也存在着对应的三个层次,在这个阶段里,动物性—心灵性的要素占据优势地位。如果我们用这样的观念理解一个民族的生活,那么乡村生活就对应植物性—动物性的要素,而城市生活就对应动物性—心灵性的要素;就乡村生活来说,它在城镇里也发挥着作用,它甚至在此实现了整个有机体的繁荣以及最大程度的发展;就城市生活来说,当它变成大城市的生活时,它似乎完全摆脱了束缚,仅仅依靠自身就能生存下去,一方面,它自己生产着果实,另一方面,它自己享受着果实。与此同时,它逐渐支配着整体,或者将整体里的各种现存力量吸收到自己身上,或者(正是借此①)摧毁它们。

§9

【共产主义—个体主义—社会主义—古代的文化总体与现代的文化总体—使命】根据最初的以及所有随后发生的现象,我们可以将整个人类历史的运动理解成一种趋势,这一趋势指的是从原始的(简单的、家庭的)共产主义与由此产生、以此为基础的(村庄—城镇)个体主义向着独立的(大城市—普遍的)个体主义以及由此确定下来的(国家的和国际的)社会主义转变的趋势。伴随着"社会"概念的产生,社会主义就出现了,尽管社会主义最初仅仅以一切资本主义力量之间的实在关联以及国家之间的相互联系的

---

① 这里说的"此",指的是上述"将整体里的各种现存力量吸收到自己身上。"——中译者

形式存在，即受到资本主义力量与国家的委托，社会主义维持并促进商业交往的秩序。但是渐渐地，通过国家的机制，社会主义转变了方向，它试图统一地控制商业交往与劳动本身，然而，贯彻这些机制将会消灭整个社会以及社会的文明。同时，这样一个趋势意味着所有过去的人际纽带必然瓦解，此前，人们凭借着本质意志（而非抉择意志）结合在一起，在这样的条件下，个人行动的自由、转让财产的自由以及交换意见并使自己的意见适应科学知识的自由，统统受到了约束和限制，因而从"自己决定自己"这一抉择意志的观点来看，上述纽带必然皆被视作障碍。只要商业与交通需要的是不拘小节、无宗教信仰以及乐意过轻松生活的人，那么社会也会将上述纽带视作障碍。与此同时，人们也迫切地要求财产或者财产权尽可能成为可移动、可分割的东西。只要国家促进这一发展，并且认为启蒙了的、贪得无厌而又讲求实际的主体们对实现它自己的目的最有用，那么它也会将上述纽带视为障碍。

古代力量与现代力量的对立、它们的发展与它们之间的斗争是两个文化总体及其群众阶层共同面对的东西。对此，我们自信已拥有极为丰富的认识：一方面是较早的、南欧的古代文化，它的生命在雅典到达了顶峰，在罗马陨落了；另一方面是较晚的、北欧的现代文化，它紧接着前者，并从前者那里汲取了许多内容、转而促进了自身发展，这就是北欧的现代文化不同于南欧的古代文化的地方。在各种事实与条件极不相同的情况下，我们仍能发现一致的发展进程，在这个普遍的、合乎规律的进程里，所有要素都为之做出了贡献，它们中的每一个都有隐蔽的、专属于自身的历史，每个要素的历史部分地由整体的发展进程引起，部分地通过它自身的缘由实现,它参与到整体的发展进程中,或者阻碍或者促进了整体的发展进程。

借助前述的概念和认识,我们希望理解从上个世纪直到现时代以来的各种潮流与斗争,并且超越现在,进一步地思考未来。为了实现这个目的,我们思索着日耳曼文化的整体发展。作为罗马帝国的继承人,它从罗马帝国的废墟里成长起来;伴随着不断形成的对基督教的普遍信仰,日耳曼文化在教会的推动力下兴起,这个过程既可被理解成不断的进步,也可被理解成持续的衰退,正是在这个地方,日耳曼文化进程中产生出的这些对立,构成了我们研究的焦点。此外,同所有从往昔深处演绎出来的历史相反,我们将抓住当前的时刻,将当前时刻视作我们考察的真正的、甚至必要的出发点,就此来说,当前的观察者掌握了无可替代的优势,他们用自己观察经验的眼睛去审视正在发生的(geschehend)各种运动,即使被捆绑在时代的岩柱上,他们也能感受到正在走近的大洋(俄刻阿诺斯)之女们的声音和芳香。(埃斯库罗斯:《普罗米修斯》,v. 115)①

---

① 这句话出自古希腊悲剧作家埃斯库罗斯的剧作《普罗米修斯》第 115 行。被缚者即普罗米修斯,他由于为人类盗取火种,受到宙斯迫害,被绑缚在大地的悬崖边,这时来到普罗米修斯身边的是大洋(俄刻阿诺斯)之女们,她们自称普罗米修斯的朋友,并告诫普罗米修斯:"奥林波斯现在归新的舵手们领导;旧日的巨神已经无影无踪;宙斯滥用新的法令,专制横行。"滕尼斯引用这段话,是为了暗示时代正在发生天翻地覆般的变革。参见《罗念生全集》第二卷,上海人民出版社 2007 年版,第 102 页。——中译者

索 引

（索引所列页码为原书页码，即本书边码）

A

Abgabe 捐税 165
Ackerbau 农业耕作 21,136,216
Adel 贵族 193
Aggregatzustände 集聚状态 5
Aktiengesellschaft 股份公司 164,174
Allmend 公共地 2
Apparat 器具 115
Arbeiterklasse 劳动阶级 68
Arbeitskontrakt 劳动契约 171
Arbeitskräfte 劳动力 61
Arbeitsmarkt 劳动市场 65 及以下诸页
Arbeitsteilung 劳动分工 164,199
Arbeitszeit 劳动时间 37,63,65
Assoziation von Ideen 观念结合 103,126
Assoziation von Ideen der Menschen 人的观念结合 105
Athen 雅典 219

B

Bedacht 思虑 91
Begriff 概念 93,121,216
Belieben 愿望 92
Berechnung 计算 94,114,128
Beruf 天职 115 及以下诸页,138
Bestrebung 努力追求 94,114,128
Bewußtheit 自觉意识 95,114,128,132,204,210
Bluntschli 布伦茨利 4
Bodenwucher 土地高利贷 184
Brauch 风俗 185,216
Brüderschaften 兄弟会 14.
Bündnis 联盟 168,169 及以下诸页
Bürger 市民 194
Butler 布特勒 82

C

Charakter 性格 114,128,210
Conatus 驱动 77

D

Denkungsart 思维方式 114,128,210
Dialektik 辩证法 204
Dienst 服务 16,159
Differenzierung 分化 103,148
Disintegration 瓦解 184.
Dorf 村庄 19,211 及以下诸页,216

E

Ehe 婚姻 3,8,170,179 及以下诸页,201
Ehre 荣誉 133
Ehrfurcht 敬畏 12
Ehrgeiz 抱负 97
Eid 宣誓 201
Eigennutz 自利 97
Eigentum 财产 154 及下页
Eintracht 默认一致 18,188 及以下诸页,215
Eitelkeit 虚荣 97
Emanzipation 解放 183
Entwicklung 发展 153
Energie 能 88

F

Fabrik 工厂 138,216
Familienleben 家庭生活 201,212,216
Familienrecht 家庭法 154,158
Feindseligkeit 敌对行动 143,211
Fiktion 虚构 34,66,178
Fleiß 勤劳 88
Flurzwang 耕作的强制制度 29
Frauen 妇女 126 及以下诸页,135 及以下诸页,183
Frauenarbeiten 妇女劳动 137 及以下诸页
Freiheit 自由 40,122 及以下诸页,155
Freundschaft 友谊 12
Führer 领导者 125 及下页

G

Gebildete 有教养者 131 及下页,141 及以下诸页
Gedächtnis 记忆 7,82 及以下诸页,103,136,187,216
Gefallen 喜好 7,78 及下页,216
Gefühl 情感 84,102
Geld 货币 39,41 及以下诸页,53 及以下诸页,97,157 及以下诸页
Gemeinde 社团 20,28 及以下诸页
Gemeinschaft 共同体,Theorie der Gemeinschaft 共同体的理论 3 及下页,7 及以下诸页,12,18,142,153,158,161,168,215 及以下诸页
Gemeinwesen 公社 189 及以下诸页,200,216
Gemüt 性情 87,114,128
Genie 才华 87,127

索　引

Genossenschaft 合作社 174, 195
Genußsucht 对享受的追求 97
Gerechtigkeit 正义 163
Geschäft 生意 116
Geschenk 礼物 166
Geschlechter 两性 124 及以下诸页
Geschwister 兄弟姐妹 8 及以下诸页, 10
Geselligkeit 社交 46
Gesellschaft 社会, Theorie der Gesellschaft 社会的理论 3 及以下诸页, 34 及以下诸页, 44, 142, 153, 158, 169 及以下诸页, 215 及以下诸页
Gesinnung 信念 87, 114, 128
Gewinnsucht 获利欲 98
Gewissen 良知 88, 104, 114, 128, 131
Gewohnheit 习惯 80 及以下诸页, 187, 216
Gewohnheitsrecht 习惯法 188
Gierke 基尔克 29
Glaube 信仰 200
Glück 幸福 95 及以下诸页
Goethe 歌德 130
Grenzpunkte 极限点 156
Großstadt 大城市 211 及以下诸页, 216
Grund und Boden 土地与耕地 158, 186 及以下诸页

Gütergemeinschaft 财产共同体 170

H

Habsucht 贪婪 98
Haeckel, E. 海克尔 82
Handel 商业 45, 48 及以下诸页, 51 及以下诸页, 55 及以下诸页, 58, 60, 69, 138 及以下诸页, 141 及下页, 216
Handwerk 手工业 30 及以下诸页
Haus 家 12, 22 及以下诸页, 211
Haushaltung 家政 24, 29, 216
Heer 军队 191 及以下诸页
Heimat 家乡 186 及以下诸页
Herr und Knecht 领主与仆役 12, 22 及以下诸页
Herrschaft 统治 9, 35, 51, 98, 160
Herrschsucht 统治欲 98
Hobbes 霍布斯 89, 97, 105, 151 及以下诸页
Hörigkeit 从属 161

I

Ideen 观念 83
Ihering 耶林 162
Individualismus 个体主义 139, 219
Intuition 直觉 126

J

Jugend und Alter 青年与老年 129

及下页

Jus gentium 万民法 177 及以下诸页

K

Kapital 资本 41 及下页，142，216

Kapitalist 资本家 57 及以下诸页

Kirche 教会 4，196，216

Klan 氏族 26

Klassenkampf 阶级斗争 199，215

Kommunismus 共产主义 219

Konkurrenz 竞争 45，63 及以下诸页，67

Kontrakt 契约 39，158 及以下诸页，216

Konvention 协定 43 及以下诸页，216

Krammarkt 零售市场 67

Kredit 信贷 41 及以下诸页

Kultur 文化 209，220

Kunst 技艺/艺术 31，48，119，137，216

Kürwille 抉择意志 73，112 及以下诸页，135，142，149 及以下诸页，155，204

Kürwillensformen 抉择意志的诸形式 112

L

Leben 生命 147 及以下诸页

Leben und Recht 生活与法 167

Lebensalter 年龄 130 及以下诸页

Lehrmeinung 学说 200

Leibeigenschaft 农奴制 28

Leidenschaft 激情 87

Lernen 学习 83，119

Logik 逻辑 118，124

Lohn 报酬 162

M

Maine 梅因 30，142，158，178

Mann und Weib 男人与女人 124 及以下诸页

Manufaktur 工场手工业 57，66

Marx 马克思 48，57，69 及下页，140，217

Marxistisches System 马克思的理论体系，Abschluß 结论 69

Maschinerie 机器 57，66，140

Mehrwert 剩余价值 65，70

Mathematik 数学 116，118，140，154，201

Mögliche Gegensätze 可能的对立 135

Metaphysisch 形而上学的 187

Montaigne 蒙田 48

Moral 道德 202 及以下诸页，207

Mythos 神话 194

N

Nachahmung 模仿 87

Nachbarschaft 邻里关系 12 及以下

诸页,217
Natur 自然 86
Naturell 天性 87,115
Naturrecht 自然法 43 及以下诸页,184
Normalbegriff 标准概念 113,155

O

Obligation 债 42,49,53
Obligationenrecht 债法 154,158
Öffentliche Meinung 公共舆论 200, 202 及以下诸页,207,214 及以下诸页
Ordnung 秩序 207 及以下诸页
Organ 器官 106 及以下诸页,124 及下页
Organismus 有机论 147 及以下诸页

P

Pächter 佃农 54
Papiergeld 纸币 39
Partei 政党 203
Person 人格/个人 149 及以下诸页,168
Phantasie 幻想 83 及以下诸页,85
Philosophie 哲学 128
Philosophie des Rechtes 法哲学 176 及以下诸页
Platon 柏拉图 211
Politik 政治 210,215
Produktion 生产, kapitalistische 资本主义的 57 及以下诸页
Profitrate 利润率 69
Prozeß 过程 153

R

Realbegriff 实在概念 149
Recht und Rechtssystem 法与法的体系 16,43,154,176 及以下诸页,181,207 及下页,209
Religion 宗教 31,200 及以下诸页,208,210,215
Ricardo 李嘉图 70
Rodbertus 洛贝尔图斯 70
Rolle 角色 115,151
Rom 罗马 219
Roscher 罗雪尔 142

S

Savigny 萨维尼 157,172
Scham 羞耻 132 及以下诸页
Schmoller 施莫勒 33
Schopenhauer 叔本华 86
Selbst 自我 147
Sexualinstinkt 性本能 8
Sitte 习俗 188 及以下诸页,207 及以下诸页,215
Sklaverei 奴役 51,160,182
Smith 斯密 44,48
Sozialismus 社会主义 199,219 及以下诸页

Spinoza 斯宾诺莎 84,111
Sprache 语言 17 及以下诸页
Staat 国家 195,198 及以下诸页,216
Stadt 城镇/城市 19,31 及以下诸页,194,216
Stadt und Land 城市与农村 217
Stand, Dritter 第三等级 4
Status 身份 158 及以下诸页
Staudinger 施陶丁格 174
Streit 争吵 188

T

Tanistry 选举继承制 10
Tapferkeit 勇敢 88
Tausch 交换 24 及以下诸页,35,45
Tauschwert 交换价值 68 及以下诸页
Technik 技术 56
Teilung der Arbeit 劳动分工 10 及下页
Temperament 秉性 114,128,210
Tragischer Konflikt 悲剧性的冲突 135
Treue 忠诚 89
Trinkgeld 小费 166
Tugenden 德性 88 及以下诸页
Typen 类型 149

U

Ulpian 乌尔比安 179

V

Verbindung 结合 3 及下页,6,43,167 及以下诸页
Verbrechen 犯罪者 215
Verein 协会 172,195 及以下诸页
Vergleichung 比较 125
Verhältnis 关系 3,7 及以下诸页,13,23,34
Verkehr 交易 46
Vermögen 财富 155 及以下诸页
Versammlung 集会 151 及以下诸页,196
Verständnis 共同领会 17 及以下诸页,195,216
Verwandtschaft 亲属关系 12 及以下诸页,217
Volk und Gebildete 俗众与有教养者 131 及以下诸页
Volkheitliches Leben 俗众的生活 141
Volksseele 民族灵魂 167
Voraussicht 预见 96

W

Wahrscheinlichkeit 或然性/概率 158
Ware 商品 59 及以下诸页,157
Warenmarkt 商品市场 65 及以下诸页
Wechsel 兑换 41

Weltmarkt 世界市场 47
Weltrecht 世界法 182
Weltrepublik 世界共和国 203
Weltstaat 世界国家 199
Wert 价值 34,58
Wesenwille 本质意志 73 及以下诸页,104,109 及下页,112 及以下诸页,121,135,142,147,154,204
Wille 意志 3,6,34,73,76 及以下诸页,84,85,87
Willensfreiheit 意志自由 122 及下页

Wißbegierde 求知欲 98
Wissenschaft 科学 39,126,210,216 及下页
Wucher 高利贷 53
Würde 威严 11,14 及下页,161

Z

Zeitalter 时代 215
Zeitungswesen 报纸 203
Zivilisation 文明 208,219
Zweck 目的 48,104,148

附录1:共同体与社会

——文化哲学的原理,1880/81年手稿[①]
导论(章节 I—III)

I

科学只有一个目的,一切科学都朝向这个目的。
——斯宾诺莎[②]

[①] 根据滕尼斯在《社会学的研究与批判》第一卷(1925)前言里的说明,《共同体与社会——文化哲学的原理》第一次公开发表于1925年的这部文集里。本文的原始手稿保存在滕尼斯的遗稿集里(石勒苏益格——荷尔施泰因州立图书馆,编号:Cb54.32:1.02;共75页,由大约A5规格的纸片成双地排列成一个连续手稿。这些纸片可以被区分为"文本"与"修改的部分"。),此手稿的最后被标识了A字母。《共同体与社会——文化哲学的原理》的复制稿发表在同一年(1925年)的《康德研究》(Kant-Studien)刊物上,在其中的一个注释里,编辑者指出了本文的第一版收录了《社会学的研究与批判》一书里:"这篇文章写成于1880年,是滕尼斯于1887出版的著作《共同体与社会》的最初构思。"(第147页)。发表在《康德研究》的这个复制版本最后被标识了B字母。——德文编者

[②] 原文为拉丁文:Finis in scientiis unicus set, ad quem omnes sunt dirigendae. 这句话出自斯宾诺莎的《知性改进论》,第一章(导言),第16节。——中译者

1

在这里呈现的是本研究的先导章节,它探讨是人类共同生活的事实。我们已对这些事实有所认识,这部分地源自我们对过去事物的认识,部分地源自我们对当前的事物、或者说对周遭现实的认识。历史(Geschichte)概念通常被限定在第一个方面,如果没有如此的限制,历史的特征就不会被精确地确定下来。

然而事实上,想要为历史描绘出一个边界,似乎是不可能的,因为什么是"当前"(gegenwärtig)呢?"当前"就意味着流逝着的片刻:在我思考它的时候,它就已经成为过去了。一切作为经验的事件(Ereignis)都从属于历史。尽管如此,上述区分[①]仍然有意义,也就是说,当"历史"关联着的不是各种事件,而是各个状态(Zustände)、即持续着的状况(die bleibenden Bedingungen)或自身不断重复着的同类事件时,区分出"历史"概念便有了意义。

因此,如果我们自信可期待下述事实,即确定的事件将一直延续到我们所考察的不确定的未来、并将在通常有利的情况下随时显现出来,那么我们就在谈论"当前的状态"。而就"过去的状态"而言,确定的事件因而被理解为:在过去的一个确定时间段内发生的各种同类事件的状况。如果我们认为这些事件不再发生,因此我们当前的观察无法触及它们,那么这样一来,人们可以凭借充分的理由、从根本上否定那些"持续着的状况"和"同类事件"存在着,

---

① 指区分"历史"与"当前"。——中译者

也就是说：没有什么是持续存在着的东西，一切都处于不断的变化之中；没有什么事件和其他事件相同，每一个事件都是新的、独一无二的。

在我看来，因为上述反对意见从其自身两方面来看①都是正确的，因而我们有充分的理由反驳以下观点：概念意义上的"静止"（Ruhende）与"相等"（Gleichmäßige）能被直接地用于现实世界。在现实世界里，表面的静止实际上消解在运动之中，表面的相同消解为区别，而且现实世界总是为消解敞开了更广阔的天地。因此，我们的反对意见得以更进一步地证实。

然而与此同时，我们总会发现一些涵盖内容更全面、表述形式却更简单的公式（Formeln），它们被用来表示各种现象的情况（Verhalten），通过它们，我们总会将事物的质的差异归结为它们的量的差异，因为我们将一切事物皆视作最终由想象出的各相同元素组成的构合物。这一倾向并没有同上述反对意见产生矛盾。面对这一倾向，我们的思维（Denken）必然要按照现实来调整概念，也就是说，思维必须要摧毁概念的绝对的、客观的意义（语言同它紧紧地捆绑在一起，而且那些通过语言表达出来的、对我们而言自然的思维方式将语言流传下来）；同时，思维还要建立起概念的相对的、主观的意义，并且它与科学对应。以此为目标，我们走上了一条漫长而艰辛的道路，这条道路以天真的（naiven）思考为起点、一直延伸到实现（理想的）批判的（kritischen）思考。这既是个

---

① 这里指的"反对意见"是否定"持续着的状况"和"同类事件"的存在，"其自身的两个方面"是："一切都处于变化之中"与"每一个事件都是独一无二的"。——中译者

体的发展道路,又是各个民族乃至全人类的发展道路。

我们的努力指向的正是这个目标。因此,我们将把"事实"视作持续着的(延续着的、静止的、状态意义上的)情形,以此同其他作为"确定变化"的事实做比较,我们能在后者这儿发现这些变化,而无法在前者那里发现什么变化、或者只在微弱的程度上发现变化。不论我们是否有能力思考这些变化,我们都不打算(wollen)重视它们,正如我们同样不打算考虑其他变化。凭借着这样的限制,我们称呼一些事物(以及事件)彼此相同,而且它们总是同其他事物(以及事件)处于特定的关系之中,从如此观点看来,它们也就与不同的事物(以及事件)处于特定的关系里。尽管如此,从其他的观点来说,我们希望将这些不同的事物(事件)称作自身等同者。

一切概念构造(Begriffsbildung)都需要上述条件,但是一旦涉及关于人的关系的见解时,情形就完全不同了,它们变化起来如此迅速,它们是那样地复杂多样、似乎毫无界限,以至于通过我们的自我意识(Selbstbewußtsein),我们可能既无法认识外在情况,也不能认识内心世界,更不用说对它们做出准确的判断。

因而,当我们谈论一个特定民族那儿的特殊法权状态(Rechts-Zustande)时,即便我们知道旧的法律在不断地被废除、新的法律在不断地产生,但是我们坚持认为:应当仅仅考察"由持存着法律构成的总体"(die Masse der bleibend Gesetze)。只有根据规则、在相同的情形下同等地应用法律,我们才能说法律持存着。在这里,"相同的"(gleich)与"同等的"(gleichmäßig)①这两个概念

---

① "相同的"指相同的情形或外在条件,"同等的"指适用于法律的对象的平等。——中译者

必然同时地被纳入我们的考虑之中,如此一来,人们才能正确地理解"持存着的法律总体"。

2

现在,我们按照上述理解方式规定了"人的状态"的含义。许多不同种类的科学都将"人的状态"视作研究对象。更准确地说,存在着两个探讨这一问题的科学大类:第一类科学涉及"过去的事物",第二类科学关系到"当前的事物"。因为在这里,"历史"概念通常被限制在前者那儿,对于同"历史"相关的学科而言,我们可以总括地将它们称作文化史(*Kultur*-Geschichte);囊括在"文化史"之中的诸学科的数量并非一个小数目,比如说,其中包括了法律史、经济史、习俗史、艺术史、宗教史、文学史、哲学史以及各个独立科学的历史,以至于历史编纂史与历史研究史。然而,考察"当前的状态"时,尽管我们不像对待历史那样、按照劳动分工的方式处理,然而我们也是在志愿的(willkürlichen)范围内实现这一点的,比如说在人类学、民族志(Ethnographie)与民族学(Ethnologie)、比较法学、政治学、政治经济学与统计学的领域里,尤其在道德统计学(Moral-)与社会统计学(Sozialstatistik)[1]等领域里,"当前的状态"得到了探讨。

---

[1] 由于"统计学"(Statistik)这个名称被滥用、从而仅仅被视作一种(自身经常被误用的)方法(*Methode*),因此为了避免这样的困境,过去的法国学者们将这个概念的两个方面恰当地表述为:人口志(Demographie)与人口学(Demologie);或者,我们可以用德语将其表述为:"民族描述学"(Volksbeschreibung)与"民族科学"(Volkswissenschaft)。——作者原注

很显然,"处理过去的事物"与"处理当前的事物"之别,并不具有内在的意义。反之,这样的区分几乎是偶然的:实际上,那些关涉"当前事物"的研究都是在较晚近的时期出现的,而且它们都独立于同它们亲和的历史学科。由于其他一些原因,研究历史的诸学科现在时常无力承担"探究事实""描述事实"的任务,而且认识因果关系已经视作历史学科的最终目的。与此同时,还有一些其他的科学,在它们之中存在着纯粹概念的、理念的内容同那些立足于现实经验的内容之间的区分,然而,由于这一区分并不以恰当的方式落实,因此它们忍受着内在分裂的痛苦。就它们内在的经验性方面所涉及的内容而言,它们与历史学科一致,只要它们以纯粹的描述为务,那么我们就可以按照自己的愿望分配工作。如果人们尝试让它们与历史学科合作,将之变成深思熟虑的、有计划的工作,以此取代那种偶然的、盲目的劳动,那么这样做无疑是很好的。那些以发现并呈现"因果关系"为目的的研究,则必须将依照时间划分学科的做法视为不恰当的行为,相反,它应当使自己仅仅中意"针对对象的"(gegenständliche)研究方式。

这样一来,在任何的领域中,只有借助"当前的事物"的帮助,我们才能理解"过去的事物";同时,只有从"过去的事物"出发,我们才能解释"当前的事物"。所以动物学(Zoologie)也是一门科学,它的注意力集中于已成化石的动物、正如它关注现存的物种那样。地质学(Geologie)可能只探究地球在太古时代遭受的变化,不过前提是它采纳如下的观点:在相似的情形下,地球逐渐地变化着,就像通过观察当前的变化,地质学家可以考察遥远时代的地球变化。

事实上,上述研究"人的状态"的科学应当取用类似于自然科学（Naturwissenschaften）的词语构造，作为文化科学（Kulturwissenschaften），它们与自然科学对立①。在最近的时代里，我们清楚地认识到了这些科学的努力所在，并致力于完善这一点：任何一门文化科学都试图将其研究对象理解并处理成一个"经验的整体"。从比较语言学、宗教学与法学开始，文化科学皆沿着这条道路向前行进。

3

那么哲学（Philosophie）与文化科学有怎样的关系呢？更进一步而言，哲学与科学本身又有怎样的关系呢？在各式各样的关于哲学的目标与价值的看法中，有个观点似乎始终处于中心地位，即哲学应当产生并表现出一种世界观（Weltanschauung）；在此前提下，哲学要被理解成由清楚而明晰的概念组成的一个连贯的、无矛盾的统一体（Einheit），以及立足于它的各种坚实的判断；哲学的根源（完全地或部分地）始于思维着的理性本身的各种形式，或者纯粹始于对经验的理性探究。

然而无论如何，即使哲学自身包含了一切可能的洞见，或者一切以现实为研究对象的科学的结果，它们也不会是"哲学作为一种世界观"的必要条件。哲学甚至早就不可能做到这一点了。相反，不仅就研究问题还是就结果而言，哲学面临了选择（Auslese），而且它应当接受或研究那些以特殊方式显现给它的、有认识价值的

---

① 因为"自然"（Natur）与"文化"（Kultur）之间的对立是一组真实的对立，然而另外的一个提法——即"自然"（Natur）与"精神"（Geist）之间的对立——是错误的，或者至少由于许多错误的词语组合方式，这组对立遭到了败坏。——作者原注

东西。在这里,"以特殊方式"指的就是"为了一个特殊的目标"。这一目标不仅仅是一个统一体(Einheit),因而人类能通过他的知性理解力牢牢掌握这个统一体的内容。与此相对,我试图提出"哲学"的正确概念:哲学的真正目的、也即哲学付出所有辛劳所要指向的目的,并非理论性的(theoretischer)目的,而完全是实践性的(praktischer)目的,它应当为生活理想(Lebens-Ideals)奠基,哲学家为了自己也为着所有人而有效地、节制地解释生活理想,与此同时,奠基生活理想的方式展现了哲学家如何评价生活(Schätzung des Lebens)。用实践界定哲学的做法是正确的,因为自古相传的语言(Sprache)习惯就证实了这一点,至少从"哲学"概念的主要特征来看,我们应当坚持这一观点[1]。

---

[1] 然而,哲学家们也许会对此提出抗议,他们无法容忍自己理想的有效性被限制在一个如此狭窄的范围里,因为他们中的任何一个人几乎都习惯于往高处期许自己的思想:它即使不是基督教或伊斯兰教的正统,也要在他的国族(Nation)内被普遍地肯定并采纳。但是他们的抗议是徒劳的,因为"一"仍然还是"无"(尤其涉及到宗教要素时,"一"与"无"之间是如此地接近),而除此之外的一切仍然处于相互分离的境地,只要"国族"中人只愿意了解少数的人物、即那些代表了精神运动的人物,那么他们的理想不过局促在一个有限的范围内。尤其这个快速进步的精神(正如其他要素一样)劳动分化的时代,我们应当考虑到这样的状况:不同的人不但处于偶然的现实生活里,而且根据众所周知的、强有力的理由,他们拥有不同的生活理想,相应地,他们赋予自身不同价值。面对这种可能通过大规模机制不断发展着的劳动分化情形,人们一定无法直接靠言语与写作的方式应对。因为人不可能像学习一种语法一样,强迫自己的灵魂接纳一个理想。只要哲学源于一种理想,那么人们就可以期待,在有利的条件下、通过彼此间的意气相投和充分培育的性情,他们将找到通向哲学道路的入口。尽管如此,我们不可能根除"生活观"(Lebensansicht)的权利,它坚持地认为自身是善和智慧,同时,它要实现最大可能的有效性。不过,经验应当至少教导人们将注意力更多集中于时间深度的影响、而非空间广度的影响,这样一来,相对于多数草率者,少数审慎者更受尊敬。初期的斯多葛学派只是一个小哲学派别,但是它后来在人们的生活中释放出强大的力量,且维持了将近千年之久的影响力。康德学说自产生起便吸引了大批仰慕

如果说一种生活理想的构造并不必然地依赖于科学认识（在这里，我们假设这一点得到了承认），那么哲学越建立在人们对现实的广泛而确切的认识的基础上，即人们越不认为凭借其自由而纯粹的思维就能获知现实，哲学越建立在经验科学的基础上，它的客观价值也就越高。这样一来，呈现在哲学家面前的任务就是评价和塑造人的生活，所以哲学家有最充分的理由去从事那些能教导自己认识人类的科学；也就是说，他将人类视作"时刻感觉着的生命"，视作灵魂、精神以及意志。特别地，他努力探究人类认识能力的起源、形式与界限，以此为哲学确立一个相对于其他科学的稳固地位。因而，除了心理学，逻辑学就有权处于诸哲学学科（philosophischer Wissenschaften）的顶端。随后，哲学家就会探究：涉及人的认识问题时，怎样的源于自然科学的自然哲学对他而言最重要？与此同时，他尝试以统一的观点将各个文化科学总括到一起。

当人们尚且将文化科学限制在历史学科的框架内时，他们对文化科学的研究早于对历史哲学的研究。在最近的时代，如此的限制不再存在，一些新的尝试反而出现了，它们试图引入社会学、

者，然而一百年过后，人们几乎已经察觉不到康德学说对自己的生活观的影响。事实上，相较古代的学说，近代思想家（斯宾诺莎可能要被排除在外）的实践观念绝非清楚明了，也非以有机的形态存在着。与此同时，他们并不承认：这些理想并非源自共同的思想，而是从共同的情感或大多数人的力量的意志方向那儿汲取而来、并且必然地保存于其中。因此，他们中的任何一个人事实上都可能坚持地认为，他自己的理想要优于其他人的理想，这样一来，我们就无法使用真（*Wahrheit*）的范畴，正如我们无法将善（*Güte*）的范畴运用于纯粹的科学。在《理想国》（*Republik*，BVII〔即 519c – 521b〕——中译者注）里，柏拉图曾尝试为一种哲学理想的客观价值提供唯一可能的证据。但是他的虚弱正表明了这一企图注定徒劳无功。——作者原注

民族心理学或社会科学(Gesellschaftswissenschaft)。为了正确地表明这些学科的特征,相比于这样与那样的名称,我更愿意用"文化哲学"(Kultur-Philosophie)这一术语称呼它们。

4

对哲学的研究来说,一切关于自然的认识根本上都是重要的,只要它启发我们探讨人与其他事物的关系并解决以下的问题:人与所有其他存在者(Seienden)共有的东西是什么?尤其人与其他有机存在者的共同点是什么?人与植物的共有的东西是什么?他与动物的共同点又是什么?什么是人所固有的属性?我们是否要去探究那些相似与差别的起源?事物是从一个艺术家的手中产生,因而它们源于相同的材料,继而形成了多种多样的特征?或者他们之间的"不相同—相同"(das Ungleich-Gleiche)就意味着对他们的共同起源以及自然亲属关系的证明?一切事物都是在无法度量的时间进程里逐渐发展出来的,那么这个过程又是怎样的呢?如同这里描述的情形,如果我们的假设渐渐变得可能且越加清晰,那么它将促使怎样更进一步的结论产生呢?在我们身处的这个惊人发展时代之前的无限时间里,曾经发生过什么呢?除了发展的产物,还有什么存在于无尽的世界空间中呢?什么是空间与时间呢?什么是那个被我们想象成一个整体的世界呢?

由此一来,形而上学秘密的广阔领域展现在我们眼前。哲学家不应缺乏勇气,他们要以谨慎的思想、惊叹的情感接近这个领域。只要他承认:面对这些问题,无论他的性情,还是他的哲学,皆满怀着深刻的同情,而且同情并不会被洞见削弱,它源于原始人类灵魂的淳朴要求，通过人类长时间的遗传和习惯，它在我们身上生根、不断地被传给后代。与此同时，同情也不会被权衡削弱，由权衡产生的表象各不相同，它们具备不同的价值、拥有不同的美丽外表，然而它们几乎都缺少实在的可能性。对大多数人而言，他们坚信一个真实的、深刻的道理：尽管想认识形而上学的神秘领域以及它的生成，但是由于敬畏（Ehrfurcht），他们必须停止研究、探求它们。在这里，一切可能的认识仅仅关联着情感（Gefühle），而非认识对象。因为处处存在着的都不过是世界的变化情形，通过掌握重复的规则尤其是普遍的生成法则，我们只能带来一小部分的变化，同样，我们也只能在这一小部分变化的范围内理解世界的变化。但是对于任何认识能力来说，无论整体的现实存在抑或整体之中任何部分的现实存在本身，还是那些被想象成作为现实存在者（能量）的变化，不过都是那位深刻的思想家所谓的"自因"（causa sui）①。

5

哲学的意义具有完全不同的特征，就这一点而言，它接近文化科学。形而上学从空间和时间延伸到另一个领域里，在此，我们关于空间和时间的表象（Vorstellung）都消失了，正如一艘渔船消失在海洋之中。与之对立，伦理学（Ethik）建立在坚实的土地上，它关系到共同生活着的人类的最近时期乃至未来时代的生存环境。

对形而上学来说，我们的一切目的皆指向事物的现实存在

---

① 出自斯宾诺莎的《伦理学》，第一部分，界说（一）。——中译者

(Sein),并且始终保持着这一指向,不过,"存在"不仅不依赖于我们的表象,而且它希望表现它自身。反之,当我们研究人以及他们的行为时,我们不会进一步地追问它们的真正的性质,而是从我们自己的意识出发、持续由外向内地做推理。整个推论过程并非由我们任意为之,相反,思维能按照规则、合乎规律地推理论证。正如我们这些考察自我的人必然知道的那样,当我们彼此更相似,我们中的任何一个人都会变得更易理解。但是对于"属人的事物"(das menschliche)来说,它们是我们的意愿涉及的一切,我们并不满足于理解它们,而且我们还希望认识、评定它们的价值。

这意味着什么呢?在生活里,事物及其运动呈现在我们面前,正如活着的生命以及他们的行动呈现在我们面前,它们激发了我们的快乐和痛苦。然后,我们会以多种多样的方式评价它们,并且指出:我们喜爱它们还是反感它们。喜爱(Gefallen)和反感(Mißfallen)存在着许多等级。但是根据种类的不同,这些感受也必须被区分开来。

一开始存在着的是大量纯粹的功利判断。从这个主干那儿分离出了其他种类。在这一主干领域里,我们用各种名称称呼人、事物以及它们的处境,这些名称表达着喜爱之情(在此以至于接下来,我们总要将它与它的对立面放到一起理解),因而也表达着有用的、优秀的、适意的、美的、善的感受。如果我们想说,在这些事实(Tatsachen)里,我们认识到一种增加快乐感或减少相反感受的确定倾向,那么所有仅仅涉及智性(Intellekt)、即仅仅涉及表象与思维的东西都被排除掉了。由此一来,我们将会使用"有利""有害"等范畴,语言意识(Sprachbewußtsein)便形成了。

这些情感倾向于变成两种不同类型的价值判断。美学判断(ästhetischen Urteile)从功利判断那儿分离出来。美学判断承认:对一个对象或一个过程的纯粹感性的知觉将伴随着快乐的情感。美学判断的特殊之处恰恰在于,它与效用(Nutzen)没有关系,即它与卑俗的快乐感无关,感知者并不期待获得卑俗的快乐感。感知行动本身就是令人适意的。

最后,伦理判断(ethischen Urteile)是第三类判断,它涉及的仅仅是人及其行动的内在的、灵魂的属性。一旦考察人及其行动的原因时,伦理判断将溯及他的确定的愿望或倾向。伦理判断是一个区域,在此之前,美学判断恰好到达了它的边界。伦理判断表达出对这些愿望或意志方向(Willenseinrichtungen)的喜爱,它与美学判断有一致之处,即它们的喜好脱离了一切效用关系,这一点使它们同功利判断对立。但是伦理判断的情感和美学判断的情感不同,它不与知觉相连,也就是说,人的内心世界、人的自我完全摆脱了知觉,它们只在纯粹思维(Denken)中持久地存在。在思维看来,人类的灵魂(无论自己的还是他人的灵魂)具备这样的和那样的属性,我们遵照规则认清了它的价值。如果说伦理判断的情感是最客观的情感,那么美学判断的情感就是最主观的情感,其中,由对象激发出的快乐占据了最大的情感份额。相反,伦理判断能够完全独立于对象现实在场(Vorhandensein)的要求,而美学判断必须彻底保持着与一个对象现实在场的关系,在这个关系里,功利判断完全消散了。

人们经常将这三类判断(以及对应于它们的情感)混淆起来,而非以各自的纯粹形态看待它们。同样,在它们之间发生过跨越不少层次的过渡。尽管现实为此提供了足够的依据,但从概念的意义上讲,它们应当被界限分明地区分开来。

由简单的声明(Aussage-)或陈述(Satz-)构成的判断,建立在对(虽然被很微弱地意识到的)既定的独立表象同由此激起的、过去沉静在灵魂中的记忆画面(Erinnerungsbildern)之间进行比较的基础上。它们被置入科学的秩序之内,进而,人们根据科学图式(Schemata)固定那些本性上摇摆不定的表象内容,并且尽最大的可能、确切地描述它们。如此一来,通过将各个独立的表象同特定的名称联系到一起,由可定义的概念组成的图形就清楚地呈现出来:这些概念越能准确地固定既定现象间的关系,它们就越类似于数学概念或比例,因此,它们也就越完善。

然而,价值判断并非意味着比较各种由表象组成的统觉图像(Appzeptions-bildern),而是权衡各式各样的纯粹的情感,这些情感交缠在一起,它们本身非常地不确定,同时,在很大程度上,它们会根据时间以及其他不同情况而摇摆不定、不断变化;因此,要用概念固定它们,这样做的困难很大。人的情感不同于表象,即使外在环境相同,它们也极其不同。因此,我们必然可期待概念的结果具有更少的主观有效性。比如说,所有认识直角三角形的概念的人都会承认这个概念,而且所有的人几乎都会以同样的方式使用它。至少他们会根据直角三角形的概念特征评价一个既定的形状:即这个形状是否能被称作"直角三角形"。因为人们必然相信:"直角三角形"的特征表象以及由既定现象刺激产生的表象,在任何人的意识中皆是充分一致的。与此相反,当功利概念被提出来的时候,各种情感或意志方向的差异很快就会出现。也就是说,概念包含的特征越丰富,它们的差异就越强烈。比如,我们一般都会承认吃与喝是极其有益的活动,但当我们说"鱼和水是精美的食品"时,之前关于吃喝的判断就已经被限制了,进一步地说,只有数目很少的精英分子才知道以吃喝的目的衡量牡蛎和香槟酒的价值。如果我们从功利概念出发,一方面向美学概念靠近,另一方面向伦理概念靠近,那么情感与意志方向的差别就还会进一步地扩大。

毫无疑问,存在着众多个体和群体,无论他们做出美学判断、还是做出伦理判断,他们都不能完全摆脱功利判断这一基石。哲学家能做的无非是将他自己的概念纳入牢固的概念群以及彼此间的系统关联之中,无论这些概念可能怎样出现,或者说,无论他的思想动机或缘由按照怎样的方式产生出来。哲学家之所以这样做,就是为了创造出那个体现为"生活理想"的东西。生活理想能以合乎逻辑的方式扩展自身,只要它的概念允许哲学家沿着某一确切的意志方向做推论,那么它的概念也会将确定的价值赋予思想和判断。可是,这个过程完全不与纯粹理论性的判断结合,而是在更大范围内结合了实践性的判断或价值判断。因此,功利的、美学的与伦理的情感以及判断缠绕在了一起,形成了一个主观的伦理判断,由此一来,这种伦理判断也就调控着各种事物与过程。同样,这些事物与过程也是功利判断与美学判断的固有对象。

从以上的论述出发,我们得出了一套纯粹伦理的理论。它希望教导人们如何将各种原则应用于愿望与行动的对象,正如每一个人都在其持续着的、有意识的生活之中面对着它们。然而,当人们研究各个可能的情况并对此下判断时,这种纯粹伦理的理论摆脱了静止的状态，并将现实当作其理论的真正对象，因而，它自身的诸多不同使命就发展出来了：部分地，通过研究事实的科学的揭示，它们促使人们放弃接受帮助；部分地，它们使人们必然地接受帮助。如果伦理的理论想要根据自身的伦理价值来判断现实，并为此设立理想的标准，那么从本质上来说，伦理判断将虑及所有可能的情况。

与之不同的情形是人们根据不同的时间与情况、改变先前的基本原则，继而做出判断。我们应当如此理解它，即它正现实地存在于人的意识里，或曾经现实地存在于人的意识里。因此，当我们评判他人的性格与行动时，我们的判断便具有了事实的有效性。在这里，新的任务产生了：我们要去认识诸伦理概念之间的差别的原因（Ursache），最终描述这些不同的概念与理想标准的统一体之间的关系。这样一来，我们将恰当地考虑这一关系，在人的现实性格（或行动）与合乎理想的性格（或行动）之间做比较。如此比较的结果非常不同于直接的判断。比较的对象是人们的愿望①，在比较的过程中，我们借助理想标准认识、判定未来的现实。为此目的，我们必然要去认识各种条件或原因，与此同时，人的性格与行动的属性根本上即依赖于这些条件与原因。

由此可见，人类的精神科学并非以人的认识为主题，而是以人的意愿（Wollens）为主题。在这一方面，针对一切人共有的东西、因而作为"人"这一概念内含的东西，心理学或者（当我们进一步地限定"心理学"的研究领域时）心理学的人类学（die psychische

---

① 这句话直译过来是：比较同愿望紧紧关系到了一起。——中译者

Anthropologie)将它们讲授出来。一切特殊的东西都被分配给了不同的研究领域,这些领域正是我所标记的各个文化科学。因为纯粹智性的精神活动指出了确切的意志方向,而且它们与一切其他的学科联系地如此紧密,以至于它们的历史与理论也都涉及"意志方向"这一问题。

6

就此而言,我们表达了研究的目标。由此,文化哲学相对于它的各个独立科学的地位就确定下来了。只要伦理的概念被视作人类性情(Gemütern)的产物,那么伦理概念的领域、符合或违背伦理概念的各种倾向就都是理论研究的对象。哲学要做的就是将这些对象的因果联系同所有其他的意志方向放到一起来认识,并且再将它们同其他人为的或非人为的环境结合起来理解。

在这个意义上,哲学不是一个特殊的、单一的科学,相反,从更普遍的认识向更特殊的认识过渡的演绎法(Deduktion)是仅仅适合哲学的方法。首先,演绎法是分类(Einteilung)的方法,分类法针对的是那些应当加以考察的各个单独的对象,它要指出这些对象在存在者体系里所处的恰当位置。随后,演绎法也是科学结果的表达方法。如果说,演绎法建立在归纳法的基础上,并且归纳法是适合各个独立科学的方法,那么基于原因(Ursachen)或动力(Kräften)的理由区分效果的方法就产生了。当然,演绎法并不排斥归纳法,因此面对各种现象时,它还是会通过分析研究现象的起因。

这样一来,我们应当将整个讨论进程归结如下:首先,我希望根据人类意志方向的本质特性和差异,对他们的意志方向做简短的分析；随后，我将特别地考察人们彼此之间的意志关系。为了从意志关系中得出两大群体（Gruppen）的类型，我们应当通过揭示独立个体的意志方向所在的主要领域，探寻这两种群体的独有特征。我们的最终目标是揭示因果关系：部分地，它从普遍法则那里得出；部分地，通过特殊的研究，它才变得可能。

II

1

每个人在其自身之内就能经验到精神性的事实（geistige Tatsachen），而且精神性的事实根本上也在他人生命里存在着。我们只有通过推论（Schlüsse）才能认识它们。对一切人和动物而言，他们通过长时间的习惯、将推论与知觉（Wahnehmungen）融合到了一起，然而，如果我们对那些较类似于人的、比人更低端的物种做推论，那么我们一般不再把这些推论的有效性视作毫无疑问的。

我并不想马上从这个充满争议的问题域①中走出来。在人和兽类那儿，我们仅仅确信他们是拥有灵魂过程的现实存在（Dasein），并非所有的判断者能就此达成一致。尽管如此，没有人会否认：在一段无法度量的距离里，一个由无数层次组成的等级秩序存在着。似乎援引许多依据（在这里，我们无须引述这些依据），我们便可以确认：在最低级的开端阶段，灵魂过程的所有差异还保持

---

① 指动物有无知觉或灵魂过程的问题。——中译者

着未发展的状态,这一状态的情感(Zustandsgefühl)只意味着一个人的身体遭受外在的某一确定强度的攻击、继而他以某种方式表明沉闷的痛苦(dumpfem Schmerz),这样一来,他的意识片刻间即被调动起来了(因为如果意识没有确定下来,即意识之内没有任何确定的东西显现出来,那么我们假设"灵魂做了某些事情"的做法便毫无意义。人们可能会用"无意识"的概念来否认我的观点,不过,在我看来,"无意识"作为一种否定的讲法,不应当被理解成绝对的东西,而应当被看作最小的、几乎无法被察觉的意识的量。在这个意义上,我们可以将它应用于一切类型的心理事实,而且我们每一次必须清楚地、真正地将它与意识过程关联起来理解)。更进一步地,我们可能发现,兽类生命最早期的现象(就像我们相信应当这样来认识一样)便显现了:一种空间性的整体运动不再借助直接的外来刺激就可产生。此前,生命已经通过短暂的忍受保留了当时的痛苦感,现在,借助反作用,一种源于另一情感的激动(Regung)产生出来了,我们将这种情感描述为快乐(Lust)的胚芽。

痛苦与快乐是最普遍的范畴,我们人类的一切意愿(Wollen)都关联着它们,依靠它们,我们彼此亲密地熟识。我们同样知道,人与人之间的意愿的关系完全不是任意的:我们能做的无非是希望努力避免痛苦、追求快乐。然而,由于遥远未来的表象突然出现在我们脑海里,除此之外,由于情感做出反常的价值衡量,我们对于这种(趋利避害的)必然性的洞见可能会变得晦暗不清。

任何时候,我们都会在自己意识到了的意愿里知觉一种对我们而言独特的关系,即其他灵魂要素与上述两种基本情感(痛苦和快乐)的关系。在这里,情感本身构成了意识的全部内容,除此之外,我们从中再也得不出任何结论。尽管如此——从逻辑的意义来讲——一切有灵魂的生命都能肯定一个东西并否定其他东西。考虑到这些基本特征之后,我们希望为整个心理过程添加一个公分母。这里说的"特征"指那些既非纯粹智性的特征、也非那些不关联着痛苦与快乐的特征。因此,我们在此使用的"意志"(Willen)概念就优于"情感"(Gefühl)概念。我们承受着的各种感觉只处于意志等级的最低点,在它之上,行动的意愿闪烁着光芒。

因此,如果说在考察意志发展的过程中,我们要从低到高地梳理意志的各个等级,那么伴随着这个过程,意志的要素就在持续地生长。这样一来,我们能将最低级的行为归结为无限小的意识,并且将它理解成一种无意识的意愿(unbewußtes Wollen)。

2

最初的情感局限于存在者的感知(Perzeption),它们越摆脱与感知对象时空接近的限制,越分化成身体各个单独部位的感知,它们就越变得多样化、精纯化。

如此一来,一种新的意志类型产生了,即使它是正在成长着的、未来的意志,它还是进入到意识之中。我称这一类型的意志为愿望(Wunsch),这一名称包含了许多内容。"被动的—无意识的"意志预设了它自己尚不具备任何智性生命的特征,除非它直接关联着智性的生命,也就是说,除非我们恰好在智性领域里感受到痛苦或快乐。然而,如果作为愿望的意志没有包含着表象的"破晓"(dämmernde)形式,那么我们就无法想象智性的意志存在。人们可能会将此意志形式准确地称作"预感"(Vorgefühl):他们将"预感"视作一切智性活动的最初胚芽。不过一开始,它无非是更早先的情感的剩余物,通过当前情感的刺激,它被激发起来,变成了痛苦的或趣味盎然的回忆。愿望的固有产物、即情感或一种合乎规则的意识出现了,这种意识知道过去发生的事情将被新事物取代。因此,记忆越同具体的对象紧密相伴(gegenständlich)、越获得了具体的形态,也就是说,感性的知觉越能被再生产出来,它越熟练地占据主导地位,我们对未来的领会也就显现得越明确。只要更多源自灵魂自身的东西被添加进总的情感里,那么相比于意志的原始形式,作为愿望的意志也就变得更有精神性、更主动。

正如意志的原初形式可分解为快乐与痛苦,愿望也可分解为欲望(Begierde)与恐惧(Furcht)。然而这两种类型并不像快乐与痛苦那样简单,它们两者中的任何一个都混合了快乐和痛苦这两个对立的因素。只是在恐惧里,痛苦占据了优势;在欲望里,快乐则占据了优势。就整个动物王国(Tierreich)而言,最原初的、最普遍的恐惧几乎是纯粹的痛苦,但表象越从预感那儿发展出来,恐惧便越掺杂着快乐的要素,因为表象预示着对可怕的事物的克服。反过来,欲望便形成了。首先,这是一种原初的快乐(Vorlust)。即使这样的欲望源于痛苦,但无论如何,痛苦对于它而言并不是本质性的东西,因为痛苦(比如饥饿的痛苦)完全要与欲望本身区别开。在意识不包含欲望的条件下,痛苦能够存在。不过通常而言,欲望跟随着痛苦。在经过一段或长或短的时间间隔后,痛苦可以持续地保持下来。

恐惧的痛苦(即欲望无法满足)不同于欲望的痛苦。不过,要是参与到欲望里的表象发挥着更显著的作用,那么痛苦毋宁更多地同欲望结合到了一起。在愿望的内在结构里,如果快乐的要素比痛苦的要素更活跃,那么相较于恐惧,欲望也就更活跃。

3

意志越上升到一个新的层次,从属于意志的身体的外在行为就越独立于当前的简单情感,也即越独立于由性情(Gemüt)激发出的愿望。这个过程之所以发生,是因为原本包含在愿望之中的各种表象因素更自由地同愿望分离,并且更明确地呈现出自身。在此之前,由于这些表象与未来行动之间的关系内含于愿望之中,因此未来的行动与愿望直接地、通过一种令人痛苦的(强迫)情感结合到了一起,反之,表象与未来的行动之间的关系则较为松散,因为毋宁灵魂将表象当作了自己的占有物,换言之,灵魂也就是有意识的思维,它体现从一个表象到另一个表象的转变。同时,如果表象被视作依附于思维的东西,那么思维正是事实上的表象间的关系,思维自身就是有效的。

表象间的关系同样也可以(以较小的强度)囊括事实间的关系,就此而言,事实似乎依赖于观念,因此,外在的行动在同样的程度上由表象的关系体现。由于意识中的诸表象快速变换,从情感那儿进一步地产生出这样的考虑:一个(正在发生或已经发生或尚在意图中的)行动是可能的行动还是已经实现了的行动。也就是说,突然萌发的表象仅仅同那些极容易出现的条件联系在一起。

思想与情感相互融合起来,不过,它们仍然被视作彼此不同的因素:情感将表象以及附着于表象的东西想象成自己的占有物;思想则关联着外在事物的发生条件是否可能出现,以及它们出现的容易程度。思想与情感的融合确立起自由意志的可显现的简单情感,或者说志愿(Willkür)的可显现的简单情感。然而正因为如此,这样的简单情感又是一个谜,它既非单一的事物,也不是由同类事物组成的东西,而是情感与思想合成的东西。只要正在做决定的愿望或者说(似乎)由思维的选择活动确定下来的愿望是欲望,而非恐惧,那么,这种自由的意识(我们如此称呼它)将更强大,因为欲望本身是主动者。就意识的构成而言,相较于情感的份额,表象的份额越占优势,自由的意识就越活跃、越能感受快乐。相反,要是情感的份额占优势,那么自由意识就越由于暴力的强制或因束缚产生的痛苦感(如果人们按照自己的意愿行动,那么这种强迫的感受就会减轻)而遭到强烈的抑制。

4

我们已经清楚,在上述三种"意志关联"(Willensbeziehungen)①中,第二种与第一种之间的关系、最后一种与更原初的前两种之间的关系,皆如同部分与整体的关系,或者正如(体现在表象形式里的)手段与目的的关系那样;只要一切有意识的或无意识的意愿,最终指向最大程度的快乐感以及最小程度的痛苦感。恰如更高的意志形式从原初形式那里脱离出来并变成独立者,意志的质料(Materie)也从原始的、同自己身体的直接关系里解脱出来。在上述三种形式里,"意志的现实存在"与"整体及其各独立部分的

---

① 即情感、愿望以及思维。——中译者

特定状态（舒适）"以不同的方式被人意识为善（Gut），相反，它们的不存在以及对立的状态被视作恶（Übel）。如此价值以及无价值①将从一个人的身体传递到其他人的身体。

在个体的与类的意志发展过程里，最初存在着的都是些尚未分离的统一体，就像一个整体与它的部分以及一个目的与达成它的手段那样，它们是统一在一起的；随后，部分或手段开始从统一体中脱离出来，然而它们还是希望同整体结合起来；直到最后，意志特别地关联着它们，即使意识并没有将它们保持在结合之中。

根据智性行动是否参与其中，这一分离的过程是有差别的。在动物的世界里，一个身体与其他身体产生持续的、强大的以及无自我的意志关联，其最引人注目的例子就是母亲与她身体所结出的果实（Leibesfrucht）之间的关系，它明显是以纯粹客观的方式、在没有表象发挥中介作用的条件下产生的。母子关系基础并非是孩子作为达成一个目的的手段，而是我们将孩子感受成母亲身体的一部分。与之不同的情形可以被想象成纯粹"类关系"［Gattungsverhältnisse］（男人与女人的关系）的起源。对此，我们需要理解：现实存在于概念的对立之中，它体现为一种逐步的发展，因此也就表现为多种多样的等级和分支。就人的意志而言，普遍地说，如果我们将它视作过去时代的、动物性的遗产，那么它关联着的外在对象就是对应于纯粹主观关系的原始工具。此后，人们不是希望具有这样的主观关系的意识，便是出于关系自身的缘故、不希望具有这样的主观关系的意识。进一步地，只要后一

---

① "价值"与"无价值"分别对应善与恶。——中译者

个条件①实现了,一种新的、独特的意志关系就产生了。

就意志的不同形式而言,意志的最初形态似乎是平静的、相对无意识的意志,它指向自身以外的其他身体,就像指向它自己的身体那样。如此一来,仅仅通过阻碍或促进,意志就更明确地步入意识里。这样一来,作为自身的占有物(Besitz),意志同外在的事物产生了关联。"占有物"这一概念表达了某种十足普通的关系,这一关系类似于作为整体的身体与身体各部分之间的关系。

很明显,在各个不同的意志程度上,这样的关系都是可能的,它既可以扩展到有生命的生物与无生命的事物那里,也可以扩展到人及其意志那里。进一步地说,作为愿望的意志关联着这些外在对象,作为欲望的愿望正意图实现令人快乐的"占有关系"(Besitzbeziehung),或者说,作为恐惧的愿望则阻止着令人痛苦的"占有的关联"的损失。这些情感能转化为行动,由于行动被付诸实施,意志或者说愿望就与外在对象产生了关联。与此同时,意志也可能外化成志愿性的行动。这样一来,当我们将愿望理解成行动时,我们就将它称作努力争取(Streben)。只要行动的目的不是得到或维持占有物,而是持续地拥有现有的对象,即持续地将它们保持在意志的区域内,那么意志就会以志愿(Willkür)的方式同对象产生关联。与此同时,志愿与权力的目标就是损坏或毁灭,或者维持和适应自身之外的身体,在自由意志的快乐感不断提升的趋势下,意志进入意识之中。

(真正的或更狭窄意义上的)动物性的意志在多大程度上参与

---

① 即"不希望具有这种主观关系的意识"。——中译者

了一切上述的意志关系？我们尚未考察这个问题。然而无论如何,对真正动物性的意志来说,第三种类型的意志是完全陌生的。直到现在,关系到我们对"对象"(Gegenständen)或"外在的身体"(fremden Körpern)的命名情形时,这些事物不仅被表述为有生命的东西,而且它们不再分化成意愿着的(wollende)与行动着的(handelnde)东西(由于外在的特征,可见的运动与事物本身是同一的),而是完全分化成表象着的(vorstellende)和思维着的(denkende)东西,也就是分化成了人(Menschen)。

由此前提及的范畴构成的意志——例如作为"占有物"的意志、作为"努力争取"的意志、作为"不断产生作用"的意志——都既关联着作为行动者的人,又关联着自由运动着的动物。但是,没有人想象一个动物会有持续的表象与情感,也不会有人将动物的表象与情感视作真正的表象与情感(虽然有时会将它们当作达成其他目的的手段),而且人们完全不会期许一个动物的意见或判断。与之相反,每一个人都会在很大程度上考虑其他人的表象与情感,特别当这些持续的意见关系到他自己以及他的意志领域的时候,也就是说,他会考虑别人对他的价值所提的意见,在这一点上,他的价值才能够树立起来。因为没有人能够直接地认识另一个人的灵魂,所以人只有借助单纯的猜测,依靠推论来形成自己的意见,以此让自己满足。

然而,由于意志完全针对外在的符号,因此它与可能的内在信念(Gesinnung)相对,从而彻底变得无足轻重。这样一来,根据以上所述,意志就从属于"内在信念"这一范畴。可是,按照我们的观点,意志与外在表象以及情感的关系都是现实的,为此,我将这些特殊的特征纳入一个统一的等级序列里。也就是说,在这里,意志被塑造成一种仿佛平静的满足(ruhendes Wohlgefallen),只有通过扰乱引起的痛苦以及提升满足感带来的快乐,意志才能明确地进入意识之中;随后,意志被塑造为愿望(一般而言,就是寻求尊敬[Ehre]的欲望以及面对羞耻[Schande]的恐惧)以及努力争取;最后,意志被塑造为行动(Tätigkeit),我们能够期待行动可以促使意见改变。

5

在逻辑的形式里,所有这些意志关联(Willensbeziehungen)都对应于不同类型的价值判断。借此,主观的状态、外在的对象或他者的信念表露出善或恶。反过来,价值判断只是人类特有的东西。在整个动物王国里,意志关联不断在变化,它的多样性不断地提升,这个过程伴随有机体的结构与机能向着更高层次发展、向着更复杂结构演变。直到存在于人类那里的意志关联不仅包含着三种已经描述过的类型,而且在人类那儿,意志关联包含着各种不可预见的变化情形。个体在自身之中经历越多不同的情感,他怀抱各种愿望的能力就越强。除此之外,我们也可以抽象地说:在人与人直接的关系里,志愿性行动的可变性(Variabilität)增加了。

尽管如此,通过各愿望之间的力量关系,行动的可变性仍然被显著地限定了。在力量关系里,强度(Intensität)是最重要的因素(暂且不谈实现愿望的或大或小的可能性)。靠着力量强度,快乐感与痛苦感曾在某一确定的有机体内发挥效用或正发挥着效用。力量强度部分地受制于人的原始生理—心理素质,部分地受制于人的特殊的属性。所谓"特殊的属性",即人通过身体的适应和灵魂的习惯而获得的东西。因为身体与灵魂共同地构成了人的属性,无论在他生命的任何既定时点还是当前,情况都是如此。任何扰乱都被感受为痛苦,任何促进或进一步的适应都被感受为快乐。

因此,当我们再次地将当前的心理状态理解成一种潜在的行动,并将此称作意志,那么,意志朝着既定方向的运动越受快乐感促进、越受痛苦感阻碍,那么它就越易于接受特定的快乐感、越敏锐地排斥特定的痛苦感。在愿望里,先前的情感作为剩余物或记忆而继续留存下来。它们在愿望里相互斗争,争相决定外在的行动(只要行动被确定为自由的、志愿的行动)。通常,诸胜利的愿望共同构成了我们所理解的一个人的性格(Charakter),也就是说,各种愿望形成了多种多样的结合,它们导致人们判断伦理生活的本质时,彼此之间产生了巨大差异。然而,即使差异也以一个固定的平均值作为中心,它绕着这个中心来回摇摆。

在这里,我们需要借一些说明来解释上述观点。普遍说来,类的发展与个体的发展相似,较先(更早)发展出的关系比较后(更晚)发展出的关系要有力量优势,因此,涉及"占有"的情形时,人的力量指向他自身的状态,同时,他能客观地认识自己的状态。与之相反,涉及"效力"(Geltung)的情形时,较后发展出的关系却比先前发展出的关系更有力量。就那个最初的、首要的意志层级而言,我们必须将以下这一点看作普遍而又自然的事实:情感与愿望越切近于总体意志的最初内容或目的,它们越与生命的保存具有更密切、更显著的亲缘关系,情感就越强烈,愿望就越沉重。与此同时,对应于这两个不同等级之意志(即情感与愿望)的实际应用的情形存在着。

6

在以上的讨论里，所有我们准备陈述的思想线索都显示出来了。然而，道德的（*moralischen*）情感、倾向以及决断是否也可以由这些意志关联解释呢？或者说，是否必然要通过这些意志关联得出一种完全"非利己的"（unegoistischen）特殊意志类型呢？

对此，我的答复是："非利己的意志关联"这一概念作为这样的概念：即通过它，我们扬弃了快乐和痛苦之关系的普遍法则，与此同时，我也并不承认快乐和痛苦彼此矛盾。"趋乐避苦"这一法则的基础存在于我们的自我意识（Selbstbewußtsein）里，也就是说，它基于我们详尽的熟知（Bekanntschaft），我们凭借自身的意志通晓这个法则。那些合乎意愿以及愿望的内容无非是希求快乐、排斥痛苦，除非为了最终的快乐而暂时忍受痛苦。就此而言，道德的意志沿着这个方向运动。

如果情感的特性应当被称为"非利己的"，那么现在，这一特征就同样对应于第二（愿望）与第三等级（思维）的秩序。对它们来说，外在的对象（或事实）同个体的内心如此紧密地共生在一起，也就是说，人直接地、无须凭借意识就能同外部对象的状态及情况产生关联。在这个意义上，人原始地便意愿着外在的事物；伴随着快乐或痛苦，外部环节和内在环节共同地在人的灵魂中发挥着作用。

因此，所谓的道德并非同意志关联恰好相合。我们可以得知：道德是从普遍的意志关联中新产生的三位一体的秩序，它从非道德的、无道德的总体里脱颖而出，如同海岛从海洋当中凸显出来。

进一步地，我们还须指出，道德的情感也完全有别于普遍的意志关联，当我们真诚地表达伦理判断时，道德情感就建立在伦理判断的基础上。道德的情感就是关系（Beziehung），如果它不是一个人同他自身的关系，就是一个人同另一个意愿着的、行动着的人的关系，后者是"占有关系"（Besitzbeziehungen）这一概念的应有之义，因而它也被列入第二种秩序。

在相似的条件下，这种关系越切近，道德的情感就越强烈。一旦任何"法"（Recht）或"要求"（Anspruch）不再能规范个人的行动（行动也即一种不完全的占有关系），道德的情感就会消失。所以当我们听到报道说，本国公民做出了某种残暴的行径，我们可能会感受到十分强烈的、道德意义上的"不满"；但当我们听到报道说，一个印第安酋长干了某一暴行，我们就不会感受到那种不满情绪。一般而言，只要我们将一个干犯者视作"与我们相关的人"，那么我们就会用前一种态度对待他。在这里，后文要讨论的内容已经提前出现了①。

III

1

如果一个人企图通过志愿行动给他者制造痛苦，那么我就将

---

① 就其含义的广泛性和不确定性而言，"占有关系"（Besitzbeziehung）这个概念必然从一开始就显得是一个矛盾的、成问题的概念。当我们展开讨论法的关系及其理论，这个概念才能够表现出它的价值。——作者原注

这样的行动称为敌对行动(*Feindseligkeiten*)。相反,如果一个人做出志愿的行动,其目的是让他者感到快乐,那么我就将这一行动称作提供效用(*Leistungen*)。就提供效用而言,它还包括一些有意不作为的情形,尽管它们并非以敌对行动为目的,但是它们与敌对行动类似,也可能会对他者的意志产生有害的效果。

在所有人际关系里,作为倾向的敌对意志皆显出了自己的作用,它是一个强有力的事实。冲着这个概念,人们可以想象出这样一个状态:其中,只有敌对倾向起作用,即任何人都致力于无条件地、从各个方面损害或(正如一个人可以用合乎逻辑的隐喻指出)否定任何一个可能同他相关的他者的意志。这就是著名的"一切人对一切人的战争状态"[①],每一个人都将是其他人的敌人。当人们的信念符合这一事实时,任何人都会无差别地仇恨任何一个他者。然而,意志的友好倾向也是一个事实,而且是许多事实的原因。与战争状态相反,人们因此同样可以想象这样一个状态:其中,每个人都相互熟知。通过提供效用的关系,他们怀着友好的倾向支持、帮助着所有邻人,友好的倾向发挥着无穷无尽的作用。这就是最高意义上的永久和平状态,任何人都是任何一个他者的朋友,他们彼此相爱,这样的状态同样无差别地作用在所有人身上。

在这两个想象出来的极端之间,经验世界表现为多种多样的形态,并且在不断地剧烈变化。如果我们按照常规程序,将事实与概念之间的关系表述为事实合乎概念的程度,那么大多数的现实人际关系都是混合物,其中,敌对关系占据了一定份额,友谊也占

---

① 参见霍布斯的《利维坦》,第十三章。——中译者

据了一定份额。在普遍的否定与普遍的肯定之间,大量中间的层级存在着,如此一来,部分的否定情形与部分的肯定情形结合在了一起。因此,在确定的条件下,无条件的否定就同它的对立面(即普遍的或部分的肯定)结合起来了。

2

事实上,一个人对所有他者抱有普遍的、无条件的敌意,这种情况并不会发生。然而,也许有一个人如此对待许多人的情况发生,也就是说,他会这样处置那些他可以影响的人,所以他的知觉与表象总是结合了他的意志与愿望,它们共同用来损害或完全否定他的敌意对象。普遍而又无条件的提供效用,也只是针对个别人的,相比于前者,它是一种更罕有的现象。向所有人提供效用、或者说作为"普遍的人性之爱"(Menschen-Liebe)的情感,是很少人才能理解的理念。相比之下,更少人能按照它来实践。

在这个范围里,我们可以考虑以两条中心线为标准,对一切现实的行动、关系、情况、事件以及状态组成的总体做分类。由此分成的两个类型应当仅仅被视作"倾向",我们纯粹根据"它们各自的理想的本质"(ideellen Essenz)研究它们的现实情形。因此,我们将它们的状态规定为倾向的实现,它们的状态是一个纯粹想象出来的实存。

A. 第一种倾向是:在大多数人中间,他们节制(确定的)敌对行动、提供(确定的)效用,这样做是为了维持人们意志间的确定的、持续的关系。就提供效用、节制敌对行动而言,此关系向它们指引了一个持续的、共同的方向。如果我们想象一下这种倾向完全实现了,那么一个人指向任何他者的意志(即指向那些他现在有机会影响或将来得到机会影响的他者的意志)都存在于这样的关系里。与此同时,这样的关系可能具有不同的强度,就此来说,我们能以一些同心圆的方式表示它们,它们的强度与同心圆的半径长度处于反比例关系。因而最外圈是最倾向于敌对行动的关系、即最不倾向于提供效用的关系,其余依此类推。

B. 另一种倾向是:任何人都准备好(bereit)节制针对其他人的敌对行动,在同样的程度上,其他人也准备好节制针对他的敌对行动;任何人都准备好为其他任何人提供效用,这样做的条件是,其他任何人也准备好为他提供相对应的效用。如果这一倾向完全地、纯粹地实现了,那么它将呈现为下述状态(我们同样能以同心圆的方式表示它):如果最内圈意味着最小程度地为对方节制敌对行动并提供效用,那么最外圈就意味着最大程度地为对方节制敌对行动并提供效用,如此一来,友谊关系的强度必然与同心圆的半径长度处于正比例关系,即随着半径长度的增加,友谊关系的强度也在增长。

状况 A 如前所述,关系着敌对行动与提供效用的各种情形从中产生了。状况 B 是既定的、不变的确定情形,它们产生出了人格的[persönlichen]关系。我将状况 A 确定的人际互动的理念称作"共同体"(*Gemeinschaft*);与此相对,我将状况 B 产生的人际互动的理念称作"社会"(*Gesellschaft*)。因此,共同体的关系(与情形)不同于社会的关系(与情形),我暂且如此地界定了概念。本篇论文要讨论的全部现象都将同这一对概念的界定联系在一起。

3

首先,我们应当对概念本身做一番解释。那些作为"共同体"概念之本质特征并构成了它的一切形式的东西,可以被理解为一个确定时间段之内人们共同的、指向着相同方向的意志。

那么,一个人如何认识另一个人的意志呢?他并不像意识自己那样直接地认识另一个人的意志,而必须由符号推论它。推论的基础在于:人们将符号视作自身意志的表现。现在,痛苦与快乐的情感被视作一种相对无意识的、隐藏的意志的显白物。不过无论是谁,他都会通过自己的经验认识这些情感。因而,人们借以推论意志的符号,必然同时被视作同意志对应的符号。这些符号总意味着确定的变化(Veränderungen),变化又显现为运动。不论这些运动在多大程度上源于人的志愿(*willkürlich*),它们只能被看作由人推论出的东西,而不是它们自己本身。但是在更高的程度上,有意识的意志(bewußte Wille)既在非志愿的运动中、也在志愿的运动中显示它自身。就此而言,不同意志关联的外在符号其实就是上述运动。

人能否认识到一种共同意志的存在,其严格的评判标准在于:他知觉到了共同的运动,并且将其归结为共同的情感。然而,人同时不得不满足于相对较弱的且纯粹消极的标准。我们可以假设,如果一个人能通过自己的行动改变某一既定状态,同时,他的改变的意志比维持的意志更强大,那么与此相反,共同的意志首先便意味着坚持(Verharren)一个既定的状态。所谓"坚持一个既定的意志方向"的事实,就是我们理解的"习惯"(Gewohnheit)。

人们最通常遵循的意志方向就是遭遇最少阻挡、因而面临最小障碍力的方向。它是（心理意义上的）努力时最少感到痛苦的方向。正如先前描述的那样[1]，朝向最少痛苦的倾向一般被表述为意志的原则。在这里，我们有理由根据外在符号做推断，不论我们推断他人的习惯实质上源于其志愿，还是源于其忍耐以及不作为，我们都必然将这些情形归结为意志。只要我们假定，我们不应当直接地认识意志，相反，通过外在的扰乱或阻碍，我们才会意识到痛苦。一个人具有的关系被理解为其人格的地位或状态，因而，它们总是被看作所有人都意愿身处其中的关系。

4

因此我认为，一种共同的意志存在着。在此，人们持续地分化为统治者（Herrschende）与服从者（Gehorchende）。服从者必然被看作那些无法通过（行动的或不作为的）志愿表达他们自己意志的人，服从者的意志对立于统治者的意志。统治者的意志表明：他们通过志愿的、可见的符号表达自己的意志，这样一来，同他们的意志相应的行动就由服从者做出或不做出。

根据统治者之志愿的强度以及他们表达志愿的方式，他们的志愿可通过不同的形式显现出来，比如请求（Bitte）、告诫（Ermahnung）、要求（Forderung）、判决（Schieds-）或裁决（Richterspruch）、命令（Befehl）、法律（Gesetz）。同时，通过将这些形式同预言〔Vorhersagung〕（预兆）或威胁（Drohung）连接在一起，统治

---

[1] 参见本文 II.5。——中译者

者能加强其志愿的有效性。也就是说,凭借预言(即表明:如果不按照已宣布出来的既定志愿做事,那么怎样的后果将产生),最后发生的事情取决于预言(威胁)背后的志愿,或者说,它是(相对于非预言形式的)更确定的、非常可能发生的结果。

无论在任何的地方、在任何的时机下,统治者都不会服从;与此同时,他们并不期待自己将参与共同的意志。然而,只要他们不试图以自己行动改变整体的关系,那么他们实际上参与了共同的意志,就这一点来说,他们与服从者一样。正如(按照预设)迄今为止,统治者本人也常常要完全地或部分地为服从者提供必要的东西。此后,统治者进入共同的意志内,共同的意志关联着作为"统治者"的这个部分。统治者曾使自己排除在共同的意志之外,现在却要再进入其中,或者说"适应它"。当统治者使用他们所有的力量,以此贯彻"统治的意志"(dem Willen der Herrschenden)时,他们自身最终却服从于这个统治的意志。这样一来,"统治者"这一共同意志的组成部分就不再是"自由的"部分,而是通过直接的强制产生的部分,因为它只有凭借志愿才能出现,即使凭借很小程度的志愿。只有当意志保持完全无行动的状态或者保持纯粹忍受痛苦的状态时,此意志才是完全与"统治的意志"对立的意志。

除此之外,服从者的习惯不仅受其他不同指向的习惯阻碍,而且受他们的特殊愿望阻碍。现实里的服从情形决定性地显出:服从者支持的首要意志方向(自为的意志方向,或者说由愿望驱使的意志方向)是最强有力的意志方向。服从只能部分地通过行动、部分地通过不作为表现出来。在第一种情况下,相应的不服从就等同于不作为。相反,统治的意志可以使自身实现,尽管它不能通过志愿或强迫的方式,使已发生的事情变成没发生的事,但是它可以让类似的、可与之替换的行动在未来实现(只要统治者不在错误的时间点发布"命令")。或者,统治者通过意志的影响、即向(他想象出的)不满的意志施加令人不快的或痛苦的效力,通过将友好的最终目的同作为手段的敌对行动结合到一起,他就能让人感到统治的意志与服从的意志之间的差异以及统治意志的优越性。

由此,我们很容易便能得出以下结论:压力的两种类型[①]能被结合在一起。然而,如果说由于统治者的行为(Tun),服从者遭到了伤害,那么随后就产生了做出新行动的必要,只要这一行动是可能的,它就应当扬弃此前行动的效果。尽管表现在不服从之中的主动的志愿($aktive\ Willkür$)无须这样的新行动,它能保持同实现统治意志的手段之间的对立。即便如此,通过制止类似于不服从的未来行动,或者通过从根本上制止未来的不服从行动,统治者确定了行使统治意志的方式。就这些特征而言,强迫的概念、惩罚的概念、耻辱的概念以及刑罚的概念达成了一致。

5

对愿望的不同外在形式来说,命令与法律(规定或禁令)的概念最大程度地符合统治的概念。因为它们直接地指出了某事应当发生或不应当发生。与此同时,它们内在的隐含意义是:怀有愿望的人考虑通过志愿实现其意志,志愿使得这个隐含意义展开了。就此而言,过去通过志愿隐藏起来的恶意的威胁($Androhung$),现

---

① "压力的两种类型"指命令与预言。——中译者

在公开地表达出来了,威胁指向着那些不愿遵从的服从者。

因为在这里,为了呈现一组对立,我们极其明确地将表面的意志与背后的意志分离开(只要我们不考虑后者随时转变成其他愿望的可能性)。同时,作为力量相对较小的、受制于最终实现条件的愿望,它具备如此对立的情形。一个愿望越不存在这样的对立,它就越无须使用威胁的方式实现自己,而是试图通过与之对立的东西、即善的预兆,促使统治意志实现。由此一来,统治者便实行了更少的强制,因为相对于恐惧,欲望更自由。越是适意的预兆实现,统治的意志便越少地体现了它的优越性,就像用更柔和的符号表达善意就意味着隐藏恶意。然而,尽管使用预兆意味着统治者希望放弃他能够做出的恶,不过,预兆的效果几乎和威胁的效果一致(预兆本质上是威胁的纯粹倒置)。从逻辑上讲,这种希望将善弃之不用的威胁等同于预兆,在相反的情形下,它希望行动。尽管在此,有意的威胁与威胁实现的效果并不必然地是同一个东西。

当人用请求(*Bitte*)的方式表达恶意的威胁时,这样做毫无意义(因为请求是最微弱的表达愿望的方式。对统治的意志来说,请求是它最不固有的东西,甚至请求很容易变得同统治意志完全不相称)。因为请求的表述方式是:"我希望某事发生(或不发生)";"事情是否发生,取决于你的志愿","如果你按照我的愿望行动,那么你将激发我的快乐感,但是与此相关的只是我的愿望,不是我的志愿";"你不会考虑我,除非你考虑到我表示了一个愿望(当然,总有一些人会接受它),这个愿望可能会妨碍你,会使你不服从。为了协调这里的困难,我将向你表明一种好处或一种善,当你考虑到这个好处的时候,我可能会驱使你服从我,也就是说,我将增加驱动你的力。可是它并不是威胁(即如果不是这样的话,我就会让你痛苦),因此并不能使你恐惧我的志愿。"

认识到预兆和威胁之间的差别之后,我们可能将预兆和威胁结合起来,一同促使愿望实现。不过,这种做法很容易被视作非理性的做法。从逻辑的角度上讲,这种结合完全可能实现,但是它会受到阻碍,只要统治者靠着威胁加强了严格命令,也就是说,统治者以强迫的方式实现了这样的结合,而且它将确定地期待(Erwartung)服从者的行动;反之,预兆经常源于对成功(Erfolg)的怀疑,它表现的只是希望(Hoffnung),增加刺激手段将促进愿望实现。就其本性而言,我们经常可以确定地期待预兆与威胁的结合,不过由于其他结合习惯的阻碍,尤其当例外的情形(比如纯粹靠着威胁才实现这种结合)出现时,这一结合将遭遇很大的困难。

进一步地说,当表达愿望的形式摆脱了一切同"服从"这一习惯的关联,并且摆脱了一切亲身照料的需要,相反,当满足愿望的服务〔Leistung〕(我们在广泛的意义上使用这种表述)的预兆完全出现时,供应(Bieten)的情形便从请求(Bitten)的情形那儿分离出来了。在这里,供应是保持交往持续下去的方式。如此一来,对我们研究的"统治"概念来说,上述共同体的特征就完全消失了,社会的领域出现了。

6

毫无疑问,统治者的意志必须从属于共同体里的一个人或多数人,他们是共同体的承载者。这里所说的"大多数人"既可指全部的人,也可以指一部分人,其中,只有他们的共同意志才能构成统治者的意志、因而构成整个共同体的意志。

共同意志的方向与共同体里的一定数量者的意志方向一致，所有人都愿意承认共同意志就是他们自己的意志的内容。由于这一数目多于全体的半数，因此相对来说，少数人的意志就要服从于全体意志。

进一步地讲：在一些特定情况下，只要某一个体（Einzelne）的意志能够与其他人的意志结合起来，形成统治的意志，继而他成为统治者，那么除了这样的情形，没有哪一个体是统治者，相反，每个人都是服从者。某一作为统治者的个体表达着统治的意志并且接受习惯性的服从，只要他能持续地宣布他的意志，他也就持续地是一个统治者。不仅根据他的意志的内容，而且根据他宣布意志的形式来说，无论他是否可能事实上受其他意志、包括被承认为共同体的意志的确认或阻碍；无论他的意志是否能够与服从者的习惯结合起来、形成统一的习惯，或者可以通过特殊的愿望表达出来，他的要求（Anspruch）、即对于共同体的意志而言有效的要求，皆可被恰当地或不恰当地展示出来。

7

对一个共同体的意志来说，它不仅在其自身之中宣布了统治者的统治以及服从者的服从，而且当我们讲到习惯或愿望的时候，它就像一个单独的意志那样，也会遭遇快乐与痛苦；面对这些情感，它会以非志愿性的运动或志愿性的行动方式做出反应，尤其对促进或阻碍愿望的情感做出反应，无论这些情感此前是否被表达出来。

然而，将共同体的意志区分成一个统治的意志和一个服从的意志，这一做法对共同体的概念来说完全不是本质性的东西。就此而言，一切共同体的形式都会在两个极端之间运动：(1)在一切关系中，共同的意志方向完全是符合习惯（gewohnheitsmäßig）、依附于习惯的（gelegentlich）东西，它们完全都是共同体关系的结果；或者(2)总的说来，一切共同体的形式都依赖于统治意志所宣布出来的愿望，直到它们成了潜藏在一切现象背后的平静的习惯，这些习惯通过共同的肯定（Bejahung）状态表现出来。

除此之外，在一个统治的意志发挥作用的领域之内，统治者的愿望或多或少地与服从者（无论是服从者全体还是其中的任何部分）的愿望达成了一致。同样，即使没有服从者，统治意志也会有所愿望或采取行动。在这里，我们可以想象一个序列：它的起点是统治意志与所有人达成完全一致，终点是统治意志与所有人都对立。对前者而言，它很难区别于无统治者的状态。与此相反，后者几乎等同于所有人与所有人纯粹为敌的关系。因为服从者越意识到统治意志与自己的愿望对立，他就越难以习惯的方式服从统治，也就是说，他的服从难以变得相对无痛苦、难以轻松，相反，他会对统治意志中的恶意感到厌烦和恐惧，而"恐惧"正是统治意志作用于不服从者的方式。一旦恐惧构成了统治关系仅有的内容，那么如此关系仅与统治意志的施加恶行的能力结合在一起，与此同时，它还与恐惧的其他客观或主观的原因结合在一起。然而，只要统治意志的能力丧失了，尤其当它受到了怀疑、时刻要经受敌对行动的考验时，上述统治与服从的关系就脱离了共同体概念的领域。

另一方面，如果相互提供效用的行动不是建立在共同习惯的基础上，也不是以共同体成员之间特殊的、既定的关系为依据，那么它只能由有意识的共同愿望（倾向）承担，也就是说，它表现为一种纯粹的友谊关系。假设有敌意潜藏于共同体之内，那么它似乎已经超出了共同体概念所涵盖的内容。对共同体而言，友谊关系的特征表现得更明确，我们随后要探讨的是共同体的不同类型。

8

正如我们在这里所阐释的，由于纯粹植根于自由的倾向的特征，所有三种非共同体（nicht-gemeinschaftlichen）的关系达成了一致："为了自己的利益或者自己的舒适"这一目的既可能导致否定他者意志的关系（即敌对关系）产生，也可能形成对他者意志偶然地、有条件地肯定关系（即社会），还有可能实现对他者意志持续地、无条件地肯定的关系（即友谊）。

与它们相对，"肯定"（Bejahung）是共同体的本质特征，它除了在（主观的）习惯那里实现，而且以一种特殊的方式，即通过义务感（Pflicht-Gefühl）而具有了有效性。我们注意到"义务感"内含的意味，也就是说，我感到（fühle）去做某事的义务（这里应当预设了普遍的默认一致），即当我①思维一个意志的时候，我知道，在此之中存在着一个愿望，意志命令我去实现这个愿望。

在我们的表象力（Vorstellungsvermögen）范围里，命令只可能来自一个人的意志，或者说来自我们想象出来的、若干类似于人

---

① 在A稿（第64页）里，此处之后还有以下内容："假设我说，我必须要做某事，或者由于其他类型的禁令存在着，我应当要去做某事。那么一旦我的情感融入其中并与之结合，我的其他的情感便据此消解掉了。当我……"作者用铅笔线勾记了手稿中这段话的首尾部分。——德文编者

的生命的意志。这些生命凭借着其发布命令的意志以及建立在此基础上的权利支配着人们。因此它们又被想象成人类行动规范的创造者,这些规范由人们的意识呈现为义务。它们存在于人们的想象中,它们也就是人们塑造的诸神(Göttern)。由此一来,我们很自然地便得出了以下结论:人按照他自己的情感和行动创造了神,人与神之间的关系合乎人们虚构出的景象,他们的关系如同现实中人之间的关系一般。然而在这里,完全建立在对神的恐惧基础上的统治意志与被统治意志之间的关系,被看作一种相互间的敌对关系(正如上文提及的那样),继而源于服从的义务感便包含在"共同体"的概念之内。因为在恐惧与纯粹的习惯之间,作为义务感的动机(Motiv)占据着中间的位置,由此,我们可以更准确地说:个体的发展正如"类"的发展,它们的起源植根于恐惧与习惯的混合。

实际上,根本就不存在着什么义务感。相反,人应当抱有内在的确定性、从自己的自我意识里推导它,义务感既不可能最终追溯到一个人的意志(或者是自己的意志,或者他人的意志)那里,也不可能追溯到一个神的意志那里。然而,面对恶意时产生的恐惧感要严格地同纯粹的义务感区别开来,后者的起源植根于恐惧与习惯的混合。任何义务感都是一种道德感,尽管反过来的结论不能成立,即我们不能说"任何道德感都是一种义务感"。同时,义务感是一种伦理的价值感(Wertgefühl),它关联着自身所属的主体。正如任何此类情感皆溶解于价值判断里,它大多在意识中、同意识紧密地结合在一起。一种在自由权衡着的情感(Schätzungsgefühl)以及从事客观考察的思维同时指明了:尽管在各种愿望的斗争里,满足应然状态的倾向自身只拥有较少的力量,但是它却比其他倾向有更大的价值。因此,假如义务感是必要的东西,它就会在诸愿望之争中支持上述倾向,使之变成现实的存在,或者甚至在意识中唤起那种倾向。然而,由于义务感与事实的行动对立,那么它的持续存在就预设了:人不曾实现他期望的效用,或者此后也不能获得效用。义务感就是以"良心的责备"(Gewissensbiß)为前提的情感。

只要我暂时不考虑义务感、即不考虑被归结为神灵意志的义务感,同时也暂时不考虑"个体给自己下命令"这一可能情形;那么我认为:义务感通常关系着一种外在的统治意志。在这里,义务感融入诸愿望之争,因此它间接地关系着共同体的意志,遵从义务者本身即从属于共同体的意志,或者说当他从属于共同体的意志时,他便处于这一意志的影响之中;因为对义务感来说,"应然"(Sollens)的创造者是否被意识到、同时是否被认出来,这些都不是实质内容。义务感也可以和其他情感(例如一切类型的恐惧和希望)混合于意识之内,所以义务感只有通过思索(Besinnung)的过程才能被拣选出来,并且呈现为一种纯洁(Reinheit)的面貌。

然而,在义务感存在的地方,共同体的意志并不会直接地表现为习惯。尽管如此,这一点并不妨碍"应然"的内容存在于流传下来的共同习惯里。因此面对其他情形、即那些对立于统治者愿望的情形时,一旦习惯失效,义务感便可以取代习惯的位置,并且克服不服从统治者的诱惑。就此而言,情感首先关联着统治者的意志,同时也间接地关联着共同体的意志。

9

因而,对一个(作为持续着的关系总体的)共同体当前的存在来说，我们可以确定地推测：在一定数量的人中间，可以合乎规律地发现以语言和行动为媒介的确切的互动准则，因此，关于群体的各种特殊的义务产生了；在一般的情况下，人们可能通过习惯、通过调和各种情感来遵守它们①。

尽管如此，我必须特别要强调的是：在共同体的名义下，我并不是要去理解一个事物，也不是要去理解一个有机物或任何意义上的活着的东西，我要理解的无非是人们之间的一种持久关系，这一关系通过确定的事实表现出来。因而，我们可以将共同体栩栩如生地理解成担当一种意志的人，就此而言，它是一个类似于独立者的人格(Person)，尽管共同体缺少"人格"这一概念的其他实质特征。因此，共同体可被视作统一体，各个共同体之间的关系就像单独的个体之间的关系，它们彼此能结成敌对的关系、社会式的关系、共同体式的关系以及友谊的关系。同样，在任何一个共同体之内都存在着各种意志关联(Willensbeziehungen)，它们完全地或部分地摆脱了纯粹敌对的、纯粹友谊的以及那些表现一个社会式关系的意志的影响。那种在不同的共同体、不同的时刻皆有一席之地且具有意义的东西，恰好将构成我们当前论述的首要对象。

---

① 一个人针对那些他者、即针对任何一个他者所认识到的自身义务，并不能促使一个普遍的人类共同体建立起来。因为即使人们履行了义务，这样做事实上仍然离真正的普遍性很远，它必然缺乏人们彼此的"交互性"(gegenseitigkeit)含义。只要情况是这样的，人们就只能认识到共同体的断片(Bruchstück)，因而他们不过认识构造这些断片的可能倾向，假使这些断片不是(在其他情况下的)"共同体"的正消逝的剩余物的话。但是我们的概念本来也只以人们现实的、有规律的交往为条件，这一交往至少假设人们彼此认识，即便他们并没有相互熟识。——作者原注

10

在社会的概念里,冷漠(Indifferenz)的关系(更准确地说,它应当被称作"无关系"[Nicht-Verhätnis])或敌对行动被看成既定的状态,它们在特定的条件下能融为一体,或者形成彼此协调一致的关系。社会的概念应当按照各个独立事实的相似性、将它们结合起来,由此一来,过去彼此分割的意志似乎形成了一个经纬交错的编织品。

这个过程依靠各个独立的行动实现,我们将此行动称为契约(Vertrag)。它表达了两种独立意志就彼此提供效用达成的共识。相反,同提供效用的意志相对的克制敌对行动的意志并不是一种契约,它也不能建立任何社会的关系,因为它意味着一种压倒性的、通过引起他人恐惧而发挥作用的意志,因而这一意志仍然内在于敌对关系之中。

就提供效用达成的契约总能被视作一种交换(Austausch)。在两个意志之间,提供效用在于"从一个意志范围里拿出某些物品给另一个意志的范围"这一行动,或者在于为了他人的好处做出志愿行动。由物品表示的效用可以与由行动表示的效用交换。

当交换行动直接发生的时候,其中的最简单情形就是物品的交换。在这里,由于一个人将它们移交或转让到另一个人那里,那么交换的意志立刻就消逝了。对交换行动的这一确定时刻来说,节制敌对行动构成了事实上的前提。

当一方的移交纯粹通过另一方的承诺(Versprechen)抵消时,情况就不同了。承诺表明了一种意图(Vorsatz),也就是说,它表明了一种涉及志愿所确定的未来行动的愿望,不过,这个愿望本身被规定为志愿的结果,如此一来,未来的确定行动就依赖于当前的志愿。在这里,存在着这样一种可能的情况:一个人将宣布了意图,但是它并没有实现,或者说实现了的结果与之前宣布出来的内容不一样;此后,即使两个人达成了一致,即在现实里,承诺者此后将通过他的志愿改变先前许诺的内容、确定一个新的内容,然而承诺者实际上没有以确定的方式、通过内心怀有的或表达出来的意图实现这一行动。如果说一个人认为对方的意图是真实的、对方将实现这个意图的话——除非他关于对方履行的原因(就第二个方面而言①)的认识并不符合于对方的志愿——那么这个意见就是对他者的信任(Vertrauen),信任就意味着相信对方将履行他们的承诺。信任可以说是(主观)确定的东西,然而同时,它又多多少少是不确定的;信任是无(客观)根据的东西,它的实现情形表现为不同的程度。无论一方实现了他的纯粹的承诺,还是两方皆实现了承诺,我们都将它们视作好的情形。也就是说,我们能以不同的方式认证承诺;这样一来,不同的承诺样式产生了。

我们不能通过物物交换的方式,将行动效用同一个他物、即一件作为物品的东西交换。因为行动效用总要求通过一段相对(物物交换)更长的时间来实现。在这段时间里,对行动效用的报酬或者通过偿付实现(就付出报酬者这一方而言,它就是信任),或者通

---

① 第二个方面指上述的"当一方的移交纯粹通过另一方的承诺抵消"这一情况。——中译者

过纯粹的承诺实现（就接受报酬者那一方而言，它就是信任）；又或者最终通过这两个方面的同时的作用实现，因此，它预设了双方面的内容。这样的契约就是对双方敌对行动的节制，它可能关联着确定的或不确定的行动，任一行动可能要延续一段确定的时间，也可能毫无时间限制。无论情况如何，纯粹的承诺皆由双方宣布出来，因此整个承诺都建立在信任的基础上。

11

正如共同体建立在习惯和义务感的基础上，社会则完全基于欲望、恐惧或愿望建立起来，然而社会并非依据愿望本身，而是依据同考虑（Überlegung）结合在一起的愿望，"节制"便是这样的愿望。

在社会里，一个人为别人提供服务，这样做是为了使自己获得最大效用。因此，作为情感或愿望的意志本身除了关乎他自己，根本与他者无关。无论意志指向的是占有外在的物品，还是做出某个外在的行为，它都针对着事情本身（*sachlich*）而非哪个特定的个人。在这里，只要某人必然或似乎要去实现其意识表象出的目的，那么他调动起的、依附于愿望的反思就会肯定他者的意志。但是就此而言，不管他者的意志是否存在，不管他本人是否感到快乐或痛苦，这些都无关紧要。他的意志并不将他者的意志视作目的，而是将他者的意志完全视作手段与工具，他的这一固有处事方式使其偶然的生活状态和人性状态变成必然的状态。

敌对的倾向将他者视作阻碍自己目的实现的人，因此，这一倾向试图否定他者的意志，或者将他者的痛苦视作自己的目的，从而他希望他者遭受如此的痛苦。相反,社会式的倾向将以上两者①都否定了。它建立在平等(Gleichheit)的基础上,它发现他者并不是绝对阻碍自己的人,在一些情况下,他者甚至可能对自己有用。这样一来,他就不再呈现完全敌对的意志。当我们认识到以下事实,即因为别人为他服务,所以他为别人服务,并且别人甚至会保护他、促进他的利益,那么如此一来,所谓"社会式的倾向"便更明显地表现出来。只要他确定了行动的志愿,这一切就必然会发生。

就完善的"社会"类型而言,我们将它想象成一种纯粹理知的(rationale)状态,也就是说,这一状态完全基于人对"效用"和"可接受性"的理性计算而确立起来。它越偏离了"社会"的完善特征,它就越非一种社会式的状态。优越的情感或让对方恐惧的情感越占优势、越一同决定现实的行动,那它就越接近敌对状态。纯粹的善意和爱、人与人之间的同情的倾向越占优势,它就越接近友谊状态。共同体关系类型在现实关系里的份额,如同习惯在意志方向里的份额,也正像一个人的义务感在其全部动机里的份额。

尽管如此,我们已经认识到并将更清楚地理解以下结论:就像共同体与友谊更亲和那样,社会与敌对关系更亲和,就此而言,亲和关系里的一方会更容易地从关系中的另一方那儿产生出来。

结束语与过渡

在这篇论文的接下来的部分里,我将提出"历史或当前的人类

---

① "以上两者"指共同体式的倾向和敌对的倾向。——中译者

共同生活的现实"概念,它们被视作衡量现实的标准。通过与这些标准做比较,经验事实得以表现出来(当然,它与数学公式的准确性保持着一定的距离)。

不过,根据上述概念的轮廓,我们至少知晓科学研究的首要条件,即可比性(Vergleichbarkeit)这个条件。为此,我首先为经验的领域划出了一个确定范围,这样一来,我们足够能把握多种多样的现象,而且它还可以阻止那些迷失于漫无边际的领域和未知范围的讨论。通过扩展以上事实的所有主要类型,我们可以进一步地掌握知识。如果要证实"共同体"与"社会"之间对立的普遍意义,那么这些类型就是必要的工具。

我们的最终任务在于:将这些事实的起因同整个人类乃至世界的发展联系到一起来认识。不过,我们当下要做的是将这些概念和重要的现实对应起来,从中探索出一条明确的因果发展线索。首先,我将自己的研究限制于考察雅利安民族(arischen Völkerschaften)的历史与当前的状态,由此出发,我也将研究那些同它有共同特点的、与它相似的其他民族。相对而言,我的考察很少涉及那些以"动物"为名义、在准社群事实(quasi-sozialen Tatsachen)之间做比较的研究。这样一来,我们的概念应当暂时限制在上述领域的相关范围之内,由此,我们将促成一门以科学和哲学的方式认识事实的学问产生。

附录2:《共同体与社会》第三版前言[1]

本书的第一版(1887年版)曾以"作为经验的文化形式的共产主义与社会主义"为副标题。不过,我在本书的第二版(1912年版)里更改了原来的副标题,将它换成了"纯粹社会学的基本概念",对我来说,这一改变了的副标题似乎直到现在都是关于本书的更恰当的[2]提法。在过去,可能只有很少的读者正确地理解本书第一版的副标题之意。然而到了今天,我们似乎是时候要重新讨论本书第一版的副标题的含义了。23年前(即1887年),我曾对这个问题提出了若干解释,这些解释并非是多余的。那时,我并不想将"共产主义"与"社会主义"这两个带有使命色彩的术语(berufenen Ausdrücke)视作思维的乃至幻想的构造物,就像人们过去以至于现在常常理解的那样。就此而言,人们以前一般将"共产

---

[1] 1920年正式面世的第三版《共同体与社会》并没有收录这篇前言。滕尼斯曾为第三版《共同体与社会》的预印本写下了这篇文章,不过,他把它交给了一家由德国社会民主党掌控的广播杂志《新时代》(*Die Neue Zeit*)。在1919年第37期(第2卷,第251-257页)里,滕尼斯发表了名为"共同体与社会(纯粹社会学的基本概念)"的论文。紧接在这篇文章的标题后面,杂志编辑题写了如下的脚注:"滕尼斯教授的著名社会学作品《共同体与社会》的第三版不久将问世,为了这个最新的版本,他写了一篇新的前言,这篇前言试图澄清作为文化生活形式的社会主义与共产主义之间的关系。我们将它刊登出来,呈现在今天的读者面前。《新时代》的编辑者。"——德文编者

[2] 《新时代》里用的是"更重要的"(wichtiger)。——德文编者

主义"看成一个不断发挥着作用的体制,其中,公社(Gemeinwesen)调控一切事物的分配;然而最近,理论家们根据流行的术语用法,习惯性地把"共产主义"与"社会主义"这两个概念当成同义词来使用。在现今这个波涛汹涌的时代,一种党派意见再度兴起,它有意地利用"共产主义"的名称,将它同无政府主义(Anarchismus)结合到了一起。这种意见实际上长久以来便已存在了,不过,理论家们本不应该忽视这一点。无政府主义与作为未来理想(Zukunftsideal)的社会主义产生了尖锐的对立,并且它有意识地加强着同社会主义的对立。无政府主义特别反对那一自称"科学社会主义"的学说体系,为此,它提出了一套宣传口号,尤其鼓吹着"行动",在现在这代人[①]之前,无政府主义的宣传就已经在俄国和罗曼语国家取得了胜利,它曾深深地激起了人们的情感。今天,我们应当回想起人们最初情感的骚动,不过是他们灵魂震颤的先声,就此而言,通过世界大战,所谓的"布尔什维克主义"(Bolschewismus)撼动了分裂的欧洲、威胁着整个欧洲。然而除了这些五光十色的政党名称和计划,隐藏在它们之下的"共产党宣言"凭借其世界意义,登上了人类文明的巅峰。除此之外,"共产主义"这个词通常还有另一种用法,即"指称各种公有制的形式,它首先意味着人们共同占有土地;从历史上讲,它先于私有制结构。"伴随着私有制的产生,"公有制逐渐在私有制面前退却了,直到我们这个时代,它又再度兴起,以人们自愿结成的各种共同体的形式发展壮大,然

---

① 德文词 Menschenalter 指一代人(大约 30 年),因此滕尼斯这里讲的是 1890 年前后到 1920 年前的这段时间。——中译者

而，现时代的共同体并没有在原则上即同私有制的制度对立，它只是源自人们形成的各种特殊的关系，也就是说，人们团结起来并结成了共同体，其中最主要的形式即寺院共同体。"（格律恩堡）[①]由此，我们注意到：第二种类型的"共产主义"既不由"农业共产主义"这一说法概括，也并非通过最近流行的"原始共产主义"这一概念把握。与此同时，我们应当将下述内容假定成我们已经认识到的东西，即"社会主义"这个词不仅被用来指称一种由人构想出来的未来社会或"未来国家"（Zukunftsstaat），而且指当前存在着的或过去的、在历史里存在过的组织形态，其中就包括了国家、社团或者其他类型的、作为财产主体的集体人格。它们皆以社会主义（国家社会主义，社团社会主义）的方式存在。

我赞成将"共产主义"和"社会主义"视作一对科学概念。这里所谓的"科学概念"意味着：尽管它们适用于前述惯用法的指涉范围，然而同时具备了一种理念（*Idee*）的品格，即它们不仅逼近着现实里的各种确定的现象，也逼近着人们的表象和理想，因而它们绝没有掩盖自身。在我看来，现实的现象、"经验的文化形式"十分重要。我希望将"共产主义"理解成共同体的文化体系，将"社会主

[①] 根据德文版编者的注解，这里的引文出自卡尔·格律恩堡为两卷本的《国民经济学词典》编写的"社会主义"这一词条（Grünberg, Carl, 1919: Kommunismus. S. 155 in: Elster, Ludwig (Hg.): *Wörterbuch der Volkswirtschaft* in Zwei Bänden. 2. Bd. Jena.）。卡尔·格律恩堡（Carl Grünberg, 1861 - 1940）：奥地利国民经济学家、社会学家、马克思主义理论家。他早年在维也纳大学读书并任教，被称作"奥地利马克思主义之父"，1924年，他被任命为法兰克福大学"社会研究所"的第一任所长，此后创办了著名的《社会主义与工人运动史文库》（*Archiv für die Geschichte des Sozialismus und der Arbeiterbewegung*）。——中译者

义"理解成社会的文化体系①。为了实现这个目的,我扩展了它们的含义,这样一来,它们原本只意味着财产权的形式,现在则包含了人类在经济、政治和精神层面的全部共同生活的形式。我已经在本书的第一版前言表达了这个思想:"对我来说,我将我要表达的思想用以下的方式表述出来:自然的、(对我们来说)逝去的但总是作为基础的文化构造是共产主义的文化构造,现实的且正在生成的文化构造是社会主义的文化构造。"我进一步地解释说:在历史和文化里根本就不存在着"个人主义","除非它派生于共同体并保持自己受制于共同体,或者它产生并支撑着社会。"

我的下述观点并不会让人感到奇怪:一方面,我将现代社会视作同许多古代生活的共同体完全不一样的东西,前者从后者那儿产生并逐渐凌驾于后者之上;另一方面,我从作为(抉择)意志构造的诸个体那里推导出了社会,与此相对,我将个体与共同体的关系理解成肢体同整个身体的关系,也即器官或器官的各个部分同整个有机体的关系。同样,当我让"国家"概念——就其当前的含义而言——隶属于"社会"概念时,有思维力的读者不会感到惊奇,也不曾觉得讶异。就此而言,在本书第三卷§29里,"国家"被我视作一个具备了双重特征的事物:1.它是普遍的社会的结合,它存在于社会之中;然而,2.它又是社会本身或被确定为"社群理性"的东西,"就其作为统一体而言,社会并不被设定为外在于其他人格且同其他人格并存的特殊人格,而是被视作绝对的人格,其他人格只有在关联着这个绝对人格的前提下才是实存的。"在讨论这个思

---

① 我们是在主观的意义上思考"共产主义"与"社会主义"的,即分别从共同体与社会的意识来讲,"共产主义"是共同体的文化体系,"社会主义"是社会的文化体系。(1924年的补充)——作者原注

想时,我曾指出(1887年版已经包含了这个内容),"当国家宣告自己与社会一致时,国家就是资本主义制度,并且保持着资本主义制度。如果劳动阶级为了摧毁资本主义生产体系并将自己变成国家意志的主体,那么国家就不再保持资本主义制度。由此,我们可以得出这样的结论:就其目标而言,劳动阶级的政治追求在社会范围之外,社会包含着作为其意志之必要表现和必要形式的国家与政治。"

上述最后一句话希望表达而且应当讲述出的内容在于:"工人运动"的理念意味着共同体的重生,即一种新的社群基础、新的精神、新的意志、新的德性创立起来了。难道不是如此吗?我曾经感受到这一艰巨的使命,然而,它现在实实在在地出现在了我的眼前,因为许多人都相信,"天国临近"的时刻已经到来:在满目疮痍的德意志土地上,人民遭受着敌人蹂躏,他们正悲惨地呻吟着,然而,天国即将降临;正如不久前(1919年3月26日),社会民主党的新任帝国总理①恰当地指出:苦难的人民受到武装力量的摧残,他们时刻处于被灭绝的危险境地之中。②

---

① 指魏玛共和国的总理菲利普·谢德曼。菲利普·谢德曼(Philipp Scheidemann, 1865-1939):德国社会民主党右翼首领之一,魏玛共和国第一届政府总理。在当权期间,他镇压社会民主党左翼分子和国内工人革命,策划杀害了"斯巴达克团"领袖卡尔·李卜克内西与罗莎·卢森堡。——中译者

② 谢德曼在议会里的发言不止这一句话。他的整个声明涉及周日柏林的群众集会造成的暴乱局面,它首要针对的是同盟国有望实现的和平条件。谢德曼指出:"我们要坚决地抗议周日的事件,我们要抗议错误的企图,它不过在滥用革命的自由,因为它绝不是为了人民的福祉,而是在反对人民。(热烈的掌声响起)我不知道,人们如何能将这次的集会称作最好的事情。(右方传来骚动声。)我们的苦难的人民受到武装力量的摧残,他们时刻处于被灭绝的危险境地之中。(右方狂地打断了他的话,高喊:这是革命的罪!左方传来了嘈杂声,接着高喊:鲁登道夫是罪人!整个国会都陷入了混乱。)我们绝不能因为一小撮反动者,再度堕入外部政治的危险里。"(《德意志汇报》1919年3月27日的匿名报道,标题是:抗议的言论)。——德文编者

在此，我谈的并非是千禧年主义（chiliastischen）的各种表象。我也不相信劳动阶级为了摧毁资本主义生产体系，能够将自己变成国家意志的主体。不过，在本书的同一个章节里，我已经提出了一个在概念的意义上可能成立的"社会主义"形式，它将整个商品生产变成国家行政的组成部分，而不会取消资本主义的商品生产；我已经指出，首先"一旦社会超出了一切界限，随后建立起世界国家"，那么，商品生产"就会终结"，"一并终结的还有企业家利润、商业利润以及所有剩余价值形式的真正根源。"

我始终坚持一个观点。过去，我曾这样表述它："社会主义"意味着一切（真正的）社会的行动（gesellschaftlichen Tätigkeiten）与国家的民族经济行动（staatlichen volkswirtschaftlichen Tätigkeiten）的结合；之后，我在另一个地方换了一种说法："从'社会主义'这个词的精确含义说来，它就是民族经济。"（《社群问题的发展》，第 74 页）[①]在同样的意义上，人们长久以来便将结合了劳动者和劳动工具的大企业式、集团式的结构（它们尤其意味着通过卡特尔、辛迪加与托拉斯，对自由竞争的限制与削弱，还有对全部生产部门的调配与统一指导）理解并表述成"国家社会主义"（Staatssozialismus）的预备要素；同样，人们通常会将全部的社会政策和社会改革视作从属于上述预备要素的东西；尽管如此，"社会主义"的首要内容仍然是工会中的劳动者们自发组织起来，他们不断凝聚着的力量形塑了工厂的构造；最终，"社会主义"体现为各

---

① Ferdinand Tönnies, *Die Entwicklung der sozialen Frage*, 2. durchgesehend Auflage, Leipzig: Göschen, 1913. ——中译者

种合作社（Genossenschaften）的组织形态，劳动者们为着自己的需求，在合作社里消费，这样一来，合作社可能使工厂和其他类型的企业获得生机。（我在写作第一版的《共同体与社会》〔1887 年〕时，尚未认识到合作社的意义；此后，我找到了一些机会，指出了这一点，比如在《共同体与社会》第二版①第三卷§14 末尾的补充里，我强调了合作社的意义。）在这里，如果我们考察社会、也即考察群众中的一部分人时，我们会发现：他们绝大多数仍然习惯于共同体的生活，除此之外，在社会的所有阶层里，家政都保留了下来；上述情况越普遍，人们就越强烈地、越自觉地经历着社会化（Sozialisierung），它既有反对着仓促的、强制行使的国有化，也制约着任意行动的商业人。不过与此同时，尤其对我们当前的境况而言，世界资本主义（Weltkapitalismus）正一往无前地向前发展，它庆贺着自己所获的空前胜利，事实上，它的成功绝无可能是一场艰难的、代价高昂的实验，即我们不可能说：资本主义本来会遭遇失败。毫无疑问，1914 年以来的暴烈的欧洲革命加速了社群问题的总体发展，这种状况好似在一台汽车里置入了一块电力十足的电池，于是汽车飞快地拉着过去缓慢前行的骡子向前奔跑。我们现在正遭遇深层困境，尤其那些社会发展状况落后的帝国（俄国、巴尔干诸民族、奥斯曼帝国、匈牙利、新的捷克斯洛伐克国家、奥地利）瓦解了。英法协约国的真正目的，正是要把德国也推到这样的境地，同时还要压制迄今为止德国在欧洲的各盟国和其他大洲的战友，它们曾

---

① Ferdinand Tönnies, *Gemeinschaft und Gesellschaft*, *Grundbegriffe der reinen Soziologie*, 2. erheblich veränderte und vermehrte Auflage, Berlin, 1912.——中译者

共同聚集在黑红金的旗帜下,为同盟国效力。不过,当德国重获和平后,这些困境也将促使它汇聚、重组经济力量,正如在世界大战时期,德国曾集中经济力量,并且通过 50 个月的时间便使自己的经济领先地位成为可能。在战时,尽管"战争社会主义"(Kriegssozialismus),也即统制经济和经济生活的军事化让国家体系释放出巨大的能量,然而与此同时,它也暴露出大量的不足和缺陷,激起了人们强烈的不满情绪:它并没有尝试将全体人民产出的剩余价值反哺国家,也根本没有指望资本家(除了缴纳微不足道的增值税)做出什么别的牺牲;除此之外,它总是将其巨大的利润以高额利息的贷款形式,反过来加诸帝国头上,这样一来,由资本家贷出的几十亿资金,最终必然没有流入劳动者的口袋,而是又回流到资本家的手里。财政的崩溃恰源于上述"战争社会主义",现在摆在我们面前的重要任务,似乎毋宁只是要培育出一种新的然而更名副其实的社会主义。如果说,这一真正的社会主义的首要目的,并非是让国家变得富有,而是尽力让国家从贫困的境地里脱离出来,那么,它本质上就是要打击私有财富,维持这一制度的时日,应当根据不同于"战争社会主义"的标准计算出来(它至少要适用于那些处在贫困境地里的国家);与此同时,它还要打击那些怀揣着妄念的劳动者,这些人幻想通过不断增加纸币收入和减少劳动的方式来拯救芸芸众生,他们满以为这种做法可以提振民族经济,然而,这样做不过意味着从贫困者(blutleeren)身上剥夺他们的不可缺少的生计能力。直到今天,"国家思想"(Staatgedanke)早已在德国蔓延开来,它对德国产生的影响,大大超过了它对拉丁各国乃至英国以及其他殖民国家的影响。这一"国家思想"包含了一种共同体式的共同意识（Mitsinn），我们甚至应当说：它具备了共同体的品质，这一点表现为德国实行普遍的兵役制、义务教育制和保险制度（尽管它们可能有各式各样的缺陷）。当然，相比于德国，敌国国民对自己祖国的爱和他们的国族感似乎并不更弱，更不用说他们缺少激情了。然而，德国的唯心主义哲学（正如弗里德里希·恩格斯将德国工人运动称作德国唯心主义哲学的遗产，并强调了这个事实[①]）将爱国之情有意识地植入国家概念之内，正如在任何其他国家里，也可能发生这样的事情。这一点部分地解答了下述问题：作为一个植根于普鲁士武士国家之造物的新帝国（Neue Reich），她为何反倒无法长久地维持自身？因为德国哲学同样鲜明地源于"世界性的国家联盟"的思想以及"永久和平"的思想，经过几个世纪的战争和分裂之后，这些思想将会向人们指明：未来临现于人类面前的情形是怎样的。

现在，德国已放下了她的武器[②]，战争曾将德国引向悲伤的境地，然而同时也指引她捍卫自己的尊严，义无反顾地抵抗不断压制着她、扼杀着她的暴力：她抵抗所有侵犯她的种族，抵抗一切讥讽人道的贫乏精神，抵抗所有企图（并有能力）灭绝她怀中的婴孩、消灭她的母亲和老人的敌人；然而无论如何，德国绝对没有放下她的

[①] 参见弗里德里希·恩格斯的《社会主义从空想到科学的发展》(1882)德文第一版前言："科学社会主义本质上就是德国的产物，而且只能产生在古典哲学还生气勃勃地保存着自觉的辩证法传统的国家，即在德国。唯物主义历史观及其在现代的无产阶级和资产阶级之间的阶级斗争上的特别应用，只有借助于辩证法才有可能。"——中译者

[②] 滕尼斯原注：这句话写于1918年的晚秋。报纸版本没有滕尼斯的注。——中译者

精神武器,毋宁说,她的精神武器变得更强大、更精致了,这样一来,它将公社式的、文化理想般的"共同领会"引入这个世界,它对立于科学勾勒出的世界社会(Weltgesellschaft)及其拜金主义,由此,它变成了一种伦理的力量,变成了共同体之思想的力量。德国人通过当前的—现代的—国家力量,将这种伦理置于当前的—现代的—社会之内,并惩罚了堕落者。也许俄国人也要承担这一任务,相比于德国人,他们的原始共产主义要强大得多,尽管它在衰落,然而仍然保持下来了。我们十分确信,俄国人的办法不适用于德国,也不适用于一切拥有更高社会文明的国家,不经历血的代价,这些文明国家便无法从世界经济之网中挣脱出来。5月30日,一位著名的政治家在魏玛演讲①,他指出:在世界政治的舞台上,德国处于俄国的共产主义和英美的"个人主义式的资本主义"之间,立足于这个中间点,她必须去寻找、并最终要找到自己的道路。我想说:尽管不同国家处在不同的发展阶段,然而无论在何处,个人主义和社会主义皆是支配性的力量。俄国和其他未开化的各国幻想能够越过发展的最艰难的阶段,幻想通过强硬的决定和片面的、毫无顾忌的立法,便能达成共产主义。这种做法不过为一种十足强制性的"个体主义的资本主义"提供了土壤;希望借助法律和行政命令就能带来共产主义,这一行为就像一位女士试图靠点美容痣、搽胭脂粉乃至喝下魔法药水,便能重获青春。德国正面临着她的困境,不过,只要她清楚地认识到世间存在着一种生机勃勃的、前景光明的社会主义,并且怀着强大的意志贯彻它,那么

---

① 滕尼斯原注:1919年五月加上的。报纸版本没有滕尼斯的注。——中译者

她必然会摆脱现在的困境。德国要建立的,仅仅是如下的社会主义:它取消了自身必然的假定,即它不会强制地摧毁私人资本主义;它将变成更广大的国家资本主义和社团资本主义,就此而言,人们会说,资本主义的观念逐渐变成了它的对立面。尽管"社会主义"意味着在争夺世界市场的竞争中少了过去的强势,然而在围绕世界舆论之主导权的斗争中,它照亮了地球上所有民族的道路;也就是说,首先通过构筑包容了地区性和国家性合作社的各种合作社(这一思想即意味着:各个社团希望通过自己的生产活动,尽可能地满足他们自身的需求),或者通过将共产主义的思想和善良的意志植入合乎规律的、为科学计划好了并得以逐步慎重实现的社会主义(即在堕落的几个世纪后,我们准备着上升到我们期待着的高处,进入更高的人类共同体的新时代),我们希望将"社会主义"当作遗产,传给子孙后代。

无论关于过去的解释,还是对于不断生成的每一刻的探索性认识,下述事实都是同等有效的:我们必须将人类的现实存在(Dasein)想象成一个生命的过程,它自然而然地成长起来;与此同时,我们也能将它想象成一种具备了无尽多样内容的现实,作为我们使用的一个概念,它却无法被我们形容;它就像一位变化多端的神灵(Proteus),总是从事端中抽走他的魔手。"辩证的"思维尝试公正地对待它;对理解《共同体与社会》这部文本而言,这种思维方式是预设的前提,我在第一版序言里已经提到:"但是所有哲学、因此所有作为哲学的科学,都是经验主义的:在这个意义上且根据这个意义而言,所有存在都必然被理解为发挥作用,现实存在必然被理解为运动,变化的可能性、或然性、必然性一定被理解为本来的现实，通过辩证法的方式，非存在者必然被视作真正的存在者。经验主义的方法与辩证的方法彼此促进、彼此补充。两者都纯粹地与倾向有关，即人们彼此相遇、相互斗争、相互结合在一起的倾向……"

附录3:《共同体与社会》第八版（1935年）前言手稿①

现在摆在读者面前的新版《共同体与社会》由一家新的出版社②发行，这部著作的最初问世可追溯到近乎半个世纪之前。如果说它令人鲜活地回忆起那个时代，那么它呈现的却是另外一番意义：本书的诞生并非直接源于那一时期的特殊历史事件以及大众情绪。毋宁说，本书同我青年时代早期关心的"社会"问题、同总体文化的大危机以及当时的文献与普遍政治状况紧密相关，因而它们也生动地激发了我的思想和情感。在1878年的夏季学期，我第一次研读了卡尔·马克思那令人钦佩的著作（《资本论》第一卷），与此同时，我放胆阅读了弗里德里希·恩格斯的一些短小的作品，并且成功地阻止他们的学说对我的思考造成直接的影响。在本书的第一版序言（1887年）以及后来的第二版序言（1912年）

---

① 这篇手稿作于1934年，不过1935年出版的《共同体与社会》第八版并没有收录这篇手稿，现作为滕尼斯遗稿保存在德国基尔的石勒苏益格—荷尔施泰因州立图书馆。滕尼斯的学生雅各比(E.G.Jacoby)将本手稿载于他的研究著作《斐迪南·滕尼斯的社会科学思想中的现代社会》，本译文译自该书。参见 E.G.Jacoby, *Die moderne Gesellschaft im sozialwissenschaftlichen Denken von Ferdinand Tönnies*, Stuttgart: Ferdinand Enke Verlag, 1971, SS.89-92。——中译者

② 指莱比锡的汉斯·布斯克出版社(Verlag Hans Buske)。——中译者

里，我深入地阐释了我的思想体系的发展（如果人们想把本书的内容称作我的思想体系的话）。它们之后被收录到了我的《社会学的研究与批判》第一卷（耶拿，1925，第 45－57 页）之中。在此，我想再次向充满善意的读者们讲述本书的主题。

从1877年起，我开始从事哲学研究。对我而言，哲学包括了全部的国家学（Staatswissenschaften），尤其是法学的诸要素和法哲学。我的哲学研究的进程从一开始就受到哲学大师、我的好友弗里德里希·泡尔生的激励，不过相较于在法权学说和国家学说方面的努力，他更多地推动我去研究哲学基础和认识理论。在1876年，我已经收集了霍布斯的《哲学要素：论公民》的文本并怀着极大的热情研读了它。这本对我来说最重要的著作确定了我未来的思想方向，除此之外，通过对大量民族学文本的日渐熟知、进而由此扩展而来的对当时尚鲜为人知的所谓社会学文献的阅读，我丰富了自己的思想。在民族学和社会学的文本当中，亨利·梅因爵士已发表的著作以令人愉悦的形式展现了他的洞见，其中绝大多数观点对我来说都具有极高的价值。这些著作首先即包括《古代法》；其次包括《东西方的村庄共同体》、《早期制度史》、《早期的法与习俗》；还包括《民众政府》里的四篇随笔，这四篇随笔对现代民主制度做了极其重要的批判，人们现在已经习惯了这样的批判；最后还包括论述国际法的讲座[①]，出于我已故的朋友哈拉尔德·霍夫丁之子的慷慨，我从其父的遗物中获得了这本小册子。

[①] 指1887年梅因在剑桥大学所做的12次讲座，伦敦的约翰·穆雷出版社于1888年将讲座稿出版。即 Sir Henry Maine, *International Law: A Series of Lectures Delivered Before the University of Cambridge*, London: John Murray, 1888。

梅因的这些著作皆无德文译本,然而在我年青的岁月,通过它们以及其他一些作品,我已然回过头发现:当时德国学界关于"自然法"(Naturrecht)与"历史法学"的争论实际上具有极其重要的意义。一方面,在德语区,"自然法"学说产生的作用越来越大;另一方面,通过两位德国学者里特·胡果(Ritter Hugo)[①]和弗里德里希·冯·萨维尼的努力,"历史法学派"形成了且在德国占据着近乎独一无二的地位。即使如思想权威伊曼努尔·康德曾持续地推进自由主义国家学说的影响,历史法学在理论界仍然取得了完全的胜利,这可以追溯到历史主义的党派性的实践取向,它服务于保守主义,成为后者防卫和攻击的武器。尽管如此,至少在19世纪下半叶,自由主义对德意志的国家构建与立法进步越来越发挥支配性的影响,它同时意味着对罗马法的进一步的普遍化。自从几个世纪以来,罗马法已从流传下来的习惯法那儿产生,除了在国家编纂法典的地方出现,罗马法也在普通法以及同普通法相妥协的情形里存在。当时,德国的法学家和国务活动家都在历史法学派的影响下成长起来,同样,即使罗马法在德国民法典[②]里有鲜明的反映,也无法抛却历史法学派的冲击,后者为了保证和维持德国法的地位,激烈地反对、批判罗马法,也即为了在现代世界确立它所鼓吹的制度而同罗马法搏斗。这一举动迄今为止也没有成功,不过一个推行国族主义的政府[③]接过了斗争的权柄,它任命了一个叫

---

① 即古斯塔夫·冯·胡果(Gustav von Hugo),具体可参见本书第二版序言。——中译者
② 参见本书第三卷§20的详细说明。——中译者
③ 指1933年上台的纳粹政府。——中译者

做"德国法学会"(Akdademie für Deutsches Recht)①的特殊团体,这个团体很明显是要改造德国民法典、为创建新法典做准备。事态的演变将告诉我们:改造民法典的企图会带来怎样的后果。现代世界的发展进程部分地由自然法、部分地由罗马法打上了烙印。对自然法而言,古希腊是最完美的时代,斯多葛学派提出了自然法思想并最有力地推动了它的发展,直到今天,自然法与罗马法奠定了现代世界的格局,完全颠覆现代秩序的企图根本不可能实现。我们知道,对现代自由主义种种后果的普遍批判植根于工人运动与社会主义思想的土壤之中,而国族主义的上述企图正是打着工人运动与社会主义的幌子,竭力同它们结合到一起,并借此提升自己的力量。尽管这一结合看起来如此新鲜,然而它实际上更亲和于浪漫主义以及反革命的倾向、确定无疑地敌视"立法与法学的当代使命"②,这种亲和的情况却无法有力地促进它的长久胜利。

---

① "德国法学会"是纳粹政府授意创建的法学家组织,其主要使命是在国家社会主义世界观的前提下改造旧有的德意志法典,鼓吹纳粹的意识形态,为第三帝国提制定新法典。它实际上成了纳粹推行国家与社会"一体化"(Gleichschaltung)的工具。1933年6月11日,纳粹法学家汉斯·弗兰克(Hans Frank)在慕尼黑正式建立了"德国法学会"并担任会长,其知名成员包括赫尔曼·戈林(Hermann Göring)、维尔纳·桑巴特、卡尔·施米特、马丁·海德格尔等。——中译者

② "立法与法学的当代使命"(Beruf unserer Zeit zur Gesetzgebung und Rechtswissenschaft)语出萨维尼在1814年出版的小册子《论立法与法学的当代使命》的标题,该书为萨维尼反驳同时代法学家蒂堡(Anton Friedrich Justus Thibaut)的《论德意志统一民法典的必要性》(1813年)一书的论战之作,后来被视作历史法学派的纲领和宣言。萨维尼旨在说明法的发展是"民族精神"的体现,而当时的德意志还不具有制定统一的民法典的能力,因而他呼吁法学家们回到传统的罗马法,通过对罗马法的系统研究,为将来的立法积聚力量。——中译者

我并非法学家,在写作这本书的时候也没有表达任何政治立场,完全处于"自然法"同"历史法学"的争执之外,故而我有权利隔着一定的距离、作为一位严格客观的观察者来看待这一争论。人们常常将我的理论做如下理解:仿佛我在本书里想要赞美共同体、贬抑社会,仿佛我想要写的是一本伦理学的册子。这不过是误解而已。在我的思想形成的开始阶段,伦理学问题与我的确如影随形。但是在随后几年里、直到本书出版,伦理学问题彻底退到幕后。从我自己的理论设想来看,当人们认为我提出了一种鼓吹中世纪文化、反对近代世界的党派意见,这一观念对我而言绝对是不成立的、无意义的,因为中世纪文化显然更多地植根于共同体理论,与此相对,正如我同时指出的那样,近代世界明显地指引人类沿着社会的方向发展,并将他们提升到当前的高度,而它也只会进一步将人类朝社会的方向推进。如果说社会的方向最清楚地表现在客观的法的内容之中,那么我们不能孤立地看待法,即仅仅视它为文化的产物,毋宁说,我们不但要将它同经济现象、因而同社群生活本身紧密联系到一起,而且必然总要将它同社群意愿(soziale Wollen)的其他表现方式做比较,甚至由后者来衡量它。在这个意义上,我的社会学思想首先针对的是法学问题,我自己也在尽力用一系列论文来呈现上述的种种关联:这些论文被收录在我的《社会学的研究与批判》三卷集子里(第四卷还没有出版①),在此之前,它们发表在不同的报刊上。最终,通过区分秩序、法与道德,通过我的关于社群实体(soziale Wesenheiten)与社群价值(soziale

---

① 滕尼斯于1936年去世,他这里讲的第四卷始终没有出版。——中译者

Werten)的学说,我希望呈现一个坚实的理论整体,几年前,这些思想已经被记录在了《社会学引论》(斐迪南·恩克出版社,斯图加特,1931年)一书里,本书同我更早些时候发表的社会学论文的问题意识紧密相连,应当说,它们共同地构成了对我的社会学基本概念的创造性解读;如果人们认为我提出的不过是一个教条化的体系,那么这完全就是失之千里的臆想。事实上,正如我很多次指出的那样,社会学的发展尚处于它的开始阶段,我也一再对1918到1932年德国社会学奋发向上的姿态表达了赞赏之情,尽管它遭遇了许多困境,然而更多的政府部门在积极而有效地促进社会学的发展,不竭地改善社会学的境况。

不过,最近一段时间的局势变化[①]显然不利于社会学的发展。我并非要在这里评判这件事,也非奢望事态发生本质性的改变。在当前这一时刻,一个充满活力的出版商向我邀约,让新版的《共同体与社会》出现在德国和世界的公众面前,我个人也想借此向我亲爱的学生、朋友们以及出版商表达感激之情,并以本书同我的朋友们作别,他们有的是从一开始便参与到我的创作进程之中,有的是后来陪伴着我。直到现在,这些朋友几乎皆离我远去。老者总要面对一个对他而言越来越陌生的世界,不过他也同样收获了那么多的关心和敬仰。[②]

在过去,本书对年轻人抑或年长者、对男人抑或女人而言皆是确定的,现在同样如此。因为它建立在这样的思想基础上:当精神

---

① 指1933年纳粹政府上台。——中译者
② 根据雅各比的介绍,从此处开始的后文皆作于1935年,后由滕尼斯加入1934年的手稿之中。——中译者

更清楚地认识社群生活的本质和各种形式,它对于成熟的人就越有益。正如人们总是会思考理智主义(Intellektualismus)的价值,在当今的日常生活里,竞争无处不在,更不用说长期以来党派之间、国家之间便争执不休,理智主义成为了必要的生活条件。在普遍的竞争格局里,进步的状况总是依赖于青年人的状态、思维方式以及勇气,就此而言,可以说本书正是为青年而写,而且在创作本书时,作者本人也是一位青年。经历了那场遍布牺牲与极端不幸的战争[①]之后,本书作者充分意识到德国青年的命运,意识到他们灵魂的重负,而本书的第四版和第五版正是要献给正在辛勤劳动着的德国青年[②]。同样,他希望在此重申本书的献词,尽管这份献词到了今天似乎具备了全然不同的含义,因为对共同生活、共同行动着的人们提出的更高要求已经不仅针对德意志帝国的人民,而且还有那些为最终胜利欢欣鼓舞的国家的人民,甚至是世界大战结束之前就被战败的、战争的直接发起者俄国人民,这一要求已变成普遍的意识,也就是我们应当称作的世界意识。

本书既不愿担当一种特定的伦理品格,也不愿担当特定的政治品格。我在这里以及后来的著作里所谈及的"国家"(Staat)都建立在一定的前提下,即我将它视作概念并以概念的方式理解它,正如马克斯·韦伯非常成功地将概念刻画为理想类型(Idealtypus)。不过,我早在韦伯之前就已经思考了这一问题,并为此提出了"标准概念"(Normalbegriff)这个词。鉴于韦伯的讨论,人们对

[①] 指第一次世界大战。——中译者
[②] 参见本书第四版和第五版前言。——中译者

"观念类型"(Ideelle Type)已然产生了误解,我在这里需要澄清它的意涵:我曾思考并论述的"国家"概念实际上就是作为观念类型的"国家",它并非意味着国家的理念(Ideal),而是意味着国家的观念形态,即并非按照所谓国家的实际发展确定的现实类型(realer Typus)。300年前,托马斯·霍布斯已靠着惊人的力量勾勒了国家的观念形态,在英国,通过一场保守的革命[①],这种国家的观念形态胜利地终结了短暂的绝对王权时期(尽管最终的国家形态并非完全遵循霍布斯的设想),它甚至支配了整个19世纪的经验和认识,人们从原则上就否定了为国家权力及其职责设定任何法权限制的可能,更不用说强调伦理限制的可能。因此它对杰里米·边沁以及遵循着边沁思想轨迹的约翰·奥斯丁产生了深刻的影响,他们俩皆沿着霍布斯开辟的道路前进,它进而深远地影响了英国的国家学说甚至英国内政。与此同时,就像许多当代的作家和理论家所做的那样,我思考着现代的境况,思考着同时代人生活的事实、他们的需要和必然处境以及这些现象背后的深刻原因,伴随着现代劳动生活,尤其世界上所有国家的工业生活里的立法的扩展,这些情形以越来越大的强度影响着人们。这就意味着(正如我们通常认识到的那样)那句著名的自由主义的古老格言——"让他做,让他走"(*laissez faire laissez passer*)[②]——终结了。因而社群的支配力持续提升,也就是说:通过公共法权和公共团体的作用,经济生活取得了最重要的地位,其中,"国家"似乎不再持续地维持

---

① 指1688年英国的光荣革命。——中译者
② 这句话亦可简要翻作"自由放任"。——中译者

其优势。因此我并非否认同"共同体"概念结合到一起的种种观念是有益的,着眼于未来世代,共同体概念无疑展现了一幅令人感到愉悦的前景。

附录4:重要概念的译法说明[①]

围绕"共同体"与"社会"这对基本范畴,本书主体部分的三卷分别展示了它们在社群生活的现实形态、心理学的基础、社群内部的规范和法权秩序这三个层面的对立,由此铺展出一套社会学的概念体系。这些概念相互关联、彼此对应,使本书成为了一个有机的整体。不得不说,读者要理解书中任何一个概念,都必须将它置于全书的论述脉络来审视,其中,许多概念不仅打上了滕尼斯自己的思想烙印,而且为作者本人独创。有鉴于此,译者希望对本书几个最重要概念的中文译法做一番简要说明,供读者参考。

1. Gemeinschaft

这个概念通常被译作"共同体",无论鲁米斯译本还是哈里斯译本,也都毫无疑义地将它翻译成Community,译者沿用了"共同体"这一译法。然而必须要指出的是,在滕尼斯的用法里,这个概念指的不是一个实实在在的、看得见摸得着的团体或社团。它指的其实是一种关系的性质,如康德的《纯粹理性批判》就将这个词

[①] 本附录为中译者所作。

放到"关系的范畴"里,意为"协同性"。当然,滕尼斯比康德更进一步,用它指人与人之间真实的、有机的、有生命力的关系。我们汉语的"共同体"这一说法,很容易让人联想起一个实实在在的集体,事实上,德文词 Gemeinde 才对应这个意思。在本书里,译者将 Gemeinde 翻译为"社团",它实际上是 Gemeinschaft 在现实里表现出的具体形态(尤其是日耳曼历史中的乡村社团或城镇手工业团体等等)。澄清了这一点,我们才能理解 Gemeinschaft 作为科学概念的辩证属性。

2. Gesellschaft

同 Gemeinschaft 一样,Gesellschaft 指的也是关系的性质。后者一般被翻译为"社会",译者在此亦沿用了这一译法,不过要指出的是,它也不是一个实在的整体。在滕尼斯本人的用法里,它指的是每一个独立的个人通过思维、人为构造出的机械性的关系形态。处理这个概念时,鲁米斯译本和哈里斯译本发生了分歧,鲁米斯曾将它译作 Association,后来又改成了 Society,事实上,相对于 Society,英文词 Association 可能更逼真地反映了 Gesellschaft 指涉"关系"的原意;哈里斯则将它译作 Civil Society,即"市民社会",我们可以理解,哈里斯实际上想用历史化的方式坐实 Gesellschaft 这个概念,但是这样很容易让读者误解,比方说,Gesellschaft 在法权上的表现便是主权或人造国家(Staat),Civil Society 则没有这个意思,用 Civil Society 翻译它时,实际上将 Gesellschaft 的内涵缩小了。

3. sozial

本词并非德语的原生词,而是从拉丁文 socii 衍生过来的词语,一般译作"社会的"或"社会性"。在滕尼斯本人的用法里,它泛指群体的、集体的、共同生活的关系,故而同时包括了"共同体"和"社会"的含义,不过,为了和"社会"概念区别对待,译者将 sozial 翻译成"社群的"。

4. Wesenwille

这个概念由德文词"本质"(Wesen)与"意志"(Wille)合成,它是"共同体"这个概念对应到个体心理时的形态,译者将它译作"本质意志"。需要指出的是,鲁米斯译本和哈里斯译本都将这个概念翻译为"自然意志"(natural will),这一译法强调了此意志的自然性而非人为性的特征,故而合乎滕尼斯本人的意思,然而,它却遮蔽了德文词 Wesen 更丰富的内容:(1)滕尼斯在谈本质意志时,强调的非常重要的一点,就是它的"类"含义,一方面,个体的身体脱胎于他所从属的"类"的整体,他的心理也依附于"类"的整体,另一方面,个体的心理世界囊括了比他的"类"更低的层面,比如一个人的心理特征,便包含了植物的层次(如被动的感觉)、动物的层次(如主动的欲望)和人类才有的层次(如理性和观念);(2)本质意志背后同时蕴含着个体的身体和心灵自然地生成、成长的过程,这是 natural will 的译法传递不出的意思。

5. Willkür

本词是第一版与第二版《共同体与社会》里对应"社会"的个体心理概念,英译本一般译作"arbitrary",汉语的通常译法是"任意"或"任意选择"。不过,这一译法并不能恰当地翻译滕尼斯的Willkür一词,中文的"任意"容易让人产生想干什么便干什么的印象,相反,滕尼斯讲的Willkür指个人通过思维确定最高的目的并根据客观条件主动地行动,它并非汉语讲的"任意"干某事,而毋宁是根据理性规定好的目的、有取舍地做某事,故而译者将这一概念翻作"志愿"。

6. Kürwille

本词是从第三版开始使用的,取代Willkür的概念,它是滕尼斯自己造出来的一个复合词,是对应"社会"的个体心理概念。在德语里,Kür意为选择,Wille指意志,过去的中译本直接译作"选择意志",鲁米斯译本与哈里斯译本则采用了意译的方式,将它翻译为"理性意志"(rational will)。针对这两种译法,首先,译者考虑到滕尼斯本人曾特别强调这一概念属他自己创造之产物[①],而且他理解的Willkür实质上源于霍布斯对自由意志的否定,因此译者摒弃了英译本的意译方式,保留这一概念的特殊译法;其次,

---

① 参见本书的"第三版前言摘录"。

由于滕尼斯论述 Kürwille 时，强调了这个概念内在涵盖的"决断"和"自觉"行动的意愿，故而译者采用了主动色彩更强的"抉择"一词，将 Kürwille 翻译为"抉择意志"。

7. Gemeinwesen

该词是本书第三卷讨论的核心概念，字面的意思是"共同的本质""共同的生命体"。它是"共同体"在法权意义上的对应者，指一群有机地组织起来的人，这些人遵从习俗和习惯法的规定。滕尼斯论述这个概念的时候，实际上将它历史化地解读为基于共同占有土地而形成的传统父权制家族、乡村和城镇的团体。英译本一般翻译为"共和国"（Commonwealth），不符合滕尼斯的本意，译者将它翻译作"公社"，比较恰当地还原了本词的原意。

附录 5：滕尼斯生平及大事年表[①]

1855 年　7 月 26 日，斐迪南·滕尼斯出生于奥尔登斯沃特（Oldenswort）的一个富裕的农场主家庭，他是家中的第三个孩子。奥尔登斯沃特当时属于丹麦的石勒苏益格公爵领地。
1864 年　普鲁士与奥地利联军战胜丹麦，石勒苏益格公爵领地脱离丹麦，它与荷尔斯泰因公爵领地一道变成了普鲁士的辖区。
1865 年　1 月，滕尼斯进入胡苏姆（Husum）人文中学，开始系统地接受古典教育与人文主义的训练。

　　　　5 月，滕尼斯一家迁居到了胡苏姆。
1869 年　滕尼斯结识了伟大的德国诗人特奥多尔·施托姆，这段忘年的友谊对滕尼斯的一生产生了深刻的影响。
1870 – 1871 年　普法战争爆发；德意志帝国成立。
1872 年　2 月，滕尼斯从胡苏姆人文中学毕业。

　　　　5 月，滕尼斯进入新成立的斯特拉斯堡大学学习；将古典

[①] 本年表的制作主要参考滕尼斯本人的自传文章"Eutin"和德国学者乌韦·卡斯滕斯的专著《滕尼斯传》。Ferdinand Tönnies, "Eutin", in *Die Philosophie der gegenwart in Selbstdarstellungen Band III*, Herausgegeben von Dr. Raymund Schmidt, Leipzig：Verlag von Felix Meiner，1922，SS.199 – 234.乌韦·卡斯滕斯，《滕尼斯传：佛里斯兰人与世界公民》，林荣远译，北京大学出版社 2010 年版。——中译者

学特别是希腊诗学作为研究的方向；随后转入耶拿大学学习古典语文学；加入"城堡地窖的阿明尼乌派"(Arminia auf dem Burgkeller)学生会。

1873-1874年　冬季，滕尼斯转入莱比锡大学学习。

1874年　夏季，滕尼斯转入波恩大学学习。

1874-1875年　滕尼斯在耶拿服兵役。

1875年　夏季，滕尼斯发表第一篇长篇论文：《对最没有必要的问题的一个最有必要的答复：什么是大学改革？》。

1875-1876年　冬季，滕尼斯转入柏林大学学习，结识了哲学教师弗里德里希·泡尔生，自此以后，泡尔生成为了滕尼斯一生的导师与挚友。在泡尔生的影响下，滕尼斯的兴趣开始转向了近代形而上学以及社会与政治的理论。

在柏林大学，滕尼斯研修了考古学家恩斯特·库提乌斯(Ernst Curtius)的课程，库提乌斯鼓励滕尼斯对埃及阿蒙神形象做考据研究，这直接影响了滕尼斯博士论文的选题与方向。

1876年　夏季，滕尼斯转入基尔大学学习。

1876-1877年　冬季，滕尼斯重返柏林大学；用拉丁文写作了博士论文；向柏林大学哲学系提交博士论文；未通过口试答辩。

1877年　夏季，滕尼斯转入图宾根大学；将博士论文《阿蒙神专题研究》(De Jove Ammone questionum specimen)提交给图宾根大学哲学系；顺利地获得了古典哲学的博士学位。

1878年　滕尼斯的学术兴趣已经发生了改变，他不再将古典哲学特别是古典语文学视作自己关注的主要目标，而是转向了近代的哲学、特别是社会与政治理论研究。在泡尔生的指引下，滕尼斯开始系统地发掘、整理霍布斯的文献，研究其生平与学说。

滕尼斯展开第一次英国之行，主要目的是研究关于霍布斯的一手文献资料。在大英博物馆、牛津大学的圣·约翰学院以及德文郡伯爵庄园的哈德威克收藏馆里，他发现了《法的要素》(即《论人性》和《论政治体》，还有一篇霍布斯写于1646年的论光学的文章)和《比希莫特》的原始手稿。

10月，俾斯麦政府颁布《反社会党人法》。

1879–1881年　1879年初，滕尼斯返回德国，在柏林大学跟随国民经济学家阿道夫·瓦格纳学习。

滕尼斯撰写的《霍布斯哲学注释》分四篇文章，在《科学哲学季刊》上发表；《霍布斯哲学注释》完整地梳理了霍布斯的哲学体系。

1879–1890年冬季学期，滕尼斯在莱比锡大学研修冯特的"心理学"课程。其间，他萌生了"共同体与社会"的写作计划。

1881年　6月，滕尼斯完成《共同体与社会——文化哲学的原理》，将此作为教授资格论文，提交给基尔大学哲学系；哲学系最终同时采纳了《共同体与社会——文化哲学的原理》与《关于霍布斯哲学的注释》；滕尼斯成为基尔大学哲学系的编外讲师。

1883年　5月，滕尼斯的父亲奥古斯特·斐迪南·滕尼斯（August Ferdinand Tönnies）与伯父盖尔特·科尼尔斯·滕尼斯（Gert Cornils Tönnies）去世。

夏季,滕尼斯去瑞士的格劳宾登州拜访了路·莎乐美(Lou von Salomé)与保尔·雷伊(Paul Rée);在避暑胜地西尔斯—玛利亚村多次遇到弗里德里希·尼采,不过由于羞怯始终没有上前结识。

1884 年　春季,滕尼斯展开了第二次英国之行,结识了知名的霍布斯研究学者乔治·罗伯逊(George Robertson)与斯宾诺莎研究专家弗里德里克·波洛克(Sir Frederick Pollock),并且认识了出版商詹姆斯·桑顿(James Thornton),不过由于桑顿的欺骗,滕尼斯的出版计划变得困难重重。

1885 年　滕尼斯开始着手《共同体与社会——作为经验的文化形式的共产主义与社会主义》的写作。

1887 年　2月,滕尼斯完成了《共同体与社会——作为经验的文化形式的共产主义与社会主义》一书。

7月,莱比锡的出版商赖斯兰出版了《共同体与社会——作为经验的文化形式的共产主义与社会主义》。

1888 年　7月,特奥多尔·施托姆去世。

夏季,滕尼斯重返英国,处理霍布斯文献的出版事宜。

1889 年　滕尼斯编订的《法的要素》与《比希莫特》出版。

他在巴黎发现了17封霍布斯致索比埃尔(Sorbière)的信。

冬季,滕尼斯展开了"石勒苏益格—荷尔斯泰因的犯罪研究"。

1890 年　俾斯麦被威廉二世解职。

1892 年　秋天,滕尼斯在柏林参加了德国伦理文化学会的成立大会,并被任命为学会理事会理事。

1893年　滕尼斯在伦理文化学会的大会上发表了"革新家庭生活"的演讲。

　　普鲁士文教部提供给滕尼斯一个教授职位,其前提是滕尼斯退出伦理文化学会,这项提议被滕尼斯拒绝。

　　滕尼斯与佃租户的女儿玛利亚·西克(Maria Sieck)订婚。

1894年　5月,滕尼斯与玛利亚·西克结婚;这对新婚夫妇搬迁到了汉堡。

　　6月,滕尼斯在伦敦拜访了弗里德里希·恩格斯。

　　10月,滕尼斯作为德国唯一的代表,出席设在巴黎的"国际社会学学会"。

1896年　滕尼斯撰写的《托马斯·霍布斯的生平与学说》第一版出版。

　　汉堡爆发港口工人与海员的大罢工,滕尼斯以极大的热情,投入到工人们的罢工运动中;他发表了一系列文章,支持着工人们的利益要求。这导致滕尼斯在普鲁士大学体系里的发展机会变得越来越渺茫。

1897年　滕尼斯凭借《心理学—社会学观点中的哲学术语》这部长篇论文,获得了"威尔毕奖",这篇论文的英文译稿以《哲学术语》为标题于1899-1900年分三期发表在英国的《心灵》(Mind)杂志上,此后,德文版于1906年出版。

　　滕尼斯撰写的《尼采崇拜》出版。

1898年　1月,滕尼斯的长子格里特·弗里德里希·滕尼斯

(Gerrit Tönnies)出生。

1899 年　3 月，滕尼斯建立德国伦理文化学会汉堡分部。

　　　　4 月，滕尼斯拜访丹麦的哲学教授哈拉尔德·霍夫丁（Harald Höffding），此后，他们保持了长久而密切的通信关系。

1900 年　2 月，滕尼斯的第二个孩子弗朗西斯卡·滕尼斯（Franziska Tönnies）出世。

1901 年　3 月，滕尼斯全家迁居到了欧丁（Eutin）。

1902 年　滕尼斯担任"社会政策协会委员会"的委员。

　　　　10 月，滕尼斯的第三个孩子雅恩·滕尼斯（Jan Tönnies）出生。

1903 年　滕尼斯加入"欧丁文学会"，1907 - 1922 年，滕尼斯担任了"欧丁文学会"的主席，1922 年之后，滕尼斯成为了学会的名誉主席。

1904 年　8 月，滕尼斯的第四个孩子卡罗拉·滕尼斯（Carola Tönnies）出生。

　　　　9 月，滕尼斯受邀参加在美国密苏里州圣路易斯举办的世界艺术与科学大会；与他同行的学者包括韦伯夫妇、齐美尔、桑巴特、特洛尔奇等人；在博览会上，滕尼斯宣读了《当代社会结构的问题》，引起了广泛的影响；美国之行让滕尼斯的声名传到了大洋彼岸，自此以后，滕尼斯成为了《美国社会学期刊》的顾问和出版人之一。

1905 年　为了纪念诗人席勒的逝世百年，滕尼斯撰写了论文集《作为时代公民与政治家的席勒》。

滕尼斯担任"社会改革学会委员会"的委员。

1906年　滕尼斯在格尔基金会上做了题为"社会学的本质"的报告。

1907年　4月,鲁道夫·戈特舍德(Rudolf Goldscheid)推动成立了"维也纳社会学学会"。

8月,滕尼斯的第五个孩子库诺·滕尼斯(Kuno Tönnies)出生。

10月,滕尼斯应戈特舍德之邀,前往维也纳,在维也纳社会学学会上做了题为"论习俗"的报告。1909年,《论习俗》的单行本出版。

1908年　8月,弗里德里希·泡尔生在柏林逝世。

9月,滕尼斯在海德堡参加了第三届国际哲学大会;在海德堡逗留期间,滕尼斯居住在韦伯夫妇家中。

12月,滕尼斯被德国文教部任命为基尔大学的"政治经济学"副教授。

1909年　1月,滕尼斯、韦伯、齐美尔、桑巴特、特洛尔奇等39位社会科学家在柏林组建了德国社会学学会。滕尼斯被选为德国社会学学会主席,自此以后,直到1933年,滕尼斯一直担任主席。

1910年　秋季,滕尼斯在德国社会学学会第一届大会上发表了题为"社会学的本质与目的"的演说。

1911年　7月,滕尼斯在伦敦参加第一届"世界种族大会"。

1912年　《共同体与社会》重版,副标题由"作为经验的文化形式的共产主义与社会主义"改为"纯粹社会学的基本概念",第二版的《共同体与社会》由柏林的库尔提乌斯出版社出版。

《托马斯·霍布斯的生平与学说》重版,不过标题改变了,第二版的标题是"托马斯·霍布斯:这个人与这位思想家"。

10月,德国社会学学会第二届大会在柏林召开,这一届大会的主题是:国族与民族。

1913年　滕尼斯获得了基尔大学"政治经济学"正教授的职位。

1914年　2月,基尔大学的"世界经济研究所"成立。

8月,第一次世界大战爆发。

10月,滕尼斯出访丹麦和瑞典,呼吁保护德国的利益。

1915年　滕尼斯的母亲伊达·滕尼斯(Ida Tönnies)去世。

《英国人眼中的世界政治》出版。

1916年　9月,普鲁士国务部授予滕尼斯政府枢密顾问的头衔。

秋季,滕尼斯卸去了基尔大学正教授的教职。

1917年　6月,滕尼斯撰写的《"自由的芬兰":给瑞典政治家的五封信》发表。

7月,滕尼斯出访丹麦。

俄国十月革命爆发。

《不列颠国家与德意志国家》出版。

1918年　第一次世界大战结束;德国战败。

6月,芬兰参议院授予滕尼斯"三级自由十字勋章"。

9月,格奥尔格·齐美尔去世。

10月,德国经历了政体的更迭,议会民主制取代了君主政体;魏玛共和国成立。

11月,基尔水兵暴乱。

1919-1920年　《凡尔赛和约》签订;德国承担了战争的总体责任;德国知识界对战争责任问题展开了激烈的讨论;滕尼斯的《战争的过程》与《战争的责任问题——根据1914年的证明:俄国是始作俑者》出版。

1920年　《共同体与社会》第三版面世,在这一版里,"抉择意志"概念取代了"志愿"概念。

　　5月,德国社会学学会召开理事会和总务委员会的第一次会议,学会在战后重生。

　　6月,马克斯·韦伯去世。

1921年　夏季,滕尼斯重新在基尔大学授课;他接受文教部的建议,在法学与政治学系履行社会学教学的任务。

　　滕尼斯一家迁居基尔。

　　《马克思的生平与学说》出版。

　　11月,汉堡大学法学系授予滕尼斯"法学名誉博士"。

1922年　《共同体与社会》第三版与第四版出版。

　　9月,德国社会学学会的第三届大会在耶拿召开。

　　《公共舆论的批判》出版。

1924年　4月,"阿森海姆研究人员之家"(Forscherheims Assenheim)在马克斯·索姆斯伯爵(Max Graf zu Solms)的倡议下建立。索姆斯伯爵是滕尼斯的学生。

　　6月,滕尼斯的女儿弗朗西斯卡·滕尼斯同滕尼斯的学生、青年社会学家鲁道夫·赫伯勒结婚(Rudolf Herberle)。

　　9月,德国社会学学会在海德堡举行第四届大会。

1925年　7月,滕尼斯70大寿之际,基尔市民举行了火炬游行,表示对这位伟大学者的尊敬。

9月,滕尼斯客居于"阿森海姆研究人员之家"。

滕尼斯的社会学论文集《社会学的研究与批判》第一卷出版。

《托马斯·霍布斯的生平与学说》第三版面世,它的标题又重新改回第一版标题。

1926年　9月,德国社会学学会在维也纳举行了第五届大会。

《共同体与社会》的第六版与第七版面世。

《社会学的研究与批判》第二卷出版。

1927年　滕尼斯参加了斯宾诺莎协会为纪念斯宾诺莎逝世250周年举办的庆典活动。

6月,波恩大学法律与政治学系授予滕尼斯"政治学名誉博士"。

在助手爱德华·雅各比(Eduard Georg Jacoby)与恩斯特·尤卡特(Ernst Jurkat)的帮助下,滕尼斯撰写了《石勒苏益格—荷尔斯泰因地区的自杀情况——一项统计学—社会学的研究》,并出版了这本著作。

1928年　德国社会学学会第六届大会在苏黎世召开,卡尔·曼海姆(Karl Mannheim)在这次大会上所做的报告引发了一场围绕"知识社会学"的学术争论。

1929年　《社会学的研究与批判》第三卷出版。

9月,根据滕尼斯与布罗克道夫男爵(Cay von Brockdorff)的倡议,霍布斯学会在伦敦成立,滕尼斯当选为学会主席,布罗克道夫为副主席。

滕尼斯与尤卡特合作的《对石勒苏益格—荷尔斯泰因的犯罪研究》出版。

1930年　世界性的经济危机加剧了德国的财政危机;德国政治形势恶化;社会民主党领袖、魏玛共和国总理赫尔曼·穆勒(Hermann Müller)辞职;中央党领袖海因里希·布吕宁(Heinrich Brüning)上台,总统内阁制替代了议会民主制;纳粹势力增强,反犹主义盛行。

　　3月,滕尼斯与他的夫人一起退出福音教教会。

　　4月,滕尼斯与他的夫人一起加入社会民主党。

　　7月,霍布斯学会授予滕尼斯"名誉主席"称号。

　　9月,帝国议会选举,纳粹党一跃成为仅次于德国社会民主党的德国第二大党。

　　9-10月,德国社会学学会在柏林召开第七届大会,会议主题是"新闻与公共舆论"。

1931年　7月,哈拉尔德·霍夫丁去世。

　　10月,鲁道夫·戈特舍德去世。

　　滕尼斯撰写的《社会学导论》出版。

1933年　1月,阿道夫·希特勒上台,被任命为帝国总理。

　　2月,滕尼斯参加了在柏林克罗尔歌剧院举行的"言论自由"大会。

　　8月,在吕贝克举行的德国社会学学会理事会会议上,滕尼斯转让了学会的领导权。

　　9月,滕尼斯被解除国家的公务。

　　12月,滕尼斯失去了职务薪俸。

1934年　1月,德国社会学学会被纳粹政府禁止活动。
1935年　《共同体与社会》第八版问世。
　　　　《新时代精神》第一卷问世。
1936年　4月9日,滕尼斯在基尔逝世,享年81岁,被安葬在基尔的橡树陵园。

图书在版编目(CIP)数据

共同体与社会／(德)斐迪南·滕尼斯著；张巍卓译．—北京：商务印书馆，2019(2025.12 重印)
ISBN 978－7－100－16843－4

Ⅰ.①共⋯　Ⅱ.①斐⋯ ②张⋯　Ⅲ.①社会学　Ⅳ.①C91

中国版本图书馆 CIP 数据核字(2018)第 267372 号

权利保留，侵权必究。

共同体与社会
——纯粹社会学的基本概念
〔德〕斐迪南·滕尼斯　著
张巍卓　译

商　务　印　书　馆　出　版
(北京王府井大街36号　邮政编码100710)
商　务　印　书　馆　发　行
北京市十月印刷有限公司印刷
ISBN 978－7－100－16843－4

2019 年 2 月第 1 版　　开本 850×1168　1/32
2025 年 12 月北京第 5 次印刷　印张 19¼
定价：96.00 元